商务馆对外汉语教学专题研究书系
总主编 赵金铭
审 订 世界汉语教学学会

语言测试理论及汉语测试研究

主 编 张 凯

商务印书馆

2019年·北京

图书在版编目（CIP）数据

语言测试理论及汉语测试研究/张凯主编. —北京：商务印书馆，2006（2019.4重印）
（商务馆对外汉语教学专题研究书系）
ISBN 7-100-04955-5

Ⅰ.语… Ⅱ.张… Ⅲ.汉语—语言能力—测试—研究 Ⅳ.H19

中国版本图书馆 CIP 数据核字（2006）第 025906 号

权利保留，侵权必究。

YŬYÁN CÈSHÌ LǏLÙN JÍ HÀNYǓ CÈSHÌ YÁNJIŪ
语言测试理论及汉语测试研究
主编 张 凯

商 务 印 书 馆 出 版
（北京王府井大街36号 邮政编码 100710）
商 务 印 书 馆 发 行
北 京 冠 中 印 刷 厂 印 刷
ISBN 978-7-100-04955-9

2006 年 7 月第 1 版　　开本 880×1230　1/32
2019 年 4 月北京第 2 次印刷　印张 17⅝
定价：45.00 元

总主编 赵金铭
主　编 张凯
作　者（按音序排列）

蔡云凌	常晓宇	陈　宏	陈菊咏
邓秀均	丁安琪	胡壮麟	黄春霞
李海燕	刘颂浩	马新芳	毛　悦
钱旭菁	汪　燕	王佶旻	谢小庆
于嫒颖	张　凯	周　华	

目 录

从对外汉语教学到汉语国际推广（代序） ………………… 1
综述 ……………………………………………………………… 1
第一章　语言测验的一般原理 …………………………………… 1
　　第一节　Lyle F. Bachman 谈语言测试的设计和
　　　　　　开发 ……………………………………………… 1
　　第二节　语言测验的测度和精度 ……………………… 18
第二章　有关语言能力理论的论述 …………………………… 44
　　第一节　国外语言测验领域对语言能力的研究
　　　　　　述评 ……………………………………………… 44
　　第二节　汉语能力结构差异的检验与分析 ……………… 63
　　第三节　Performance 是"运用"还是"表现" ………… 84
　　第四节　对第二语言阅读能力和写作能力关系的
　　　　　　实证分析 ……………………………………… 104
　　第五节　语言能力自我评价的效度 …………………… 128
第三章　信度的计算问题 ……………………………………… 143
　　第一节　信度估计的 γ 系数 …………………………… 143
　　第二节　主观评分信度 Longford 方法的实验 ……… 148
第四章　效度问题 ……………………………………………… 166
　　第一节　效度理论的变迁 ……………………………… 166

第二节 结构效度与汉语能力测验
　　——概念和理论 ………………………………… 200
第三节 在汉语能力测验中如何建立结构效度 …… 225
第四节 关于 construct 的译法 ……………………… 244
第五节 测量是理论的组成部分
　　——再谈构想效度 ……………………………… 247

第五章 等值技术问题 ……………………………………… 269
第一节 对 15 种测验等值方法的比较研究 ……… 269
第二节 关于统计等值效果的系列试验研究 …… 283

第六章 概化理论和 DIF 问题 …………………………… 291
第一节 概化理论及其在 HSK 测试中的应用 …… 291
第二节 多种 DIF 检测方法的比较研究 ………… 304

第七章 口语能力及口语测试 …………………………… 342
第一节 交际策略与口语测试 …………………… 342
第二节 对一次留学生话语能力测试的分析 …… 361
第三节 口语测试的组织与实施探索 …………… 375
第四节 口语分班测试题型研究 ………………… 388
第五节 论对外汉语口语测试中的提问技巧 …… 405
第六节 三类口语考试题型的评分研究 ………… 415

第八章 完形填空和词汇测试研究 ……………………… 447
第一节 汉语等距离完形填空测试报告 ………… 447
第二节 四种完形填空测试方法的信、效度检验 … 461
第三节 词汇量测试研究初探 …………………… 489

后记 ……………………………………………………… 506

从对外汉语教学到汉语国际推广
（代序）

赵 金 铭

新中国的对外汉语教学在经过 55 年的发展之后，于 2005 年 7 月进入了一个新时期。以首届"世界汉语大会"的召开为契机，我国的对外汉语教学在继续深入做好来华留学生汉语教学工作的同时，开始把目光转向汉语国际推广。这在我国对外汉语教学发展史上是一个历史的转捩点，是里程碑式的转变。

语言的传播与国家的发展是相辅相成的，彼此互相推动。世界主要大国无不不遗余力地向世界推广自己的民族语言。我们大力推动汉语的传播不仅是为了满足世界各国对汉语学习的急切需求，也是我国自身发展的需要，是国家软实力建设的一个有机组成部分，是一项国家和民族的事业，其本身就应该成为国家发展的战略目标之一。

回顾历史，对外汉语教学的每一步发展，都跟国家的发展、国际风云的变幻以及我国和世界的交流与合作息息相关。

新中国对外汉语教学肇始于 1950 年 7 月，当时清华大学开始筹办"东欧交换生中国语文专修班"，时任该校教务长的著名物理学家周培源先生为班主任;9月成立外籍留学生管理委员会,前辈著名语言学家吕叔湘先生任主任;同年12月第一批东欧学生入校学习。这是新中国对外汉语教学事业的滥觞。那时,全部留学生只有33人。十几年之后,到1964年也才达到229人。1965年猛增至3 312人。这自然与当时中国的国际地位和世界局势变化密切相关。经"文革"动乱,元气大伤。1973年恢复对外汉语教学,当时的留学生也只有383人。此后数年逐年稍有增长,至1987年达到2 044人,还没有恢复到1965年的水平。[①]

改革开放以后,特别是近十几年来,对外汉语教学事业飞速发展。从20世纪90年代开始,来华留学生数量呈逐年上升趋势,至2003年来华留学生已达8.5万人次。据不完全统计,目前全球学习汉语的人数已达3 000万。

对外汉语教学事业的蓬勃发展,一直得到国家的高度重视和大力支持。早在1988年,国家教委、国家对外汉语教学领导小组在北京召开"全国对外汉语教学工作会议"时,时任国家对外汉语教学领导小组常务副组长、国家教委副主任的滕藤同志在工作报告中,就以政府高级官员的身份第一次提出,要推动对外汉语教学这项国家与民族的崇高事业不断发展。

会议制定了明确的发展目标,即"争取在半个多世纪的时间内做到:在教学规模上能基本满足各国人民来华学习汉语的需求;在教学理论和教学方法上,赶上并在某些方面超过把本民族语作为外语教学的世界先进水平;能根据各国的需要派遣汉语

---

① 参见张亚军《对外汉语教法学》,现代出版社1990年版。

教师、提供汉语教材和理论信息；在教学、科研、教材建设及师资培养和教师培训等方面都能很好地发挥我国作为汉语故乡的作用"。[①]

今天距那时不过十几年时间，对外汉语教学的局面却发生了翻天覆地的变化。对外汉语教学不再仅仅是满足来华留学生汉语学习的需要，汉语正大步走向世界。对外汉语教学的持续、快速发展，以至汉语国际推广的迅猛展开，正是势所必至，理有固然。目前，汉语国际推广正处在全新的、催人奋进的态势之中。

国家在世界范围内推广汉语教学，我们谓之"致广大"；我们在此对对外汉语教学进行全方位的研讨，我们谓之"尽精微"。二者结合，构成我们的总体认识，这里我们希望能"博综约取"，作些回首、检视和瞻念，以寻求符合和平发展时代的汉语国际推广之路。

一　汉语作为第二语言教学的理论研究

对外汉语教学，即汉语作为第二语言教学，作为一个学科，从形成到现在不过几十年，时间不算太长，学科基础还比较薄弱，理论研究也还不够深厚。但汉语作为第二语言教学作为一个学科有它持续的社会需要，有自身的研究方向、目标和学科体系，而且更重要的是它正按照自身发展的需要，不断地从其他的有关学科里吸取新的营养。诚然，要使对外汉语教学形成跨学科的边缘学科，牵涉的领域很广，理论的概括和总结实非易事。

[①] 参见晓山《中国召开全国对外汉语教学工作会议》，《世界汉语教学》1988年第4期。

综览世界上的第二语言教学,真正把语言教学(在西方,"语言教学"往往是指现代外语教学)作为一门独立学科而建立是在上一个世纪60年代中叶。

桂诗春曾引用Mackey(1973)说过的一句意味深长的话:"(语言教学)要成为独立的学科,就必须像其他科学那样,编织自己的渔网,到人类和自然现象的海洋里捞取所需的东西,摒弃其余的废物;要能像鱼类学家阿瑟·埃丁顿那样说,'我的渔网里捞不到的东西不会是鱼'。"[①]

应用语言学是一门独立的交叉学科,分广义和狭义两种。狭义的应用语言学研究语言教学。广义的应用语言学指应用于实际领域的语言学,除传统的语言文字教学外,还包括语言规划、语言传播、语言矫治、辞书编纂等。我们这里取狭义的理解,即指语言教学,主要研究汉语作为第二语言教学或外语教学。所以,我们说对外汉语教学是应用语言学,或者说是应用语言学的一个分支学科。我们把对外汉语教学归属于应用语言学,或者说对外汉语教学的上位是应用语言学。

应用语言学作为一门应用型的交叉学科,它的基本特点是在学科中间起中介作用,即把各种与外语教学有关的学科应用到外语教学中去。组织外语教学的许多重要环节(如教育思想、教学管理、教学组织、教学安排、教材、教法、教具、测试、教师培训等等),既有等级的,也有平面的关系。而教学措施上升为理论之后,语言教学就出现了很大的变化。[②] 那么,这些具有不同

---

① 参见桂诗春《外国语言学及应用语言学研究》第一辑发刊词,首都师范大学外国语学院主办,中央编译出版社2002年版。

② 参见桂诗春《外语教学的认知基础》,《外语教学与研究》2005年第4期。

等级的或处于同一平面的各种关系是如何构筑成对外汉语教学的学科理论的呢？

李泉在总结对外汉语教学学科基本理论时，提出应由四部分组成：(1)学科语言理论，包括面向对外汉语教学的语言学及其分支学科理论，面向对外汉语教学的汉语语言学；(2)语言学习理论，包括基本理论研究、对比分析、偏误分析和中介语理论；(3)语言教学理论，包括学科性质理论、教学原则和教学法理论；(4)跨文化交际理论。①

这些理论，在某种意义上都有其自身存在的客观规律，这也是作为学科的对外汉语教学所必须遵循的。我们尤其应该强调的是对语言教学理论的应用，这个应用十分重要，事关教学质量与学习效率，这个应用包括教学设计与技巧、汉语测试的设计与实施。只有应用得当，理论才发生效用，才能在教学和学习过程中起提升与先导作用。

几十年来，我们一直把对外汉语教学作为一个学科来建设，建设中也是从理论与应用两方面来思考的。陆俭明在探讨把汉语作为第二语言教学当作一个独立的学科来建设时，提出了更高的要求，他认为这个学科应有它的哲学基础，有一定的理论支撑，有明确的学科内涵，有与本学科相关的、起辅助作用的学科。② 我们认为，所谓的哲学基础，关涉到对语言本质的认识，反映出不同的语言观。比如语言是一种交际工具，还是一种能

---

① 参见李泉《对外汉语教学的学科基本理论》，《海外华文教育》2002年第3、4期。

② 参见陆俭明《增强学科意识，发展对外汉语教学》，《世界汉语教学》2004年第1期。

力？语言是先天的，还是后得的？这都关系着语言教学的发展，特别是教学法与教学模式的确立。总之，我们应树立明确的学科意识，共同致力于对外汉语教学的学科理论建设。

二　关于学科研究领域

汉语作为第二语言教学，作为一个学科，业内是有共识的，并且希望参照世界上第二语言教学的学科建设，来完善和改进汉语作为第二语言教学的学科体系，不断推进学科建设的开展，其中什么是学科的本体研究，是首先要考虑的问题。

本体的观念是古希腊亚里士多德范畴说的核心。亚里士多德把现实世界分成本体、数量、性质、关系、地点、时间、姿态、状况、动作、遭受等十个范畴。他认为，在这十个范畴中，本体占有第一的、特殊的位置，它是指现实世界不依赖任何其他事物而独立存在的各种实体及其所代表的类。从意义特征上看，本体总是占据一定的时间，是看得见、摸得着的事物。其他范畴则是附庸于本体的，非独立的，是本体的属性，或者说是本体的现象。因此，本体是存在的中心。[1]

早在上世纪末，对外汉语教学界就有人提出对外汉语教学"本体研究"和"主体研究"的观点。"对外汉语教学学科研究的领域，概而化之，可分为两大板块：一是对汉语言本身，包括汉语语音、词汇、语法和汉字等方面的研究，可谓之学科本体研究；二是对作为第二语言教学的汉语理论与实践体系和学习与习得规

---

[1] 参见姚振武《论本体名词》，《语文研究》2005 年第 4 期。

律、教学规律、途径与方法论的研究,可谓之学科的主体研究。学科本体研究是学科主体研究的前提与基础,学科主体研究是学科本体研究的目的与延伸。对这种学科本体、主体研究的辩证关系的正确认识与把握,是至关重要的,它关系着对外汉语教学学科发展的方向与前途。否则,在学科理论研究上,就容易偏颇、失衡,甚至造成喧宾夺主。"①

不难看出,这里所说的"本体研究"即为"知本",它占有第一的、特殊的位置,是存在的中心。这里所说的"主体研究"即为"知通",是附庸于本体的,本固枝荣,只有把作为第二语言的汉语研究透、研究到家,在此基础上"教"与"学"的研究才会不断提高。

我国对外汉语教学的历史毕竟不长,经验也不足,对于汉语作为第二语言教学之本体研究,也还存在不同的认识。当然,若从研究领域的角度来看,大家是有共识的。只是观察的视角与侧重考虑的方面有所不同。总的说来,对对外汉语教学的基础研究还应进一步地深入思考,以期引起有关方面的足够重视。

对此,陆俭明是这样认识的:"在这世纪之交,有必要在回顾、总结我国对外汉语教学的基础上,认真思考并加强汉语作为第二语言的本体研究,特别是对外汉语教学的基础研究。汉语作为第二语言之本体研究,按我现在的认识和体会,应包括以下五部分内容:第一部分是,根据汉语作为第二语言教学的需要而开展的服务汉语教学的语音、词汇、语法、汉字之研究。第二部分是,根据汉语作为第二语言教学需要而开展的学科建设理论

---

① 参见杨庆华《对外汉语教学研究丛书·序》,北京语言文化大学出版社1997年版。

研究。第三部分是，根据汉语作为第二语言教学需要而开展的教学模式理论研究。第四部分是，根据汉语作为第二语言教学需要而开展的各系列教材编写的理论研究。第五部分是，根据汉语作为第二语言教学需要而开展的汉语水平测试及其评估机制的研究。"①这里既包括理论研究的内容，也包括应用研究的内容，可供参酌。根据第二语言教学的三个组成部分的思想，即"教什么""怎样学""如何教"，上述的观点非常正确地强调了"教什么"和"如何教"的研究，却未包括"怎样学"的研究。

陆先生认为，对外汉语教学学科的本体研究必须紧紧围绕一个总的指导思想来展开，这个总的指导思想是："怎么让一个从未学过汉语的外国留学生在最短的时间内能最快、最好地学习好、掌握好汉语。"②正是基于这样的指导思想，才有上述五个方面的研究。

业内也有人从研究对象的角度出发，认为"教学理论是对外汉语教学的本体理论"。吕必松认为，"每一门学科都有自己特定的研究对象，这种特定的研究对象就是这门学科的本体。那么，"对外汉语教学的研究对象是作为第二语言的汉语教学，作为第二语言的汉语教学就是对外汉语教学研究的本体"。③

我们认为，几十年来，对外汉语教学这门学科的建设取得了长足的进步与巨大的发展。它由初始阶段探讨学科的命名，学科的性

---

① 参见陆俭明《汉语作为第二语言之本体研究》，载《作为第二语言的汉语本体研究》，外语教学与研究出版社 2005 年版。

② 参见陆俭明《增强学科意识，发展对外汉语教学》，《世界汉语教学》2004 年第 1 期。

③ 参见吕必松《谈谈对外汉语教学的性质与对外汉语教学的本体理论研究》，载《语言教育与对外汉语教学》，外语教学与研究出版社 2005 年版。

质和特点,学科的定位、定性和定向,发展到今天,概括汉语作为第二语言教学需要而开展的服务于汉语教学的汉语本体研究,与教学研究互动结合已成为学科建设的主要内容,教学理论与学习理论研究,形成有力的双翼,加之现代教育技术的应用,从而最终构架并完善了学科体系。对外汉语教学作为第二语言教学或外语教学,经业内同仁几代人的苦心孤诣、惨淡经营,目前在世界上汉语作为第二语言教学领域已占主流地位,这是值得欣慰的。

对于学科建设上的不同意见,我们主张强调共识,求大同存小异。面对欣欣向荣、蓬勃发展的"汉语国际推广"的大好局面,共同搞好汉语作为第二语言教学的学科建设,以便为"致广大"的事业尽力,是学界同仁的共同愿望。因此,我们赞赏吕必松下面的意见,并希望能切实付诸学术讨论之中:

"我国对外汉语教学界在对外汉语教学的学科性质和特点等问题上一直存在着不同的意见。因为对外汉语教学是一门年轻的学科,学科理论还不太成熟,出现分歧在所难免。就是学科理论成熟之后,也还会出现新的分歧。开展不同意见的讨论和争论,有利于学科理论的发展。"[①]

三 关于汉语作为第二语言研究

汉语作为第二语言研究,不少人简称为"对外汉语研究"。比如上海师范大学创办的刊物就叫《对外汉语研究》,已由商务

---

① 参见吕必松《语言教育与对外汉语教学·前言》,外语教学与研究出版社2005年版。

印书馆于2005年出版了第一期。

1993年,中共中央和国务院颁布了《中国教育改革和发展纲要》,里面提到要"大力加强对外汉语工作"。此后,在我国的学科目录上"对外汉语"专业作为学科的名称出现。

汉语作为一种语言,自然没有区分为"对外"和"对内"的道理,这是尽人皆知的。我们理解所谓的"对外汉语",其实质为"作为第二语言的汉语",也即"汉语作为第二语言"。它是与汉语作为母语相对而言的。在业内,在"对外汉语"的"名"与"实"的问题上,也存在着不同意见。我们认为,随着"汉语国际推广"大局的推进,"对外汉语教学"无论从内涵还是外延看都不能满足已经变化了的形势。我们主张从实质上去理解,也还因为"名无固宜","约定俗成"。

在这个问题上,我们同意刘珣早在2000年就阐释清楚的观点:"近年来出现了'对外汉语'一词。起初,连本学科的不少同仁也觉得这一术语难以接受。汉语只有一个,不存在'对外'或'对内'的不同汉语。但现在'对外汉语'已逐渐为较多的人所认同,而且已成为专业目录上我们专业的名称(专业代码050103)。这一术语的含义也许应理解为'作为第二语言教学与研究的汉语',也就是从一个新的角度来研究汉语。""对外汉语教学是汉语作为第二语言的教学,它与汉语作为母语的教学的巨大差别也体现在教学内容,即所要教的汉语上,这是从对外汉语教学事业初创阶段就为对外汉语教学界所重视的问题。"[①]

---

① 参见刘珣《近20年来对外汉语教育学科的理论建设》,《世界汉语教学》2000年第1期。

汉语作为第二语言，这是对外汉语教学的主要内容，是要解决"教什么"的问题，故而对外汉语作为第二语言的研究就成为学科建设的极其重要的组成部分，随着国家"汉语国际推广"战略的提出，汉语作为第二语言教学，无论从学术研究上，还是从应用研究上，都会得到极大的提升，名实相副的情况，当会出现。

还有人从另一个新的角度，即世界汉语教育史的研究，阐释了作为第二语言的汉语研究之必要，张西平说："世界汉语教育史是一个全新的研究领域。这一领域的开拓必将极大地拓宽我们汉语作为第二语言教学的研究范围，使学科有了深厚的历史根基。我们可以从汉语作为第二语言教学的悠久历史中总结、提升出真正属于汉语本身的规律。"[①]

那么，服务于对外汉语教学的汉语本体研究，或称作作为第二语言的汉语本体研究，其核心是什么呢？潘文国对此作出解释：所谓"对外汉语研究，应该是一种以对比为基础、以教学为目的、以外国人为对象的汉语本体研究"。[②]

我们认为，"对外汉语"作为一门科学，也是一门学科，首先应从本体上把握，研究它不同于其他学科的本质特点及其成系统、带规律的部分，这也就是"对外汉语研究"，也就是汉语作为第二语言的研究。

这种汉语作为第二语言的研究，以及汉语作为第二语言的教学研究和汉语作为第二语言的学习研究，加之所有这些研究

---

① 参见张西平《简论世界汉语教育史的研究物件和方法》，载李向玉等主编《世界汉语教育史研究》，澳门理工学院 2005 年印制。

② 参见潘文国《论"对外汉语"的科学性》，《世界汉语教学》2004 年第 1 期。

所依托的现代科技手段和现代教育技术,共同构筑了对外汉语教学研究的基本框架。这就是我们所说的本体论、方法论、认识论和工具论。①

从接受留学生最初的年月,对外汉语教学的前辈们就十分注意汉语作为第二语言的研究。这是因为"根本的问题是汉语研究问题,上课许多问题说不清,是因为基础研究不够"。也可以说"离开汉语研究,对外汉语教学就无法前进"。②

我们这里分别对作为第二语言的汉语语音、词汇、语法和汉字的研究与教学略作一番讨论,管中窥豹,明其现状,寻求改进。

(一)作为第二语言的汉语语音

作为第二语言的汉语语音的研究与教学,近年来因诸多原因,重视不够,有滑坡现象,最明显的是语音教学阶段被缩短,以至于不复存在;但是初始阶段语音打不好基础,将会成为顽症,纠正起来难上加难。本来,对外汉语教学界曾有很好的语音教学与研究的传统,有不少至今仍可借鉴的研究成果,包括对汉语语音系统的研究和对《汉语拼音方案》的理解与应用,遗憾的是,近来的教材都对此重视不够。

比如赵元任先生那本《国语入门》,大部分是语音教学,然后慢慢地才转入其他。面对目前语音教学的局面,著名语音学家、对外汉语教学的前辈林焘先生发出了感慨:"发展到今天,语音

---

① 参见赵金铭《对外汉语研究的基本框架》,《世界汉语教学》2001年第3期。
② 参见朱德熙《在纪念〈语言教学与研究〉创刊10周年座谈会上的发言》,《语言教学与研究》1989年第3期。

已经一天一天被压缩,现在已经产生危机了。我们搞了52年,外国人说他们学语音还不如在国外。这说明我们在这方面也是太放松了,过于急于求成了,就把基础忘掉了。语音和文字是两个基础,起步我们靠这个起步;过于草率了,那么基础一没打稳,后边整个全过程都会受影响。"①加强语音教学是保证汉语教学质量的重要一环,无论是教材还是课堂教学,语音都不应被忽视。

(二) 作为第二语言的汉语词汇

长期以来,在汉语作为第二语言教学中,比较重视语法教学,而在某种程度上却忽视了词汇教学的重要性,使得词汇研究和教学成为整个教学过程中的薄弱环节。

其实,在掌握了汉语的基本语法规则之后,还应有大量的词汇作基础,尤其应该掌握常用词的不同义项及其功能和用法,唯其如此,才能真正学会汉语,语法也才管用,这是因为词汇是语言的唯一实体,语法也只有依托词汇才得以存在。学过汉语的外国人都有这样的体会,汉语要一个词一个词地学,要掌握每一个词的用法,日积月累,最终才能掌握汉语。近年来,我们十分注意汉语词汇及其教学的研讨,尤其注重词汇的用法研究。

有两件标志性的事可资记载:

一是注重对外汉语学习词典的编纂研究。2005年在香港

---

① 参见林焘(2002)的座谈会发言,载《继往开来——新中国对外汉语教学52周年座谈会纪实》,北京语言大学内部资料。

城市大学召开了"对外汉语学习词典国际研讨会",其特色是强调计算语言学家和词典学家密切合作,依据语料库语言学编纂学习词典的思路,为对外汉语教学的词汇教学与学习服务,有力地推动了汉语的词汇研究与教学。

二是针对汉语词汇教学中的重点,特别是中、高级阶段,词义辨析及用法差异是教学之重点,学界努力打造一批近义词辨析词典,从释义、功能、用法方面详加讨论。例如《汉英双语常用近义词用法词典》《对外汉语常用词语对比例释》《汉语近义词词典》《1700对近义词语用法对比》。①

这些词典各有千秋,在释文、例证、用法、英译等方面各有特色,能在一定程度上满足汉语教学和学习者的需要。

(三)作为第二语言的汉语语法

作为第二语言教学的汉语语法研究与语法教学研究,如果从数量上看一直占有最大的分量,这当然与它受到重视有关。近年来,汉语语法研究范围更加广泛,内容也更加细致、深入,结合教学的程度也更加紧密,达到了前所未有的高度。

首先,理清了理论语法与教学语法之关系,为汉语作为第二语言教学语法的研究理清了思路。理论语法是教学语法的来源与依据,教学语法的体系可灵活变通,以便于教学为准。目前,

---

① 参见邓守信主编《汉英双语常用近义词用法词典》,北京语言学院出版社1996年版;卢福波编著《对外汉语常用词语对比例释》,北京语言文化大学出版社2000年版;马燕华、庄莹编著《汉语近义词词典》,北京大学出版社2002年版;王还主编《汉语近义词词典》,北京语言大学出版社2005年版;杨寄洲、贾永芬编著《1700对近义词语用法对比》,北京语言大学出版社2005年版。

教学语法虽更多地吸收传统语法的研究成果,而一切科学的语法都会对汉语作为第二语言教学语法有帮助。教学语法是在不断地吸收各种语法研究成果中迈步、发展和不断完善的。

其次,对汉语作为第二语言的教学语法进行了科学的界定,即:第二语言的教学目的决定了教学语法的特点,它主要侧重于对语言现象的描写和对规律、用法的说明,以方便教学为主,也应具有规范性。

再次,学界认为应建立一部汉语作为第二语言教学的汉语教学参考语法,无论是编写教材,还是从事课堂教学,或是备课、批改作业,都应有一部详细描写汉语语法规则和用法的教学参考语法作为依据。其中应体现汉语作为第二语言教学的自己的语法体系,应有语法条目的确定与教学顺序的排序。

最后,应针对不同母语背景的教学对象,排列出不同的语法点及其教学顺序。事实证明,很难排出适用于各种母语学习者的共同的语法要点及其顺序表。

对欧美学生来说,受事主语句、存现句、主谓谓语句,以及时间、地点状语的位置,始终是学习的难点,同时也体现汉语语法特点。而带有普遍性的语法难点,则是"把"字句、各类补语以及时态助词"了""着"等。至于我们所认为的特殊句式,其实并非学习的难点,比如连动句、兼语句、"是"字句、"有"字句以及名词谓语句、形容词谓语句。这也是从多年教学中体味出的。

(四)汉字研究与教学

汉字教学是对外汉语教学的重要组成部分。然而,与其他汉语要素相比,汉字教学从研究到教学一直处于滞后状态。为了改变这一局面,除了加强对汉字教学的各个环节的研究之外,要突破汉字教学的瓶颈,首先应澄清对汉字的误解,建立起科学的汉字观。汉字本身是一个系统,字母本身也是一个系统。字母属于字母文字阶段,汉字属于古典文字阶段,它们是一个系统的两个阶段。这个概念的改变影响很大,这是科学的新认识。①当我们把汉字作为一个科学系统进行研究与教学时,要清醒地认识到汉字是汉语作为第二语言教学与其他第二语言教学的重要区别之一。在对外汉语教学中,究竟采用笔画、笔顺教学,还是以部件教学为主,或是注重部首教学,抑或是从独体到合体的整字教学,都有待于通过教学试验,取得相应的数据,寻求理论支撑,编出适用的教材,寻求汉字教学的突破口,从而使汉语书面语教学质量大幅度提高。与汉字教学相关的还应注意"语"与"文"的关系之探讨,字与词的关系的研究,以及汉语教材与汉字教材的配套,听说与读写之关系等问题的研究。

四 关于汉语作为第二语言教学研究

我们所说的教学研究,包括以下五个部分:课程教学设计、教学方法与教学技巧、教材编写理论与实践、语言测试理论与汉语考试、跨学科研究之一——现代教育技术在教学中的应用。

(一)关于教学模式研究

近年来,对外汉语教学界尤其注重教学模式的研究,寻求教

---

① 参见周有光《百岁老人周有光答客问》,《中华读书报》2005年1月22日。

学模式的创新。什么是教学模式？教学模式是指具有典型意义的、标准化的教学或学习范式。

具体地说，教学模式是在一定的教学理论和教学思想指导下，将教学诸要素科学地组成稳固的教学程序，运用恰当的教学策略，在特定的学习环境中，规范教学课程中的种种活动，使学习得以产生。① 更加概括简洁的说法则为：教学模式，指课程的设计方式和教学的基本方法。②

教学模式具有不同的类型。我们所说的对外汉语教学模式，就是从汉语和汉字的特点及汉语应用的特点出发，结合汉语作为第二语言的教学理论，遵循大纲的要求，提出一个全面的教学规划和实施方案，使教学得到最优化的组合，产生最好的教学效果。这是一种把汉语作为第二语言教学的特定的教学模式。

教学模式研究表现在课程设计上，业内主要围绕着"语"和"文"的分合问题而展开，由来已久，且持续至今。

早在1965年，由钟梫执笔整理成文的《十五年汉语教学总结》就对"语"与"文"的分合及汉字问题进行了讨论。③ 当时提出三个问题：

1. 有没有学生根本不必接触汉字，完全用拼音字母学汉语？即学生只学口语，不学汉字。当时普遍认为，这种学生根本不必接触汉字。

---

① 参见周淑清《初中英语教学模式研究》，北京语言大学出版社2004年版。
② 参见崔永华《基础汉语教学模式的改革》，《世界汉语教学》1999年第1期。
③ 参见钟梫(1965)《十五年汉语教学总结》，载《语言教学与研究》(试刊，第4期，1977年内部印刷)，又收入盛炎、砂砾编《对外汉语教学论文选评》，北京语言学院出版社1993年版。

2. 需要认汉字的学生是否一定要写汉字？即"认"与"写"的关系。一种意见认为不写汉字势必难以记住，"写"是必要的；另一种意见认为，"认离不开写"这一论点根本上不能成立，即不能说非动笔写而后才能认，也就是说"认"和"写"可以分离。

3. 需要认（或认、写）汉字的学生是不是可以先学"语"后学"文"呢？后人的结论是否定了"先语后文"，采用了"语文并进"。而"认汉字"与"写汉字"也一直是同步进行的。

这种"语文并进""认写同步"的教学模式，从上世纪50年代起一直是占主流的教学模式，延续至今。80年代以后，大多沿用以下三种传统教学模式："讲练—复练"模式，"讲练—复练＋小四门（说话、听力、阅读、写作）"模式，"分技能教学"模式。

目前，对外汉语教学界广泛使用的是一种分技能教学模式，以结构—功能的框架安排教学内容，采用交际法和听说法相结合的综合教学法。这种教学模式大约在80年代定型。

总的看来，对外汉语教学界所采用的教学模式略显单调，似嫌陈旧。崔永华认为："从总体上看，这种模式反映的是60年代至70年代国际语言教学的认识水平。30年来，国内外在语言学、第二语言教学、语言心理学、语言习得研究、语言认知研究等跟语言教学相关的领域中都取得了巨大的进步，研究和实验成果不可计数。但是由于种种原因，目前的教学模式对此吸收甚少。"[①]

这种局面应该改变，今后，应在寻求反映汉语和汉字特点的教学模式的创新上下功夫，特别要提升汉字教学的地位，特别要

[①] 参见崔永华《基础汉语教学模式的改革》，《世界汉语教学》1999年第1期。

注意语言技能之间的平衡,大力加强书面语教学,着力编写与之相匹配、相适应的教材,进行新的教学实验,切实提高汉语的教学质量。

(二)教学法研究

教学方法研究至关重要。"用不同的方法教外语,收效可以悬殊。"①对外汉语教学界历来十分注重教学方法的探讨。早在1965年之前,对外汉语教学界就创造了"相对的直接法"的教学方法,强调精讲多练,加强学生的实践活动。同时,通过大量的练习,画龙点睛式地归纳语法。②

但是,对外汉语教学还是一个年轻的学科,教学法的研究多借鉴国内外语教学法的研究,这也是很自然的事情。而国内外语教学法的研究,又是跟着国外英语教学法的发展亦步亦趋。有人这样描述:

"纵观20世纪国外英语教学法历史,对比当前主宰中国英语教学的各种模式,不难发现很多早被国外唾弃的做法或理念,却仍然被我们的英语老师墨守成规地紧追不放。"③

对外汉语教学界也有类似情况。在上个世纪70年代,当我们大力推广"听说法",强调对外汉语教学应"听说领先"时,这个产生于40年代末的教学法,已并非一家独尊。潮流所向,人们

---

① 参见吕叔湘《语言与语言研究》,载《语文近著》,上海教育出版社1987年版。

② 参见钟梫(1965)《十五年汉语教学总结》,载《语言教学与研究》(试刊,第4期,1977年内部印刷),又收入盛炎、砂砾编《对外汉语教学论文选评》,北京语言学院出版社1993年版。

③ 参见丁杰《英语到底如何教》,《光明日报》2005年9月14日。

已不再追求最佳教学法,而转向探讨各种有效的教学法路子。70年代至80年代,当我们在教学中引进行为主义,致力于推行"结构法"和"句型操练"之时,实际上行为主义在国际上已逐渐式微,而代之以基于认知心理学的"以学生为中心"的认知法。

在国际外语教学界,以结构为主的传统教学法与以交际为目的的功能教学法交替主宰语言教学领域之后,80年代末至90年代初,在英语教学领域"互动性综合教学法"便应运而生,盛行一时。所谓综合,偏重的是内容;所谓互动,强调的是方法。[①]

90年代末,体现这种互动关系的任务式语言教学模式在欧美逐渐兴盛起来。这种教学方法的基本理论可概括为:通过"任务"这一教学手段,让学习者在实际交际中学会表达思想,在过程中不断接触新的语言形式并发展自己的语言系统。

任务法是交际教学法中提倡学生"通过运用语言来学习语言",这一强势交际理论的体现,突出之处是"用中学",而不是以往交际法所强调的"学以致用"。

这种通过让学生完成语言任务来习得语言的模式,既符合语言习得规律,又极大地调动了学习者学习的积极性,本身也具有极强的实践操作性。因此,很受教师和学生的欢迎。以至于"20世纪末、21世纪初在应用语言学上可被称为任务时代"。[②]

在我国英语教学界,人民教育出版社于2001年遵循任务型教学理念编写并出版了初中英语新教材《新目标英语》,并在若干中学进行教学模式试验,取得了可喜的成绩。在对外汉语教

[①] 参见王晓钧《互动性教学策略及教材编写》,《世界汉语教学》2005年第3期。

[②] 参见周淑清《初中英语教学模式研究》,北京语言大学出版社2004年版。

学界,马箭飞基于任务式大纲从交际范畴、交际话题和任务特性三个层次对汉语交际任务项目进行分类,提出建立以汉语交际任务为教学组织单位的新教学模式的设想,并编有教材《汉语口语速成》(共五册)。①

这种交际教学理论在教学中被不断应用,影响所及,所谓"过程写作"教学即其一。"写"是重要的语言技能之一,"过程写作法"认为:写作是一个循环式的心理认知过程、思维创作过程和社会交互过程。写作者必须通过写作过程的一系列认知、交互活动来提高自己的认知能力、交互能力和书面表达能力。②

过程写作的宗旨是:任何写作学习都是一个渐进的过程。这个过程需要教师的监督指导,更需要通过学生自身在这个过程中对文章立意、结构及语言的有意学习。由过程写作引发而建立起来的过程教学法理论,也对第二语言教学的大纲设计、语法教学、篇章分析等产生了深刻的影响。③

交际语言教学理论的另一个发展,是近几年来在西方渐渐兴起的体验式教学。这种教学法的特点是把文化行为训练纳入对外汉语教学之中,而不主张单纯从语言交际角度看待外语教学。在整个教学过程中,自始至终贯穿着"角色"和"情景"的观念。2005 年,我国高等教育出版社出版有陈作宏、田艳编写的《体验汉语》系列教材,是这种理念的一次尝试。

---

① 参见马箭飞《任务式大纲与汉语交际任务》,《语言教学与研究》2002 年第 4 期。

② 参见陈玫《教学模式与写作水平的相互作用——英语写作"结果法"与"过程法"对比实验研究》,《外语教学与研究》2005 年第 6 期。

③ 参见杨俐《过程写作的实践与理论》,《世界汉语教学》2004 年第 1 期。

今天，在教学法研究中人们更注重过程，外语教学是个过程，汉语作为第二语言教学也是一个过程。过程是组织外语教学不可忽视的因素。桂诗春说："在70年代之前，人们认为提高外语教学质量的关键是教学方法，后来才发现教学方法只是起局部的作用。"[①]我们已经认识到并接受了这样的观点。

现在我们可以说，汉语作为第二语言教学在教学法研究方面，我们已经同世界上同类学科的研究相同步。

（三）教材研究与创新

教材的创新已经提出多年，教材也已编出上千种，但无论是数量还是质量均不能完全满足世界上学习汉语的热切需求。今后的教材编写，依然应该遵循过去总结出来的几项原则：(1)要讲求科学性。教材应充分体现汉语和汉字的特点，突破汉字教学的瓶颈，要符合语言学习规律和语言教学规律。体系科学，体例新颖。(2)要讲求针对性。教材要适应不同国家(地区)学习者的特点，特别要注意语言与文化两方面的对应性。不同的国家(地区)有不同的文化、不同的国情与地方色彩，要特别加强教材的文化适应性。因为"语言是文化的符号，文化是语言的管轨"[②]，二者相辅相成。因此，编写国别教材与地区教材，采取中外合编的方式，是今后的发展方向。(3)要讲求趣味性。我们主张教材的内容驱动的魅力，即进一步提升教材内容对学习者的驱动魅力。有吸引力的语言材料可以引起学习者浓厚的学习兴

---

① 参见桂诗春《外国语言学及应用语言学研究》第一辑发刊词，首都师范大学外国语学院主办，中央编译出版社2002年版。

② 参见邢福义《文化语言学·序》，湖北教育出版社2000年版。

趣。要靠教材语言内容的深厚内涵,使人增长知识,启迪学习;要靠教材的兴味,使人愉悦,从而乐于学下去。(4)要注重泛读教材的编写。要保证书面语教学质量的提高,必须编有大量的、适合各学习阶段的泛读教材。远在1956年以前就曾有人提出"学习任何一种外语都离不开泛读"。认为"精读给最必需的、要求掌握得比较牢固的东西,泛读则可以让学生扩大接触面,通过大量、反复阅读,也可以巩固基本熟巧"。[①] 遗憾的是,长期以来,我们忽视了泛读教材的建设。

(四) 汉语测试研究

语言测试应包括语言学习能力测试、语言学习成绩测试和语言水平测试。前两种测试的研究相对薄弱。学能测试多用于分班,成绩测试多由教师自行实施。而汉语水平考试(HSK)取得了可观的成绩,让世界瞩目。HSK是一项科学化程度很高的标准化考试。评价一个考试的科学化程度,最关键的是看它的信度和效度。所谓信度,就是考试的可靠性。一个考生在一定的时段内无论参加几次HSK考试,成绩都是稳定的,这就是信度高。所谓效度,就是能有效地测出考生真实的语言能力。HSK信守每一道题都必须经过预测,然后依照区分度选取合适的题目,从而保证了试卷的科学水准。目前,国家汉办又开发研制了四项专项考试:HSK(少儿)、HSK(商务)、HSK(文秘)、HSK(旅游)。这些考试将类似国外的

---

① 参见钟梫(1965)《十五年汉语教学总结》,载《语言教学与研究》(试刊,第4期,1977年内部印刷),又收入盛炎、砂砾编《对外汉语教学论文选评》,北京语言学院出版社1993年版。

TOEIC。HSK作为主干考试,测出考生汉语水平,可作为入学考试的依据。而四个分支考试,是一种语言能力考试,它将测出外国人在特殊职业环境中运用语言的能力。主干考试与分支考试形成科学的十字结构。目前,HSK正致力于改革,在保证科学性的前提下,考虑学习者的广泛需求,鼓励更多的人参加考试,努力提高汉语学习者的兴趣,吸引更多的人学习汉语,以适应汉语国际推广的需要。与此同时,"汉语水平计算机辅助自适应考试"正在研制中。

(五) 跨学科研究

近十几年来,对外汉语教学界的跨学科研究意识越来越强烈,集中表现在两个方面。一方面是与心理学、教育学等相结合进行的学习研究。另一方面便是与信息科学和现代教育技术的结合,突出体现在对外汉语计算机辅助教学的研究与开发上。

对外汉语计算机辅助教学是个大概念。我们可以从三个不同的角度来观察。

一是中文信息处理与对外汉语教学。研究重点是以计算语言学和语料库语言学为指导,研究并开发与对外汉语教学相关的语料库,如汉语中介语语料库、对外汉语多媒体素材库和资源库,以及汉语测试题库等。这些库的建成,有力地推动了教学与研究的开展。

二是计算机辅助汉语教学,包括在多媒体条件下,对学习过程和教学资源进行设计、开发、运用、管理和评估的理论与实践,比如多媒体课堂教学的理论与实践,多媒体教材的编写与制作,多媒体汉语课件的开发与运用。这一切给传统的教学与学习带来一场革命，运用得当，师生互动互利，教学效果会明显提高。目前国家对外汉语教学领导小组办公室正陆续推出的重大项目《长城汉语》，就是一种立体化的多媒体系列教材。

三是对外汉语教学网站的建立和网络教学的研究与开发。诸如远程教学课件的设计、网络教学中师生的交互作用等，都是研究的课题。中美网络语言教学项目所研制的《乘风汉语》是目前网络教材的代表作。

所有这一切都离不开对现代教育技术的依托。诸如影视技术、多媒体技术、网络技术以及虚拟现实技术等在教学与研究中都有广泛应用。

放眼未来，人们越来越认识到计算机辅助教学的作用与前景。当然，与此同时，仍然应当注重面授的优势与不可替代性。教师的素质、教师的水平、教师的指导作用仍然不容忽视，并有待不断提高。

五　关于汉语作为第二语言的学习研究

20 世纪 90 年代，对外汉语教学学科理论研究的一个重要进展是开拓了语言习得理论的研究。[①] 近年来汉语习得研究更显上升趋势。

中国的对外汉语教学中的学习研究，因诸多因素，起步较晚。80 年代初期，国外有关第二语言习得理论开始逐渐被引

[①]　参见李泉《对外汉语教学学科理论研究概述》，载《对外汉语教学理论思考》，教育科学出版社 2005 年版。

进,对外汉语教学研究的重心也逐步从重视"教"转向对"学"的研究。回顾近20年来对外汉语教学领域的第二语言习得研究,主要集中于四个方面:汉语偏误分析、汉语中介语研究、汉语作为第二语言的习得过程研究、汉语习得的认知研究。而从学习者的外部因素、内部因素以及学习者的个体差异三个侧面对学习者进行研究,还略嫌薄弱。

学习研究是逐步发展起来的,徐子亮将20年的对外汉语学习理论研究历史划分为三个阶段:1992年以前,在语言对比分析的基础上,致力于外国人学汉语的偏误分析;1992—1997年,基于中介语理论研究的偏误分析成为热点,并开始转向语言习得过程的研究;1998—2002年,在原有基础上研究深化、角度拓展,出现了学习策略和学习心理等研究成果。研究方法向多样化和科学化方向发展。[①]

汉语认知研究与汉语习得研究是两个并不相同的研究领域。对外汉语教学的汉语认知研究是对把汉语作为第二语言的学习者的汉语认知研究(或简称非母语的汉语认知研究)。国内此类研究始于20世纪90年代后期,20世纪90年代末和本世纪初是一个成果比较集中的时期。因其使用严格的心理实验方法,研究范围包括:学习策略的研究、认知语言学基本理论的研究、汉语隐喻现象研究、认知域的研究、认知图式的研究、语境和语言理解的研究等。[②] 我国心理学界做了不少母

---

① 参见徐子亮《对外汉语学习理论研究二十年》,《世界汉语教学》2004年第4期。

② 参见崔永华《二十年来对外汉语教学研究热点回顾》,《语言文字应用》2005年第1期。

语为汉语者的汉语认知研究,英语教学界也做了一些外语的认知研究,而汉语作为第二语言的学习者的汉语认知研究,还有待深入。

语言学习理论的研究方法是跨学科的。彭聃龄认为:"语言学习是一个极其复杂的过程,其自变量、因变量的关系必须通过实验法和测验法相结合来求得。实验可求得因果,测验能求得相关,两者结合才能得出可靠的结论。"①

汉语作为第二语言的习得与认知研究,以理论为导向的实验研究已初见成果。与国外同类研究相比,我们的研究领域还不够宽,研究的深度也有待提高。在研究方法上,经验式的研究还比较多,理论研究比较少;举例式研究比较多,定量统计分析少;归纳式研究多,实验研究少。总之,与国外第二语言习得与认知研究相比,我们还有许多工作要做。②

今后,对外汉语学习理论研究作为一个可持续发展的领域,还必须在下列方面进行努力:(1)突出汉语特点的语言学习理论研究;(2)加强跨学科研究;(3)研究视角的多维度、内容的丰富与深化;(4)研究方法改进与完善;(5)理论研究成果在教学实践中的应用。③

这五个方面的努力,会使学习理论研究这个很有发展前景

---

① 参见《语言学习理论座谈会纪要》,载《世界汉语教学》编辑部、《语言文字应用》编辑部、《语言教学与研究》编辑部合编《语言学习理论研究》,北京语言学院出版社1994年版。

② 参见王建勤《汉语作为第二语言的习得研究·前言》,北京语言文化大学出版社1997年版。

③ 参见徐子亮《对外汉语学习理论研究二十年》,《世界汉语教学》2004年第4期。

的领域,为进一步丰富学科基础理论发挥重要作用。

六 回首·检视·瞻念

(一) 回首

回首近十几年来,正是对外汉语教学如火如荼蓬勃发展的时期,学科建设取得了令人瞩目的成绩。赅括言之如下:

1. 明确了对外汉语教学的学科定位,对外汉语教学在国内是汉语作为第二语言教学,在国外(境外)是汉语作为外语教学。目前,汉语国际推广的大旗已经揭起,作为国家战略发展的软实力建设之一,随着国际汉语学习需求的激增,原有的对外汉语教学的理念、教材、教法以及师资队伍等,都将面临新的挑战,自然也是难得之机遇。我们经过几十年的努力所建立起的汉语作为第二语言教学学科的覆盖面会更宽,对学科理论体系的研究更加自觉,学科意识更加强烈。

2. 对外汉语教学开辟了新的研究领域。重要的进展就是开拓了语言习得与认知理论的研究,确立了对外汉语研究的基本框架,即:作为第二语言教学的汉语本体研究(本体论)、作为第二语言的汉语认知与习得研究(认识论)、作为第二语言教学的教学理论和教学法研究(方法论)、现代科技手段与现代教育技术在教学与研究中的应用(工具论),在此基础上规划了学科建设的基本任务。

3. 更加清醒地认识到要不断更新教学理念,特别是教材编写、教学法以及汉语测试要有新的突破。要深化汉语作为第二语言教学的教学模式与教学方法的探索,加强教学实验,以满足世界上广泛、多样的学习需求。更加强教材的国别(地区)性、适应性与可接受性研究,不断创新,以适应汉语国际推广的各种模式。要加强语言测试研究,结合世界上汉语学习的多元化需求,努力开发目的明确、针对性强、适合考生心理、设计原理和方法科学、符合现代语言教学和语言测试发展趋势的多类型、多层次的考试。

4. 跨学科意识明显加强,汉语作为第二语言教学与相关学科的结合更加密切,不同类型语言教育的对比与综合研究开始引起注意,在共性研究中发展个性研究。跨学科研究特别表现在现代教育技术与多媒体技术在教学中的广泛应用,以及心理学研究与汉语作为第二语言教学研究的联手,共同研究汉语作为第二语言的认知与习得过程、习得顺序、习得规律。

5. 不断吸收世界第二语言教学的研究成果,与国外第二语言教学理论的结合更加密切,"新世纪对外汉语教学——海内外的互动与互补"学术演讲讨论会的召开即是标志[①],"互动互补"既非一方"接轨"于另一方,亦非一方"适应"另一方,而是互相借鉴、相互启发,但各有特色,各自"适应"。就国内汉语教学来说,今后还应不断借鉴国内外语言教学与研究的先进成果,充分结合汉语的特点,为我所用。

(二) 检视

在充分肯定汉语作为第二语言学科建设突出发展的同时,

---

① 北京语言大学科研处《"新世纪对外汉语教学——海内外的互动与互补"学术演讲讨论会举行》,《世界汉语教学》2005 年第 1 期。

检视学科建设之不足,我们发现在学科理论、学科建设、教材建设、课堂教学与师资队伍建设上均存在尚待解决的问题。从目前汉语国际推广的迅猛态势出发,教学问题与师资问题是为当务之急。

1. 关于教学。

目前,汉语作为第二语言的课堂教学依然是以面授为主,绝大多数学习者还是通过课堂学会汉语。检视多年来的课堂教学,总体看来,教学方法过于陈旧,以传统教法为主,多倾向于以教师为主,缺乏灵活多变的教学路数与教学技巧。我们虽不乏优秀的对外汉语教师以及堪称范式的课堂教学,但值得改进的地方依然不少。李泉在经过详细地调查后发现的问题,值得我们深思。他归结为四点:(1)教学方式上普遍存在"以讲解为主"的现象;(2)教学原则上对"精讲多练"有片面理解现象;(3)课程设置上存在"重视精读,轻视泛读"现象;(4)教学内容上仍存在"以文学作品为主"现象。①

改进之方法,归结为一点,就是加强"教学意识"。我们赞成这样的观点:

"对外汉语是门跨文化的学科,不同专业的教师只要提高教学意识,包括学科意识、学习和研究意识、自尊自重的意识,就一定能把课上好。"②

2. 关于师资。

---

① 参见李泉《对外汉语教学理论和实践的若干问题》,载赵金铭主编《对外汉语教学研究的跨学科探索》,北京语言大学出版社 2003 年版。

② 参见陆俭明《汉语作为第二语言之本体研究》,载《作为第二语言的汉语本体研究》,外语教学与研究出版社 2005 年版。

对外汉语教学事业发展至今,已形成跨学科、多层次、多类型的教学活动,因之要求对外汉语教师也应该是多面手,在研究领域和研究内容上也应该是宽阔而深入的。

据国家汉办统计,目前中国获得对外汉语教师资格证书的共3 690人,国内从事对外汉语教学的专职、兼职教师共计约6 000人。其中不少人未经严格训练,仓促上阵者不在少数。以至外界这样认为:"很多高校留学生部的教师都是非专业的,没有受过专业训练,更没有搞过语言教学,其教学效果可想而知。"[①]而在国际上,情况更为不堪,简直是汉语教师奇缺,于是人们感叹,汉语教学落后于"汉语热"的发展,全球中文热引起了"中文教师荒",成为汉语国际推广的瓶颈。

据调查,我们认为,在教学实践中带有普遍性的问题,还是教师没能充分了解并掌握汉语作为第二语言教学的特点和规律,或缺乏作为一名语言教师的基本素质,没有掌握汉语作为第二语言教学的方法与技巧。其具体表现正如李泉在作了充分的观察与了解之后所描述的现象,诸如:忽视学习者的主体地位,忽视对学习者的了解,忽视教学语言的可接受性,忽视教学活动的可预知性,缺乏平等观念和包容意识。[②]

什么是合格的对外汉语教师,已经有很多讨论。国外也同样注重语言教师的素质问题,如,2002年美国国会通过了 No Child Left Behind(《没有一个孩子掉队》)的新联邦法。于是,

---

① 参见许光华《"汉语热"的冷思考——兼谈对外汉语教学》,《学术界》2005年第4期。

② 参见李泉《对外汉语教学理论和实践的若干问题》,载赵金铭主编《对外汉语教学研究的跨学科探索》,北京语言大学出版社2003年版。

各州都以此制定教师培训计划,举国上下都讨论什么样的教师是合格、称职的教师。①

我们可以说,教好汉语,不让一个学习汉语的学生掉队,这是对教师的最高要求。

(三) 瞻念

当今訚訚盛世,汉语国际推广的前景已经显露出曙光,我们充满信心,也深感历史责任的重大。汉语国际推广作为国家和民族的一项事业,是国家的战略决策,是国家的大政方针。而汉语作为第二语言教学,或汉语作为外语教学,则是一门学科。作为学科,它是一门科学,它是一项复杂的系统工程,要进行跨学科的、全方位的研究。在不断引进国外先进的教学理念的同时,努力挖掘汉语和汉字的特点,创新我们自己的汉语作为第二语言的教学模式和教学法。我们要以自己的研究,向世人显示出汉语作为世界上使用人口最多的一种古老的语言,像世界上任何一种语言一样,可以教好,可以学好,汉语并不难学。我们认为,要达此目的,重要的是要转变观念,善于换位思考,让不同的思维方式互相渗透和交融,共同建设好学科,做好推广。

1. 开阔视野,放眼世界学习汉语的广大人群。

多年来,我们的对外汉语教学是面向来华留学生的。今后,随着国家汉语国际推广的展开,在做好来华留学生汉语教学的同时,我们要放眼全球,更加关注世界各地的3 000万汉语学习者,要真正地走出去,走到世界上要求学习汉语的人们中去,带

---

① 参见丁杰《英语到底如何教》,《光明日报》2005年9月14日。

着他们认同的教材,以适应他们的教学法,去满足他们多样化的学习需求。这是一种观念的转变。

与此同时,我们应建立一种"大华语"的概念。比如我国台湾地区人们所说的国语,新加坡的官方语言之一华语,以及世界各地华人社区所说的带有方言味道的汉语,统统归入大华语的范畴。这样做的好处首先在于有助于增强世界华人的凝聚力和认同感;其次更有助于推进世界范围的汉语教学。我们的研究范围大为拓展,不仅是国内的汉语作为第二语言教学,还包括世界各地的汉语作为外语教学。

2. 关注学习对象的更迭。

对外汉语教学的对象是来华留学生,他们是心智成熟、有文化、母语非汉语的成年人。当汉语走向世界,面向世界各地的汉语学习者,他们的构成成分可能十分繁杂。其中可能有心智正处于发育之中的青少年,可能有文化程度不甚高的市民,也可能有家庭主妇,当然更不乏各种希望了解中国或谋求职业的学习者。我们不仅面向大学,更要面向中、小学,甚至是学龄前的儿童。从学习目的上看,未来的汉语学习者中,为研究目的而学习汉语的应该是少数,绝大多数的汉语学习者都抱有实用的目的。

3. 注意学习环境的变化。

外国人在中国学习汉语,是处在一个目的语的环境之中,耳濡目染,朝夕相处,具有良好的交际环境。世界各地的汉语学习者在自己的国家学习汉语是母语环境,需要设置场景,才能贯彻"学以致用"或"用中学"。学习环境对一个人的语言学习会产生重大影响,比如关涉到口语的水平、词汇量的多寡、所见语言现象的丰富与否、学习兴趣的激发与保持等。特别是不同的学习环境会在文化距离、民族心理、传统习惯等方面显示更大的差距,这又会对学习者的心理产生巨大的影响。于是,这就涉及教材内容的针对性问题。我们所主张的编写国别(地区)教材,可能某些教材使用的人数不一定多,但作为一个泱泱大国,向世界推广自己的民族语言时,应关注各种不同国家(地区)的汉语学习者的心态。

4. 教学理念的更新与教学法的适应性。

对国内来华留学生的汉语教学,囿于国内的语言环境及所受传统语言教学法的影响,课堂上常以教师为主,过多地依赖教材,课堂教学模式僵化,教学方法放不开,不够灵活多变。在国外,外语教学历史较长,理论纷呈,教学法流派众多,教学中多以学生为主,不十分拘泥教材,强调师生互动,教师要能随机应变。

一般说来,在东方的一些汉字文化圈国家如东北亚的日、韩等国,以及海外华人社区或以华人为主的教学单位,我们的教学理念与教学方法基本上可以适应,变化不甚明显。在西方,在欧美,特别是在北美地区,因语言和文化传统差异较大,我们在国内采用的教学方法在那里很难适应,必须做相应的改变,入乡随俗,以适应那里的汉语教学。

5. 汉语国际推广:普及为主兼及提高。

新中国的对外汉语教学已经走过55个春秋。多年来,我们一直竭力致力于汉语作为第二语言教学的学科建设,重视学科基础理论的扎实稳妥,扩大、拓宽学科的研究领域,搭建对外汉语教学的基本框架,探讨教学理论和学习理论,这一切都在改变社会上认为对外汉语教学"凡会说汉语都能教"以及对外汉语教学是"小儿科"等错误看法。而今,汉语作为第二语言教学已经成为一门新兴的、边缘性的、跨学科的科学,研究日益精深,已成"显学"。今天,我们已经可以与国际上第二语言教学界的同行对话,在世界上成为汉语作为第二语言教学的主流。目前,随着国家发展战略目标的建设,汉语正加速走向世界,我们要面向世界各地的3000万汉语学习者。这将不仅仅是从事国内对外汉语教学的几千名教师的责任与义务,更是全民的事业,是民族的大业,故而需要千军万马,官民并举,千方百计,全力推进。面对这种局面,首先是普及性的教学,也就是首先需要的是"下里巴人",而不是"阳春白雪"。我们要在过去反复强调并身体力行地注重对外汉语教学的科学性、系统性、完整性的同时,更加注重世界各地汉语教学的大众化、普及性与可接受性。因此,无论是教材、教学大纲还是汉语考试大纲,首先要考虑的是普及,是面向大众,因为事实上,目前我们仍然是汉语教学市场的培育阶段,要想尽办法让世界上更多的人接触汉语、学习汉语,在此基础上,才能培养出更多的高水平的国际汉语人才,也只有在此基础上才能"尽精微",加深研究,不断提高。

七 关于研究书系

恰是香港回归祖国那一年,当时的北京语言文化大学编辑、出版了一套《对外汉语教学研究丛书》,凡九册。总结、归纳了该校对外汉语教师在这块难以垦殖的处女地上,几十年风风雨雨,辛勤耕耘所取得的成果。这是一定范围内一个历史阶段的成果,不是结论,更不是终结。至今,八易春秋,世界发生了巨大的变化,祖国更加繁荣、富强,对外汉语教学,正向汉语国际推广转变,这项国家和民族的事业获得了空前的大发展,也面临着重大的机遇与挑战。

目前,多元文化架构下的"大华语"教学的新格局正逐渐形成,汉语国际推广正全面铺开。欣逢其时,具有百年历史的商务印书馆以其远见卓识,组织编纂"对外汉语教学专题研究书系",计七个系列,22种书,涵盖对外汉语教学研究的方方面面。所涉研究成果虽以近十年来为主,亦不排斥前此有代表性的、具有影响的论文。该书系可谓对外汉语教学成果50年来的大检阅。从中不难看出,对外汉语教学作为一个学科,内涵更加丰富,体系更加完备,视野更加开阔,范围更加广泛,研究理念更加先进,研究成果更加丰厚。汉语作为第二语言教学作为一门科学,已跻身于世界第二语言教学之林,或曰已取得与世界第二语言教学同行对话的话语权。

"对外汉语教学专题研究书系"的七个系列及其主编如下:
1. 对外汉语教学学科理论研究

　　主编:中国人民大学　李泉

　　《对外汉语教学学科理论研究》

　　《对外汉语教学理论研究》

　　《对外汉语教材研究》

　　《对外汉语课程、大纲与教学模式研究》
2. 对外汉语课程教学研究

　　主编:北京大学　李晓琪

　　《对外汉语听力教学研究》

　　《对外汉语口语教学研究》

　　《对外汉语阅读与写作教学研究》

《对外汉语综合课教学研究》

《对外汉语文化教学研究》

3. 对外汉语语言要素及其教学研究

主编：北京语言大学　孙德金

《对外汉语语音及语音教学研究》

《对外汉语词汇及词汇教学研究》

《对外汉语语法及语法教学研究》

《对外汉字教学研究》

4. 汉语作为第二语言的学习者习得与认知研究

主编：北京语言大学　王建勤

《汉语作为第二语言的学习者语言系统研究》

《汉语作为第二语言的学习者习得过程研究》

《汉语作为第二语言的学习者与汉语认知研究》

5. 语言测试理论及汉语测试研究

主编：北京语言大学　张凯

《汉语水平考试(HSK)研究》

《语言测试理论及汉语测试研究》

6. 对外汉语教师素质与教学技能研究

主编：北京师范大学　张和生

《对外汉语教师素质与教师培训研究》

《对外汉语课堂教学技巧研究》

7. 对外汉语计算机辅助教学研究

主编：北京语言大学　郑艳群

《对外汉语计算机辅助教学的理论研究》

《对外汉语计算机辅助教学的实践研究》

这套研究书系由北京语言大学、北京大学、北京师范大学和中国人民大学的对外汉语教师共同协作完成，赵金铭任总主编。各系列的主编都是我国对外汉语教学界的教授，他们春秋鼎盛，既有丰富的教学经验，又有个人的独特的研究成果。他们几乎是穷尽性地搜集各自研究系列的研究成果，涉于繁，出以简，中正筛选，认真梳理，以成系统。可以说从传统的研究，到改进后的研究，再到创新性的研究，一路走来，约略窥测出本领域的研究脉络。从研究理念，到研究方法，再到研究手段，层层展开，如剥春笋。诸位主编殚精竭虑，革故鼎新，无非想"囊括大典，网罗众家"，把最好的研究成果遴选出来，奉献给读者。为了出好这套书系，世界汉语教学学会陆俭明会长负责审订了全书。在此，向他们谨致谢忱。

我们要特别感谢商务印书馆对这套书系的大力支持，从总经理杨德炎先生到总经理助理周洪波先生，对书系给予了极大的关怀和帮助。诸位责编更是日夜操劳，付出了极大的辛苦，我们全体编者向他们致以深深的谢意。

书中自有取舍失当或疏漏、错误之处，敬请读者不吝指正。

2005 年 12 月 20 日

综　述

张　凯

　　中国是考试的故乡——这句话，我们自己常说，洋人也经常帮我们说。但是，我们并没能把传统的考试变成一种科学测量。

　　19世纪中叶以来，西方心理学家逐渐产生了这样的信念："心理学除非建立在实验和测量基础上，否则，它就不可能获得物理学那样的确定性和精确性。"100年前（1905年），法国医生比奈编出了世界上第一个智力测验。也是在这一年，我们废除了科举考试。此后，西方的心理测量学家（以及从事教育测量和语言测验工作的人），为使自己从事的工作变成科学测量，努力探索了80年，而我们是在80年后（20世纪80年代）才发现：原来世界上已经出现了那么多奇形怪状的考试，还有那么多令人眼花缭乱的测量理论。

一　现代测验和传统考试有什么区别

　　Spolsky说，"巴比伦法典曾说：'在称过、量过、数过的东西里，你根本就找不到上帝的祝福。'最近一个世纪依然如此，它见证了一番要称、要量、要算的不懈努力，我们不仅要去测量那些显而易见的物理客体，就连不可见的力和猜想的抽象概念，也要去测一测。"①

所谓的现代测验和传统的考试究竟有什么区别呢?这可以从四个方面的考虑。

首先我们可以从表面上看到一些差别。比如,传统考试使用的都是作文等开放性题目,现代测验则大量地使用多项选择等客观性题目。

第二,在现代测验的背后,我们可以看到变得越来越复杂的统计和计算技术,这是传统考试所没有的特点。统计和计算技术的大量使用,为的是两个目的:一是使测验及题目尽可能的稳定,二是用量化的方法去描写人的某种潜在能力或属性(如智力、语言能力)。

第三,测验是一种测量工具,它的作用是给我们提供某种信息,我们可以把这些信息用于某种目的。传统考试(尤其是科举考试)所提供的信息几乎总是用于选拔或评价,除此之外,考试的信息再无其他用处。现代测验所提供的信息,可以用在研究(语言能力、语言习得)、实验(如教学实验)、反馈(如测验对教学的影响)、诊断(如对学习过程中某些问题的诊断)、选拔②。

第四,从本质上讲,测验是测量的形式,没有测量就没有科学③,测量是一种不可和科学事业分开的活动④。

其实,传统考试和现代测验的前三个区别,都可以归结为第

---

① Spolsky, B. 1995. *Measured Words*, Oxford University Press.
② Davies, A. 1990. *Principles of Language Testing*. Basil Blackwell.
③ Henning, G. (1987). *A Guide to Language Testing*. Newbury House.
④ Cliff, N. 1993. What is and isn't measurement. G. Keren and C. Lewis (eds.). *A Handbook for Data Analysis in Behavioral Sciences: Methodological Issues*. New Jersey: Lawrence Erlbaum Associates, Publishers.

四条:传统考试是主观评价,现代测验是科学测量。既然现代测验是科学测量,就需要一定的数学手段来保证它的客观性;既然要把测验提供的信息用于各种目的,我们首先就要求这些信息是可靠的;通过这种科学测量,我们希望得到关于对象的可靠的知识。

现代测验是一种科学测量,这其中必然有一系列的技术问题和理论问题;由于测验不可避免地要应用于社会,因此它也会和一些社会问题有关系。

二 测验中的技术问题

测验中的技术大致可以分为两类,一类用来控制题目和测验的质量,另一类用来提高测验的效率。

开发或研制一个测验一般包括这样几个步骤:规划和设计、编写题目、题目预测、题目分析和筛选、正式施测及统计分析、等值。在这个过程中,我们要使用一系列技术来控制题目和测验的质量。

在规划、设计阶段,测验的设计者要制定严密的题目编写规则,以保证题目内容和形式与所测的能力相适应;在题目编写过程中,命题员要按照编写规则的要求选择合适的材料、运用一定的技巧,编写出符合规定的题目。

一个题目也许从表面上看没有什么问题,它完全符合编写要求,但是题目表面上的样子,并不能完全反映它的特性。题目有它自身的特性。在测验中,题目的作用是刺激被试做出特定的反应,被试对题目做出什么样的反应,才是题目特性的真实表现。一个看上去不错的题目是否真有良好的功能，那要在预测和题目分析之后才能知道。经过预测后，题目的特性表现为题目参数（如难度、区分度、猜测度、各选项的分布等），只有参数达到一定标准的题目才能进入正式测验或题库。

在编制正式测验或测验的实施中，难度控制和误差控制是两个关键技术。在对被试群体的精当把握的基础上，通过对题目的严格筛选，我们可以使一个测验的等价试卷具有几乎完全相同的难度和统计特性。尽管不同试卷的难度和统计特性几乎完全相同，但它们之间在难度上仍然有微小的差异，这时，我们还要使用等值技术消除这种差异，使这些试卷完全等价。

任何测量都会有误差，测量的基本问题之一是如何把误差控制在一定范围之内。在心理和语言测验中，我们是通过保证信度的办法来控制误差的。一个测验的信度越高，误差就越小，测量就越精确。

如何方便、快捷地实施一个测验，这是大规模测验始终要考虑的一个问题，这就是效率问题。20世纪上半叶，客观题的出现不仅使测验更加客观，同时也大大提高了测验的效率。随着计算机技术的普及，测量界又开发出计算机辅助测验（俗称"机考"）和自适应测验。在自适应测验中，我们可以使用更少的题目获得更高的测量精度。在计算机辅助测验和自适应测验中，又有大量的技术问题，如使用什么样的数学模型、采用哪种选题策略和选题标准、如何估计测量精度等。这些技术问题有的已经解决，有的还在探索之中。

以上说的都是测量中的技术问题，但很多技术问题和理论问题有着密切的联系。例如，我们有一个高信度的测验，该测验信度高,则意味着这个测验始终能够稳定地测到某种东西,但这个东西是什么?它的本质是什么?这就是理论问题了。

三 测验中的理论问题

测验中的基本理论问题就是效度问题,通常人们认为,所谓效度,就是测验是否测到了它要测的东西。

所谓要测的东西,就是被测的人或事物的某种属性:尺子测量的是长度,天平测量的是质量,智力测验测的是智力等。语言测验要测的东西,一般说来就是所谓的语言能力或这种能力中的某种成分(如听、说、读、写等能力)。这话说起来容易,但要深究下去,问题就多了。

在语言测验中,效度问题就是一个测验是否测到了,或在多大程度上测到了所谓的语言能力?但如果想知道是否测到了这种能力,那我们先得知道所谓的语言能力是什么。因此,在语言测验中,效度问题和能力问题是一个问题的两面。

不幸的是,我们所谓的"语言能力"是一种深藏在人脑中的潜在的能力(心理测验所测的所有心理属性也是潜在的),它部分地表现为我们说出的话、写出的文章以及听到或读到一些句子后所采取的行动中。对语言能力做这样笼统的、定性的说明,大概不会有太多的人反对。但当我们进一步追问:语言能力的本质是什么?它是从哪儿来的?它的组成成分是什么?对这些问题的回答就众说纷纭了。

在20世纪的语言学和应用语言学中,"语言能力"是一个很常见的词,但在英语里,这个词却有好几种形式。早期的 Carroll，Lado 等人用 ability、capacity 甚至 skill 表示语言能力，在应用语言学里 proficiency 有时也被当成语言能力。从传统的观点看，所谓的语言能力(ability/capacity)就是语言知识(语音、词汇、语法等)和语言技能(听、说、读、写等)的总和，而 proficiency 里可能又增加了"流利程度"这样一个因素。

自乔姆斯基以来，competence 成了人们最喜欢用的词。乔姆斯基在 1965 年提出，我们应该区分 competence 和 performance 这样一对概念①，此后，他又多次申明，语言学研究的是 competence 不是 performance。这个观点立刻遭到海姆斯的批评，海姆斯认为，乔姆斯基这样做是"把说话人其他一些隐含的知识和能力一股脑地塞进 performance 这个未经检验的概念里去了。"②为了修正乔姆斯基的概念，海姆斯提出了"交际能力(communicative competence)"。这个概念一出，立刻赢得了应用语言学界的赞同。

在应用语言学里，人们不断地提出一些语言能力或交际能力模型，如 Canale 和 Swain③、Bachman④、Verhoeven and Vermeer ⑤等。这其中，Bachman 的交际能力模型影响最大。

---

① 乔姆斯基，1965. *Aspects of the Theory of Syntax*. The MIT Press.

② 海姆斯，1974. *Foundations in Sociolinguistics: An Ethnographic Approach*. London: Tavistock Publications.

③ Canale, M. and M, Swain. 1980. 'Theoretical bases of communicative approaches to second language teaching and testing', *Applied Linguistics* 1,1.

④ Bachman, L. F. 1990. *Fundamental Consideration in Language Testing*. New York: Oxford University Press.

⑤ Verhoeven, L. & Vermeer, A. 1992. Modeling Communicative Second Language Competence, Verhoeven, L., de Jong, J. H. A. L. (eds.), *The Construct of Language Proficiency*, John Benjamins Publishing Company, Amsterdam.

在我国，学者们也对交际能力做了很广泛的探讨（吕必松、范开泰等）。

虽然国内国外对语言能力和交际能力的研究大量出现，但人们对 competence 以及与之密切相关的 performance 概念的理解很不相同。例如，Bachman 就曾明确表示，他既在乔姆斯基的意义上使用 competence，也在海姆斯的意义上使用这个概念①。面对这种现象，我们只能说，在语言学和应用语言学里，这是一个尚未圆满解决的问题。

当这个问题出现在语言测验里时，它就变成了效度问题了。我们在前边说过，语言能力是一种潜在的能力，它本身是观察不到的，我们能够观察到的只是它的（部分）表现。要想知道一个测验是否测到了这种潜在能力，这就是构想效度问题。

所谓"构想"，简单地说就是假设的概念。我们可以看到人的语言行为，根据这个现象，我们可以假设，人的语言行为的根本原因是他大脑里的某种东西，把他大脑里决定语言行为的那个东西叫做"语言能力"，就是提出了一个构想。如何证明和证实这个构想是正确的，亦即如何证明测验的确测到了这个构想所指的那个能力，就是构想效度问题。

这个问题解决起来同样困难。如同语言学界对"语言能力"的理解尚无共识一样，在测量界，人们对"构想"及"构想效度"的理解也是各不相同②。更加不可思议的是，我们这个领域对测

---

① Bachman, L. F. 1990. *Fundamental Consideration in Language Testing*. New York: Oxford University Press.

② 张凯，2004，测量是理论的组成部分，《云南师范大学学报》（对外汉语教学与研究版）2004 年第 5 期。

量的理解竟然和物理学家对测量的理解很不相同。Michell 指出,科学测量可定义为估计或找出一个定量属性的某个量值与同一属性的一个单位之间的关系(如一张桌子两米长,说的是这张桌子的长度是"米"这个长度单位的 2 倍)。然而在测量界广泛流行的却是 Stevens 的定义:测量就是给某种属性赋值[①]。人们对测量问题的理解上的偏差,不能不说和 Stevens 的定义有一定的关系;也正是因为这种理解上的偏差,构想效度问题就变得十分复杂了。当初(19 世纪末至 20 世纪上半叶)心理学(包括心理测量)追求的是像物理学一样严密,但今天,我们却离 Cattell 等人描述的方向越来越远,其深层原因,也许是我们很少意识到的:测量是一种不可和科学事业分开的活动。

四 公平性问题

一种测量工具制造出来以后,它往往会被用于社会生活,语言测验也不例外;甚至可以这样说,开发语言测验的首要目的,不是通过测量去揭示语言能力的本质,而是在社会生活中为某种实用目的去使用这种测验,评价和选拔可能是最常见的目的。

当测验用于评价和选拔这样的社会目的时,公平性就成了很多人要考虑的问题。社会的不同群体接受了同一个测验,如果某些群体(如男人、白人、城里人)获得了较高的评价,而另一些群体(如女人、黑人、乡下人)获得的评价较低,人们就可能认

---

① Michell, J. 1997. Quantitative science and the definition of measurement in psychology, *British Journal of Psychology*, 88.

为这个测验是不公平的。

20世纪80年代以后,"偏向"逐渐被"DIF"所取代。DIF就是"项目功能差异",它的意思是,某些项目(即题目)对不同群体有功能上的差异。"偏向"也好,"DIF"也好,指的其实是同一个东西,所不同的是,前者更像一个社会学概念,而后者更像一个技术概念。DIF概念的出现也带来了研究(或检测)方法的变化。在研究"偏向"问题时,专家或有关人士的主观判断是主要依据;而DIF首先要靠一些统计技术来检测,然后再由专家来判断。例如,有要求被试写出一个汉语词汇,日本和韩国人可能多数能写出来,而欧美人可能多数写不出来,这时欧美人就说了,这个词我知道,但不会写,所以这个题目偏向于日、韩,不利于欧美;DIF检测也表明这个题目对上述两种人群有功能性差异;但这个题目是否有功能性差异,最后还要请有关专家来判断。

从"偏向"到DIF的转变,似乎表现了测量学家的过分热情,他们认为,"如果有关测试的技术问题得到了解决,那对于使用心理测验的异议就会消失"。[1] 测量学家的热情,恰好被(广义的)政治家利用了。以美国为例,同等就业机会委员会的意图是,既希望根据测验结果对劳动者进行选拔,又希望通过测验使劳动者的分布在各种族间达到均衡,而当后一个目的无法实现时,其原因被归结为测验对少数民族不公平[2]。显然,公平性问题已经超出了测量的范围,但测量界的人大多没有意识到。

---

[1][2] C.L.赫林,F.德雷斯哥,C.K.帕森斯,1983,《项目反应理论:在心理测量中的应用》,华东师大教育咨询中心译,武汉:湖北教育出版社,1990。

五 关于本书

本书所选篇目都是最近10年的成果,这些文章讨论的内容可分为两大类:理论研究和技术研究。在理论部分,读者可以看到对测验的基本原理、语言能力、构想效度等基本问题的讨论;技术部分则包括了信度、等值、DIF、概化理论以及单项技能测试等方面的问题。

这里似乎有必要对"理论"和"技术"做一个区分:理论要解决的是"某物(或观测对象)是什么"的问题,这是个认识问题;技术要解决的是"对某物进行什么样的处理并使它变成什么东西"的问题,这是操作问题。

在本书与理论有关的章节里,我们可以看到,"是什么"的问题远没有解决。对于像"什么是语言能力/语言表现/构想/构想效度?"这样的问题,不同的人在同一个时候、同一个人在不同的时候、不同的人在不同的时候,都有不同甚至很不同的认识。这就表明,这类问题值得研究,有关这类问题的研究作为一个科学门类,有它存在的理由。

在与技术有关的章节里,我们可以看到,用于同一目的的不同方法,可能产生不同的效果、有不同的适用范围,这对我们的测验实践具有参考作用。

我把概化理论归入技术部分,这也许让人觉得奇怪。我的理由是,概化理论的核心内容就是一套方差分析技术,概化理论的目的是控制和分解误差,它基本上不回答(或不直接回答)"所测特质/能力是什么"的问题。

近二三十年以来,测量界有一种现象,就是新技术层出不穷,理论思考在萎缩。这个现象从人们对构想效度、语言能力等问题的态度上都能看出来。陈宏把这种现象称为"技术上的巨人,理论上的矮子",这个评价是符合实际情况的。这种现象的出现,和 20 世纪的大背景有关。20 世纪是一个经验主义和相对主义盛行的世纪,也是一个后现代的世纪。这是一个大问题,需要另文讨论,这里就不啰嗦了。

本书对测量中的理论问题、技术问题、公平性问题都有所论及,无论其观点正确与否、深刻程度如何,它大致反映了我国对外汉语教学界对这些问题的思考和研究现状。限于编者水平,本书的选、编或有疏漏,不当之处,敬请读者批评指正。

2006 年 4 月

第一章

语言测验的一般原理

第一节　Lyle F. Bachman 谈语言测试的设计和开发[①]

一　消除对语言测试的错误观念和不适当的期待

（一）错误观念和不适当的期待

Bachman 认为从事语言测试者首先要在思想中消除一些错误概念和不适当的期待。这表现在误信语言测试界会有一种适合任何情况的"最好的"测试；错误了解语言测试及其开发的性质；对语言测试所能完成的任务和实际内容的期望值过高；对测试技术盲目信任。由于这些误解，所进行的测试对受试者往往是不合适的，不能满足测试用户的特殊需要，以及盲目使用市场上流行的试题或测试方法；测试开发者因未找到最完善的测试方法而感到沮丧，对自己也能开发和使用合适的测试能力失去信心，面临来自学生和校方的种种不切实际的期待而不得不为自己辩护。

（二）语言测试的能力

为了避免上述错误概念，重要的是了解所谓语言测试的能

[①] 本节摘自胡壮麟：《Lyle F. Bachman 谈语言测试的设计和开发》，《外语与外语教学》1996 年第 3 期。

力。这些能力应包括:(1)在设计和开发任何语言测试的开始阶段,对一些基本考虑应有了解,不管是开发新的测试项目或在现有测试项目中进行选择;(2)对恰当使用语言测试的基本问题和有关事项应有了解;(3)对测量和评估中使用的基本问题、路子和方法应有了解;(4)根据已知目的、语境和应试者的需求,具备进行设计、开发、评估和使用语言测试的能力;(5)对阅读有关语言测试所发表的研究文章和信息有批判能力,以便作出有根据的决定。

(三) 两个基本原则

为了使教员掌握语言测试的设计和开发,Bachman 认为要始终遵循两个原则:一是语言测试成绩应和语言用途相符;二是对测试有用性的性质应有正确和清晰的定义。此外,他谈到语言测试的哲学。这包括:(1)语言测试要同语言教学和语言用途有关;(2)测试的设计应对受试者起到鼓励作用,并使他们有可能发挥自己的最高水平;(3)在测试设计时应考虑到公正性;(4)使测试过程个性化,保证受试者能直接投入测试过程;把受试者看做能负责任的个体;尽可能为他们提供整个测试程序的全部信息;(5)要求对测试用途有解释力;本人或他人使用自己设计的测试时对其使用能作出解释;(6)认清根据分数所做的决定总有模棱两可之时,没有万能的解释。

二 语言测试的有用性和性质

(一) 测试的有用性

在设计和开发一项语言测试时最重要的是考虑这项测试做何用途,因此,测试的重要性质之一是有用性(usefulness)。怎么才算是有用呢？还没有测试前如何知道它会有用呢？或测试后如何知道它是否有用呢？回答这些问题，就要弄清语言测试的各种性质。传统的看法视这些性质为互不相干的性质，或者片面强调其中一个。如有人认为信度和效度是矛盾的，或者认为同时顾及真实性和信度是不可能的。故 Bachman 的观点是要认识到各种性质的互补性，从中求得平衡，根据不同情况又可有所侧重，以取得某一测试在整体上的有用性。

(二) 有用性的六个性质

Bachman 所说的有用性包括六个性质：信度＋效度＋真实性＋交互作用＋影响＋可实践性。在六个性质中，搞过测试者对信度和效度都会有基本的了解，真实性在韩文[①]中有较详细的论述，在此均略过。这里谈谈最后三项。

交互作用（interactiveness）不是指人际关系，而是指受试者与测试内容和过程的关系，如在完成测试任务时，涉及受试者个人特性的类型和规模。关系最密切的是受试者的语言能力（语言知识、应用能力和元认知策略[metacognitive strategy]）、专门知识（topical knowledge，如测试内容正好是熟悉的）和情绪。

影响（impact）指对社会、教育制度以及对处于这个制度下的个人的影响，前者为宏观层次的影响，后者为微观层次的影响。譬如说，我本人曾参加过一次供职称提升参考用的外语测试的设计工作，要我们准备这个测试的客户一再强调难度应控制在约有 30% 的人能通过。如果绝大部分人通不过，可能会对

---

① 参见韩宝成：《Lyle F. Bachman 的语言测试理论模式》，《外语教学与研究》1995 年第 1 期。

基层不利或闹事,可见影响之大。对个体的影响则会涉及受试者的切身利益,如能否毕业、能否拿到学位、能否找到理想的工作、能否提升、能否出国,等等。既然要测试,就意味着赋予它某种价值和目标,当然会产生某种后果。同理,我们给测试打分的用途就是要给以某种价值和目标,因而也会有后果。结合影响,Bachman 引入了"反溅作用(washback)"的概念,反溅作用没有统一的定义。有的学者指测试对个体的直接影响,有的学者指测试对教与学的影响。有的指评估工作如何影响教育实践和信念,有的认为不仅对个人,而且对教育制度有影响。总之,反溅作用是一个更为复杂的观念。影响也好,反溅作用也好,在我国最明显的实例是大学英语四级考试。为了四级考试,学生无心学习其他专业课;为了四级考试,教员抛开了原有的教学计划,整天辅导学生操练;为了四级考试,大学校长和教务部门领导听汇报、制定各种奖励政策。"考试是根指挥棒",此话不假。因此,影响是测试有用性的一个重要性质。

最后一种性质是可实践性(practicality),如果说前五项都是围着分数转的话,这一项主要涉及将测试付之实施的方法,在更大程度上,涉及一项测试能否开发和使用。譬如为实施某测试所需财力、物力资源如超过可利用的财力、物力,这个测试就不切实际了。可以说,在设计测试的每一个阶段都要考虑可实践性问题,它会影响我们的决定,不时作出修改。

(三) 三个基本原则

在把这些性质付之实施时要考虑三个基本原则:(1)最强调的应是测试的整体有用性,而不是影响有用性的个别性质;(2)测试的个别性质不能单独评价,必须就它们在测试的整体有用性的共同影响进行评估;(3)测试有用性和不同性质之间的适当平衡不能一般地规定,而应根据每一个特定的测试情况决定。

三 对任务的描写:语言测试中应考虑的语言用途

为了从语言测试所得分数来推论语言能力或对个人作出判断,我们应当证明测试成绩与非测试的语言用途是相符的。这就要发展一种语言用途的框架,使我们能考虑语言测试时使用的语言是语言用途的一种特殊形式,受试者是语言测试语境中的语言使用者,而一种语言测试是一种特定的语言使用情景。

(一)语言使用任务和目标语言使用领域

由于语言测试的目的是使我们能推断受试者在一特定领域内使用语言去完成任务的能力,有两个基本观念值得我们注意:语言使用任务(language use task)和目标语言使用领域(TLU domain)。语言使用任务涉及个体为了在一特定情景或背景下达到特定目的或宗旨时在使用语言时的活动。一般公认的要素与特殊情景有联系;针对某目标;涉及语言使用者的主动参与。目标语言使用领域则是受试者很可能在测试本身外会碰到的并要求使用语言的一系列特殊任务及其伴随场景。对语言测试的开发具有特别意义的目标语言使用领域有两大类:一类叫做"现实生活领域(real-life domain)",在这个领域中语言主要是为了交际用途;另一类叫做"语言传授领域(language instruction domain)",使用语言是为了语言教学的目的。如果语言使用任务属于一个特殊目标语言使用领域,则可称之为目标语言使用任务(target language use task)。举例说,为了开发一项语言测试,最初我们确定目标语言使用领域为"商业交际英语",在这个领域中我们会认定一些不同语言使用的场景,如管理和运转一个办公室,与客户和主顾协商,以及促销产品和服务。在每一个场景中,我们都可认定一些特殊语言使用任务。如在办公室场景中,语言使用任务会包括写备忘录、准备报告、回答电话或记录信息、下达或接受指令。与客户协商时的语言使用任务包括阅读潜在客户的财政陈述和年度报告,写建议,对书面报价作出反应,以及面对面的或通过电话的口头交流。所有这些任务都属目标语言使用领域,因而是目标语言使用任务。

(二)语言使用领域的特征

由于语言使用的复杂性和多样性,我们不可能一一枚举,但可以认定某些有区别性的特征以描写语言使用领域。这些特征包括场景、测试成规、投入、所期待的反应以及投入和反应之间的关系。(1)场景指物质环境,如物质场景,参与者和任务时限。(2)测试成规的特性有测试的结构,即测试的组织情况、答题的说明、整个测试和分项所给的时间、如何评价打分。显然这些步骤都要清楚明了。(3)投入指一项已知测试任务或目标使用任务所含的材料。这种材料可用格式(format)和语言特性表示。格式指投入表示的方法,如渠道(听、视或视听);形式(语言、非语言或两者都有);语言(本族语、目标语或两者都有);长度(单词、短语、句子、段落、扩展的语篇)。(4)期待反应指受试者不是总能看懂有关做题的,或不按要求答题,故有必要区别期待反应和实际反应,后者有时不是我们所意想的或期待的。(5)投入与反应之间的关系包括反应性(投入或反应直接影响随后的投入和反应的程度);范围(为了让受试者或语言使用者做出预期反应所需的投入量或范围);直接性(指主要对投入信息的直接反应的程度或是受试者或语言使用者依靠语境信息或本人的专门知识的信息作出反应)。

任务特征框架的两个重要用途为:(1)建立一个描写目标语言使用情景和测试任务的模板,以便估价这两项任务互相对应的程度;(2)改变某些测试方法特征以建立新的测试方法。

四 语言使用和个体特性

(一) 语言使用

Bachman 认为必须在语言使用的交互作用的框架内考虑语言能力。因此,一方面语言使用应着重于语言能力的范围、专门知识和表情图式之间的相互交往作用,另一方面着重于这些因素如何与语言使用场景或测试任务的相互作用。讲这些观点不是把它们作为语言处理的工作模式,而是理解如何设计和开发语言测试以及如何恰当使用其结果。

一般来说,语言使用指个体创造或解释语篇中所要表达的语义,或是在特定情景中两个或更多个体之间对所要表达的语义进行动态的和相互交往的磋商。这个过程也是语篇产生的过程。这个语篇的语义不仅来自语段或语篇本身,更重要地来自与语段和语篇有关的特定语言使用情景的特性。例如,"How many times have you tried to fix that lock yourself?"这个句子可理解为提问,也可理解为抱怨,视使用时的情景以及语言使用者的知识或感觉而定。

(二) 个体特性

语言使用受到一系列个体特性的影响。有些是难以预料的,如受试者临场时感到疲倦紧张。对这些情况我们在设计语言测试时无能为力。但对有些特性应加强了解,并在设计开发过程中给以考虑。这就是个人特性、知识面、表情图式和语言能力。

1. 个人特性

个人特性不是受试者的语言能力,但会影响他们的成绩,如年龄、外语天赋、社会心理学因素、人格、认知类型、语言使用策略、民俗学因素和多语能力。

2. 知识面

知识面有时被叫做知识图式或真实世界知识,也可不太严格地看做是长期记忆中的知识结构。某些测试任务以受试者的文化知识或知识面为前提,对已具有这些知识者会显得容易,对无此知识者会显得困难。

3. 表情图式

表情图式指语言使用者会根据过去在类似语境中的情感经验,去自觉或不自觉地估量语言使用任务的特性及其场景。这会影响他们对任务的反应,如是否会在一定情景中去使用语言,或如何灵活地使他们的语言使用按场景的变化来调整。再具体说,像人工流产、强行控制或民族自决等题目都会影响他们利用语言知识和元认知策略的能力。

4. 语言知识

语言知识包括语言知识和策略能力,或元认知能力。语言知识是储存在记忆中的专指语言使用的信息,像语法知识、篇章知识、功能知识、社会语言学知识都属这一类。功能知识和社会语言学知识都是语用知识,使语言使用者能将词、语段和语篇与概念、交际目的和语言使用场景的特征联系起来。策略能力是元认知策略,是促使语言使用者参与目标确定、评估和企划的执行过程。目标确定涉及认定语言使用任务或测试任务;在条件许可下,从一系列可能的任务中选择一项或若干项任务。评估的对象涉及语言使用任务的特性,以决定完成此任务的理想的和可行的方法;专门知识和语言知识成分可以决定是否包括了必要的成分;监视和估价完成所选任务时所做反应的正确性和得体性。企划涉及制定一个或多个计划,在完成语言使用任务时实施,如解释或产生语段。语言知识的这个模式可用于设计新的语言测试,也可以为特定语言测试从已有测试中做选择。

五 对测试任务的描写、认定和定义

(一) 描写测试的特殊目的

语言测试的主要目的是对语言能力作出推论。但在许多情况下,开发语言测试是为了做范围更大的推论,如个体将来能否胜任某些涉及语言使用的任务或工作的能力。这里涉及了两种推论:一是完成今后涉及语言使用的任务或工作的能力,二是在今后任务或工作中使用语言的能力。一些专家认为应避免前一种推论,因为今后任务所要求的能力包括的不仅是语言能力,还包括与工作有关的知识面、技能和人品特性,这些基本上与语言能力无关。如果有必要作出前一种推论的话,测试开发者应决定哪一种个体特性应当评估,这会直接影响测试的构成。这时,应有这方面的专家参加设计和开发。

对语言能力一旦做了推论,这些推论便可用于第二性的目的,包括作出各种决定和用于研究。根据语言测试分数所做的决定多种多样,视对个体影响的严重性和所影响的个体的数目而定。一般涉及受试者、教员和计划。决策者要包括各种人员，如受试者、教学管理人员和雇主，以及地区学校管理委员会、州教育委员会和公司董事会。决定有大有小。大者影响到受试者能否入学，能否获得奖学金，能否被雇佣等。对项目计划的影响关系到对一个地区的资源的分配，如教员、基金、材料等。重大决定一般不会轻易改动，因而决策有误也不易纠正。一项语言计划一旦被取消，事后恢复起来特别费劲。像挑选、分班组、诊断、进度和打分都是与受试者有关的决定。与项目有关的决定指教员或校长或教育管理部门可根据学生的成绩来断定各种有用性，并进一步决定对项目是否要加以调整或取消。

测试成绩有多种研究用途，如研究第一语言或第二语言习得的性质需要有关习得某方面语言知识的速度和顺序。又如，对语言能力性质的研究包括不同受试者特性对语言测试成绩的影响，对语言能力不同领域的测试的相互关系，以及测试任务特性和语言测试成绩的关系。

（二）目标语言使用领域中的测试任务

Bachman 一再强调测试中所用的语言，指测试任务本身的语言和受试者对这些任务作出反应的语言，应和特定目标语言使用领域一致。这就要认定在有关领域中的目标语言使用任务和对这些任务按其特性进行描写。这些特性可作为开发测试任务的基础。

那么，为了测试开发的目的，该如何认定、选择和描写目标语言使用任务呢？对此，我们可利用各种信息来源。Bachman 推荐采用开发语言教学大纲时常用的需要分析法。其程序可根据认定任务的活动加以调节，有下列步骤：(1)认定熟悉有关语言使用情景的任务的人;(2)认定或开发收集有关测试信息的步骤;(3)与熟悉情况者合作收集关于领域和任务的信息;(4)就任务特性来分析任务;(5)将特性相同的任务组成任务范畴。

认定任务所花的时间和精力受特定测试情景需要的影响。如设计大规模测试时应进行较细的需要分析,准备与此分析一致的各项任务。有时,要求语言使用者完成某些任务时,语言使用应精确得体。在这种情况下,在任务分析时应包括这些关键任务。如针对英语为非母语的接生员中要申请在美国作接生员工作证书的情况,需要分析表明接生员应完成的关键任务之一是将处方从移民语言译成英语。这时,设计者应将此要求列入测试任务,并对语言使用的精确性和得体性作出打分规定。

如上所述,目标语言使用领域有两种:现实生活领域和语言传授领域。如让我们设计一项测试,决定直接有关受试者在现实生活领域中完成任务的能力,具体说作出是否雇佣的决定,这时有关领域应与教学考虑脱钩,认定和描写现实生活任务。要把使用现实生活任务作为发展语言测试任务的根据时,往往受试者的语言能力已达到较高水平,则可根据现实生活任务来要求他们完成测试任务。反之,受试者如果是学语言的学生,测试的要求是通过测试了解学生掌握课程内容的程度。这样的测试就可以是课堂内的小测验或成绩测试。当语言传授领域的任务与实际生活领域的任务相符时,测试开发者可利用任何一种任务,或两者均用。问题较多的情况是语言传授任务与现实生活任务明显不符时,我们要做的是加强任务与现实生活领域的联系。如果测试任务具有真实性,传授任务也可更具真实性。有时,难以确定得体的现实生活领域,特别是外语学生从未在课堂外使用外语或者学习外语没有明显的理由,这时,测试开发者认定一个现实领域的用处不大,不如将测试任务完全以教学任务为依据。

由此可见,并不是所有的目标语言使用任务都可以作为发展测试任务的基础,因为它们有时不能满足有用性的所有标准。Bachman 谈到他的合作者给一家跨国公司开发一项测试,即评估个体正确地得体地使用汉语和英语的能力,以便在亚洲的一个办事处胜任双语言翻译的工作。这项测试可作为聘用一名新接待员的选择程序的组成部分。为此,语法知识和社会语言学知识要列入构成定义中。需要分析表明目标语言使用领域的一个任务类型是接电话并把电话转给另一个雇员。这项任务只要两三句简短的程式化语段即可,如"Hello, this is B-P Enterprises. How may I direct your call?" "Just a moment, please, and I'll transfer your call."这就无法按客户的要求对受试者的语法知识和社会语言学知识作出有效的推论,再一种情况是目标语言使用任务不适用于所有受试者。如大学生分属不同专业,专门知识各不相同。这时,就会产生负面影响,故应把这些涉及专门知识的任务排除。

(三) 描写语言使用者/受试者的特性

Bachman 强调两种相符性:目标语言使用任务和测试任务的相符性和语言使用者和受试者特性之间的相符性。第一类影响测试任务的真实性,第二类影响测试任务的相互间的交互性。凭借测试开发者与受试者的熟悉程度,对这些特性可做非正式的初步的描写。尽管如此,应对这些描写方法重新定义,如果对两者都不熟悉,那就更为必要。

第一节 Lyle F. Bachman 谈语言测试的设计和开发

受试者的与测试开发特别有关的特性可分为 4 个范畴：(1)个人特性；(2)专门知识；(3)语言能力的一般水平；(4)受试者对测试的情感反应的预示。

受试者个人特性具体包括一些什么内容呢？从 Bachman 引用他在一个测试项目中所考虑到的特性有年龄、性别、国别、移民状况、本族语、普通教育和程度、对已给定测试的准备情况和经验。

专门知识可以指对一组受试者来说是相对均衡的，也可以是变化相当大的。对前者可听取有关内容的专家的意见，对后者可尽量扩大专门知识的内容。

在此阶段对受试者语言能力主要了解其一般水平，使测试能与他们的水平相符。同时，应了解受试者的语法知识、语篇知识和社会语言学知识方面的能力水平。

受试者对测试环境熟悉的程度可部分决定他们对测试任务的情感反应。当目标语言使用环境的特性和任务，以及测试环境和任务之间对口程度高，可设想受试者将有正面的情感反应。

(四) 定义的测试构成

定义测试构成的方法决定于我们推论的种类。在定义构成时，测试开发者需要做有意识的、慎重的选择以指明能力的特定组成部分。这样做的目的有三：(1)提供为预期目的使用测试成绩的基础；(2)指导测试开发工作；(3)使测试开发者和使用者能证明这些解释的效度。这样，测试开发者可决定在给测试构成定义时该列入哪些能力，该排除哪些能力。其次，测试开发者应在设计说明中，列入打算测定的特定构成的定义。

在许多测试情况下，测试使用者会对语言能力的特定成分作推论,从而,可根据所感兴趣的部分来定义构成。如果测试是在传授背景下使用并且其目的是断定强项与弱项,或评估特定大纲的成就,针对这些目的,测试开发者可将构成定义建立在已列入课程大纲的语言能力的特定成分上。在其他情况下,利用测试作为接纳一个科研项目的决定或对就业作出决定,但这些并不是传授型教学大纲,测试开发者最可能做的是将自己的构成定义建立在语言能力的理论中所描写的成分。这也有助于提供给语言样品打分的一致性。如果最后要一个总分,把各个成分的分数一起统计即可。

构成定义可根据大纲,也可根据理论。前者指结合语言教学大纲中的内容,比较容易掌握;后者指语言能力的理论模式,这个提法听起来相当正规,但从 Bachman 举例来看相当实际,他谈到为挑选一名能说两种语言的秘书时,有一个要求是具有能按照得体的语言写信和写便函的能力,测试者可提出用于欢迎、辞别、提出不同意见、对问题进行澄清等的一些礼貌套话,并以此作为构成的定义基础。

在构成定义中 Bachman 不太主张列入策略能力并作出推论,因为这会影响测试的成绩。例如,有个测试要求受试者从四张相似的图中描写其中一张,从而,使考官能了解描写的是哪一张,对此,有些语言知识较差的人根据图片的不同也能很快完成任务。对上述情况,如果测试开发者不仅测定语言能力,而且测定受试者灵活地根据不同情景使用语言,则可列入。

关于专门知识与要测定的构成的关系,有三种选择:(1)在按语言能力定义构成时,不列入专门知识;(2)专门知识和语言能力都列入;(3)将两者分开,列入不同的构成。

六 对测试有用性的评估

对测试有用性的考虑应贯彻测试的整个过程。单想到这一点还不足取,关键是要开发一个能评估有用性性质的正式计划。这个计划有3个部分:(1)在有用性的6个性质之间取得平衡的最低可接受水平的初步考虑;(2)对有用性的逻辑评估;(3)在实施阶段收集定量和定性证据的步骤。

(一) 有用性性质之间的平衡

这应防止两个极端,那就是对每个性质都希望达到最高水平的不现实的期待和为了优先考虑某一性质以致事实上排除了其他性质。因此,要实现平衡,开发者从一开始就应规定好每一性质的最低可接受水平;在实施阶段和管理阶段注意这些最低水平的保证情况。

确定信度的最低水平时应考虑测试的目的,对大规模测试可将最低可接受水平定得高些,对小型测试可低些。如果构成定义着眼的语言能力的成分较窄,信度可高;如果测试任务类型的特性较一致,信度也比测试任务类型多而广。

构成效度的最低水平不能单靠统计来估计,不能以所提供的证据的数量和种类来支持特定测试情景中的分数值。对大面积测试应提供更多的证据。此外,测试开发者须考虑构成定义和法则化的领域,这表现为目标语言使用任务的特性和测试任务之间的相符。应收集多种信息,这在构成复杂的情况下更是如此,如语言知识、元认知策略和专门知识。这些证据定量的和定性的均可。

如果目标语言使用领域很广,期待中等程度的真实性比较现实。其最低可接受水平有两种方法表示:(1)以测试特性表示;(2)受试者和测试使用者的预期感觉。

对相互间的交互性的最低可接受水平,测试开发者会重点考虑列入构成定义的那些受试者特性,这时,可将标准定得高些。反之,有的测试开发者想把测试任务设计成能使所有有关成分的相互间的交互性实现最大化。

对影响的最低可接受水平,重要的是考虑所做决定的种类和使用该测试或做这些决定的可能影响。其表达方法可以按我们希望测试所应有的特定影响表示。影响对受试者的最低可接受水平可以是对预期的测试准备的数量和类型做描写,也可以按所做不正确决定的最低可接受百分率指明。

可实践性不是一个连续活动。它呈现为一种或此或彼的性质,其最低可接受水平就是相当于或超过可利用资源的阈值,因此可在测试开发时设计可监视资源分配的步骤。

(二) 对有用性的逻辑评估

Bachman 对有用性的逻辑评估主要采取提问的方式。如对信度可提问:从进行一次测试到进行另一次测试的场景特性在多大程度上可认为发生了变化。例如,测试场景一天非常静,一天非常闹,受试者的成绩会因此而变化。对效度问的问题之一可以是:就这次测试的语言能力的构成是否与测试目的有关?例如,为了口语课中给学生分班,而构成定义只包括发音就显得太窄。对真实性可提问:测试任务的特性在多大程度上与目标语言使用领域的特性相符?对相互间的交互性可就语言使用模式的主要成分,即语言知识、元认知策略、专门知识、个人特性和表情图式提问。下面是其中一例:在什么程度上任务以专门知识的内容或程度为前提，在什么程度上我们可期待受试者具有这方面或这个程度的专门知识？对影响提问的问题之一是：测试成绩对所要做的决定如何有关和得体？对实践性的问题之一是：(1)设计阶段；(2)操作阶段；(3)实考阶段所需资源是何种类型和数量多少？

这些问题的基本前提是，核实测试任务特性的变异应当与目标语言使用领域的任务中具有区别性特性的变异有关或以其作为理据。这就是说，测试任务特性的变异如果不能反应目标语言使用领域的关键性变异的话，会产生负作用。因此，在测试任务特性中没有理据的变异会导致测试成绩的不一致，并且，这些与我们想测定的能力的不同无关。

（三）收集有用性的证据

收集有用性证据的工作贯穿各个阶段，并应尽可能地早，从而，使测试开发工作正常进行，不浪费精力。有用性定性证据在测试任务的操作阶段的初期即可进行。定理证据可稍后。这些都要在计划中指明。定性证据包括测试管理人员就观察所写的文字材料，受试者自己的报告，面谈或发调查提纲。定量证据根据数字材料的统计分析，包括测试分数和单项测试任务分数。

除上述各点外，Bachman还就资源的分配和管理、测试试卷的编制、打分方法、考场管理等提出了自己的观点，由于篇幅关系，不在此一一赘述。

第二节 语言测验的测度和精度[①]

语言测验,通常被看成是第二语言教学(对外汉语教学)的重要组成部分。无论是专门研究语言测验的人、语言测验的开发者(专职的和非专职的),还是语言测验的使用者,甚至接受语言测验的被试,恐怕都想知道这样两件事:第一,语言测验测的是什么?第二,它是怎样测的?

在这里,所谓"测的是什么",不是泛泛而论的语言能力或交际能力,而是指测量程序(亦即测量工具)直接操作的那个(或那些)东西,也就是"测度"。因此,上述第一个问题,更准确地说就是,语言测验的测度是什么?相应地,第二个问题可以表述为:语言测验是怎样实现的?接着,我们可以提出第三个问题:语言测验有多高的精度?本文要讨论的就是这三个问题。

这里讨论的虽然是语言测验,但论及的理论和方法,同样适用于心理测量和教育测量。我们将用"测量领域"来指称语言测验、心理测量和教育测量。

一 测量的基本要素

(一) 测量的定义

在测量领域,广为流传的测量定义是提出的:测量就是按规

[①] 本节摘自张凯:《语言测验的测度和精度》,《语言文字应用》2004 年第 4 期。

则给客体或事件赋值①。罗德和诺维克把这个定义补充为"测量就是给实验单位的特定性质赋值"②，Crocker 和 Algina 认为,这个补充使 Stevens 的定义更加精确③。Nitko 的定义与此类似:"测量就是给人的特定属性或特性赋值,以此揭示人在被测属性上表现出的实在的关系"④。Bachman 的定义是:测量就是按照严格的程序和规则对人的特性进行量化的过程⑤。Bachman 虽然使用了"量化"一词,但他所谓的量化指的也仅仅是赋值。

Zeller 认为 Stevens 的定义只反映了信度的要求,为了纠正 Stevens 的片面性,他提出,"测量可以定义为抽象概念和经验指标的联系过程"⑥。这个定义可以认为是基本正确的,但它并不能完全弥补 Stevens 定义的缺陷。《简明不列颠百科全书》的定义⑦十分简洁:"测量是指确定数和量的过程"。从 Stevens 到 Bachman,他们都只在定义中强调了数——赋值,而忽略了

---

① Stevens, S. S. 1951, *Handbook of Experimental Psychology*, New York: Wiley.

② 罗德, M. & 诺维克, R. 1968,《心理测验分数的统计理论》,叶佩华等译,福建教育出版社,1992。

③ Crocker, L. M., Algina, J. 1986, *Introduction to Classical and Modern Test Theory*, New York: CBS College Publishing.

④ Nitko, A. J. 1983, *Educational Tests and Measurement: An Introduction*, Harcourt Brace Jovanovich, Inc.

⑤ Bachman, L. F. 1990, *Fundamental Consideration in Language Testing*, Oxford University Press.

⑥ Zeller, R. A. 1985,效度,载 Husen, T., Postlethwaite, T. N. (主编)《简明国际教育百科全书·教育测量与评价》,许建钺等编译,徐枞魏译,教育科学出版社,1992。

⑦ 测度,《简明不列颠百科全书》,第二卷,中国大百科全书出版社,1985。

量。

Stevens 式的定义可能造成了一个不良后果,即量化被等同于数字化,很多人以为,只要是用数字表示的,就是测量的结果。Zeller 对 Stevens 的批评含有这个意思,但他直接从效度入手考虑问题,所以并没有道出问题的实质。

(二)测量的要素和量表

在测量领域,我们可能一直没有认真考虑这样一个问题:科学的测量,由哪些要素组成? 我们先来看一个简单的、直观的例子。假定有三个面包,一大两小,大的那个重 200 克,小的两个重量相同,都是 50 克。现有三个人,年龄、饭量都一样大。问:这三个面包怎样分给这三个人才算公平? 也许有人会说,这是小学二年级学生都会做的题。

别急,让我们按 Stevens 的测量定义来解这道题,看看会有什么结果。先给面包赋值,1、2、3,面包的连续体赋值为 3;再给需要面包的人赋值,也是 1、2、3,人的连续体赋值也为 3;结论:公平的分法是一人一个面包,因为每个人都得到 1。不行! 即便是三个三岁的孩子,其中的两个也会提出抗议。真正公平的分法是:一个人得到两个小的,两个人各得半个大的。但这个做法和 Stevens 的定义是有冲突的。问题在于,Stevens 定义的测量中把数和量混为一谈了。数和量是两个不同的概念,等数未必等量,正如罗素所说,测量是"在某种量和某种数或所有的量和所有的数之间,建立一个唯一的相互符合的关系"[①]。

[①] 转引自 Torgerson, W. S. 1958, *Theory and Methods of Scaling*, New York: John Wiley and Sons, Inc.

1. 测量的要素

严格意义的科学测量，可以定义为"估计或找出一定量单位的某个量值与同一属性的一个单位之间的关系"[1]，这种测量的结果，"是数字和标准的乘积"，如"5×1米"[2]。严格意义的科学测量中，包含了四个要素：实数、测度、零点、单位。

实数，这是任何测量都需要的，否则，我们拿什么去赋值呢？实数虽然是测量的要素，但它却是最不需要我们从事测量工作的人操心的东西，因为它是现成的（至少对非数学家来说是这样）。对于数字（即实数）我们只需要有一个清醒的认识即可：它是没有任何经验内容的。爱因斯坦说："数学仅仅涉及概念间的相互关系，而不考虑它们与经验之间的关系"[3]。Nunnally 和 Bernstein 也说，"数学作为一个抽象的事业，不需要涉及实在"[4]。数和数学是否涉及实在，数学家们有不同看法[5]，我们只取其中的一种说法。Stevens 的测量在分面包时出了问题，正说明数是不涉及实在（面包）的。

测度（measure），在某种意义上说，是比实数更为重要的因素。在用英文写的测量文献中，measure 是一个常见的词。我

---

[1] Michell 1997，转引自 Kline, P. 1998，*The New Psychometrics: Science, Psychology and Measurement*. London: Routledge.

[2] 罗姆·哈瑞，1985，《科学哲学导论》，邱仁宗译，辽宁教育出版社、牛津大学出版社，1998。

[3] 阿尔伯特·爱因斯坦，1949，相对论，《爱因斯坦晚年文集》，方在庆、韩文博、何维国译，海南出版社，2000。

[4] Nunnally, J. C., Bernstein., I. H. 1994, *Psychometric Theory*, New York: McGraw-Hill.

[5] 参见克莱因，M. 1980，《数学：确定性的丧失》，李宏魁译，湖南科学技术出版社，2001。

们注意到,这个词是有歧义的①,它很少用来指我们这里所说的"测度"。在缺乏词源学和数学史研究的情况下,我们暂且认为我们所用的"测度(measure)"概念,是从测度论(数学的一个分支)借来的(很可能是测度论借测量之测度在先)。根据测度论,设$\langle \Omega, F \rangle$为可测空间,$\mu$为定义在$F$上的非负函数,满足什么什么条件……则称$\mu$为$F$上的测度②。这太难懂。幸好《简明不列颠百科全书》有一个还算通俗的解释:

> [测度]数学中,对于不是由区间或矩形组成的某类点集而言的长度或面积的概念的推广。抽象地说,测度是使集合对应到数的任何一种规则,具有非负性和可加性,即两个不相重叠的集合的并集的测度等于他们各自的测度之和。

我们不用像上述定义那样做抽象的"推广",只考虑未推广的概念之一:长度。任何视觉上可见的物体都有长度,如一条路、一根线等。长度是物体的一个属性,我们可以用测量工具对这个属性进行操作,也可以用数学运算对其进行操作。例如,我们可以把卷尺的一头和写字台的一头对齐,卷尺沿写字台的一个边展开,看写字台这个边上的另一头和卷尺的什么位置重合,然后读出卷尺上的数字,这是测量操作。我们还可以量出两个相同的长度,然后把这两个长度连接在一起,新的长度是原来一个长度的两倍,原来的一个长度是新长度的1/2,这是用数学运算对

---

① Bachman, L. F. 1990, *Fundamental Consideration in Language Testing*, Oxford University Press.

② 《现代应用数学手册》编委会:《现代应用数学手册·概率统计与随机过程卷》,清华大学出版社,2000。

长度进行操作。长度是一种测度。现在我们不妨这样来定义：测度就是可对其进行(施加)测量操作和数学运算的东西(属性、维度)。从更直观、更通俗的角度讲，要想测量，总得有东西可测，没有可测的东西，测量就谈不上；所谓可测的东西，就是测度。所以，我们说，测度是测量最重要的要素。

零点，是测量的第三个要素。量写字台的长度，要从一端量起；量房屋的面积，要从一面墙的墙根量起；量一块麦田的大小，要从地头量起。写字台的一端、墙根、地头，都是测量的起点，也就是零点，测量的零点，对应于实数中的零。

单位，是测量的最后一个要素。一千克、一米、一秒，都是单位。单位是作为比较的标准的一个基本的量。迪昂说过，如果没有单位，测量所得的信息是很不完备的。比如说，有人告诉我，有两个长度，一个是5，另一个是10，那么，我也许有理由认为第二个比第一个长，至于长多少，就不知道了。如果你还告诉我，二者的单位都是"米"，那我就知道第二个比第一个长一倍；如果你说前者的单位是米，后者的单位是厘米，于是我知道，不是后者比前者长一倍，而是前者比后者长 49 倍[1]。马赫说："如果我们不得不把连续变化的物理条件或物理量化归为量度，那么我们首先必须选择比较的对象或测量单位，并拟定如何判断另一对象等同于标准"[2]。其实在日常生活中，我们都知道单位的重要性，比如买菜的时候。

---

[1] 皮埃尔·迪昂，1914，《物理学理论的目的和结构》，李醒民译，华夏出版社，1999。

[2] 恩斯特·马赫，1926，《认识与谬误：探究心理学论纲》，李醒民译，华夏出版社，2000。

以上是测量所需的四个要素。当然,如果我们谈的是广义的测量的话,这四个要素不一定同时出现在一个测量中,这就和测量水平及量表有关。

2. 量表

"把数字和考生表现联系起来的过程,称为'称量(量度)(scaling)',这个过程的结果是一个分数量表(scale)"①。根据测量所含上述要素的多少,以及测量结果所关联的数学系统的复杂程度②,量表一般分为四个水平,测量水平由低到高分别是称名(名义)量表、顺序量表、等距量表和比率量表。

称名测量是最低水平的测量,它就是把对象分成不同的类别,如男人编号为1,女人为2(如身份证)、足球运动员背后的编号等,都是称名测量的结果,都是称名量表。具有同一量表值的对象至少具有一个共同特征,而这个特征是有另一个量表值的对象所没有的。例如,男人编号为1,就意味着编号为1的都是男人,不能是女人。只要保证所测子集是互斥的,称名测量的赋值完全可以是任意的,如我们也可以给女人编号为1或其他数值(如3、5),男人为2或其他数值(如4、6),只要编号能把男人和女人正确地区分开就行,也就是说,在称名量表中,任何保持子集互斥的变换,都是允许的。

顺序量表处在第二个水平上。顺序测量除了把对象分成互

---

① Petersen, N. S., Kolen, M. J., Hoover, H. D. (1989) Scaling, Norming and Equating. In R. L. Linn(eds.), *Educational Measurement*. (3rd ed.) American Council on Education.

② 罗德,M. & 诺维克,R. 1968,《心理测验分数的统计理论》,叶佩华等译,福建教育出版社,1992。

斥的子集外,还要在对象之间建立顺序关系,即大于、大于等于,或小于、小于等于这样的关系。假定有三个人,身高不同,我们可以用数字1、2、3给他们赋值,3表示最高,2居中,1最矮,这就是顺序测量。在顺序测量中,任何保序的变换都是允许的。我们可以把上例中的数字3、2、1分别改为30000、2000、100,其意义不变。

等距量表要高级一些了。等距测量不仅使对象可以区分、可以排出顺序,而且还要表明对象之间的差距是相等的。要使测量达到等距水平,我们必须规定一个相对零点和测量单位。等距量表的值和实数有一一对应的关系(称名量表与顺序量表和实数没有这个关系)。量表值可以作加法运算,但不能作乘法运算。摄氏温标是典型的等距量表,$10°C$ 加 $10°C$ 等于 $20°C$(使 $10°C$ 的水的温度再提高 $10°C$,得到 $20°C$ 的水),但 $20°C$ 并不是 $10°C$ 的两倍。在等距量表中,只有线性变换是允许的(如每一个数都加上或乘上同一个数)。

比率量表一般认为是最高水平的量表。除了等距量表的所有特点外,比率量表还要求具有绝对零点。有了绝对零点,量表值就允许作乘法运算,亦即不同的量表值之间有比率(倍数)关系,因此,在比率量表中,只有乘法变换是允许的。长度、重量(质量)都可以表现在比率量表上。

罗德和诺维克还提出一种绝对量表[1],和比率量表不同的是,绝对量表的单位是绝对不变的(不能任意规定),因此,对于

---

[1] 罗德,M. & 诺维克,R. 1968,《心理测验分数的统计理论》,叶佩华等译,福建教育出版社,1992。

绝对量表来说，任何变换都是不允许的。绝对量表的例子如原子量。

二 测量和所测的变量

(一) 直接测量和间接测量

在测量领域里，人们经常提到一对概念：直接测量和间接测量，甚至有人常说，心里测量和语言测验基本都是间接测量。但是，说这话的人有时不太严谨，而听的人往往不认真对待。例如，一边有人说语言测验都是间接的[1]，另一边就有人说有真实性的表现测验是直接测验[2]。说语言测验（以及心理测验）都是间接的，人们无非以所测能力（如语言能力、智力）是潜在特质为由，并没有进一步论证；说表现测验是直接的，拿出的证据显得挺过硬：我（评分员）直接给他（被试）的口语或作文打分，这不就是直接测验吗？甚至有人会说，我根本不想推断什么作文能力，我只是给一篇作文打分，这总是直接测验了吧？

测量是直接的还是间接的，并不取决于我们的看法或认识。我们知道，测量是给某种属性赋值（尽管这个定义不严谨），这也就是说，测量操作完成后，一定有某个属性获得了量表值。只有当一种属性"可以作为一种可加的性质进行处理时，它才可以被

---

[1] Baker, D. 1989, *Language Testing: A Critical Survey and Practical Guide*. Edward Arnold.

[2] Davies, A., Brown, A., Elder, C., Hill, K. Lumley, T., McNamara, T. (1999). *Dictionary of Language Testing*. University of Cambridge Local Examination Syndicate.

描述成一种可测量的性质"①。那么,一个测量是直接的还是间接的,只取决于所测的属性。《简明不列颠百科全书》说:"除非被测物理量可以直接被观测,否则一定要用其他可测量[读去声]来确定",前者是直接测量,后者就是间接测量。所测属性是以变量的形式存在的,Stephens 把变量分成两种:直接变量和推断变量,前者是我们可以直接观察到的,后者的存在是我们推断出来的②。根据这个区分,我们大致可以说,如果所测属性是直接变量,测量就可能是直接的;所测属性如果是推断变量,那测量(如果可测的话)就一定是间接的。虽然变量(属性)可以分成两种,但属性还有可测和不可测两种可能。

(二) 两种变量四种状态

变量按是否直接分成两类,我们分别称为显性变量和隐性变量。两种变量又各有两种状态:可测和不可测,这可用下图表示出来。下面,我们一一说明这四种状态是否可以测量及理由。

可测——不可测

显性——隐性

显性、可测 (如长度、时间)	隐性? (如语言能力?)
显性、不可测 (如温度)	隐性、不可测 (如电阻)

图 1-1 属性的四种状态

---

① 詹尼弗·特拉斯特德,1979,《科学推理的逻辑》,刘钢、任定成译,河北科学技术出版社,2000。

② Stephens, W. N. 1968, *Hypotheses and Evidence*, New York: Thomas Y. Crowell Company.

直接可测的显性变量,在自然界中只有长度和时间两个,也就是说,只有长度和时间是可以直接测量的[1]。这两种属性是我们可以直接感知的,也是可以用仪器(尺子和时钟)直接测量的,除此之外,整个自然界里再没有直接可测的了。

温度是显性属性,我们可以直接感觉到冷或热,但它却是不可直接测量的。温度不可直接测量,不是因为它不能被感知,而是因为我们不能根据感觉给它规定单位。由此可见,一种属性是否直接可测,还取决于是否可以规定出单位来。

电阻是隐性属性,而且不直接可测。电阻不可测的原因有两个,一是它不可直接感知,二是更不能规定单位。

现在,我们暂时可以这样说:显性的属性,如果能够规定单位,是直接可测的,如不能,则不直接可测;隐性的属性,都是不可直接测量的。但是我们也知道,温度和电阻现在是可以测量的。对不直接可测的属性的测量是怎样实现的呢?

三 测量中心或测度

Stephens 把变量分成直接的和推断的两种,相应地,他又提出"直接测度(measure)"和"指标(index)"分别对应两种变量,罗德和诺维克也使用了这一对概念。所谓直接测度,就是由观测变量构成的连续体,而指标是由推断变量构成的连续体。"如果被测量的是一个观测变量,那我们就有了一个直接测度。如果你想'测量'一个推断变量,那你的测量工具只能给你显示

---

[1] 罗姆·哈瑞,1985,《科学哲学导论》,邱仁宗译,辽宁教育出版社、牛津大学出版社,1998。

一个指标"①。

如果不说明"指标"是相对于直接测度而言的推断变量的连续体,这个有特定含义的概念是很难理解的,尤其是翻译成中文以后。我们不妨用"推断测度"一词来代替"指标",这样,观测变量—推断变量、直接测度—推断测度正好是两对对应的概念。推断测度也可以称为"间接测度",这也是名副其实的。

我们知道,要测量,就一定要有测度,而且一定要有直接测度。如果想测量一个推断变量,我们的选择有两个:要么放弃测量推断变量的想法,要么找一个直接测度,通过对这个直接测度的测量,间接地去测量那个间接测度。Torgerson 提出"三个测量中心"②,这为我们理解和解决间接测量问题提供了一个很好的概念框架。

(一) 重新定义三个中心

Torgerson 认为,测量有三个不同的中心,这三个中心是:以主体为中心、以刺激为中心、以反应为中心。"三个中心"的概念是很有意义的,但他的定义和解释是有问题的。本文由于篇幅的限制,不详细讨论 Torgerson 的定义,而是以物理测量为例,重新定义三个中心的概念。

以主体为中心是最简单的测量。主体对刺激所作反应的方差归因于主体的差异,被赋值的只有主体。在物理测量和日常生活中,长度测量是典型的以主体为中心的测量。长度测量的

---

① Stephens, W. N. 1968, *Hypotheses and Evidence*, New York: Thomas Y. Crowell Company.

② Torgerson, W. S. 1958, *Theory and Methods of Scaling*. New York: John Wiley and Sons, Inc.

实质是用一种属性（长度）去测同一种属性，因为长度是显性的属性，而且可以规定1米为基本单位，因此它是直接测量。以主体为中心的测量并不都是直接测量，但长度测量却是以主体为中心的最典型、最容易理解的例子。

在以刺激为中心的测量中，被赋值的只有刺激。电阻的测量是以刺激为中心的测量。电阻是导体的一种隐性属性，不可直接测量。我们现在知道，当一个特定强度的电流通过一有电阻的导体后，电流会发生变化，根据欧姆定律，电流、电压、电阻三者之间有一种特定的数量关系，所以，我们可以利用这种关系间接地测出电阻。具体地说就是，把测得的电流值和已知的电压值带入欧姆定律的公式，然后推算出电阻的值。在这个过程里，电阻表测到的根本不是电阻，而是电流，也就是说，被测量工具赋值的不是电阻，而是电流。电流的每一个变化都对应于一个特定的电阻值，事先把这些值换算好，标在电阻表的刻度盘上。自始至终，电阻都是一个潜在的变量，只是因为它和电流之间有数量上的对应关系，所以我们可以很有把握地通过直接测量电流而达到间接测量电阻的目的。

在以反应为中心的测量中，被赋值的应该只有反应，用水银温度计测温度是典型的以反应为中心的测量。它利用的原理是，温度的均匀上升或下降，会导致水银柱均匀地变长或变短。在一定范围内，温度每上升一度，水银柱会增加一个单位的长度，反过来，温度每下降一度，水银柱则缩短一个单位。水银柱的伸缩，是对温度变化的反应，所以，这种测量是以反应为中心的。在这个过程中，被赋值的只有水银柱的长度，而温度的值是从长度值转换过去的。

以刺激为中心的测量和以反应为中心的测量能够成立,是因为刺激或反应与要测的属性之间有特定的数量关系,亦即观测变量和推断变量之间有特定的数量关系,这种关系允许我们通过给直接测度赋值达到刻画推断测度的目的。

由于测量中心不同,亦即测量并不都是直接的,测量所达到的水平也是不同的。以主体为中心的测量可以达到比率水平,另外两种方式就不一定能达到比率水平了。例如,温度测量只能达到等距水平,因为温度不能定义绝对零点。

现在我们知道,科学测量并不都是直接的,这是因为所要测量的变量不都是直接的,当所测的是推断变量时,我们就必须要用间接的方式去测,在间接方式中,究竟是选择以刺激为中心还是选择以反应为中心,还要看刺激和反应的属性哪一个和观测变量有数量关系。以上说的是物理测量,现在我们可以根据物理测量考虑语言测验的问题了。

(二) 语言测验中的变量

要问语言测验测的究竟是什么,首先要看它涉及的变量有哪些。语言测验中的变量有三个:语言能力(主体)、刺激、反应。

语言能力(无论怎样定义),起码是很多语言测验声称要测的东西,它是语言测验的兴趣所在,是语言测验中的主体(这和 Torgerson 所说的"主体"意思不太一样)。但我们也知道,所谓的语言能力是一种潜在特质,是不可直接观察、不可直接测量的。因此,语言测验要想以主体为中心,是不可能的。

题目(包括客观题和主观题),是语言测验中的另一个变量,它是作为刺激物出现在测验中的。题目呈现给被试,就是给被试一个或若干个刺激,这种刺激要求被试作答。作为刺激物的题目,是一个观测变量。

被试的答案(包括多项选择答案和作文等)是被试接受刺激后作出的反应,它很大程度上反映了被试的语言能力。被试的答案也是一个观测变量。

(三)语言测验的测量中心

语言测验中这三种变量哪个能作为测量中心,是我们接着要考虑的问题。语言测验以主体为中心的可能性,我们已经排除了。剩下的可能性还有两个:以刺激为中心,或者以反应为中心。

语言测验也不能以刺激为中心,理由有二。第一,测量电阻时,导体的电阻使输入电流和输出电流之间产生了差异,也就是电阻使电流出现了变化,测量这个变化,就是测量了电阻。语言测验中类似的变化是不存在的。测验题目,作为对被试的刺激,事前是那个样子,事后它还是那个样子,它没有因被试对它作出了不同的反应而出现不同的变化。因此,即便语言测验的刺激是可以测量的,就是测了,也没有意义。第二,刺激虽然是一个观测变量,但它却是不可测量的。如果把一个题目看成一个个体,我们无法确定它的权重,若干题目权重是否相等也是无法确定的。如果把测验题目看成一个连续体,我们无法为其规定单位,因为权重可能不同,所以任何一个题目都没有资格作基本单位。是否可以把题目难度作为测量单位呢?题目难度是依赖被试的,不是绝对的量,仍是不能确定其权重的。语言测验的题目和最小感觉差异测量使用的刺激物是不同的,最小感觉差异是以刺激为中心的测量,它测量的是重量,而重量的测量是不依赖人的感觉的①。

现在只剩下被试答案,即反应了。如果我们能够根据对反应的测量推断潜在的能力,也是可以满足的。但这暂时也是做不到的,因为反应的性质和刺激类似,它的权重也是不确定的,被试作出了若干反应,没有什么东西保证这些反应是相等的。被试的反应和题目难度是互相依赖的,这是一;被试的反应不全是他能力的反映,其中会有其他因素掺杂进来,我们称为随机误差,这是二。这两个因素决定了反应的权重是难以确定的。

我们可以用人们熟知的情况说明这个问题。一个由多项选择题构成的测验,每个题的分值是一分,每答对一题给一分。看上去这好像题目权重相等、被试的正确反应的权重也相等。其实不然。我们每个做过被试的人都有这样的体会:一个把握不大的题,我有可能答对;而一个把握很大的题,我也有可能答错。通过仔细的分析,我们可以看到,答对和答错并不是简单的两种情况,其中包含的可能性一共有五种——三种情况下会答对,两种情况下会答错。如果我的能力正好可以答对这个题,我应该得1分;如果我的能力答这个题有富余,给我一分就是给少了,因为这个1分不足以反映我的能力,应该给我比如说1.2分;如果我的能力不足以百分之百地答对这个题,但运气好,居然答对了,这时候给我1分,那是给多了,应该给我比如说0.8分。再看答错时的情况。如果我没有可能答对一个题,给我零分,我一点儿怨言没有;但在我有可能答对而因马虎等原因没答对时,也给我零分,岂不是有点儿冤?这时应该给我比如说0.3分?

---

① 车文博:《西方心理学史》,浙江教育出版社,1998。

这种复杂的情况说明,语言测验的反应本身是很复杂的,因此,尽管在评分规则中只能规定一题一分,但如果因此认为1分恰好代表一个单位的反应,那就缺乏根据了。正如 Angoff 所说,原始分量表是没有固定的意义的①。

我们现在几乎被逼上绝路:语言测验既不能以不可见、不可测的主体为中心,又不能以可见却不可测也不反映主体属性的刺激为中心。反应倒是可见的,也部分地能反映主体,但它却又是难以量化、难以确定单位的。于是我们面临两种选择,要么彻底放弃测量语言能力的努力,要么针对反应,再想想办法。

四 虚构测度:奎特勒方式

反应是可见的,是一个观测变量,但是,它不能构成一个可测量的测度。反应构不成测度的原因是,每一个反应的量都可能是不确定的,因此没有一个量可以定义为标准量。这时候,如果希望把这个不可测量的变量变成可测量的测度,我们可以使用统计方法,这种方法称为"奎特勒方式"。关于奎特勒和奎特勒的思想②,限于篇幅,我们不作介绍。

所谓奎特勒方式,其实就是我们熟悉的常模方式,常模是搞测量的人都熟悉的。之所以重提奎特勒,是因为我们往往忘记了常模的本质意义。我们现在对常模的关注,几乎只在于用它导出测验分数,用它估计误差,甚至误以为常模是一种标准(如

---

① Angoff, W. H. 1984, *Scales, Norms, and Equivalent Scores*. New Jersey: Educational Testing Service.

② Stigler, S.M.1986, *The History of Statistics: Measurement of Uncertainty before 1900*. Cambridge: The Belknap Press of Harvard University Press.

Glaser 等①),而忘记了常模的本质在于使不可测的变量变为可测的测度。下面我们就谈谈常模的本质。先来看一个直观的例子——身高常模。

量身高,是我们都熟悉的一种测量。我们一般都知道自己的身高,也知道自己和周围的人相比是高还是矮,甚至精确地知道我比某人矮几厘米。但是我们说,这种信息是不完全的。通常我们说,东方人比西方人矮,对此大家可能没有异议。可这个结论是怎么得出来的?将东西方人的身高随机地一一对比,是得不出这个结论的,因为西方人有比东方人高的,也有比东方人矮的。这个结论是通过比较身高平均数得出的——东方人的身高平均数小于西方人的身高平均数。

做法很简单,我们分别测量几万个东方人和西方人,算出他们的平均身高,可能会发现,西方人的平均数比东方人高若干厘米,于是我们就可以得出上述结论了。

事情到这儿还没完。如果我们把这几万东方人和西方人的身高数按频率画成图,将会得到一个正态分布。正态分布有这样一些性质:正态曲线是轴对称的钟形曲线;如果把曲线下的面积规定为1,则横轴上相等的区间所对应的曲线下的面积是固定的,例如,中轴线左右第一个区间所对应的面积都是 34.13%(图1-2)。正态分布的这些特性是高斯等人发现的,奎特勒、高尔顿等人将其用于社会和心理研究。

"自然的行为根本是不确定的,而是相当杂乱无章的,但其

---

① Glaser, R. 1963, Instructional technology and the measurement of learning outcomes: Some questions. *American Psychologist*, 18.

中有某个最有可能的行为,平均行为,这就是我们所观察到并认为是由数学定律所决定的行为"①。正态分布所表现的正是这个数学定律。如果我们把一个群体的某个特征用正态分布描写出来,我们就可以反过来根据这种分布的特性去刻画这个群体中的个体,也可以利用这个特性在不同的群体间作出比较,说西方人比东方人高,就是这样比较出来的。

把群体的特征集中起来,让它形成正态分布,再用正态分布的特性去刻画群体中的个人,这个做法就是"奎特勒方式"。个体之间的直接比较,有时是不合理的,有时是信息不充分的。单个的东方人和西方人直接比较,无论谁高谁矮,都没有什么理由可说;将人和电线杆比高低,则失去了人和电线杆的质的规定性,因而信息是不充分的。奎特勒方式的本质是,在缺乏合理比较的条件时,我们可以利用正态分布的特性虚构出一种本质。这个虚构的本质以平均数为代表。平均数并不代表某个个体,它是"组的特征"②,是对一个群体的抽象,即便有一个具体的人,其身高等于平均数,也不能说这个人代表了该群体,而只能说这个人的身高恰好和平均数一样。虚构的本质的变化范围由全距代表,即最小数到最大数之间的距离(图1-2中的横轴),我们可以把它看成是一个测度。在这个测度上,我们可以根据正态分布的性质规定出零点和测量单位。零点规定在中轴线上,一个标准差(SD)可以定义为一个测量单位。从理论上说,一个标准正态分布,可以分出八个相等的区间。

---

① 克莱因,M.1980,《数学:确定性的丧失》,李宏魁译,湖南科学技术出版社,2001。

② 斯泰宾,L.S.1939,《有效思维》,吕叔湘、李广荣译,商务印书馆,1997。

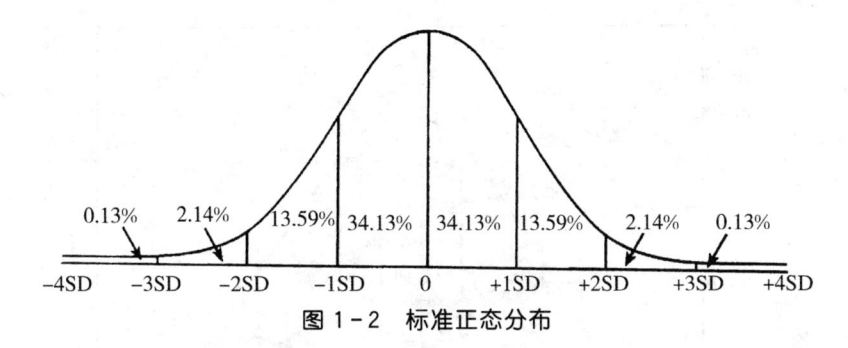

第二节 语言测验的测度和精度　37

```
      0.13%  2.14%  13.59% 34.13% 34.13% 13.59%  2.14%  0.13%
      -4SD   -3SD   -2SD   -1SD    0    +1SD   +2SD   +3SD  +4SD
```

图 1-2　标准正态分布

上述过程完成后,我们就完成一个测度和尺度的转换。下面我们用一个模拟的例子来说明这种转换。

将人和电线杆比较,失去了人的规定性;将东西方人直接比较,说不清两种人整体上谁高谁矮;问一个中国人多高算高,多高算矮,得不到一个确切的答案。要解决这些问题,就要来虚构一个测度。我们假定有一群人,人数为 32000,其中最矮的为 130 厘米,最高的为 200 厘米,全距为 70 厘米。他们的身高分布近似正态。根据这些数据,我们算出这群人的平均身高为 164.5 厘米,标准差为 16.05 厘米(见图 1-3),这也就是所谓的"常模"。

图 1-3 中的横轴是我们虚构的测度,平均数(164.5)是相对零点,标准差(16.05)是单位。可以看出,整个身高区间(从 130 到 200)被划分成大约四个相等的区间,依次是:-2,-1,+1,+2,这和标有 1 到 100 厘米刻度的米尺道理相同,唯一不同的是,米尺的零点在一端(左端),而这把"尺子"的零点在中间(和摄氏温度计一样)。现在,我们就可以用这把尺子去衡量一个中国人,并得出他是高还是矮的结论了。

使用这把尺子时,一定要"忘掉"制造它时用过的原来的单

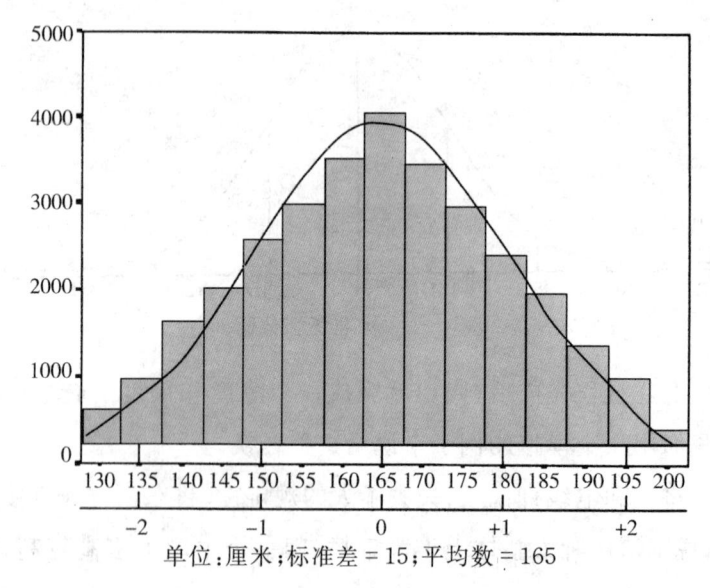

图 1-3 模拟 32000 人身高分布直方图

位,即厘米;换句话说,新尺子一旦做好,原来的单位(厘米)就没有意义了,新的单位是标准差,尽管它可以换算成厘米。

假定上图是中国人身高的常模,我们要按以下方式解释具体的个别人的身高。如果 A 身高恰好是 164.5 厘米,我们说他具有中等身高,因为大约有一半的人比他矮,也有大约一半的人比他高;B 身高为 180 厘米(164+16),他就比 A 高约一个标准差(16.05),约有 84% 的人比他矮,16% 的人比他高。如果 C 身高 172 厘米,D 身高 176 厘米,这两个人谁高谁矮? 也许很多人会说:当然是 D 比 C 高! 如果我们给出这样的答案,那就说明我们没有忘掉原来的尺度(厘米),而忘掉了新的尺度(标准差)。在身高常模上回答这个问题,和用米尺量比如说桌子的长度时碰到的情况是一样的。试想,我们量一张桌子的长度,假定知道,我们使用的尺子有厘米这一级单位。当量到桌子的末端,我们发现,在前边若干个厘米的长度的最后,有一小段不足一个厘米了。我们能够得出关于这个长度的准确结论吗?这有两种可能:能或不能。如果手中的尺子还标有小的单位(毫米),我们就能得出其长度为若干厘米若干毫米;如果尺子上没有更小的单位,我们就不能得出准确的结论,而不准确的结论可能是:这张桌子的长度在 120 厘米和 121 厘米之间。这时,120 厘米和 121 厘米之间是有差异的,小于 1 厘米的差异因量不出来而可以忽略不计。回到 C 和 D 两人的情况,他们都落在 +1 个标准差的区间里,可以肯定的是,他们都比 A 高,也都比 B 矮,至于他们俩谁高,这把尺子可能不能进一步区分了,因为尺子的精度有限。因此,我们的结论是,D 和 C 一样高,或者说,D 并不比 C 高(如果标准误差可以确定,有可能在小于一个标准差的尺度上进行测量)。

以上解释对我们大多数人来说可能还是很费解的,我们不妨再给一个性质相同但更好理解的例子。给我一把学生尺和两根相同的火柴,让我经过测量说出一根比另一根长多少纳米。这个任务我显然无法完成,因为我手中的尺子没有精确到纳米。

五 语言测验的测度、精度和误差

了解了奎特勒方式,我们回到语言测验上来,讨论一下语言测验的测度和精度问题。

(一)测度

前面我们说过,要想使语言测验成为可能,只能在被试的反应上想办法。一个被试的一个反应中是有不确定因素的,一个被试的若干反应,以及一组被试的若干反应中,也是含有不确定因素的。这些反应虽然构成一个可见的连续体(答对和答错的序列),但其中的任何一个反应都不能成为标准单位,因为这个反应和其他任何一个反应或任何一段反应序列是否有确定的倍数关系,我们无从知道。这就是被试的反应不构成一个测度的原因。

幸而有了奎特勒方式,我们可以先用统计方法,把所有被试的反应(答对的题数)当作一个整体来描述。统计描述的结果是得到一个测度、相对零点和测量的单位。下表是 HSK(初、中等)一份正式试卷(8889B)的数据。

表 1-1 HSK 的一份数据

被试人数	1676
满分	170
全距	166
平均分	88.9308
标准差	37.6668
标准误差	5.7735

尽管每个反应中会掺杂着非能力因素(误差因素),然而这些误差因素(如走神、猜测等)可以假设是随机的,方向不定的,即有的使被试答对的概率提高,有的使被试答错的概率提高。当我们把对所有的被试分数求平均分时,这些方向不定的误差因素在某种程度上可以相互抵消。这样,当我们得到新的测度时,这些误差就在一定程度上被抵消掉了,换句话说,新测度比原始分有更高的确定性。

(二)测量精度和误差

有了新的测度,我们就可以用它去测量具体的被试了。从表 1-1 中可以看出,新测度的总长(一个比喻的说法)是 166(分),基本单位是 38(为行文方便取整),也就是说,整个测度,大约可以分成 4 段。不精确地说,我们可以把所有被试分成大约 4 个等级。这种量表是等距量表。如果一被试得分为 127 (89＋38),我们可以说,这个分数比平均分高一个标准差,大约有 84％的人分数比他低。这和在身高常模中测量一个人的身高的道理是一样的。

任何测量都是有误差的,语言测验也是一样。在我们把所有被试的分数加在一起求平均数时,方向不同的误差被认为相互抵消了。但当测量一个被试时,我们不知道影响他的是正向因素多还是反向因素多。对一个具体的被试来说,代表他真实能力的那个分数(测量理论中称为真分数)是观测不到的,我们看到的分数(实际得分)中是包含了误差的,这些误差可能有正向的,也可能有反向的。因此,我们看到的分数,决不是他的真分数,而他的真分数可能出现在一个范围里。根据具体数据的情况和统计学的规则,我们可以在一定程度上估计出这个范围。那么这个范围有多大呢?

我们可以这样来估计一被试的真分数:一个得分为 127 的被试,因全卷总分为 170,所以其真分数在 0～170 之间的可能性为 100％！这话几乎没错,但也没有任何意义,这个推断是正确的,但一点儿也不精确。于是,我们必须在推断的正确性和精确性之间进行权衡:牺牲一点儿正确性,以获得一定的精确性。

为了较为精确也较为正确地估计被试真分数所在的范围,我们需要使用"标准误差",标准误差是误差的基本单位。

我们已经知道,观测分数不是真分数,因此真分数一定在偏离观测分(左边或右边)的某个地方。既然是这样,我们可以扩大观测分的范围,用这个办法去推断真分数。刚才那个被试得分是127,是一个点。把127变为127±6(即观测分±一个标准误),我们就得到两个数:121和133。这两个数之间,有一个约12分的区间,统计学原理表明,该被试的真分数落在这个范围里的可能性大约有68%。"121和133之间"是估计的精确程度,"68%"是估计的正确程度,后者可以这样来理解:如果让我估计100次的话,我大约能估计对68次,而估计错32次。假如我们还想提高估计的正确程度,那就要牺牲精确性,做法是再加减一个标准误,把真分数可能在的范围扩大为115和139(127±2×6),这时,正确估计的可能性约为95%。

找一个真分数得费这么大劲,还要冒一定的风险,都因为它是一个推断变量。我们不能直接测到真分数,只能通过测量反应(给反应赋值),去推断真分数所在的范围,而且这种推断还不是百分之百准确的。某些物理测量在准确性方面是无需担心的,尽管介于1厘米和2厘米的长度可能是不能精确确定的,但它一定在1厘米以上、2厘米以内这个范围里则是没有问题的,因为它是直观的,是一个直接的观测变量。

六 结论

语言测验的过程涉及三个要素:主体(语言能力等)、刺激(测验题目等)和反应(被试的答案等)。由于主体是潜在的,而刺激在测量过程中并不发生改变,语言测验的测度只能在反应中寻找;又由于反应难以直接定量,我们只能使用统计方法虚构一个测度,这个测度是由全体被试的反应构成的。在这个测度上,我们可以规定以平均反应为零点,以标准差为单位。然后,在这个测度上,我们根据零点和标准差去估计个别被试的反应水平,而这种估计,不会百分之百精确,也不会百分之百准确。本文开头的三个问题可以这样回答:语言测验测的是被试的反应,是通过虚构测度来测的,和某些物理测量相比,它的测量精度并不高。

我们(开发、使用、参加语言测验的人)不能把测验分数理解为一个精确的点,而应理解为一个区间;要理解一个分数的意义,或比较两个分数的大小,仅仅知道分数本身是不够的,还应该知道标准差和标准误差,标准差表明比较的尺度有多大,标准误差表明分数分布的范围有多大以及这种分布的可能性有多大。

语言测验实质上是在一个虚构的测度上的测量,测量精度远没有人们想象得那么高。但是我们也没有必要感到沮丧,牛顿说:"如果认为精确性非常高的陈述就必然科学,而不那么精确的陈述一定不太科学,那就大错特错了"[1]。亦如马赫(1926:328)所说:"我们不能以无限的准确性观察"[2]。

---

[1] 牛顿,G.罗杰,1993,《探求万物之理:混沌、夸克与拉普拉斯妖》,李香莲译,杨建邺校,上海科技教育出版社,2000。

[2] 马赫,恩斯特,1926,《认识与谬误:探究心理学论纲》,李醒民译,华夏出版社,2000。

第二章

有关语言能力理论的论述

第一节 国外语言测验领域对语言能力的研究述评[1]

Spolsky把语言测验分为三个时期:前科学或传统时期、心理测量——结构主义或现代时期、心理语言学——社会语言学或后现代时期。而语言测验真正成为一门相对独立的学科是在心理测量——结构主义时期[2]。这一时期的测验深受心理测量学和结构主义语言学的影响,主要测量独立的语言结构和规则。心理语言学——社会语言学时期则是在对心理测量——结构主义观点的反驳中诞生的,它发展了语言测验领域综合的——社会语言学的观点。这种观点把语言表现和语言能力联系起来,也考虑到语言在各种不同的交际情景中的使用[3]。

国外语言测验领域对语言能力的研究也始于心理测量——结构主义时期,并且历经了三个不同的阶段。我们称为:(1)技

---

[1] 本节摘自王佶旻:《国外语言测验领域对语言能力的研究述评》,《考试研究文集(第1辑)》,经济科学出版社,2002年10月。

[2] Spolsky, B. 1977,"Language Testing: Art or Science" in Proceedings of the Fourth International Congress of Applied Linguistics.

[3] Wood, R. 1993, *Assessment and Testing: A survey of Research*, Cambridge University Press.

能/成分说阶段,(2)一元化阶段,(3)交际能力模型的建立阶段。第一阶段属于心理测量——结构主义时期,第三阶段属于心理语言学——社会语言学时期,第二阶段则属于两个时期之间的过渡阶段。

一 技能/成分说阶段

(一) 背景

技能/成分说是在结构主义的摇篮中诞生的,在语言学的观点上继承了结构主义的特点:注重语言行为的描写,不注重语言能力的解释;着眼于语言间的差异,不重视语言的普遍性;只研究语言本身,不重视与语言有关的心理因素和社会因素[1]。在心理学方面受到行为主义心理学和心理测量学广泛传播的影响。行为主义心理学所倡导的刺激—反应论在学习理论上为技能/成分说提供了支持;而心理测量学的传播又为其在测验开发上提供了技术支持。

这一阶段的主要代表人物是 Lado 和 Carroll。前者在 1961 年发表了《语言测验》一书,标志着语言测验成为一门独立学科。后者则是 TOEFL 的主要创始人。

(二) Lado 和 Carroll 的语言能力观

1. Lado 关于语言能力的观点

Lado 这样说道,语言测验理论是建立在两点之上的,其一是时下语言学领域对语言的理解;其二是对习惯在语言学习中

---

[1] 参见赵世开:《美国语言学简史》,上海外语教育出版社,1988;赵世开:《国外语言学概述:流派和代表人物》,北京语言学院出版社,1990。

所起作用的观察①。Lado 的语言测验理论假设,语言是一种交际习惯系统,这种习惯使交际者有意识地注意他正正传递或理解的信息。这种习惯涉及不同层面上的形式、意义和分布,这些层面是句子、从句、短语、词汇、语素及音位。而语言学习者在语言习得中的问题也可以归因于形式、意义和分布或者这三者的结合。

Lado 认为语言测验涉及两个变量:成分和技能。成分是指语音、语调、重音、语素、词汇以及词汇的有意义的排列,这种意义既是语言学上的也是文化上的。对这些成分的习得不是平衡发展的,而是有的快,有的慢。这些语言成分的每一个都构成我们要测的一个项目,它们是语音、语法结构、词汇和文化意义。这些成分虽然可以单独地被研究、描写和测量,但它们在语言中从来都不是单独出现的,而是综合在听、说、读、写各项技能中,这些技能又构成了语言测验要测的另一个变量。由此我们可以清晰地看到 Lado 的语言能力观,一种成分和技能相结合的观点,我们可以称之为"技能/成分"模型。Lado 在其 1961 年的书中把这一观点运用到语言测验中,详细说明了测量各种成分和技能的方法,为建立心理测量学意义上的语言测验奠定了原则和方法。

2. John Carroll 的观点

1961 年 5 月 11 日至 12 日,为开发 TOEFL 由应用语言学中心(Center for Applied Linguistics)牵头,在华盛顿组织了

---

① Lado,R. 1961, *Language Testing: the construction and use of foreign language tests*, Longman.

一次会议,会议由当时的应用语言学中心主任 Charles Ferguson 主持。在这次会议上,Carroll 就语言测验问题作了一个发言,这篇文章被认为是语言测验理论的一个里程碑。在文中,Carroll 提出了一个语言能力模型图。这是一个两维的模型,包括语言维度和技能维度。语言维度由四个元素组成:音位或拼音(phonology/orthography)、形态学(morphology)、句法(syntax)和词汇(lexion);技能维度也由四个元素组成:听力能力(auditory comprehension)、口语表达(oral production)、阅读(reading)和写作(writing)。

表2-1 语言能力模型

语言技能	语言成分			
	音位/拼音	形态学	句法	词汇
听力能力				
口语能力				
阅读能力				
写作能力				

Carroll 认为这些元素在逻辑上是独立的,虽然在实践中它们密不可分。

Carroll 谈到了语言测验需要测量的 10 个方面的内容:(1)结构的知识(形态学或句法);(2)词汇使用的一般知识(词汇和惯用语)和特殊词汇的知识;(3)听力辨析(包括音素、音位变体、超音段特征);(4)口语表达(包括音素、音位变体、超音段特征);(5)朗读(把书写符号转换成声音,比如对单词的发音和重音的掌握);(6)书写(把声音转换成书写符号,比如拼写);(7)听力理解的速度和准确率;(8)口语的速率和质量;(9)阅读理解的速度和准确率;(10)写作的速度和准确率。

可以看出，Carroll 对语言能力的理解也属于技能/成分的观点，这一点和 Lado 是殊途同归的。David Baker 用图清楚地说明了这种观点在语言测验中的应用①。

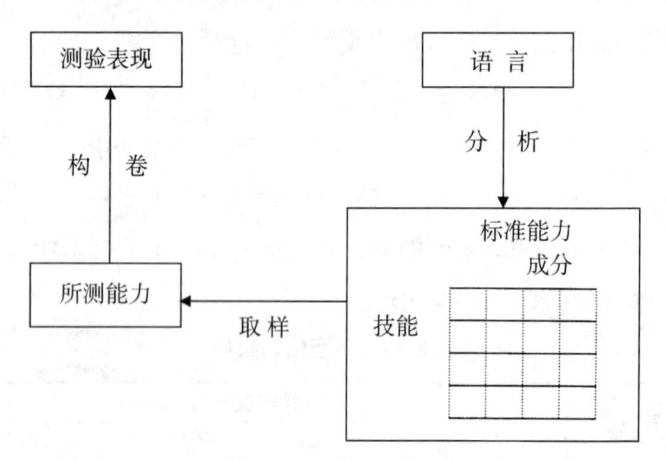

图 2-1　Carroll 的语言能力模型在测验中的作用

3. 评价

Lado 和 Carroll 的技能/成分说代表了当时语言测验领域对语言能力的看法，这种看法对语言测验的开发和研究都产生了很大的影响。

这一时期语言测验的一个显著特点是注重客观性，Lado 认为客观性测验有两个突出的优点：第一，能在很短的时间里测出学习者在一年甚至几年时间里学习的语音系统、语法形式，或者词汇的代表样本；第二，可以用速度和难易程度来评分，并且可以采用机器评分，这样就为大规模考试创造了条件。在这一点

---

① Baker, D. 1989, *Language Testing: a critical Survey and practical guide*, Edward Arnold.

第一节　国外语言测验领域对语言能力的研究述评

上 Carroll 也持相似观点,他指出客观性考试是更加切实可行的。

成分技能说对语言测验更大的影响是分立式测验(discrete-point test)的流行,其中最为著名的就是美国教育测验服务中心(ETS)研制的 TOEFL。分立式测验是在听说读写四种语言技能当中考察音位、句法、词汇等语言要素,因此是成分与技能相结合的产物。Lado 就是分立式测验的积极倡导者,他认为在语言交际场景(situation)和语言要素(element)之间,应该选择语言要素。因为场景是无穷多的,而要素是有限的。因而从有限的要素中选取样本比选择各种各样的场景要有效率得多①。

技能/成分说在语言测验领域的影响是很大的,除了 Lado 和 Carroll,许多应用语言学家包括 David Harris②、Heaton③、Arthur Hughes④ 以及 F.Sang⑤ 等人都持此观点。但是这种为测量语言能力而建立的早期模型在进入 20 世纪 70 年代后遭到了批评与挑战。Bachman 在谈到 Lado 和 Carroll 的模型时曾这样说:

　　这些模型区分了语言技能(听、说、读、写)和语言知识

---

① Lado, R. 1961, *Language Testing: the construction and use of foreign language tests*, Longman.

② Harris, D. 1969, *Testing English as a Second Language*, McGraw-Hill Book Company.

③ Heaton, B. 1975, *Writing English Language Tests*, Longman.

④ Hughes, A. 1989, *Testing for Language Teachers*, Cambridge University Press.

⑤ Sang, F. et al 1986, "Models of Second Language Competence: a Structural equation approach" Language Testing 3,1.

(语法、词汇、音位/正字法),但没有说明这些技能和知识是怎样相互联系的。我们不清楚这些技能是否仅仅是知识成分在不同模式（mode）和渠道（channel）中的表现形式,抑或它们之间在其他方面存在本质区别。技能/成分说更加严重的局限在于它忽视了语言使用的环境,即话语和语境。[①]

技能/成分说更直接的挑战来自测量学方面,尤其是来自对分立式测验的怀疑。在这个过程中出现了对语言能力的另一种思考——语言能力一元化的观点。

二 一元化阶段

(一) 背景

在语言测验的效度检验过程中我们最重要的工具是相关分析:测验之间的低相关证明他们测的是不同的能力,而测验间的高相关则暗示着它们测量了某一个相同的能力域。当用这一方法对分立式测验进行分析时,应用语言学家们发现了令人吃惊的现象:分立式测验（诸如语法、词汇测验）和综合式测验（integrative test,诸如完形填空、听写）之间存在高相关,而这种相关常常比宣称测量同一语言成分的分立式测验之间的相关还要高[②]。这在测量学的意义上是说不通的,我们无法解释为什么同样测量词汇的两个测验之间的相关会比它们和听写的相关低。更令人不解的是听写和完形填空之间的相关居然是最高的,而它们既不是同一渠道的（听写是听的渠道,完形填空是阅

---

① Bachman, L.F. 1990, *Fundamental Considerations in Language Testing*, Oxford University Press.

② Oller, J. 1979, *Language Tests at School* Longman.

读的渠道)也不是同一模式的(听写是理解性的,完形填空是表达性的)。这些发现动摇了技能/成分说的主要观点,即语言能力有相互独立的若干维度,并且可以通过具体的测验来分别测量①。

在这样的情况下,以 John Oller 为代表掀起了一场反对技能/成分说和分立式测验的运动,提出了语言能力一元化的假说。

(二) 一元化观点的代表——Oller 和他的 UCH

Oller 认为把语言能力分析成语言成分和语言技能的结合是不正确的,Oller 的观点非常简单:语言能力根本没有结构,而是一个单一的不可再分的能力。他所主张的测验过程大致可以表示如下:

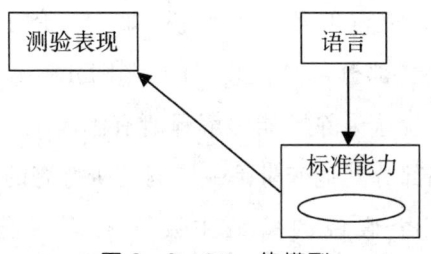

图 2-2 Oller 的模型

Oller 认为标准能力是一种无形的,不可分析的"本能",没有必要对它取样。因此我们可以跳过语言能力这一阶段,直接进入语言表现阶段,这和技能/成分模型是不同的(参考图 2-1)。Oller 的模型可以解释上文提到的测量学不能解释

---

① Baker,D. 1989,*Language Testing:a critical Survey and practical guide*,Edward Arnold.

的现象:所有的测验,不管给它贴上什么标签,测量的都是一个一般因素。一些测验,比如完形填空和听写能够更好地测到这个一般因素。因而这些测验就能得到比其他一些分立式测验更高的相关系数。测验之间的不同结果并不是因为它们测量了不同的能力,而是因为它们在测量这个一般因素时具有不同的效力。

关于语言能力,Oller 提出了三个具体的假说:(1)语言技能可以被分为若干成分,就像分立式测验所宣称的那样。Oller 把它命名为"可分假说(Divisibility Hypothesis)",即 H_1;(2)语言能力更像一种黏性物质而不是像机器一样可以被拆分成若干部分,这就是"不可分假说(Indivisibility Hypothesis)"或者称之为"单一能力假说(Unitary Competence Hypothesis,简称为 UCH)",即 H_2;(3)第三种假说,即 H_3,介于前两种之间,Oller 把它叫做"部分可分假说(Partial Divisibility Hypothesis)"。这种假说认为除了能够解释所有测验的一般因素以外,应该还有一小部分其他变量是一些测验所特有的。

对于这三个假说的验证主要来自因素分析法。Oller(1976,转引自 Oller,1979)用主成分分析法分析了 UCLA 英语分班考试(该考试由语法、阅读、语音、作文、听写、完形填空等部分组成)和 TOEFL(听力、语法结构、词汇、阅读,再加上完形填空和听写),这两项实证性研究的结果都支持 H_2,也就是单一能力假说(UCH)[①]。

在语言学理论上,Oller 提出了"语用期望语法(Pragmatic

---

① Oller, J. 1979, *Language Tests at School* Longman.

Expectancy Grammar)"来解释这个单一能力。Oller 把它定义为"把语言要素在时间和超语言学的情境中排列成有意义的序列的心理现实系统。"语用期望语法强调两方面的内容：其一是语言在语法上具有可预测性，其二是超语言学情境的重要性。Oller 解释说，一个语言序列越是具有语法上的可预测性，它就越容易理解。另一方面，语言要素及语言学情境只有和超语言学情境，也就是社会环境结合起来，才能产生意义。Oller 指出，语用期望语法是学习者内化了的期望语法，是一种潜在能力。

在语言测验实践上，Oller 提出了他的语用测验（pragmatic test）。Oller 认为语用测验必须具备两个标准：(1)要求学习者能够运用语言序列的基本语境条件；(2) 要求学习者能够结合超语言学的语境来理解和产出语言要素的有意义的序列。实际上，语用测验和综合式测验是分不开的，Oller 打比方说，语用测验就是把综合式测验和语用期望语法联系起来。Oller 所推荐的语用测验包括：听写、综合填空、问答、口头面试、作文、叙述和翻译等。

(三) Spolsky 提出一般语言能力

Spolsky 在一篇名为《减少羡余度的测验》的文章中，提出了一般语言能力（overall proficiency）的概念。在测验技术上 Spolsky 使用了增加噪音的听写测验，他认为这种测验减少了语言的羡余度，能够测出人的一般语言能力。Spolsky 谈到，一般语言能力有点像 Alan Davies 所说的构想效度（construct validity）。换言之，它依赖于一个关于语言知识的理论概念以及一种假说，即当知识在某个水平上能够被划分为各种不同的技能时,有某种东西存在于这些明显不同于能力的技能之下,这就是一般语言能力。

Spolsky 所说的一般语言能力和 Oller 的语用期望语法或 UCH 实质上指的都是语言能力一元化的问题,只不过 Oller 系统地阐述了这一观点,而 Spolsky 仅仅提出了类似的概念或假说。

(四)评价

Oller 从反对分立式测验出发,挑战技能/成分说,提出了语言能力一元化的假说,在语言测验领域引起了不小的震动。Oller 的测验强调语境的作用,简化操作程序,采用简单实用的听写和完形填空的形式。应该说,Oller 以及 Spolsky 在语言能力问题上所做的探讨在当时是比较领先的。

Oller 的单一能力假说(UCH)的主要佐证来自主成分分析法和相关分析法,但他的方法在 20 世纪 80 年代招致了许多批评。Hughes & Porter 提出了四点疑问:(1)无论你的资料结构如何,运用主成分分析法非常容易得到一个负荷很大的第一因素。因此用此方法来证实语言能力一元化的观点是不合适的。(2)所选用的测验十分相似,尤其是没有口语测验,这就人为地扩大了第一因素。(3)有目的地选取被试团体,使他们的语言能力差异很大,也就是说被试的异质性程度很高,这样就容易得到高相关以及负荷很大的第一因素。(4)其他学者用 Oller 的素材进行重复研究并没有得到同样的结果。

Hughes 指出,Oller 用许多实证性的数据来支持他的假说,但是这一假说最终还是被证实是错误的①。举例来说,要想知道一个人的口语怎么样,我们是无法通过写作测验来得到准确信息的。UCH能够获得众多的数据支持是因为这些研究关心的是团体的测验表现而非个体的,个体内的差异被个体间的差异所掩盖了。

Baker 从理论上指出了 UCH 的缺陷:

> 语用期望语法概念把词汇、句法、语义和语用知识以及在实际语言活动中使用这些知识的能力全部归结为一个单一的本能。除了这个纯粹的语言能力之外,语用期望语法必定也包括使用者关于现实世界的知识和把这些知识用于完成语言作业的能力。无论我们是决定分析或是描写它们,任何有意义的语言作业都会涉及这些技能。现在我们可以选择不去分析这个大的能力,但这并不意味着它不能分析,也不意味着它不会在不同人身上有不同程度的发展,从而导致测验表现的不同。如果我们把人的整个认知——语言装置看成是一个单一的、不可分析的整体,我们当然可以宣称语言应用的根本原因在于单一的语言本能的存在。但这样做的代价是我们不能解释它的结构和发展。……总而言之,UCH 并不能完全让人信服,那些松松垮垮的观点和术语也并不能掩饰其结论的不可信。②

---

① Hughes, A. 1989, *Testing for Language Teachers*, Cambridge University Press.

② Baker, D. 1989, *Language Testing: a critical Survey and practical guide*, Edward Arnold.

三　语言交际能力模型的建立

(一) 背景

技能/成分说最让人担扰的一点是它完全不考虑语言使用的情境。而 Oller 虽然提到了超语言学情境的重要性,但并没有对之作出解释,更没有用心理语言学和社会语言学的眼光来对待这个问题。

1967 年美国社会语言学家 Dell Hymes 提出了交际能力的概念(communicative competence)。他认为交际能力包括两方面的内容:一是语法性,即合乎语法;二是可接受性,即在文化上的可行性,在情境中的得体性和现实性。这一理论引发了语言测验领域对语言交际能力的研究,从 20 世纪 70 年代末 80 年代初开始,人们提出了各种不同的理论模型来解释语言交际能力。Munby 认为语言交际能力包括"语言编码""社会文化指向""语言知识的社会语言基础"以及"操作的话语水平"。Canale & Swain 区分了"语法能力(包括词汇、形态、句法和音位)"和"社会语言学能力(包括社会文化规则和话语规则)"。Canale 又进一步区分了"社会语言学能力(社会文化规则)"和"话语能力(衔接 cohesion 和照应 coherence)"。遗憾的是,这些模型出台以后并没有得到实证性研究的支持。Allen 等人开发了一套测验想来证明语法能力、话语能力以及社会语言学能力的存在,但因素分析的结果并没有证实存在这三个因素。

(二) Bachman 的语言交际能力模型

Bachman 认为上述关于语言交际能力的模型只是一个静态的框架,很少提及交际能力的这些成分是怎样相互作用的,也没有提及在语言作业中,语言使用者是怎样运用交际能力来和语言场景以及其他语言使用者相互作用的①。Bachman 推出了新的语言交际能力模型(Communicative Language Ability, CLA)②。该模型是对 Canale & Swain 和 Canale 模型的继承和发展,它既包括语言知识(或能力),也包括在语言交际情境中恰如其分地运用这些知识的能力。CLA 模型由三个部分组成:语言能力(language competence)、策略能力(strategic competence)、心理生理运动机制(psychophysiological mechanism)。

语言能力部分由一组特定的知识构成,这些知识在通过语言进行的交际中使用。策略能力是一种智力上的能力,它的作用是在情境化的语言交际中运用语言知识的各种成分。因此,策略能力能够提供一些手段,使语言知识的各个成分和语言应用的情境联系起来,这些手段还可以使语言知识和语言使用者的知识结构联系起来。心理生理运动机制指的是一些神经和心理过程,这些过程在语言使用过程中表现为一些物理现象(声和光)。

Bachman 把语言能力分为组织能力和语用能力,前者包括语法能力和篇章能力,后者包括以言行事能力和语言文化能力,它们之下又有若干成分。用树形图可以表示如图 2-3。

Bachman 所指称的语言能力是比较系统全面的,既包含了 Lado 和 Carroll 所指的语言成分,也包含了 Austin 提出的言

---

① Bachman, L. F. & Cohen, A. D. 1998, *Interface Between Second Language Acquisition and Language Testing Research*, Cambridge University Press.

② Bachman, L. F. 1990, *Fundamental Considerations in Language Testing*, Oxford University Press.

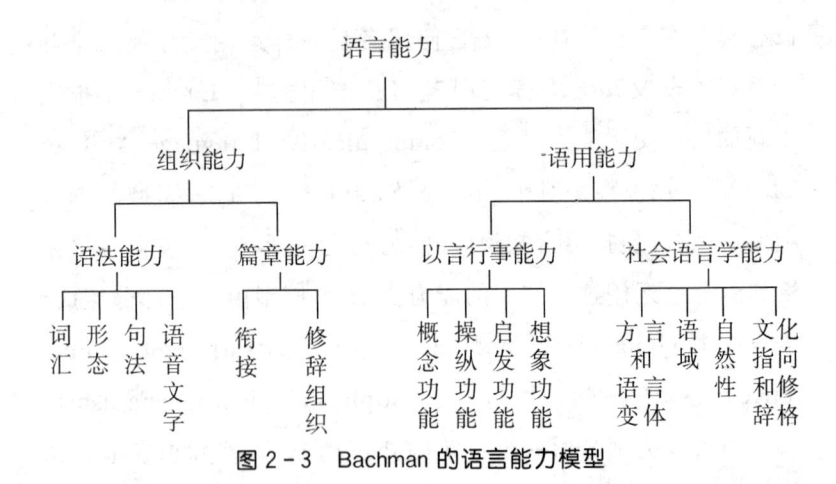

第二章 有关语言能力理论的论述

```
                        语言能力
                    ┌──────┴──────┐
                 组织能力          语用能力
              ┌────┴────┐      ┌────┴────┐
           语法能力  篇章能力  以言行事能力  社会语言学能力
           ┌─┬─┬─┐  ┌─┴─┐   ┌─┬─┬─┐    ┌──┬─┬──┐
           词 形 句 语 衔 修  概 操 启 想  方言 语 自 文化
           汇 态 法 音 接 辞  念 纵 发 象  和  域 然 指向
                 文     组  功 功 功 功  语言    性 和
                 字     织  能 能 能 能  变体       修辞格
```

图 2-3 Bachman 的语言能力模型

语行为理论①和 Halliday 提出的语言功能以及社会语言学和知识②。

　　Bachman 模型最大的特点是发展了前人对策略能力的理解。Canale 把策略能力定义为对言语和非言语技能的掌握,包括:(1)弥补语言能力的缺乏而造成的交际障碍,(2)加强话语的修辞性。为了提供一个更加全面的策略能力,Faerch & Kasper(1983)描述了一个言语表达的心理语言学模型,包括计划和执行两个方面。计划部分包括交际目的和计划过程,执行部分指的是执行计划时的神经和物理过程。但此模型只为解释中介语系统中的语言交际,其主要作用是作为交际时语言能力不足的补偿。可以看出,Canale 和 Faerch & Kasper

---

　　① Austin, J.L. 1962, *How to Do Things with Words*, Oxford: Clarendon Press.
　　② Halliday, M.A.K. 1976, "The form of a functional grammar" in G. Kress(ed.): *Halliday: System and Function in Language*, Oxford University Press.

第一节 国外语言测验领域对语言能力的研究述评

都把策略能力当作一种补偿手段,只在语言能力不足时起作用。

Bachman 认为策略能力是所有语言作业的重要组成部分,而不仅仅起到补偿作用。Bachman 的策略能力包括估计、计划、执行三个阶段。估计阶段包括四个环节:(1)对信息的辨认,比如语言变体或方言等;(2)确定哪种语言能力(母语/外语)能最有效地实现交际目的;(3)判断哪些能力和知识是我们和对话者共有的;(4)随着交际的进展,判断交际目的的实现程度。在计划阶段,我们需要在语言能力中寻找可用的东西并构成一个计划,通过实现这个计划来达到交际目的。在单语的情况下,相关的东西在母语里找,在双语或外语的情况下,就在母语、中介语或外语里找。在最后的执行阶段,我们调动心理和生理的机能,以适当的方式和媒介把计划里的东西付诸实施,实现交际目的。在心理生理运动机制中,我们首先要区分听和看两种渠道以及理解性和表达性两类模式。在理解性的语言应用中,我们需要使用听和看的技能;在表达性的应用中,需要使用神经肌肉技能(比如说话和写字)。

Bachman 用图说明 CLA 的三个部分和语言使用情境以及人的知识结构之间的相互关系。[①]

可以看出,在 Bachman 的模型中,策略能力处于枢纽的地位。它连接了各种成分,并为它们提供了认知纽带。实际上,Bachman & Palmer 已经把策略能力当作了一种元认知能

---

① Bachman,L.F. 1990,*Fundamental Considerations in Language Testing*,Oxford University Press.

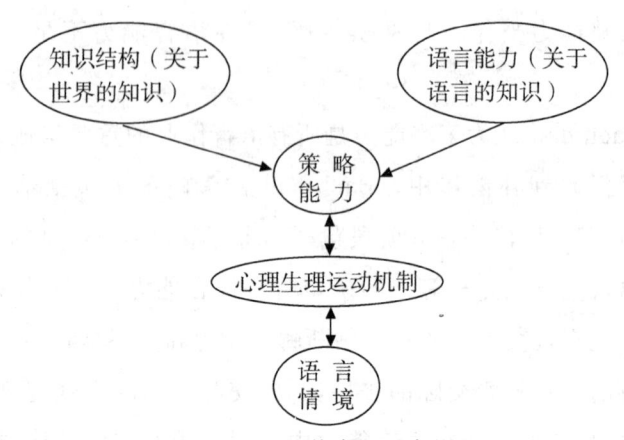

图 2-4 Bachman 的交际语言能力模型

力,这种能力能够使语言使用者更有效地发挥已掌握的能力[1]。

(三) 评价

Skehan 认为 Bachman 的模型是语言测验领域的里程碑[2]。它以 Canale & Swain 的模型为基础,制定出了一个为大家广泛接受的模型,这个模型揭示了语言能力和语言表现的实质。Skehan 认为 Bachman 模型包含三种因素:(1)特质因素,即能力(包括语言能力和策略能力);(2)技能因素,指心理生理运动机制;(3)方法因素,包括语言使用的情境、信息的分布、信息的类型和反应的方式等。在此基础上,Skehan 对此模型作了三点评价:第一,具有良好的理论基础

---

[1] Bachman, L. F.& Palmer, A. S. 1996, *Language Testing in Practice*, Oxford University Press.

[2] Skehan, P.1991, "Progress in Language Testing: the 1990s" in Alderson & North (eds.) *Language Testing in the 1990s: The Communicative Legacy*, Macmillan Publishers Limited.

并且通俗易懂,吸收了应用语言学的最新成果,试图从根本上解决语言能力问题;第二,模型的一部分已经经过实证性的效度检验;第三,描述了能力和表现的关系,模型中的特质因素涉及潜在能力,而技能和方法因素和语言表现相挂钩,成为整个模型不可或缺的一部分,它说明了潜在能力是怎样转化为语言表现的。

20世纪90年代的语言测验领域认为Bachman的模型具有特别重要的意义,值得进行进一步的修正和证明。Verhoeven & Vermeer 在 Bachman 模型的基础上提出了一个交际能力模型①。他们的模型和 Bachman 的模型差别不大,但更加简单一些。Bachman & Palmer 对 Bachman 的模型图作了进一步的修正,增加了情感因素。他们认为情感因素影响学习者的语言表现,当我们问及诸如堕胎、枪支、民族主权等敏感问题时,学习者的情感因素将会限制他们运用语言知识和元认知能力②。

Bachman 的 CLA 模型更大的贡献在于它为语言测验提供了理论基础,一些语言测验就是以此模型为能力框架而开发的。McDowell 以 Bachman(1990)的模型为基础开发了母语非英语的澳大利亚语言教师水平测试。Clark & Jensen 用该模型制定了等级量表来评估职业课程学习者的英语水平。McKay 用

---

① Verhoeven, L. & Vermeer, A. 1992, 'Modeling communicative second language competence', in L. Verhoeven, de Jong, J. H. A. L(eds.): *The Construct of Language Proficiency*, John Benjamins Publishing Company.

② Bachman, L. F. & Palmer, A. S. 1996, *Language Testing in Practice*, Oxford University Press.

Bachman 修正过的模型制定了等级量表以评估中小学生的英语水平。

四　小结

　　语言测验是一门边缘学科,它和语言学、应用语言学以及心理学的发展演变息息相关,体现了各学科间的借鉴和交流。语言能力问题,作为语言测验领域的一个核心课题,也体现了这一特点。国外语言测验领域对语言能力的研究经历了技能/成分说、一元化理论和交际能力模型三个阶段。技能/成分说深受当时结构主义语言学的影响,追求对语言成分和语言技能的解剖,忽略了语言知识之外的其他因素。技能/成分说虽然遭到许多批评,但它的影响力是比较大的,直到今天,分立式测验仍有一定的市场。一元化理论是从测量学的角度提出的一种理论假设,当时 Oller 等人做了大量的实证性研究来支持 UCH 理论,但这种理论最终被证实是有错误的。尽管如此,UCH 对人们的启发是很大的,这种大胆的设想使我们对语言能力的本质有了进一步的认识。以 Bachman 的 CLA 模型为代表的多成分语言能力模型考虑到了语言交际过程中涉及的语言学知识、社会语言学知识以及心理语言学的因素,体现了多学科的交叉。这种模型具有较高的实用价值,为 TOEFL 2000 的推出提供了理论背景。如今,对这种模型的进一步修正和检验仍在进行。

第二节 汉语能力结构差异的检验与分析[①]

一 以 HSK(初中等)作为语言能力研究手段的可能性

应当承认,试图通过对语言能力结构和中介语连续体的综合考查,全面、深入地研究语言能力本质的想法只是一种理论假设,而这些假设的研究对象本身是无法直接观察的。于是它们的证实(或证伪)便只有通过研究学习者的语言行为来进行,语言行为被当做对语言能力结构进行推断的依据和观察中介语连续体这种学习者在头脑中"内化"(Chomsky,1965)的规则系统的窗口。具体地说,作为这种综合考查方法的初次实践,本文的主要兴趣在希望以多重回归分析为主要手段,探索利用 HSK(初中等)所能提供的数据对不同考生样本间在第二语言能力结构方面的差异作出推断的可能性。也就是说,我们的目的并不是要对 HSK(初中等)实际所测的语言能力及其内部成分的性质重新进行定义或描述,但是根据多重回归分析理论,如果我们把考生总分和各分项测验的分数分别作为因变量和自变量,而且已知各自变量的单位是相同的,那么各自变量对因变量的贡献大小,就可以看作是考生这些有待定义的语言能力要素在其第二语言能力整体中的相对地位。这样,就为在 HSK(初中等)

[①] 本节摘自陈宏:《汉语能力结构差异的检验与分析》,载王建勤主编《汉语作为第二语言的习得研究》,北京语言文化大学出版社 1997 年 7 月版。

所考查的语言能力要素的范围内,根据这种相对地位的差异,对不同的考生样本在第二语言能力结构方面的差异作出推断提供了现实的可能性。

与既往有关中介语连续体方面的实证研究相比,以 HSK (初中等)作为主要测量工具还有以下几个特点:

(1) 通过使用随机化手段。HSK(初中等)所测语言项目具有较好的代表性。

(2) 形式与意义的关系、语境在构成这种关系中的作用受到了重视。语言能力不再被理解和处理成似乎只是某种语言学意义上的能力,这样便有利于从宏观上,从第二语言能力的整体上把握其结构特征。

(3) 可以使用较大样本进行较大范围的概括。

(4) 主要提供理解能力方面的数据。

二 问题和假设

(一)问题

在考察不同的考生样本在第二语言能力结构方面的差异时,可以作以下考虑:

1. 按照 Corder "重构"理论[①]的解释,中介语连续体的形成和发展是一个学习者从零起点开始不断向目的语渐进的过程。有的学者则把这一过程看作是可变的多维能力结构的连续体,而不仅仅是有关某种语言的知识体系,那么对 HSK(初中

---

① Corder, S. Language-learner language in Richards, J. (ed). 1978: Understanding Second and Foreign language learing. Rowley, Mass: Newbury house.

等)这样一种综合测量以汉语为第二语言的学习者的汉语水平的工具,我们可以提出以下问题:

(1) 假如我们把 HSK 考生总体的得分全距看作他们第二语言能力的自然分布,从中随机抽取一个样本作为总体的代表,那么这一样本在考生中介语连续体的发展过程中处于什么位置?这一位置距离某一特定的以汉语为母语的学习者总体的语言水平是否尚有差距?

(2) 在 HSK 目标总体中按卷面总分抽取高、低两个极端组,其能力结构有何差异?

(3) Nemser(1971)认为,在一个特定的交际情景中,处于同一能力阶段的语言学习者的"近似系统"大致相当。如果我们从 HSK 目标总体中按母语背景分别抽取两个随机样本组,其能力结构是否相当?如不相当,又有何差异?

2. 按照 Dulay 和 Butt 的"再生"理论[①]的解释,第二语言学习者无论从何处开始形成其中介语,他们的绝大多数都无法达到以该语言为母语者的水平。他们的语言始终是中介语而不能最终等同于目的语。这就意味着如果有两组考生,一组为HSK(初中等)的目标考生——以汉语为第二语言的学习者,一组为以汉语为母语者,即便他们在 HSK(初中等)考试中的总分相同,其能力结构仍然可能有某种差异。这种推论能否成立?如果成立,这种差异是什么?

根据以上考虑,可见在语言能力结构这样一个基本框架之

---

① Dulay, H. and M. Burt. 1977, Remarks on creativity in language acquisition in Bun, M. H. Dulay, and M. Finochiaro (eds). *Viewpoints on English as a Second Language*. New York: Regents.

下,无论探讨人类总体生成中介语连续体的普遍性还是人类不同群体生成这一连续体的特殊性。第二语言学习者内部不同背景的群体之间的比较固然重要,而以母语作为目的语的儿童和少年的语言习得状况也是一个重要的参照。正是出于这个目的,由 HSK 成绩所标识的以汉语为第二语言的学习者的汉语能力和以汉语为母语者的汉语能力有了比较的意义。

(二) 假设

1. 将 HSK(初中等)考生标准样本与特定的一个以汉语为母语者的样本相比,如果两样本的总分平均数存在显著差异,则两样本分属不同的语言学习者总体。

2. 选择 HSK(初中等)卷面总分相同的两个样本:一个是以汉语为母语者的样本,一个是目标考生样本进行比较,如果各自变量与因变量的复相关系数在两样本间存在显著差异,则两样本在汉语能力结构方面存在显著差异。

3. 按卷面总分比较 HSK(初中等)高、低两个极端组,如果各自变量与因变量的复相关系数在两极端组间存在显著差异,则两极端组在汉语能力结构方面存在显著差异。

4. 按母语背景比较 HSK(初中等)两个随机样本,如果各自变量与因变量的复相关系数在两样本间存在显著差异,则两样本在汉语能力结构方面存在显著差异。

三 方法与结果

(一) 平均数差异的显着性检验

考察的素材

HSK(初中等)试卷:J318 卷

被试:(1)母语学习者样本:北京市第三十三中学初中一年级学生240人(下半学期)(2)标准样本:按HSK(初中等)标准样本抽样时在国别方面控制考生构成的方法(刘英林,郭树军,1990),在1995年的全部考生中随机抽取240人

这一检验预期回答的问题是:由母语学习者样本和标准样本在总分平均数方面的差异($\overline{X}_1 - \overline{X}_2$),能否推断它们各自所代表的两个总体的平均数的差异($\mu_1 - \mu_2$)具有显著性。

对母语学习者样本和标准样本两组被试在J318上的总分进行频率统计,得到的统计量如表2-2所示。

表2-2 母语学习者样本与标准样本在J318上的几个统计量

	平均数	方差	偏态值	容量
母语学习者样本	141.167 ($\overline{X}_1$)	249.788 (S_1^2)	-1.20	240 (n_1)
标准样本	88.525 ($\overline{X}_2$)	1178.878 (S_2^2)	176	240 (n_2)

从表2-2看,作为两个独立的样本,尽管它们的总分分布都显示了一定程度的偏态,但因为它们的容量都足够大(n_1 = 240>50;n_2 = 240>50),所以可以以近似的方式使用Z'检验来考察它们在总分平均数方面的差异。由于总体方差未知,以样本方差替代。Z'的临界比率为:

$$Z' = \frac{\overline{X}_1 - \overline{X}_2}{\sqrt{\frac{S_1^2}{n_1} + \frac{S_2^2}{n_2}}} = \frac{141.167 - 88.525}{\sqrt{\frac{249.788}{240} + \frac{1178.878}{240}}} = 21.576$$

$\overline{X}_1$与$\overline{X}_2$相比,前者的绝对值显著的大,因而估计μ_1的值高于μ_2,只需进行单侧Z检验。从正态分布表查得,单侧检验

显著性水平 $\alpha = .0005$，临界比率 $Z_\alpha = 3.291$，实得临界比率 $Z^1 = 21.576 > 3.291$，$P < .0005$，因而在统计学上可以认为 μ_1 与 μ_2 即母语学习者样本与标准样本各自所代表的总体在平均数方面的差异在 .0005 水平上极为显著。

（二）回归分析中样本间复相关系数的差异检验

1. 目的

一元线性回归分析的目的通常在于确定一个能准确反映变量间线性关系的最优回归方程，借以通过一个变量的变异对另一个变量的变异进行预测、估计或解释。为使这种预测或估计尽可能的稳定和有效，这种分析往往追求显著的线性关系和回归效果。为此，就必须对可能由抽样造成的样本数据在分布形态、方差和线性关系等方面的误差进行严格的控制。而本研究的目的，除了利用回归方程解释变量关系的有效范围和有效程度以及这种有效性在不同样本之间的差异外，还将把由数据的分布范围、位置及形态等特征所造成的样本间的差异一般地看作样本间在特质结构方面的差异，并试图从语言能力结构理论和中介语连续体理论的角度对这些分析结果予以解释。

以下有关回归分析的数据均产生于 SPSS。

2. 步骤与方法

（1）建立因变量对每一个自变量的回归方程，并通过方差分析对回归假设（即变量间是否为显著的线性相关）进行检验；

（2）通过测定系统 Γ^2 所反映的回归在总分的全部变异中所占比率（变量间的共变比率）考察回归效果；

（3）对变量间的复相关系数进行费歇尔 Z_1 的转换后分别以下列公式（L. J. Shavelson, 1988）进行差异检验，以此考察不同样本间因变量对自变量回归效果的差异。

$$Z_{r_1-r_2} = \frac{Z_{r_1} - Z_{r_2}}{\sqrt{\frac{1}{n_1-3} + \frac{1}{n_2-3}}}$$

因变量:总分-被试的卷面总分

自变量:听力理解分-被试在听力理解部分的得分

语法结构分-被试在语法结构部分的得分

词汇知识分-被试在阅读理解第一部分的得分

阅读理解分-被试在阅读理解第二部分的得分

语境判断分-被试在综合填空第一部分的得分

汉字书写分-被试在综合填空第二部分的得分

应当说明的是,以上六个自变量的名称只是为了下面行文时区分方便,并非对这些分数所代表的语言能力的定义。

3. 结果

回归分析一

考察的素材

HSK(初中等)试卷:J318 卷

被试:(1)母语学习者样本:北京市第三十三中学初中一年级学生 240 人(下半学期)

(2)等分段目标样本:按 HSK(初中等)标准样本抽样时在国别方面控制考生构成的方法,从 J318 卷 1995 年 6 月以前卷面总分处于与母语学习者样本相等的分数段(75—165)内的全部考生中随机抽取 240 人

两个样本变量间的回归关系和方差分析结果见表 2-3 和

表2-4。

表2-3和表2-4的方差分析结果显示,无论在母语样本还是在等分段样本,因变量对所有六个自变量的回归中,回归均方 MS_R 均显著地大于剩余均方 MS_e;表2-3和表2-4还分别给出了均方间的比率,即显著水平为.00005时的临界比率F。据此,可以认为在这两个样本中,变量间普遍存在显著的线性关系。

根据表2-3中测定系数一栏,可以看出在母语样本中,总分的全部变异中可以由阅读理解分的变异来解释的有73%,亦即总分对阅读理解分的回归效果差强人意;总分的全部变异中可以由听力理解分、语法结构分和语境判断分的变异来解释的分别只有51%、53%和57%,回归效果较差;而总分的全部变异中可以由词汇知识分和汉字书写分的变异来解释的分别只有39%和36%,回归效果很差。总的来说,除了阅读理解分以外,其他5个自变量都不能作为总分的有效的预测变量。

表2-4中测定系数一栏显示,在等分段样本中,语法结构分和阅读理解分的变异可以分别说明总分全部变异中的75%和78%。亦即总分对语法结构分和阅读理解分的回归效果均差强人意;总分的全部变异中可以由听力理解分、词汇知识分、语境判断分和汉字书写分的变异来解释的分别有67%、66%、69%和64%,回归效果不理想。

第二节　汉语能力结构差异的检验与分析　71

表2-3　母语学习者样本因变量与各自变量间回归关系及方差分析一览

回归关系

自变量名	复相关系数 R	测定系数 R^2	估计的标准误差 S.E	回归系数 B
听力理解分	.71	.51	11.10	2.37
语法结构分	.73	.53	10.84	3.50
词汇知识分	.62	.39	12.42	5.58
阅读理解分	.86	.73	8.20	2.87
语境判断分	.76	.57	10.38	2.59
汉字书写分	.60	.36	12.70	4.00

方差分析

总平方和 SS_t	回归平方和 SS_R	回归均方 MS_R	剩余平方和 SS_e	剩余均方 MS_e	临界比率 F	显著水平
59699.33	30364.56	30364.56	29334.77	123.26	246.35	F.00005
59699.33	31746.86	31746.86	27952.47	117.45	270.31	F.00005
59699.33	23005.56	23005.56	36693.77	154.18	149.22	F.00005
59699.33	43705.78	43705.78	15993.55	67.20	650.39	F.00005
59699.33	34068.99	34068.99	25630.34	107.69	316.36	F.00005
59699.33	21318.52	21318.52	38380.81	161.26	132.20	F.00005

表2-4　等分段目标样本①因变量与各自变量间回归关系及方差分析一览

回归关系

自变量名	复相关系数 R	测定系数 R^2	估计的标准误差 S.E	回归系数 B
听力理解分	.82	.67	14.50	2.63
语法结构分	.86	.75	12.77	4.35
词汇知识分	.81	.66	14.88	5.28
阅读理解分	.88	.78	12.00	3.73
语境判断分	.83	.69	14.23	5.62
汉字书写分	.80	.61	15.27	5.43

方差分析

总平方和 SS_t	回归平方和 SS_R	回归均方 MS_R	剩余平方和 SS_e	剩余均方 MS_e	临界比率 F	显著水平
153354.8	103297.47	103297.47	50057.33	210.32	491.13	F.00005
153354.8	114570.73	114570.73	38874.07	162.96	703.07	F.00005
153354.8	100630.53	100630.53	52724.27	221.53	454.25	F.00005
153354.8	119106.41	119106.41	32248.38	143.90	827.70	F.00005
153354.8	105134.42	105134.42	48220.38	202.61	518.91	F.00005
153354.8	97892.47	97892.47	55462.33	233.03	120.08	F.00005

① 等分段目标样本 $\bar{X}_s$ 为113.096，标准差 S_s 为25.331

对这两个样本经过费歇尔 Z_1 转换的相关系数进行差异检验,结果如表 2-5 所示。

表 2-5 母语样本与等分段目标样本复相关系数的差异($Z_{r_1-r_2}$)检验结果

听力理解	语法结构	词汇知识	阅读理解	语境判断	汉字书写
|-2.939|	|-3.962|	|-4.376|	|-.9035|	|-2.090|	|-4.420|
> 1.645 2.326	> 1.645 2.326	> 1.645 2.326	<1.645	> 1.645	> 1.645 2.326
P <.05 <.01	P <.05 <.01	P <.05 <.01	P >.05	P <.05	P <.05 <.01

当单侧检验显著水平 $\alpha=.05$ 时,临界值 $Z_{.05}=1.645$,$\alpha=.01$ 时,临界值 $Z_{.01}=2.326$。从表 2-5 的情况看,供比较的六对相关系数,其实际观测差异的临界比率都是负数;除了阅读理解分之外,其余五对相关系数的差异在.05 水平上都很显著,其中听力理解分、语法结构分、词汇知识分和汉字书写分四对相关系数的差异即使在.01 水平上也相当显著。因此从统计学的角度,可以认为母语样本其他各自变量与总分的相关均显著地小于等分段样本。换言之,即相对于母语样本,等分段样本这几个自变量对说明总分的变化其作用显著地大一些。按照作用差异的大小(临界比率绝对值差异的大小),这几个自变量可依次排列为:汉字书写分、词汇知识分、语法结构分、听力理解分、语境判断分。

回归分析二

HSK(初中等)试卷:J319 卷

被试:(1) 高分组样本:在 J319 卷 1995 年 6 月以前全部考生中从卷面总分最高的 27% 的考生内随机抽取 240 人

(2) 低分组样本:在 J319 卷 1995 年 6 月以前全部考生中从卷面总分最低的 27% 的考生内随机抽取 240 人

两个样本变量间的回归关系和方差分析结果见表 2-6 和表 2-7。

表 2-6 和表 2-7 的方差分析结果显示,无论在高分组样本还是在低分组样本,因变量对所有六个自变量的回归中,回归均方 MS_R 均显著地大于剩余均方 MS_e;表 2-6 和表 2-7 还分别给出了均方间的比率,即显著水平为 .00005 时(低分组样本总分对汉字书写分的回归,F 检验的显著水平为 .0001)的临界比率 F。据此,可以认为在这两个样本中,变量间普遍存在显著的线性关系。

根据表 2-6 中测定系数一栏,可以看出在高分组样本中,听力理解分、语法结构分、阅读理解分、词汇知识分、汉字书写分和语境判断分的变异对总分全部变异的解释力等而下之,分别只有 46%、45%、40%、39%、38% 和 34%,即总分与这些自变量的共变部分均不足 50%。回归效果较差。

表 2-7 中测定系数一栏显示,在低分组样本中,语境判断分、听力理解分、语法结构分、阅读理解分、词汇知识分和汉字书写分的变异对总分的全部变异的解释力等而下之,分别只有 45%、36%、30%、30%、27% 和 6%,即总分与这些自变量的共变部分均在 50% 以下或更少。回归效果较差或极差。

对这两个样本经过费歇尔 Z_1 转换的相关系数进行差异检验。结果如表 2-8 所示。

74　第二章　有关语言能力理论的论述

表 2-6　高分组样本① 因变量与各自变量间回归关系及方差分析一览

回归关系

自变量名	复相关系数 R	测定系数 R^2	估计的标准误 S.E	回归系数 B	总平方和 SS_t	回归平方和 SS_R	回归均方 MS_R	剩余平方和 SS_e	剩余均方 MS_e	临界比率 F	显著水平
听力理解分	.68	.46	7.73	1.55	26413.9	12209.18	12209.18	14204.72	59.68	204.56	F.00005
语法结构分	.67	.45	7.81	2.77	26413.9	11897.93	11897.93	14515.97	60.99	195.08	F.00005
词汇知识分	.63	.39	8.22	2.94	26413.9	10327.66	10327.66	16086.24	67.59	152.80	F.00005
阅读理解分	.63	.40	8.14	2.29	26413.9	10656.25	10656.25	15757.64	66.21	160.95	F.00005
语境判断分	.58	.34	8.57	3.55	26413.9	8931.38	8931.38	17482.52	73.46	121.59	F.00005
汉字书写分	.61	.38	8.31	2.81	26413.9	9977.93	9977.93	16435.97	69.06	144.48	F.00005

方差分析

表 2-7　低分组样本② 因变量与各自变量间回归关系及方差分析一览

回归关系

自变量名	复相关系数 R	测定系数 R^2	估计的标准误 S.E	回归系数 B	总平方和 SS_t	回归平方和 SS_R	回归均方 MS_R	剩余平方和 SS_e	剩余均方 MS_e	临界比率 F	显著水平
听力理解分	.60	.36	8.23	1.33	25048.65	8930.44	8930.44	16118.21	67.72	131.87	F.00005
语法结构分	.55	.30	8.60	1.75	25048.65	7453.28	7453.28	17595.37	73.93	100.81	F.00005
词汇知识分	.52	.27	8.74	2.26	25048.65	6853.90	6853.90	18194.75	76.45	89.65	F.00005
阅读理解分	.55	.30	8.60	1.92	25048.65	7452.39	7452.39	17596.27	73.93	100.80	F.00005
语境判断分	.67	.45	7.64	2.10	25048.65	11167.10	11167.10	13881.55	58.33	191.45	F.00005
汉字书写分	.25	.06	9.94	.85	25048.65	1557.01	1557.01	23491.64	98.70	15.77	F.00005

方差分析

---

① 高分组样本平均数 $\overline{X}_s$ 为 144.521，标准差 S_s 为 10.513
② 低分组样本平均数 $\overline{X}_s$ 为 50.675，标准差 S_s 为 10.237

表 2-8　高分组样本与低分组目标样本复相关系数的差异($Z_{r_1-r_2}$)检验结果

听力理解	语法结构	词汇知识	阅读理解	语境判断	汉字书写
|1.4805|	|2.1010|	|1.7962|	|1.3389|	|-1.622|	|4.9421|
<1.645	>1.645	>1.645	<1.645	<1.645	>1.645 / 2.326
P>.05	P<.05	P<.05	P>.05	P>.05	P<.05 / <.01

当单侧检验显著水平 α = .05 时,临界值 $Z_{.05}$ = 1.645,α = .01 时,临界值 $Z_{.01}$ = 2.326。从表 2-8 的情况看,供比较的 6 对相关系数,听力理解分、阅读理解分和语境判断分与总分的相关,两个样本间没有显著差异;差异主要表现在语法结构分、词汇知识分和汉字书写分与总分的相关方面。即从统计学的角度看,在.05 水平上。相对于低分组,高分组样本这几个自变量对说明总分的变化其作用显著地大一些。按照作用差异的大小(临界比率绝对值差异的大小),这几个自变量可依次排列为:汉字书写分、语法结构分、词汇知识分。更为突出的是,汉字书写分与总分的相关,在.01 的水平上高分组样本仍显著高于低分组样本。

回归分析三

HSK(初中等)试卷:J319 卷

被试:(1) 印欧语样本:从 J319 卷 1995 年 6 月以前母语属印欧语总分全距为 35—162 的全部考生中随机抽取 481 人

(2) 日语样本:从 J319 卷 1995 年 6 月以前母语为日语总分全距同为 35—162 的全部考生中随机抽取 481 人

两个样本变量间的回归关系和方差分析结果见表2-9和表2-10。

表2-9和表2-10的方差分析结果显示,无论在印欧语样本还是在日语组样本,因变量对所有6个自变量的回归中,回归均方 MS_R 均显著地大于剩余均方 MS_e;表2-9和表2-10还分别给出了均方间的比率,即显著水平为.00005时的临界比率F。据此,可以认为在这两个样本中,变量间普遍存在显著的线性关系。

根据表2-9中测定系数一栏,可以看出在印欧语样本中,总分的全部变异中可以由听力理解分、语法结构分、阅读理解分和语境判断分变异来解释的分别有88%、86%、84%和80%,亦即总分对这些自变量的回归效果非常好或很好;总分的全部变异中可以由汉字书写分和词汇知识分的变异来解释的分别有78%和70%,回归效果差强人意。总的来说,6个自变量均可作为总分的有效的预测变量。

表2-10中测定系数一栏显示,在日语样本中,总分的全部变异中可以由听力理解分、语法结构分和阅读理解分的变异来解释的分别有85%、84%和80%,亦即总分对这些自变量的回归效果很好;总分的全部变异中可以由语境判断分、词汇知识分和汉字书写分的变异来解释的分别为76%、69%和59%,回归效果不够理想或较差。总的来说,前3个自变量可以作为总分的有效的预测变量,后3个自变量作为预测变量其稳定性差一些。

对这两个样本经过费歇尔 Z_1 转换的相关系数进行差异检验。结果如表2-11所示。

表 2－9　印欧语样本①因变量与各自自变量间回归关系及方差分析一览

自变量名	回归关系 复相关系数 R	测定系数 R²	估计的标准误 S.E	回归系数 B	总平方和 SSt	回归平方和 SSR	回归均方 MSR	剩余平方和 SSe	方差分析 剩余均方 MSe	临界比率 F	显著水平
听力理解分	.94	.88	11.92	2.88	551043.76	483012.55	483012.55	68031.21	142.03	3400.84	F.00005
语法结构分	.93	.86	12.65	4.51	551043.76	474368.84	474368.84	76674.92	160.07	2963.45	F.00005
词汇知识分	.84	.70	18.49	7.22	551043.76	387344.13	387344.13	163699.64	341.75	1133.40	F.00005
阅读理解分	.92	.84	13.59	4.83	551043.76	462583.19	462583.19	88460.57	184.68	2504.81	F.00005
语境判断分	.90	.80	15.02	6.41	551043.76	443008.58	443008.58	108035.18	225.54	1964.19	F.00005
汉字书写分	.88	.78	15.80	7.27	551043.76	431400.80	431400.80	119642.97	249.78	1727.14	F.00005

表 2－10　日语样本②因变量与各自自变量间回归关系及方差分析一览

自变量名	回归关系 复相关系数 R	测定系数 R²	估计的标准误 S.E	回归系数 B	总平方和 SSt	回归平方和 SSR	回归均方 MSR	剩余平方和 SSe	方差分析 剩余均方 MSe	临界比率 F	显著水平
听力理解分	.92	.85	11.81	2.71	457905.63	391001.52	391001.52	66904.11	139.67	2799.38	F.00005
语法结构分	.92	.84	12.39	4.35	457905.63	384377.89	384377.89	73527.74	153.50	2504.05	F.00005
词汇知识分	.83	.69	17.09	6.76	457905.63	317966.21	317966.21	139939.42	292.15	1088.37	F.00005
阅读理解分	.89	.80	13.93	4.75	457905.63	364920.07	364920.07	92985.56	194.12	1879.83	F.00005
语境判断分	.87	.76	15.11	5.97	457905.63	348558.57	348558.57	109347.06	228.28	1526.88	F.00005
汉字书写分	.77	.59	19.76	6.27	457905.63	270853.26	270853.26	187052.37	390.51	693.60	F.00005

① 印欧语样本平均数 $\overline{X}_s$ 为 944.339, 标准差 S_s 为 33.882
② 日语样本平均数 $\overline{X}_s$ 为 103.426, 标准差 S_s 为 30.886

表 2-11　印欧语样本与日语样本复相关系数的差异($Z_{r_1-r_2}$)检验结果

听力理解	语法结构	词汇知识	阅读理解	语境判断	汉字书写
|2.3035|	|1.0667|	|0.5102|	|2.5818|	|2.1489|	|5.5036|
> 1.645	<1.645	<1.645	> 1.645	> 1.645	> 1.645 / 2.326
P <.05	P >.05	P <.05	P <.05	P <.05	P <.05 / <.01

当单侧检验显著水平 $\alpha=.05$ 时,临界值 $Z_{.05}=1.645$;$\alpha=.01$ 时,临界值 $Z_{.01}=2.326$。从表 2-11 的情况看,供比较的 6 对相关系数,语法结构分和词汇知识分与总分的相关,两个样本间没有显著差异;差异主要表现在听力理解分、阅读理解分、语境判断分和汉字书写分与总分的相关方面。即从统计学的角度看,在.05 水平上,相对于日语样本,印欧语样本这几个自变量对说明总分的变化其作用显著地大一些。按照作用差异的大小(临界比率绝对值差异的大小),这几个自变量可依次排列为:汉字书写分、阅读理解分、听力理解分、语境判断分。更为突出的是,汉字书写分与总分的相关,在.01 的水平上印欧语样本仍显著高于日语样本。

四　讨论

关于本章第二节的第一个假设,以标准样本代表 HSK(初中等)目标考生总体(以下称总体 1a);以母语学习者样本代表中国城市中,平均年龄 13 岁,具有初中一年级文化水平的母语学习者总体(以下称总体 1b)。通过对总分平均数进行差异显著性检验(见本章第二节),我们大体可以得出这样的推论:总体 1a 与总体 1b 显著不同质。如果把中介语的发展当做一个可以延展到目的语的连续体,而把总体 1b 作为在母语发展方面基本成熟的母语学习者(即为了完成一般的社会交际行为,在汉语方面达到了最低水准)的标杆,则总体 1a 在汉语中介语连续体整个发展中所处的位置距离这个标杆——中介语的终点,显然还有很长一段过程。然而,用这样一种推论来回答第二能力与母语能力的比较问题仍然显得勉为其难,因为本文的局限之一,就在于仅仅凭借 HSK(初中等)这一测量工具和现有的统计手段,我们还无法确认这种平均数所反映的总体间的差异的性质,究竟它是语言方面的,还是文化方面的,甚至是常识方面的。或者这几方面都有,而我们却无法辨别和分析它们。

关于本章第二节的第二个假设,我们以等分段样本代表用 HSK(初中等)卷面总分作为评价依据,其汉语能力整体上已经达到或接近总体 1b 的那部分以汉语作为第二语言的学习者总体(总体 2)。根据表 2-5 所显示的统计结果,可作如下推论:总体 2 与总体 1b 在阅读理解能力方面同质,而在汉字书写能力、词汇知识、语法结构知识、听力理解能力和语境判断能力诸方面则显著不同质。因此,即便按照总分,我们可以将总体 2 的汉语能力整体上看做已经接近或达到了总体 1b 的水平,我们仍有理由认为这两个总体的汉语能力在其结构内部的多数方面有着显著的差异。比较表 2-3 和表 2-4 所列测定系数所反映的变量间的共变关系。可以发现这种差异的主要特征是,除了阅读理解能力以外,在任何一个变量的任何一个值上,对应的那个变量的值的变异在等分段样本中的稳定性或可预见性都比在母语学习者样本中要显著的高一些。也就是说,相对于总体 2 来说,个体差异和语言能力结构的复杂性在总体 1b 中表现得更为明显。不过限于篇幅,笔者无意深究个中的原因。另外,还有一点也是可以肯定的,即无论在总体 2 还是在总体 1b 中,阅读能力相对而言都是整体汉语能力最具代表性的指标,而且这种关系在语言能力整体结构中的稳定程度在两个总体中也大体相当。

关于本章第二节的第三个假设,我们以高分组和低分组样本分别代表以汉语为第二语言的学习者中整体汉语能力有显著差异的两个总体(总体 3a 和总体 3b)。从表 2-8 的统计数据,我们不难发现,分处中介语连续体发展过程两个不同阶段的这两个总体,其汉语中介语能力不仅在整体上相距甚远。而且在其内部结构的不少方面都有着显著的差异。具体地说,尽管听力理解能力、阅读理解能力和语境判断能力在汉语能力整体结构中的稳定程度,两个总体大致相当,可见这几方面的能力对于整体汉语能力的相对重要性在中介语连续体不同的发展阶段没有显著的变化,但汉字书写能力、语法结构知识和词汇知识在汉语能力整体结构中的稳定程度,两个总体差别很大。相对而言,这几方面的能力作为整体汉语能力的指标,其可靠性在总体 3a 中比在总体 3b 中要高一些。这说明随着学习的进展,这几方面的能力对于整体汉语能力的相对重要性有了显著的提高,它们的动态变化使得第二语言能力整体结构各个部分的发展渐趋平衡,而在这种趋向中,汉字书写能力的提高,具有决定意义。

关于本章第二节的第四个假设,我们以印欧语样本和日语样本分别代表母语属印欧语系和日语的两个以汉语为第二语言的学习者总体(总体 4a 和总体 4b)。表 2-11 所提供的计算结果向我们显示,尽管按照 HSK(初中等)卷面总分,这两个总体大致处于中介语连续体发展过程的同一阶段,也就是说,他们的汉语能力整体上看来像是处于同一水平,然而这种能力的内部结构在多数方面却有着显著的差异。其中,两个总体的语法结构知识和词汇知识在各自的汉语能力整体结构中的稳定程度基本相当。说明考察这两方面的知识水平对于把握不同母语背景的学习者的第二语言能力的全面发展状况来说可能具有同等的重要性;而汉字书写能力、阅读理解能力、听力理解能力和语境判断能力在汉语能力整体结构中的稳定程度,两个总体则有着明显的不同。与总体 4b 相比较。总体 4a 这几方面的能力更能反映学习者汉语能力的整体发展水平。结合表 2-9 和表 2-10 所列语法结构知识分和词汇知识分与总分的测定系数。我们还可以发现,各种第二语言知识和能力的发展在总体 4a 中比在总体 4b 中平衡程度高。

本文的主旨是想以实证研究为依据,说明把语言能力结构的研究与中介语连续体的研究结合起来,并以前者作为基础的方法是可行的。因此,笔者力图通过对汉语能力结构这样一个中介语连续体横切面的分析,对这种结构的动态发展过程进行纵深的思考。根据前面的讨论,我们得出这样一个印象,重构理论所提出的中介语连续体是一个从母语延展到目的语的发展过程的假设似乎证据不足。尽管第二语言学习者可以在 HSK(初中等)这一类的综合性语言能力测试中取得与某些特定的母语学习者同样的分数,但两者的语言能力在结构上是有着显著的差别的,从而其各自的发展过程也很可能不一样。另外,有证据表明,不同母语背景的以汉语作为第二语言的学习者,其汉语能力也有着显著的结构上的差别,因此,尽管作为反证,本文并不能提供任何线索说明这种差异究竟只是源于某些语言项目的习得次序的影响,还是也包括与特定母语背景有关的某些语言分支系统习得的阶段性特征,但认为所有第二语言学习者都遵循着同一条发展道路,因而中介语连续体有其自然的再生程序并带有普遍性,就显得为时尚早。当然笔者的这些意见也远不是什么结论,只不过是为以后有志于此的研究者的案头增加一点可资翻阅的资料而已,何况笔者所依据的研究手段还有着一点不大不小而又不得不然的缺憾呢。

　　本文的主要局限,实际在于许多情况下把抽样误差作为研究的着眼点。我们知道,HSK是一种使用多年,经过反复、多方面的论证,具有一定效度的、公平的语言能力测量工具。然而作为一种常模参照性质的测试,这种效度和公平性主要是对其目标总体而言的。对于以汉语为母语的人,对于不同母语背景的考生以及总分处于不同分数段的考生。这种效度和公平性就或多或少要打些折扣。由于资源的限制,我们当然不可能为每一种可以根据某种观察目的划归一定类别的语言学习者都编制一种测试,而且即便条件许可,这样的测试所能提供的数据也不具可比性。可见作为一种通用范围比较广的语言测试,HSK(初中等)本身又是一种妥协的产物,是以牺牲对部分考生的部分效度换取对总体的效度为前提的。本文出于比较的目的,把某些具有不同特质的语言学习者抽出来作为样本,其中某些样本数据的分布就多少有些偏态。这从这些样本变量间的测定系数偏低甚至过低就可以看出来,当然这种抽样误差本来可以通过采用斯皮尔曼相关系数转换数据的方式来纠正,但是,一来把原来较精确的积差度量资料化

第二节 汉语能力结构差异的检验与分析

为较粗略的等级资料会失掉很多信息,二来从测试质量的角度,如果因为变量间复相关系数的显著差异而推断各样本所代表的考生总体的语言能力失去了一定的可比性的话,那么从语言能力研究的角度,则这种可比性的缺失,至少相当大的部分是属于结构性的。就是由样本间能力结构方面的差异所造成的。而本文恰恰致力于发现这一点,并把它作为笔者全部推论的基本依据。这样看,改用等级相关反而得不偿失,所以只好对抽样所造成的数据分布偏态的问题略而不计。好在样本都足够大,也算是一种补救吧。

最后,本文的实证资料似乎表明,作为一种中介语,汉语能力的整体结构中,至少某些部分的发展是有其自身的特定条件和阶段性的。要求平衡或全面发展最多只是一个最终目标。这是一方面。另一方面,我们这些从事第二语言教学、研究和测试的人长期致力于探求语言能力的本质,但语言能力到底是什么?过去总是更多地关心一般的、普遍的方面,而不常留意个体间的差异。可实际上,处于汉语中介语连续体发展的不同阶段,具有不同母语背景或个人需要不同的学习者对某种特定的语言知识或能力的接受能力也会有明显的区别。我们认为,只有把握了语言能力这一多维体系的共时和历时的方面,同时又十分注意第二语言学习的一般规律和个体(也包括那些按某种语言、心理或社会文化特征可以划归一类的群体)差异,我们才算对于语言能力的实质建立了一个比较全面的、立体的、纵深的认识。其实,不少学者和教师已经从各自研究或教学的角度谈到过这一点,但真正付诸实证检验的似乎还不多见。所以,如果不仅仅我们这些研究和设计语言测试的人,而且那些从事教学设计、教材编写和课堂教学的人都能从本文所提供的实证资料中得到一点启示或印证,于笔者将是十分欣幸的。

第三节　Performance 是"运用"还是"表现"[①]

理论语言学、社会语言学和应用语言学经常用到一对概念:competence 和 performance,在汉语里,我们往往把后者译成"语言运用",也有人译作"语言行为"。但是,这个译法准确吗? competence 和 performance 是乔姆斯基提出的概念,海姆斯的一篇著名文章[②],使这两个概念在社会语言学和应用语言学里流传开,但是,海姆斯对这两个概念的理解准确吗? 本文要讨论的就是这两个问题。

一　乔姆斯基的 competence 与 performance

competence 与 performance 是乔姆斯基的一对基本概念:

> 我们因此在 competence (说话人—听话人的语言知识)和 performance (语言在具体情景中的实际使用)做出一个基本的区分。[③]

[①] 本节摘自张凯:《Performance 是"运用"还是"表现"》,张凯主编《语言测试及测量理论研究》,北京语言大学出版社,2005。

[②] 参见 D. 海姆斯:《论交际能力》(1972),祝畹瑾(编)《社会语言学译文集》,北京大学出版社,1985。

[③] 参见诺姆·乔姆斯基:Aspects of the Theory of Syntax. The MIT Press. 1965, p.4.

这两个概念一提出来就引起了争论①,一些人认为,对语言学来说,这个理想化的概念是必要的,而另一些人认为,这样做就丢掉了最核心的语言材料。评论道:"在50年代末和60年代(编者注:均指20世纪)的语言学革命之际,转换生成派的语法学家不再把语言的使用[use](performance)作为语言研究的材料来源,他们就这样和许多社会科学家分道扬镳了"。②

乔姆斯基 competence 和 performance 与索绪尔语言—言语之分有共同之处,也有人认为,competence 和 performance 之分就是语言—言语之分的现代形式。索绪尔把整个语言现象叫做"言语活动",言语活动所代表的整个现象可以分成两个因素,即语言和言语,而语言是"使一个人能够了解和被人了解的全部语言习惯"③。语言是一个抽象的系统,言语是这个系统的口头或书面表现。索绪尔还认为,"语言和言语不同,它是人们能够分出来加以研究的对象。""语言科学不仅可以没有言语活动的其他要素,而且正要没有这些要素掺杂在里面,才能够建立起来"。④ 当然,索绪尔和乔姆斯基在另外一些方面是有区别的,最根本的区别是,索绪尔把语言看成是一套符号系统,一套社会习惯,或一种社会心理,乔姆斯基把语言看成是一种内在的、个人的知识系统。

---

① 参见 V. Cook & M. Newson, *Chomsky's Universal Grammar: An Introduction*. Blackwell Publisher Ltd., 1996, p.22.

② 参见 D. Larsen-Freeman, & M. H. Long, *An Introduction to Second Language Acquisition Research*. London: Longman. 1991, p.114.

③ 参见费尔迪南·德·索绪尔(1916):《普通语言学教程》,高名凯译,岑麒祥、叶蜚声校注,第115页,商务印书馆,1985。

④ 同上,第36页。

无论是索绪尔的语言—言语概念,还是乔姆斯基的competence-performance概念,都招致了一些批评。例如,海然热对这两个人都提出了批评[①]。他认为,索绪尔的区分"由于在方法论方面有用处而被过分夸大,因而扮演了一个重要的负面角色"(同①中海然热的著作,下同,298—299页),而这样一来,就"割裂了语言和言语",而"把句子打入冷宫"(299页)。乔姆斯基虽然恢复了句法的地位,但却矫枉过正。"它[指生成语法]把所有被认为不属于语言能力的……现象都分派给了语言运用——即使用语言的行为"(300页)。海然热认为,这两派的共同问题是把社会因素从语言中排除了:

> 尽管表面上予以摈弃,乔姆斯基的悖论实际上是改头换面地重提索绪尔的悖论。两者均将社会因素排斥在外。构拟一个单一的科学研究的对象,代价更为不菲。因为去掉发生在个人身上的语言变异后,剩下的便只有为同一语言群体的全体成员所共同享有的代码。可是,变异现象本身是一种实际存在,任何忽略这一点的简单化的理论都无疑会造成去掉社会内容的空头语言学。(301页)

对乔姆斯基提出激烈批评的是海姆斯,他认为,乔姆斯基的理论没有考虑语言是如何使用的,为了弥补乔氏的缺陷,他提出了交际能力概念,今天,它已经成为应用语言学里最重要的概念了。

[①] 海然热(1985):《语言人——论语言学对人文科学的贡献》,张祖建译,第298—301页,三联书店,1999。

二 海姆斯的修正和对海姆斯的批评

应用语言学家认为,competence 和 performance 的区分,经过海姆斯的扩展,已经涵盖了语言交际的各个方面,[1]一些社会语言学家认为,乔姆斯基的这一对概念从反面促进了社会语言学的发展:

> 60 年代,在许多语言学家中,对乔姆斯基语言学主导地位的不满情绪明显增长。competence 和 performance 之分(和索绪尔当年的"语言""言语"之分类似),乔姆斯基理论中的这对核心概念,对生成语言学家的正统性产生了巨大的反作用……不少语言学家另立门户,致力于建立另一套语言理论,在这些理论中,社会功能被看作是最重要的因素。与此同时,这些语言学家也对乔姆斯基的语言能力概念提出质疑,并提出另一套理论构想,其中最有名的就是海姆斯的"交际能力"模型。[2]

下面我们来看看海姆斯是怎样扩展和修正这一对概念的。

(一) 海姆斯对乔姆斯基的批评和修正

1972 年,海姆斯发表了他那篇著名文章(即《论交际能力》),提出了交际能力概念。在这篇文章里,海姆斯把乔姆斯基恭维了一番,他说,和索绪尔的语言—言语概念相比,乔姆斯基

---

[1] R. Ellis, *The Study of Second Language Acquisition*. New York: Oxford University Press. 1994, p.13.

[2] K. Bolton, Sociolinguistics today: Asia and the west. K. Bolton & H. Kwok(eds.) *Sociolinguistics Today: International Perspectives*. London: Routledge. 1992. p.9.

的概念更好。"从结构主义语言学的传统观点来看,乔姆斯基的理论观点即刻为之注入了新的生命并使之发展到了顶点。他把实际上只想涉及语言内在问题的意图提高到完善的程度,而且可以从其内在性发现理论方面最广泛或最深刻的人的意义。任何现代理论都没有这样深刻地谈到内在结构和人的内含价值"①。但同时他又认为,乔姆斯基的理论是有缺陷的:

> 这种涉及语言能力的理论抽象地论述理想的事物,而未把社会文化因素作为其描述的内容。这种能力的获得也被认为和社会文化特点根本无关,只需要儿童在一定环境中成长,掌握恰当的言语。语言运用这部分理论或许包含特殊的社会文化内容,但若视其为使用语言的理论,它所涉及的主要是语法分析在心理学方面的副产品,而不是社会交往。至于社会文化因素是否应成为语言习得和语言运用的组成部分,上述理论则采取了否定的态度。如果有所讨论的话,其作用也会受到贬低。……由于"语言运用"已成为该理论的一个残余部分,其主要涵义是指深层体系的不完善的表现。(海姆斯:《论交际能力》50—51页)

鉴于乔姆斯基概念的不完善,虽然"这一生命之花正在盛开"[指乔姆斯基的理论],但"围绕着她出现了另一概念的萌芽,可能会在本世纪末取而代之"(海姆斯:《论交际能力》53页),这

---

① D. 海姆斯:《论交际能力》(1972),祝畹瑾编《社会语言学译文集》,第61页,北京大学,1985。

个萌芽就是海姆斯的交际能力理论。

海姆斯的目的是,把语言学规则从句子扩展到言语行动,因此,"在寻找语言和情境在意义上的关联时,尽管乔姆斯基的目标和我们的目标是兼容的,但我们还是要有批判地修正他的某些概念":

> 乔姆斯基给语言学重新定义的目标显得有些不到家,"competence"这个术语实际上可以容纳更多的内容,而它只限制在知识,即语法知识的范围内,这就把说话人其他一些隐含的知识和能力一股脑地塞进"performance"这个未经检验的概念里去了。实际上,"performance"把两种不同的东西搅和在一块儿了。第一种强调能力是隐含在行为("纯粹的 performance","实际的 performance")之下的某种东西,第二种则包含了语法以外的各种语言能力:记忆上的心理限制、可选规则的选择、风格的选择以及词序上的装置等。第一个意义上的"performance"有意表现出的负面含义一般都和第二个意义上的 performance 相关;performance 中的各种因素——我们的理论必须把所有社会因素都考虑进去——一般认为是限制了语法可能性的实现,而不是这种实现的组成成分或使其实现的因素。实际上,这些可选规则能够在一个单一的基础结构上生成,而要在其中做出选择,同样是依赖隐含的知识的,这和语法的情形一样;而且,它也可以作为潜在的规则来研究,这也和语法一样。作为知识的不同方面,它们都隐含在实际行为之下,在一般意义上,它们是能力的不同方面。就其自身而

言,语言学理论也应该扩展能力概念,而不应该只包含语法。①

海姆斯把 performance 理解为"运用"或"行为",并通过对"语言运用"的分析,推论出语言运用有两个含义或分为两类,一个是运用或行为本身,另一个是语言运用中使用的材料和规则,进而推论出,"语言能力"应该包含更多的东西,他把这个关系表述为:②

(潜在的)能力相对于(实际的)运用

(潜在的)语法能力相对于(潜在的)运用模式或规则

上面第二式中右侧被海姆斯称为"使用[语言]的能力(ability for use)"。把海姆斯的交际能力模型表示为图 2-5。③

交际能力 (communicative competence)		运用 (performance)
知识 (knowledge)	使用的能力 (ability for use)	

图 2-5 McNamara 图解海姆斯的交际能力

(二) 对海姆斯的批评

海姆斯的理论一出,便获得了极大的成功,交际理论至今仍是社会语言学和应用语言学的基础理论之一。但是,海姆斯的理论是有漏洞的。在批判和修正乔姆斯基的观点时,在定义交

---

① D. 海姆斯:*Foundations in Sociolinguistics: An Ethnographic Approach*. London: Tavistock Publications. 1974. pp.92—93.

② D. 海姆斯:《论交际能力》(1972),祝畹瑾编《社会语言学译文集》,第 61 页,北京大学出版社,1985。

③ T. McNamara, *Measuring Second Language Performance*. London: Longman. 1996. p.54.

际能力概念的过程中,海姆斯自己陷入了混乱。许国璋指出了这个问题:

> 应该说,海姆斯的上述论点是有吸引力的,甚至可以说具有鼓动性。但是,也必须承认他的论点不是很精密……[海姆斯提到的一些问题]都是社会语言学家分内的课题,但是和乔姆斯基所追求的"语言如何生成"的理论是两回事。更为突出的是海姆斯用的 competence 一词,这个词是乔姆斯基语言学的专用术语,它与 performance 相对;competence 指"理",performance 指"用",而海姆斯所说的 communicative competence,是说 competence in use,这在乔姆斯基术语中是不能并存的,因为 use 属 performance 的范畴。然而乔姆斯基的所谓 performance 与 competence 的区别,海姆斯又是承认的:他所说的 competence,即是乔姆斯基的 performance。这就导致了理论的混杂。①

G. Cook 也意识到了这个问题,如果海姆斯拒斥乔姆斯基的 competence 和 performance 概念,他就不会陷入混乱了:

> 他不仅反对乔姆斯基的语言学纲领,而且还要指出其内在的不一致,这就使海姆斯自己的观点出现了混乱,而这也导致了他的错误表述……另外,由于采用了乔氏的术语 competence,看来海姆斯是部分地接受了这个术语。……

---

① 许国璋:《社会语言学和唯理语言学在理论上的分歧》,祝畹瑾编《社会语言学译文集》,第 10 页,北京大学出版社,1985。

而这个术语和乔姆斯基的定义是根本不同的……既然乔氏的定义已被广泛地接受了,海姆斯用同一个词去反驳乔氏纲领就是不适宜的了。要是有人告诉他既要反驳乔氏过窄的语言学概念,也要拒斥他的术语,那就会更好一些。[①]

到此我们可以做一个小结。海姆斯的基本思想可以这样来归纳:乔姆斯基的 competence 概念过于狭窄,还有很多东西本来属于 competence,却被乔姆斯基塞到 performance 里去了;乔姆斯基的 competence 中只包含"语法知识"(按照海姆斯的理解),这是不够的,还应该加上语言的使用规则(社会的)等知识,这就是所谓的使用的能力(ability for use),这两部分合在一起构成"交际能力"。许国璋和 G. Cook 的批评是有道理的:要么你接受乔姆斯基的 competence 与 performance 概念并按乔姆斯基的界定去使用它,要么你拒斥这个概念,提出自己的概念;但像现在这样,海姆斯按自己的理解,从 performance 里拿出点儿东西放到 competence 里去,还认为是乔姆斯基原来的那对儿概念,那就既糟蹋了乔姆斯基,也没把自己树起来。

海姆斯的确陷入了混乱,许国璋和 G. Cook 的批评是对的,但还有更深刻的原因没有揭示出来。

三 深层原因

(一) 乔姆斯基接受了海姆斯的意见

"乔姆斯基的能力概念不时地受到攻击,因为它没有解释语

[①] G. Cook, Communicative competence. K. Johnson & H. Johnson (eds.) *Encyclopedic Dictionary of Applied Linguistics*. Blackwell Publisher. 1998. p.63.

言是怎样应用的,而交际能力概念的提出,正是为了弥补这个缺憾。现行的模型并不反对用一个应用理论来补充知识理论;研究内化语言的语言学只是对关于人们知道什么的理论更感兴趣而已;它只是说知识本身的证明理应先于如何获得和应用这种知识的研究"。[1] 尽管海姆斯立论是有漏洞的,乔姆斯基还是接受了海姆斯的部分意见,提出了"语用能力(pragmatic competence)"概念:

> 为了把问题彻底弄清楚,我们可以进一步区分"语法能力"和"语用能力",前者是关于形式和意义的知识,后者是关于环境和如何根据各种目的恰当地使用语言的知识。语法决定了语言是一种工具,决定了每个句子固有的物理和语义特征。因此,语法表示的是语法能力。还有一个规则和原则系统构成了语用能力,它决定了这个工具如何能有效地付诸使用。语用能力可以包括 Paul Grice 所说的"交谈的逻辑"。我们可以说,语用能力把语言放进了所用的环境,把意图与目的和语言手段联系了起来。[2]

乔姆斯基接受了海姆斯的意见,承认应该有一个语用能力对语言的应用起作用。从乔姆斯基这方面来说,海姆斯的问题已经不成问题了,但在海姆斯这边,依我们看,问题仍然存在——不是乔姆斯基的问题,而是海姆斯自己的问题。

---

[1] V. Cook, & M. Newson, *Chomsky's Universal Grammar: An Introduction*. Blackwell Publisher Ltd., 1996, p.23.

[2] N.乔姆斯基:*Rules and Representations*. New York: Columbia University Press. 1980. pp.224—225。

(二) 海姆斯的误解

许国璋和 G. Cook 指出了海姆斯在理论上的混乱,这种混乱是基本概念的混乱,这表明,海姆斯没有真正弄懂乔氏 competence 和 performance 的意思,也没有弄懂这两个概念所指的东西具有什么性质。

首先,海姆斯没有真正理解 competence。在乔姆斯基的体系里,语言能力、语言知识、语法,这三个概念基本上是同义的,只是在侧重上有所不同。根据人有语言这样一个现象,乔姆斯基假设人具有一种内在的能力,这就是语言能力(competence);人能说出并听懂无数的句子,说明人脑处于一种状态,亦即人脑中有某种东西,乔姆斯基把人脑的这种状态称为"知识","语法"(普遍语法和特定语言的语法)就是这种知识的具体内容,是一些原则和规则。乔姆斯基反复说,"这些规则和原则大体上是无意识的,而且超出潜意识的范围"。① 乔姆斯基的诠释者也曾强调过这一点:

> 重要的是强调,语法知识是隐含的[tacit](即下意识的)而不是明晰的(即有意识的),因此,问一个英语的母语者"在英语里你怎样造一个否定句"没有什么意义,因为人类对听说所涉及的心理过程毫无知觉。用一个专门的术语,我们可以说,母语者具备他们的母语的语法能力,我们用这个术语的意思是说,关于他们的语言,他们具有隐含的语法知识,即如何在这种语言中构造、理解

---

① N. 乔姆斯基:*Rules and Representations*. New York:Columbia University Press. 1980. p. 179.

词、短语和句子。①

用心理学的术语说，语言知识是程序性知识，不是陈述性知识。海姆斯的误解在于把不可陈述的、下意识的语言知识当作了可陈述的、有意识的知识，这正是海姆斯"使用的能力（ability for use）"没有明说的前提。在海姆斯看来，既然有语法知识，又要在交际中使用这个知识，那么必须有一种能力来运用这种知识，即知道并能够在什么情况下使用这个知识的哪个部分，这就是使用的能力。

其次，在误解了语言能力（语言知识）的同时，海姆斯也误解了 performance。参照交际能力的四个参数（可能、可行、得体、实现），我们不难看出，海姆斯把 performance 误解为语言在社会环境中的实际运用或语言行为。②

四　Performance 是生理和心理过程

乔姆斯基所说的 performance 和海姆斯所理解的 performance 完全是两回事。乔姆斯基所说的 performance 实际上仅仅是语言的生理和心理过程。最初，乔姆斯基是用"理想化"的方式界定 performance：

每个状态[指初始状态和稳定状态]都是知识的状态，是心理现象，不可直接观察。因此，在阐述 UG 和语法时，语言学家不得不依赖说话人—听话人的表现（perform-

---

① A. Radford, *Syntax: A Minimalist Introduction*. Cambridge: Cambridge University Press. 1997. p.2.

② D. 海姆斯: *Foundations in Sociolinguistics: An Ethnographic Approach*. London: Tavistock Publications. 1974. p.95.

ance)。然而,只有"在一个完全同质的语言社团内,一个理想的说话人—听话人,他具有完备的语言知识,而且,在实际表现中应用他的语言知识时又不受记忆、分神、注意和兴趣转移以及事物的影响"时,能力才会在 performance 中直接反映出来。①

只有得到了纯粹的 performance(至少在假设的层面上),才有可能知道它背后的能力是什么,与此类似,只有得到了纯水,我们才有可能知道水是由两种元素(氢和氧)组成的。道理很简单,但时至今日,乔姆斯基的这个"理想化"仍然有很多人反对,海姆斯的论据之一就是,如果一个孩子只说合语法的句子,那他就会被当成疯子。②

理想化不过是乔姆斯基早期理论需要的一个条件,在以后的论述里,performance 的性质逐渐明确起来,即 performance 应该(可以)是由心理学来研究的:

> 语言学……关心的是能力,是规则和原则系统,我们假设,说一种语言的人已经内在地具备了这个系统,它使说话人原则上能听懂任何句子并说出句子表达他的思想;……与此相应,心理学关注的是 performance,不是能力;它关注的是产出、转译之类的过程,这个过程利用的是所获得的知识,通过这个过程,初始状态转为最后状态,这就是语言

---

① K. Malmkjaer, Competence and Performance. M. Byram(ed.) *Routledge Encyclopedia of Language Teaching and Learning*. London: Routledge. 2000. p.135.

② D.海姆斯:《论交际能力》(1972),祝畹瑾编《社会语言学译文集》,第58页,北京大学出版社,1985。

习得。①

Radford 也说：

> 语法要告诉你，为了要具备母语者的能力，什么是你需要知道的，因此，语法显然是跟能力而不是跟 performance 有关。这并不是反对把 performance 作为一个研究领域，而仅仅是说，performance 应该在心理语言学的另一个领域中进行更全面的研究，研究语言产出和理解中的心理过程。我们有理由设想，在 performance 研究中，能力会起重要作用，因为，在你研究疲劳、醉酒对这个知识产生了什么影响之前，你必须先了解母语者关于他们的语言都知道些什么。②

类似的说法也可见于 Cook 和 Newson 的论述，③他们区分了 performance 的两个意义，一个是指 E-语言（外化的语言）句子的集合，另一个是指"和语言知识相对的心理过程，说话人通过这个过程理解或说出一种语言"，"在实际交谈和理解时，说话人必须使用一套心理和物理程序，这些程序并不是语法能力的组成部分，尽管与之有关"，例如，记忆力会影响到所能说出的句子的长度，但它和语言本身的知识无关。乔姆斯基也以算术为例说明过这个道理：我们学会了加法规则后，从理论上说，我们就可以无限制地做加法运算，但我们的记忆

---

① N. 乔姆斯基：*Rules and Representations*. New York：Columbia University Press. 1980. p.201。

② A. Radford, *Syntax*: *A Minimalist Introduction*. Cambridge：Cambridge University Press. 1997. p.2.

③ V. Cook, & M. Newson, *Chomsky's Universal Grammar*：*An Introduction*. Blackwell Publisher Ltd. 1996. pp.25—26.

力是有限的，加着加着就乱了；于是找来纸笔来延伸我们的记忆；纸笔仍然是有限的，于是我们发明了大内存、大硬盘的计算机……我们的记忆以及为延伸记忆所使用的纸、笔、计算机和加法规则是无关的。

现在我们可以看出，乔姆斯基所说的 performance 仅仅是语言实现过程中的心理和生理（或物理）过程，而不是海姆斯以及我们很多人理解的语言运用或语言行为。在最近的论述中，乔姆斯基更为明确地把 performance 归结为一个系统，即表现系统（performance system），这个系统的组成成分有两个，一个是 PF（语音形式），一个是 LF（逻辑式形）。"语言是嵌在表现系统之中的，它使得语句能用来进行发音、解释、指称、询问、反映以及其他一些活动"[1]；而表现系统由两个系统构成：

> 表现系统显然分为两大类：发音—感知系统和概念—意义系统。如果是这样，我们就有理由假定，所生成的词句包含两个接口（interface level），一个为发音—感知系统提供信息和指令，另一个为概念—意义系统提供信息和指令。其中一个接口是语音的表达式（语音形式，PF），另一个接口就有争议了，称为 LF（逻辑形式）。[2]

所谓"接口"，是语言知识（语法），也就是 I-语言，和其他心理系统、生理系统的接口。那么表现系统是怎样使用 I-语言生

---

[1] N. 乔姆斯基：*The Minimalist Program*. Cambridge：The MIT Press. 1995. p.168.

[2] N. 乔姆斯基：*New Horizons in the Study of Language and Mind*. Cambridge：Cambridge University Press. 2000. p.28.

成的语句的？乔姆斯基这样描述道：

> 这些语句的某些属性只是给发音—感知系统发出指令；因此，语句的一个要素就是它的语音形式。一般的假设是，这些指令对发音和感知是共同的，不过这并不明确，如果真是这样，那倒很有意思。语句的其他属性仅仅给概念—意义系统提供信息；语句的这个要素被称为逻辑形式。①

乔姆斯基认为，表现系统的存在是经验事实，用"逻辑形式""表达式"等术语并不足以说明这些系统的性质，早期的"深层结构""表层结构"（尽管这两个结构已不再是 UG 的成分）对理解表现系统也许有一点作用。"从 I-语言的观点看，'表层'如果有什么东西的话，那就是 PF，即与发音—感知系统的接口，其余的东西都在'深层'"。

现在我们可以看出，海姆斯理解的语言运用和乔姆斯基的表现系统有多大的差距了。

人类交际是许多系统相互作用的结果，这里有人的语言系统、其他心理系统，还有社会的文化、习俗等系统。海姆斯等社会语言学派考虑的是人在社会文化环境中的互动，而对乔姆斯基研究人类心智的意图不甚了了。而在乔姆斯基看来，人类的心智系统也不是单一的系统，语言是一个系统，语言的表现又涉及发音—感知系统和概念—意义系统，此外还有语用系统等。乔姆斯基引用 Yamada 的研究，说明"这些相互作用的系统既可能有选择地受损，也可以在发展过程中分离，它们的性质是很

---

① N. 乔姆斯基：*New Horizons in the Study of Language and Mind*. Cambridge: Cambridge University Press. 2000. pp.124—125。

不同的"。

  Jeni Yamada 研究了一位名叫"Laura"的妇女的案例,Laura 的语言能力并无明显受损,但她的认知和语用能力却很有限。她有很大的词汇量,虽然没有太多的迹象表明她理解了,却也能恰当地使用这些词。Yamada 将她的情况和儿童做了类比,儿童会在适当的场合使用颜色词用作"修饰",但却不能把握其所指。Laura 知道在什么时候用悲伤或快乐来形容自己或别人,但她显然没有感到悲伤或快乐的能力,她是一个特殊意义上的行为主义者。[①]

  Laura 并不是孤证,在心理语言学和病理语言学的研究中,类似的案例还有不少。这些例子说明,语言系统、其他认知系统和海姆斯与乔姆斯基都认可的语用系统之间,是既有联系又有区别的关系,海姆斯研究的不限于语用系统,而乔姆斯基研究的却只是语言系统(他甚至不研究表现系统)。

  既已弄明白了乔姆斯基的概念,从现在开始,我们把乔姆斯基的 performance 译为"语言表现"。

五　再看语言能力和语言表现的关系

  也许有人会说,乔姆斯基用了 30 年(从 1965 年《句法理论的若干问题》到 1995 年的《最简方案》)才把能力和表现的关系说清楚,那海姆斯二十多年前(从 1972 年算起)的误解也不算什么大错,甚至根本不算什么错误。如果问题仅仅限于海姆斯和

---

  ① N. 乔姆斯基:*New Horizons in the Study of Language and Mind*. Cambridge: Cambridge University Press. 2000. p.146。

第三节 Performance 是"运用"还是"表现"

乔姆斯基之争(事实上乔姆斯基除了补充了语用能力外,从未反驳过海姆斯),这种说法也许是对的,也许我们对海姆斯是过于苛责了。但是,海姆斯的误解是很有代表性的,而且这种误解至今还在社会语言学和应用语言学中广泛流传,我们重提此事,也许就不是小题大做了。

说海姆斯的误解有代表性,不只是说他的观点流传得广,而是说,在社会语言学之外,甚至在生成理论的追随者中,这种误解也存在。

罗宾斯认为,乔姆斯基研究语言知识采用的是"自己的、私下的和个人的感觉和反应,而这些感觉和反应只有说话者和听话者可以直接意识到","总的说来,这些基本上都是内省的证据"。[①] 事实上,"内省"方法恰恰是乔姆斯基反对的,因为"任何有意义的生成语法都将处理一些心理过程,这些心理过程远在意识层面之下,甚至也在潜意识层面之下,因此很显然,说话人对自身行为和能力的报告及观点就可能是错误的。生成语法试图解释的是说话人实际上知道什么,而不是他自报的知识"。[②] 当乔姆斯基说语言(E-语言)是个派生的概念,语法才是语言学的研究对象时,罗宾斯评论道,"这并不意味着普通语言学正在失去市场,或者正在崩溃。只是说,语言学家把他们的研究和教学越来越集中在他们最喜欢的方面"。(R. H. 罗宾斯:《简明语言学史》258 页)这实在让人啼笑皆非。

[①] R. H. 罗宾斯:《简明语言学史》,第四版,第 249 页,许德宝、冯建明、胡明亮译,中国社会科学出版社,1997。

[②] N. 乔姆斯基: *Aspects of the Theory of Syntax*. The MIT Press. 1965. p.8.

莱昂斯是乔姆斯基学术传记的作者,也是生成语法的诠释者之一。在《诺姆·乔姆斯基》①这部书中,他对乔姆斯基的理解和解释多一半都是对的,但恰恰在语言能力和语言表现这对概念上,他接受了海姆斯的意见,"他把许多应该是当作'语言能力'来处理的因素(因而是与'语言行为'无关的因素)说成是'语言行为',这一点值得争议"(约翰·莱昂斯:《诺姆·乔姆斯基》341页)。然后他说:

> 不妙的是,乔姆斯基使用"语言行为"这个术语,涵盖了并不属于专门理想化了、理论上又加了限制的语言能力概念范畴的一切。对此,许多人提出了异议,本人也有同感。我的看法是,最好把"行为"这个概念局限在特定的使用语言情况下话语的产生及理解的范围之内,并且引用其他区别性特征以说明什么叫理想化,什么与上下文无关。(约翰·莱昂斯:《诺姆·乔姆斯基》343页)

作为乔姆斯基理论的诠释者,莱昂斯的用心比海姆斯更为善良。"虽然社会语言学的观点就其本身要达到的目的来说是正确的,却并不能就此宣称乔姆斯基提出的理想化是不正确的。在社会语言学的观点和乔姆斯基的观点这两者之间,谈不上谁更加现实"(约翰·莱昂斯:《诺姆·乔姆斯基》345页)。显然他是在为乔姆斯基辩护,但同样显然的是,他也和海姆斯一样,误解了乔姆斯基。

1975年,乔姆斯基和皮亚杰在巴黎进行了一场辩论,参加者有二十多人,核心问题是语言能力。其中有这样一个细节,

---

① 约翰·莱昂斯:《诺姆·乔姆斯基》(1977),杨光慈译,商务印书馆,1996。

第三节　Performance 是"运用"还是"表现"

Premack 说,他在实验中发现,类人猿似乎有一定的类语言能力,它能够用一个东西去代表另一个东西,甚至也发现了符号化的迹象,但他感到最头疼的是,"我们找到了存在一种能力的证据,但使用这种能力的证据却很难找到",因此他总是要假设:"能力的使用是能力的一个组成部分"。① 这实际上是和海姆斯一样,一定要找出一个 ability for use 才算踏实。

Premack 找不到使用能力的证据,是由于对能力(知识)及其与表现的关系不理解。乔姆斯基把语言能力和语言表现的关系比做基因型和表现型之间的关系,②我们认为,这个类比是恰当的。基因型"是一个生物的基因成分",表现型"是这些基因所表现的性状"③。现在我们知道,人之所以不长翅膀而长胳膊,是因为人和鸟的部分基因不同,这些基因决定了人长胳膊而鸟长翅膀。在这个现象中,并不需要第三种力量(能力)。我们不能说,"我有一种能力使用某些基因让我长出胳膊"。在乔姆斯基看来,人的语言能力或语言知识是和人类基因有某种相似之处的东西,"普遍语法是一个基因型要素,它在个别语法中表现为一个经验过程,而这种个别语法就是一个成熟的语言知识系统,是正常人生命中某一点上形成的一个相对稳定的状态"。④

---

① D. Premack,:在乔姆斯基与皮亚杰辩论中的发言,见 M. Piattelli-Palmarini,(ed.).(1980). *Language and Learning*: *The Debate between Jean Piaget and Noam Chomsky*. London: Routledge and Paul. Premack. p. 181。

② N. 乔姆斯基:*Rules and Representations*. New York: Columbia University Press. 1980. p.65。

③ 《中国大百科全书·生物学·基因》,光盘1.1版,中国大百科全书出版社,2000。

④ N. 乔姆斯基:*Rules and Representations*. New York: Columbia University Press. 1980. p.65。

从以上几个例子我们可以看出，对能力和表现有误解的，不只是海姆斯，这种误解是相当广泛的。

六　结论

乔姆斯基所说的 performance 在汉语里应该译为"表现"，海姆斯的 performance 译为"运用"，我们用不同的译法区别两种理论中的两个完全不同的概念。无论是在乔姆斯基的意义上，还是在海姆斯的意义上，都不要把 performance 译成"行为"，为的是和斯金纳的"言语行为"以及奥斯汀、塞尔等人的"言语行为"区分开。

从海姆斯等人的误解中，我们得到一个教训：无论我们要赞同一种理论，还是修正或反驳一种理论，都要先弄清它的基本概念；如果我们对它的基本概念的理解是错的，后面所做的一切努力都可能是没有意义的。

第四节　对第二语言阅读能力和写作能力关系的实证分析[①]

一　问题的缘起

"读书破万卷，下笔如有神。"但现实中却不乏满腹经纶而下笔维艰之人。特别是在第二语言学习领域，阅读水平高

[①] 本节摘自马新芳：《对第二语言阅读能力和写作能力关系的实证分析》，孙德金主编《语言测试专业硕士论文精选》，北京语言大学出版社，2005。有删节。

第四节 对第二语言阅读能力和写作能力关系的实证分析 105

的人写作水平不一定高,有时甚至很低。看来,有必要对阅读和写作的关系做一认真考察,找到提高写作能力的有效途径。

同时,我们发现,美国教育测验服务中心(ETS)在1979年推出的"托业"考试(TOEIC, Test of English for International Communication),以测量母语非英语的高级职业人员英语交际能力为目的,但试卷内容只有听力和阅读两项。他们的理由是听力和口语,阅读和写作之间存在很高的相关(都为0.83),所以可以用听力水平推断口语水平,用阅读水平推断写作水平[1]。实证研究是1982年Woodford进行的。他通过对99个日本考生的"托业"成绩和另外的口语和写作测试进行相关分析,得到"托业"阅读和另外的写作测验相关达到0.83,因此,"托业"的阅读成绩可以很好地反映考生用英语写作的水平。"托业"的阅读测试也间接地考查了考生的写作水平[2]。

"托业"的这种做法可靠吗?如果阅读能力和写作能力的相关真的能够达到以此代彼的程度,那将对语言测试作出不小的贡献,因为这样既能保证测试的信度,又避免了对口语和写作进行施测和评分的麻烦,同时关于写作测试的很多争论(如测试形式、评分方法等)也都可以随之消解了。

看来,也有必要对第二语言的阅读和写作关系进行考察,分析有没有必要对写作进行测试。

---

[1] 参见 The Chauncey Group International 1998, *TOEIC Examinee Handbook*, Educational Testing Service。

[2] 参见 Woodford, E. Protase 1982, *An Introduction to TOEIC: The Initial Validity Study*, Educational Testing Service。

基于此，本文拟对阅读和写作之间的关系做一梳理和澄清，开展一些实证性研究，并尝试对如何培养和测试写作能力提出一些意见和建议。

二 相关研究

（一）对阅读活动的理解

阅读并非单纯自下而上或者自上而下的系列加工，而是在两种加工方式的相互作用下，同时利用语义、句法、词汇和文字等各种信息获得对文章的理解[1]。

图式理论认为，阅读的过程是一个运用大脑中已有的知识图式对书面语言进行解释的过程，是读者和文本不断交互作用的过程，阅读的结果是形成新的图式[2]。

国内比较有代表性的观点认为阅读水平的差异来自三个方面：一是语言知识，二是背景知识，三是阅读技巧或策略[3]。

所以，阅读能力主要是一种基于文本的理解能力，语言知识、关于文章主题的图式内容、阅读技巧（如何利用上下文信息和语义线索调整图式）是影响阅读能力的主要因素。

（二）第二语言阅读技能的形成

第二语言学习者读、写技能的形成有两个来源：第一语言技

---

[1] 张必隐：《阅读心理学》，北京师范大学出版社，1992。
[2] Nunan, David 1999, *Second Language Teaching and Learning*，第二语言教与学，(英)纽南（Nunan, D）著；高远导读，外语教学与研究出版社，2001。
[3] 赵莉：《图式阅读理论与阅读中的信息处理》，《福州大学学报》第7期，1996。余建华：《影响阅读理解因素的探讨》，《辽宁教育学院学报》第11期，2001。陈进封：《影响阅读理解的因素》，《咸阳师范专科学校学报》第2期，2001。

能的迁移和第二语言知识的输入。也可以把前者称为语言间技能的迁移（interlanguage transfer），把后者称为语言内技能的迁移（intralanguage transfer）①。

关于阅读技能能否从第一语言向第二语言迁移，学者们有两种看法：

（1）语言间相互依赖假说（Linguistic Interdependence Hypothesis，LIH）。Cummins 认为所有的语言运用活动都以普遍的认知能力为基础，这种潜在的普遍能力（common underlying proficiency）保证了语言技能在不同语言间的迁移②。由此提出了语言间相互依赖假说。根据这个假说，"如果一种语言的教学对提高这种语言技能有效，那么在学习另外一种语言时，只要有积极的学习动机，并且有充分的机会运用这种语言，就能把第一语言的水平迁移到第二语言中去。"

（2）语言能力下限假说（Linguistic Threshold Hypothesis，LTH）。

在语言能力下限假说提出的同时，有学者发现，尽管第一语言阅读水平高的人通常会具有较高的第二语言阅读能力，但同时必须具有一定的第二语言水平。

Hudson 认为图式理论解释了语言下限假说。如果第二语言水平较低，可能会对文中语义和话语线索进行错误理解，从而

---

① Carson, J., E., Carrell, P., L., Silberstein, S., Kroll, B., & kuehn, P., A. 1990 Reading-Writing Relationship in First and Second Language, *TESOL Quarterly*, 24—2,245—266.

② Cummins, J. 1980, The Crosslingual Dimensions of Language Proficiency: Implications for Bilingual Education and the Optimal Age Issue. *TESOL Quarterly*, 14: 175—187.

找到错误的图式,表现出较低的阅读理解水平①。

(三) 对写作活动的理解

写作是一种组织过程(composing process),即构思(planning)、转换(translating)和修改(reviewing)的认知过程。构思包括对立意和篇章结构的构思两方面,转换主要是运用书面语言表达技巧把心理过程转换成书面语言,修改既包括语用层面的,也包括语法层面的②。

图式理论认为,写作的过程是作者根据一定的写作任务,在头脑中产生该任务的图式,并运用一定的策略(构思)和书面话语表达技巧(转换、修改)进行书面交际的过程③。

(四) 影响第二语言写作能力的因素

组织过程是影响写作水平的主要因素,组织能力是写作能力的重要组成部分,它独立于第二语言水平之外,可以从第一语言进行迁移④。第二语言水平对写作水平只起补充和促进作用⑤。

Sasaki & Hirose 提出了一个第二语言写作能力结构图,用

---

① Hudson, T. 1982, The Effects of Induced Schemata on the Short-circuit in L2 Reading: Non-decoding Factors in L2 Reading Performance. *Language Learning*, 32, 3—31.

② Silva, T. 1993, Toward an Understanding of the Distinct Nature of L2 Writing: The ESL Research and Its Implications, *TESOL Quarterly*, 17—4, 657—675.

③ Nunan, David 1999, *Second Language Teaching and Learning*, 第二语言教与学, (英)纽南(Nunan, D) 著;高远导读,北京:外语教学与研究出版社,2001。

④ Krapels, Alexandra R. 1990, An Overview of Second Language Writing Process Research. In: Kroll, B. (ed.) *Second Language Writing*. Cambridge u. a.: Cambridge University Press, 37—56.

⑤ Cumming, A. 1989, Writing Expertise and Second-Language Proficiency, *Language Learning*, 39—1, 81—143.

第四节 对第二语言阅读能力和写作能力关系的实证分析

来解释以英语作为第二语言的日本学生的写作能力(如图 2-6 所示)[1]。在这个模型中,影响第二语言写作能力的因素主要有四个:组织能力,第二语言水平,第二语言元知识和第一语言写作能力。其中,组织能力是较高层次(higher-order)的因素,既影响第二语言写作,也影响第一语言写作,它通过写作时运用写作策略表现出来;第二语言水平影响写作时的流利性;第二语言元知识可以通过第二语言的教育获得,但是教育程度的高低不会引起第二语言阅读和写作关系的变化[2]。写作训练和写作时的自信心是影响第二语言写作能力的潜在因素。

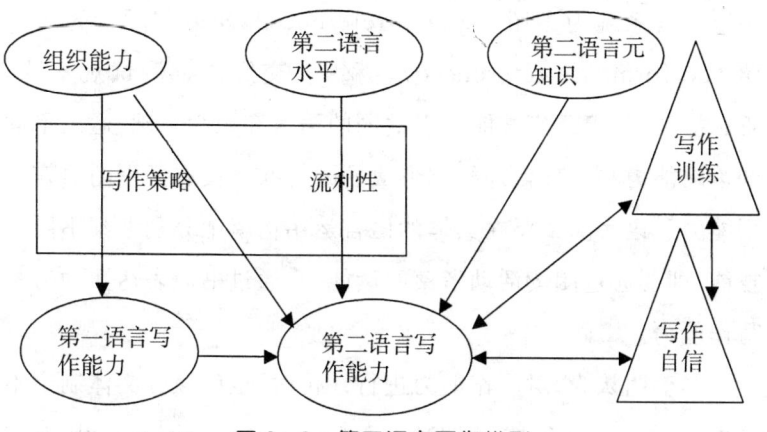

图 2-6 第二语言写作模型

注:圆形表示不可直接观测的变量,三角形表示可能的背景因素,方形表示可以观察到的变量。单箭头表示单向的因果关系,双箭头表示互相影响。

---

[1] Sasaki & Hirose 1996, Explanatory Variables for EFL Students' Expository Writing, *Language Learning*, 46—1,137—174.

[2] Carson, J., E., Carrell, P., L., Silberstein, S., Kroll, B., & kuehn, P., A. 1990, Reading-Writing Relationship in First and Second Language, *TESOL Quarterly*, 24—2, 245-266.

（五）如何进行写作能力的测试

对于阅读和写作等语言技能的测试,从 20 世纪 60 年代初 Lado 提倡的"成分—技能"说[1],到 70 年代末 Oller 的"一元能力假说"（Unitary Competence Hypothesis）[2],再到现在的交际语言能力测试观,表现了"分立式"(discrete)、"综合式"(integrative) 和注重"真实性"(authentic)这三种不同的语言测试思想。

1990 年,Bachman 提出了交际语言能力模型,此后,语言测试的直接性、真实性受到了前所未有的重视,现实性（real-life）成为设计和开发语言测试的一个重要原则。语言测试开始从以语言系统为参照（system-referenced）向以实际行为为参照（performance-referenced）转移[3]。交际语言测试观认为,听、说、读、写等语言技能是以共同的语言知识为基础、运用不同的策略能力和心理生理机制形成的既有联系又有区别的语言运用能力。语言测试要在具体的语言运用情境中分别考察不同的技能,即要通过阅读活动考察阅读能力,通过书面表达活动考察写作能力。

彭森明认为,对写作能力进行评价时,也应该分文体制定不同的标准,可以分成说明文（informative writing）、申论文（persuasive writing）和记叙文（narrative writing）三种[4]。

---

[1] Lado, R. 1961, *Language Testing*. London: Longman.

[2] Oller, J. 1979, *Language Tests at School: A Pragmatic Approach*. London: Longman.

[3] Baker, David 1989, *Language Testing: A Critical Survey and Practical Guide*, London: Edward Arnold.

[4] 彭森明:《语文能力结构分析及其在教学与评卷之应用》,《教育资料与研究》第 6 期,1994。

(六) 小结

从第一语言阅读和写作研究可知,阅读的过程是各种书面文字信息和经验图式相互作用的过程;写作其实是一种组织过程,是对立意、结构和言语进行组织的过程。影响阅读能力的因素有语言知识(文字、词汇、句法和语义等)、经验图式、阅读技巧(如何利用上下文信息和语义线索调整图式),影响写作能力的因素除了语言知识和经验图式外,主要是组织能力,即构思、转换、修改的信息再加工能力[①]。这种能力是以语言知识为基础的。

从第二语言的阅读和写作研究可知,同第一语言阅读能力一样,第二语言阅读能力受语言水平的影响,即受第二语言文字、词汇、句法和语义等语言知识的影响。

第二语言写作能力同第一语言写作能力一样,主要是一种组织能力。要提高第二语言写作能力,主要是提高组织能力,可以通过第一语言写作能力的迁移实现。同时,一定的第二语言水平是顺利进行组织和实现迁移的前提,大量的写作训练是增强写作自信和提高写作能力的保证。大量的阅读活动可以为写作提供语言知识和组织技巧,促进写作能力的提高,但不能从根本上提高写作能力。

三 实证分析

以 HSK(高等)和 MHK(三级)的阅读理解和写作测试为

---

① Silva,T. 1993,Toward an Understanding of the Distinct Nature of L2 Writing: The ESL Research and Its Implications,*TESOL Quarterly*,17—4,657—675.

例,分析阅读理解和写作能力的关系。

HSK(高等)阅读理解由两部分组成。第一部分:考查考生快速阅读查找信息的能力。第二部分:主要考查考生的阅读理解能力[1]。

HSK(高等)作文部分命题模式有两种。第一,给出题目和相关语料,要求考生参照限定性语料完成一篇短文。第二,给出题目和相关提示,要求考生按照提示完成限定性短文。两种方式交替使用,每次只写一篇[2]。

刘镰力通过对HSK(高等)的内容效度进行分析,指出"阅读部分确实考查的是阅读理解能力"[3]。王芳在对HSK(高等)的信度和效度报告中指出,阅读理解测验能有效地区分阅读理解能力的高低,具有良好的区分效度[4]。陈田顺在对HSK(高等)的主观性考试的分析中指出作文考试具有良好的实证效度[5]。

"中国少数民族汉语水平考试(简称"民族汉考",MHK)是专门测试母语非汉语的少数民族汉语学习者汉语水平的国家级

---

[1] 国家汉语水平考试委员会办公室编制:《中国汉语水平考试大纲(高等)》,北京语言学院出版社,1995。

[2] 刘英林:《高等汉语水平考试的总体设计与理论思考》,《汉语水平考试研究论文选》,现代出版社,1995。刘镰力、李明、宋绍周:《高等汉语水平考试的设计原则和试卷构成》,《汉语水平考试研究论文选》,现代出版社,1995。

[3] 刘镰力:《HSK(高等)的内容效度与题型开拓》,《汉语水平考试研究论文选》,现代出版社,1995。

[4] 王芳:《高等汉语水平考试的信度与效度》,《汉语水平考试研究论文选》,现代出版社,1995。

[5] 陈田顺:《谈高等HSK的主观性考试》,《汉语水平考试研究论文选》,现代出版社,1995。

标准化考试。民族汉考是一个可靠、有效因而也是权威的汉语水平评价工具。"

"(MHK 三级)阅读理解分测验主要考查考生对阅读材料的理解能力和阅读速度,也考查考生对所学词语的掌握情况。""(MHK 三级)书面表达分测验主要考查考生运用汉语语言文字进行书面表达的能力……对立意构思和谋篇布局的能力不做重点要求。"①

(一) 阅读能力和写作能力关系的分析

基本思路:先考察 HSK(高等)和 MHK(三级)的阅读理解和写作分测验之间的相关,然后通过对 MHK(三级)中阅读和书面表达(一)、写作和书面表达(一)的相关分析,进一步考察造成阅读和写作相关的原因,最后分析阅读能力和写作能力高低的不平衡现象。

1. 阅读测验和写作测验的相关

表 2-12 历年 HSK(高等)的阅读理解和写作分测验的相关

	1993 年	1994 年	1995 年	1997 年	2003 年
皮尔逊相关	0.495	0.267	0.394	0.461	0.335
样本容量	146	137	291	261	2039

表 2-13 MHK(三级)阅读理解和写作分测验的相关

	吉林	青海
皮尔逊相关	0.352	0.581
样本容量	6112	1350

注:2003 年 11 月,吉林;2004 年 1 月,青海。

---

① 教育部民族教育司中国少数民族汉语水平等级考试课题组编:《中国少数民族汉语水平等级考试大纲》,北京语言文化大学出版社,2002。

根据以上两个表格可以看出,阅读和写作相关都不算高。所以,阅读和写作是既有联系又有区别的两种能力。

那么,各个语言成分(词汇、语法等)对阅读和写作的影响是否会有不同呢?

HSK(高等)的综合表达分测验"主要考察考生对语法、词语、长句、语段的理解和运用能力",除了对句子层面的语法进行考察外,还包括对语用能力的考察,所以不能用 HSK(高等)考察语法对读写能力的作用。MHK(三级)中的书面表达(一)主要考察"句子层面的书面表达能力",可以认为是对语法的间接考察。所以,我们就以 MHK(三级)的书面表达(一)为例,尝试说明语法在读写能力中的作用。

下面分别以吉林和青海为例,考察书面表达(一)和阅读、书面表达(一)和写作之间的关系。

相关分析结果见表 2-14。

表 2-14 书面表达(一)和阅读、写作之间的相关

	青海	吉林
书面表达(一)和阅读	0.751	0.540
书面表达(一)和写作	0.554	0.305
阅读和写作	0.579	0.372
样本容量	1350	6112

从表 2-14 可以看出,阅读和写作都跟书面表达(一)有一定相关,可见,语法知识是影响阅读和写作的共同因素。

另外,从相关的大小来看,似乎书面表达(一)和阅读的相关更高一些,那么,是否语法对阅读的影响高于其对写作的影响呢?由于样本容量对相关系数的高低会有影响,所以我们再对

第四节 对第二语言阅读能力和写作能力关系的实证分析

这两个相关系数进行差异显著性的单侧 t 检验,结果见表 2-15。

表 2-15 相关系数差异的显著性 t 检验(单侧)

青海	吉林
t(1349)=12.237	t(6111)=9.648
P=0.000	P=0.000

从表 2-15 看出,书面表达(一)和阅读的相关显著高于书面表达(一)和写作的相关,支持了我们的假设,即语法知识对阅读能力的影响高于其对写作能力的影响,语法知识可能不是影响写作能力的最重要因素。

2. 阅读能力和写作能力高低的不平衡现象

基本思路:将考生按照阅读和写作测验分数的高低分为高、中、低三组,通过组合,得到阅读和写作高低水平不同的九组,分别考察这九组考生在不同水平中所占比重的大小。

先对 1997 年的高等 HSK 考试的数据进行分析。首先,根据阅读测验的标准分把考生分为高、中、低三组,达到 A 级的为高水平组,C 级或 C 级以下的为低水平组,B 级为中等水平组。同理,也可以根据写作测验标准分把考生分为写作水平高、中、低三组。如表 2-16,2-17 所示:

表 2-16 阅读水平和写作水平比较(1)

阅读\写作	高	中	低	总计
高	9(32%)	13(46%)	6(22%)	28(100%)
中	6	19	17	42
低	11(6%)	44(23%)	136(71%)	191(100%)
总计	26	76	159	261

表2-17 阅读水平和写作水平比较(2)

阅读＼写作	高	中	低	总计
高	9(35%)	13	6(4%)	28
中	6(23%)	19	17(17%)	42
低	11(58%)	44	136(85%)	191
总计	26(100%)	76	159(100%)	261

根据表2-16和表2-17可以清楚地看出,阅读水平低的人相应的写作水平一般也低(71%,表2-16),阅读水平高的人写作的水平要滞后于阅读水平,达不到相应的阅读水平的高度;写作水平低的人相应的阅读水平一般也低(85%,表2-17),但是写作水平高的26人中,有11人(58%,表2-17)的阅读水平反而很低。

整体来看,阅读和写作的不同水平之间的比例如表2-18所示:

表2-18 阅读水平和写作水平比较(3)

阅读＼写作	高	中	低	总计
高	9(3%)	13(5%)	6(2%)	28
中	6(2%)	19(7%)	17(6%)	42
低	11(5%)	44(17%)	136(53%)	191
总计	26	76	159	261(100%)

从表2-18可以看出,中间对角线上的比例之和为63%,即阅读和写作同步发展的考生占考生总数的63%,其余37%的考生在阅读理解和写作的发展上都不平衡,即有37%的考生阅读理解成绩高而写作成绩不高、写作成绩高而阅读理解成绩不

高。所以，阅读理解和写作并不是两种同步发展的能力，二者在相互联系的基础上又有各自的发展特点。

同时，以青海为例考察 MHK（三级）中阅读理解和写作的不平衡现象，也得到了与 1997 年 HSK 相似的结论。

所以，阅读理解和写作并不是两种同步发展的能力，二者在相互联系的基础上又有各自的发展特点。从上述表格可以看出：阅读水平低的人相应的写作水平一般也比较低，阅读水平高的人写作的水平要滞后于阅读水平，达不到相应的阅读水平的高度；写作水平低的人相应的阅读水平一般也低。

（二）阅读理解和写作的水平对读写关系的影响

阅读水平的高低是否影响阅读和写作的关系？写作水平的高低是否影响阅读和写作的关系？

基本思路：根据上面对读写能力高低的分组，先考察阅读高、低分组的阅读和写作的相关，再考察写作高、低分组阅读和写作的相关，然后分别对高、低分组的相关进行差异显著性 Z 检验，根据检验结果，得到阅读和写作水平的高低是否会影响阅读和写作的关系。

仍以 1997 年 HSK（高等）和青海的 MHK（三级）为例进行分析。

根据上面对阅读能力和写作能力的高、低分组结果，分别计算阅读和写作高、低分组的相关，并进一步对高、低分组的相关进行差异显著性 Z 检验，结果见表 2-19。

表 2-19 1997年HSK(高等)阅读、写作高低分组的相关及
差异显著性检验

		高分组	低分组	Z值	P值
阅读	相关	0.405	0.377	0.159	0.876
	样本量	28	191		
写作	相关	0.178	0.266	0.422	0.674
	样本量	26	159		

根据上表结果,阅读和写作高、低分组的相关没有显著差异(双侧),即阅读和写作水平的高低对读写之间的关系没有影响。

但是,青海MHK(三级)的分析结果却相反(见表2-20)。

表 2-20 青海MHK(三级)阅读、写作高低分组的相关及差异显著性检验

		高分组	低分组	Z值	P值
阅读	相关	0.031	0.478	6.002**	0.000
	样本量	180	1008		
写作	相关	0.176	0.403	2.913**	0.004
	样本量	165	877		

根据表2-20,读写水平低的人阅读和写作之间表现出较强的相关性,所以,我们对表2-20中低分组和高分组的相关系数做差异显著性单侧Z检验,结果很显著。即读写水平低的人阅读和写作的相关显著大于读写水平高的人。说明阅读和写作水平低的人较易表现出读写的正相关,而阅读和写作水平高的人读写的关系相对较复杂,读写能力的不平衡发展较明显。

为了避免对1997年HSK(高等)的取样误差,我们再以1995年的HSK(高等)数据为例进行分析。

仍然采取同样的方法对阅读和写作进行高、低分组,做相关分析,进行相关系数差异显著性的Z检验,结果见表2-21。

表2-21 1995年HSK(高等)阅读、写作高低分组的相关及差异显著性检验

		高分组	低分组	Z值	P值
阅读	相关	0.271	0.384	0.849	0.396
	样本量	83	107		
写作	相关	0.316	0.128	1.32	0.188
	样本量	70	135		

从该表看出,阅读和写作高、低分组的相关没有显著差异(双侧),和1997年的分析结果一致,即阅读和写作水平的高低对读写之间的关系没有影响。

综上可以看出,运用HSK(高等)的分析结果和MHK(三级)的分析结果是不一致的(具体分析见后文"讨论"部分)。

(三) 对写作能力有别于阅读能力因素的考察

基本思路:通过考察口语考试和阅读理解、口语考试和写作的相关,并进行相关系数的差异显著性检验,找到写作能力独立于阅读理解的因素。

由于MHK(三级)还没有进行口语考试,所以只分析HSK(高等)的数据。

HSK(高等)的口语考试由两部分内容组成:第一部分,"朗读一段250字左右的短文,时间约为2分钟";第二部分,"口头回答两个问题,第一个问题是叙述性或介绍性的;第二个问题是说明性或议论性的。每个问题的答题时间约为3分钟"。"全部考试时间约为10分钟……口语考试主要考察汉字认读能力和口头表达能力。"(《中国汉语水平考试大纲(高等)》,1995,第10页)

尽管口头表达和书面表达在表达的媒介上有所不同,但二者都需要进行心理构思和言语表达活动,只是运用口头语

言进行表达时的修改较少。正如 Widdowson 所言:以听说为媒介的口头表达过程和书面表达过程一样,都可以看成是一种组织过程(composing)[①]。因此,通过考察口语和写作、口语和阅读的相关,尝试发现组织能力在阅读、写作中的不同作用。

分别对 1993、1994、1995、1997 年的四次 HSK(高等)考试的口语、写作、阅读进行相关分析,结果见表 2-22。

表 2-22 HSK(高等)口语、阅读、写作的相关

	1993 年	1994 年	1995 年	1997 年
口语和写作	0.557	0.410	0.433	0.677
口语和阅读	0.361	0.293	0.267	0.373
阅读和写作	0.495	0.267	0.394	0.461
样本容量	146	137	291	261

从表 2-22 看出,口语和写作的相关大于口语和阅读的相关。所以,再对这两个相关系数进行差异显著性单侧 t 检验,结果见表 2-23。

表 2-23 口语和写作、口语和阅读的相关系数差异显著性检验(单侧)

1993 年	1994 年	1995 年	1997 年
$t(145)=2.828$	$t(136)=1.254$	$t(290)=2.858$	$t(260)=6.418$
$P=0.000$	$P=0.210$	$P=0.000$	$P=0.000$

除了 1994 年以外,口语和写作的相关都显著大于口语和阅读的相关。基本上支持了我们的假设,即组织能力(构思和言语表达能力)是写作有别于阅读之处。(至于 1994 年不显著的原

[①] Widdowson, H., G. 1978, *Teaching Language as Communication*, London: Oxford University Press.

因尚待分析,如果能对试卷和考生情况进行考察,可能会发现问题所在)

四 讨论及启发

(一) 对阅读测验和写作测验相关结果的讨论

根据我们第一部分的相关分析结果,从1993年到2003年的5次高等HSK考试的阅读理解测验和写作测验的相关都不高(我们只有这5年的数据),最低的是0.267(1994年,137人),最高的是0.495(1993年,146人);两次MHK(三级)的阅读理解和写作测验的相关也不高,分别为0.352(2003年12月,吉林,6112人)和0.581(2004年1月,青海,1350人)。

而Woodford对"托业"所做的效度研究报告却指出,"托业"的阅读测验和效标的相关为0.79,可他自行设计的写作测验的相关却高达0.83,由此他认为"托业"的阅读测验同时考察了阅读能力和写作能力,可以用阅读成绩推断考生的写作水平[①]。他所做的相关结果为什么会和我们的结果不同呢?

可以进一步考察"托业"的阅读理解测验和实验研究中的写作测验。

"托业"的阅读测验包括三部分:(1)完成句子(incomplete sentence)。包括固定词组的搭配、代词的正确使用、时态和语态的正确运用、根据句义和词义选择词语等,共40题。(2)挑错(error recognition—underlines)。从一句话的四处画线部分中

---

① Woodford, E. Protase 1982, *An Introduction to TOEIC: The Initial Validity Study*, Educational Testing Service.

挑出有错误的一项,主要考查词性、句式的正确运用,共 20 题。(3)短文理解（reading comprehension—passages）。采取多项选择题的方式,测试对不同内容、长短、难度等文章的理解能力,共 40 题。

　　Woodford 所做的实验研究中,写作任务有三个:(1)组词成句（dehydrated sentences）。给出几个词语,让考生组成时态、语态正确的一句话,满分 50 分。(2)25—40 词的应用文写作（business letter）,责备厂商对订单的延误,满分 14 分。(3)10 个句子翻译题（sentence translation）,把日语翻译成英语,满分 75 分。最后组合分数时这三部分的权重分别为 0.3、0.5、0.2。

　　可以看出,"托业"的阅读测验(1)和(2)考查的主要是对词汇、语法知识的掌握（共 60 题）,Woodford 的写作测验中的组词成句测验考的主要也是对词汇、语法知识的运用,句子翻译也只是句子层面语言符号的转换和表达活动,都是对语法的考查（占 50%）。而且,根据前人的研究和我们上文第一部分对 MHK（三级）的阅读和书面表达（一）、写作和书面表达（一）的分析结果,阅读理解和写作活动本身也包括对词汇、语法等语言知识的运用,所以,词汇、语法知识在两个测验中占了很大的比重,是造成这两个测验高相关的原因。并不能说明阅读理解和书面言语表达能力有很高的相关。

　　所以,两个测验的相关不能认为是阅读理解能力和写作能力的相关,即使得到了很高的相关系数,也不能认为反映了阅读能力和写作能力的关系。

　　那么,另外一个问题是,阅读测验能否像 Woodford 所说的那样,同时考察阅读理解和书面表达能力呢?

第四节　对第二语言阅读能力和写作能力关系的实证分析　123

根据交际语言测试的观点，直接性、真实性是语言测试的重要原则，测试阅读理解能力就要通过阅读活动来进行，测试写作能力就要通过书面表达活动来进行。但由于真实语境中各种语言技能的使用不大可能是孤立的，所以，可以在测试语言技能时把理解和表达结合起来。例如，测试对一篇故事的阅读理解能力，可以要求被试做些选择或判断题，也可以要求被试把这个故事表达出来。但测试的目的还是考察阅读理解能力。而且，这种方法在评分时有困难，究竟是理解能力低还是表达水平差，很难区分。所以，不能用一种测试方式同时考察两种技能。

如果承认阅读和写作是两种能力，就应该用两种方式分别对其进行测试。

（二）阅读理解和写作的水平对读写关系的影响

根据上文，用 HSK（高等）做出的结果显示，阅读和写作水平的高低对阅读和写作的相关性没有影响，并且阅读和写作的相关都不高。用青海 MHK（三级）所做的结果显示，读写水平低的人阅读和写作的相关显著高于读写水平高的人，读写水平高的人阅读和写作的相关很低。

所以，从两次分析中可以得到的共同结果是：阅读和写作水平高的人读写能力的不平衡现象较显著，即对于第二语言学习者来说，阅读水平高的人不一定具有较高的写作能力，写作水平高的人不一定具有较高的阅读能力。

但是，从上文对 HSK（高等）和青海 MHK（三级）的分析中也得到了不一致的结果。HSK（高等）的分析结果显示，阅读和写作水平低的人读写的相关性也较低，而 MHK（三级）的结果显示，阅读和写作水平低的人读写的相关性反而高于阅读和写作水平高的人。根据 HSK（高等）的结果，可以得出：阅读水平低的人不一定写作水平低，写作水平低的人不一定阅读水平低；根据 MHK（三级）的结果，可以得出：阅读水平低的人一般写作的水平也较低，写作水平低的人一般阅读的水平也较低。

造成不同结果的原因是什么呢？进一步考察两种考试的阅读测验会发现，HSK（高等）的阅读理解测验包括两部分，第一部分"考查考生快速阅读查找信息的能力"。第二部分"考查考生的阅读理解能力"；MHK（三级）的阅读理解测验"主要考查考生对阅读材料的理解能力"。HSK（高等）阅读理解测验中考查的"快速阅读查找信息的能力"是不同于 MHK（三级）之处。

结合我们对 HSK（高等）的分析结果，写作水平低的人不一定阅读水平低，可能和 HSK 的阅读测验有关。写作水平低的人可以有较快的查找信息的能力，但不一定会有较高的阅读理解能力，所以，写作水平低的人表现出来的阅读能力究竟是查找信息的能力还是阅读理解的能力尚待进一步分析。如果能进一步分别考察 HSK（高等）阅读测验的两个部分和写作的关系，可能会发现 HSK（高等）和 MHK（三级）结果不同的原因所在，同时，也会获得一些关于阅读能力构成的信息。

（三）对写作教学和写作测试的启示

根据前人的研究成果和我们的分析及讨论，可以得到以下认识：

1. 关于阅读理解能力和写作能力的关系

首先，阅读能力和写作能力有一定的相关性，相互联系并相互促进。二者有共同的语言知识基础和经验图式基础(关于主题、结构的图式)。

其次,二者又是有所区别、不可互相替代的独立能力。虽然阅读和写作有共同的基础,但二者对这个基础进行的加工活动不同,具体表现在:

(1) 加工的手段和结果不同。阅读时主要运用一定的阅读技巧,即如何利用语言知识、图式内容和文章信息的共同作用获得对文章的理解,阅读的结果是形成关于文章意义的心理图式;写作主要是一种组织过程,依靠组织能力,即如何运用语言知识进行书面表达、如何以图式内容为基础进行构思的能力,写作的结果是形成新的语篇。

(2) 加工的空间不同。阅读理解一定是基于阅读材料的,读者进行解释和表达的空间要受到材料内容的限制,不能脱离阅读材料进行解释。阅读理解过程中体现出较多理性的控制。而写作不同,作者可以以写作任务为出发点,驰骋想象的空间,自由构思,采取不同的表达方式、不同的语气表达自己的思想。写作中体现了较多感性的表达。

所以,阅读理解能力的高低和写作水平的发展具有不平衡性。阅读理解水平高的人不一定具有较高的写作水平,写作水平高的人不一定具有较高的阅读理解水平。

至于,阅读和写作水平低的人阅读和写作的关系究竟如何尚待进一步分析。

2. 关于阅读测试和写作测试

综上所述,可以尝试对阅读和写作测试提出一些建议:

(1) 写作能力不同于阅读能力,不能以阅读教学取代写作教学，所以，不能以阅读测试取代写作测试。在语言测试（尤其是第二语言测试）中，既不能将读写割裂开来静态考查语言知识，也不能"毕其功于一役"，寻求一种同时考查读写的测试方式，更不能以阅读测试代替写作测试，而应分别对两种能力进行直接考查。

（2）对阅读理解能力的考查应该以对文章大意的把握为主，同时包含对上下文意义的推论和对关键信息的理解。

对写作能力的考查包括语篇特征（准确性、得体性、流利性）、遣词造句、立意、谋篇等方面。但对于不同的测试目的又可以有不同的侧重，以考查第二语言水平为目的的写作测试就不宜将立意、谋篇作为评价标准，因为这种组织能力是可以从第一语言迁移过来的，不能真实反映写作者对第二语言的运用水平。而且立意是写作者心理图式的反映，如果只以考查语言运用水平为目的，也不应将立意作为评价标准。

（3）在设计阅读和写作测试时，要以交际语言测试观为指导，以测试行为和实际语言运用行为的一致性为原则，注重测试任务的真实性和测试方式的直接性，在具体的语境中考查阅读和写作能力，根据各自的特点分别设计题型和要求，提高阅读和写作测试的效度。

（4）建议 HSK（初中等）增加写作测试。近年来托福、GRE、SAT 等原来不包含写作的考试纷纷增加了写作考试。GRE 从 2002 年 11 月起在中国等亚洲考区加考作文；TOEFL 也越来越重视作文成绩，在 2005 年即将推出的新托福中，作文成为整个考试的一部分，要求考生在 1 小时内写出两篇作文，不再像以前那样只是把作文（TWE）成绩作为参考；美国的大学入学考试(SAT)也打算从2006年起,开始加考作文。因为写作能力不仅是一项重要的语言交际能力,而且是留学生在第二语言国家进行专业学习时必备的一种能力,是进行专业性论文写作的基础。而HSK(初中等)既是考生实际汉语水平的证明,也是外国留学生能否入中国高等院系进行学习的汉语能力的证明,所以也应该增加写作测试。

五　结论

1. 写作能力不同于阅读能力。语法知识是阅读和写作相关的原因之一,但语法知识和阅读的相关高于其和写作的相关,写作能力更多地依赖于组织能力,即对立意和结构进行构思的能力和运用语言知识进行书面言语表达的能力。

2. "托业"所做的效度研究报告中(Woodford,1982)得到的关于用阅读测验成绩推测考生写作能力的结论是不具有说服力的。他们自行设计的写作测验主要考查的是句子层面的语法能力,而非具体语境中的言语表达能力。

3. 不能用阅读理解测验同时考查阅读理解能力和写作能力。

4. 第二语言阅读能力高的人不一定具有较高的第二语言写作能力,第二语言写作能力高的人不一定具有较高的第二语言阅读能力。

5. 建议HSK(初中等)增加写作测试。

第五节　语言能力自我评价的效度[①]

一　问题的提出

(一) 以往的研究争论

在评估语言能力的方法中,自我评价是争议颇多的一种。20世纪80年代中后期国外语言测验界曾掀起讨论和研究自我评价的一个高潮,研究的总题目为"交际能力的自我评价(Self-assessment of communication proficiency)"。在这个系列研究中,有学者对自我评价持肯定态度,也有学者持否定态度。Le Blanc & Painchaud 认为自我评价是可行的[②],尤其是作为分班的依据,持类似观点的还有 Dickinson。Bachman & Palmer 的研究也表明自我评价是测量交际能力的一种有效和可靠的手段[③]。但也有相当多的学者认为自我评价的方法不太有效,Janssen-van Dieten 的研究结果说明自我评价的共时效度很差[④]。Peirce,Swain & Hartd

---

[①] 本节摘自王佶旻:《语言能力自我评价的效度研究》,谢小庆主编《中国汉语水平考试(HSK)研究报告精选》,北京语言大学出版社,2005。

[②] Oscarson, M. 1989, "Self-assessment of Language Proficiency: rationale and applications" *Language Testing*. V6—N1 1—13.

[③] Bachman & Palmer 1989, "The Construct Validity of Self-rating of Communicative Language Ability" *Language Testing*. V6—N1 14—29.

[④] Janssen-van Dieten, A. 1989, "The Development of a test of Dutch as a Second Language: the validity of self-assessment by inexperienced subjects" *Language Testing*. V6—N1 30—47.

的研究也得到了相似的结果[①]。在这种情况下,Oscarson撰文对自我评价的理论原则和应用价值做了探讨,指出了自我评价的作用,认为进行自我评价对学习有益,学习者有意识地评价自己的交际效果是习得过程的必要组成部分,它可以帮助学习者提高学习意识,明确学习目的;再者自评也是评估领域的拓展。同时Mats认为自我评价的效度可以是相当高的,至少作为大学分班考试是可行的。

我们认为,自我评价具有很广泛的实用价值,但必须建立在可靠性和有效性的基础上。换言之,要使用自我评价方法,首先要研究的就是它的效度问题。

(二) 研究目的

本研究设计了两种自我评价调查问卷,希望对自评问卷的效标关联效度和构想效度进行研究,即:(1)以HSK(初中等)考试为效标,调查自我评价的效标关联效度;(2)探求自我评价的构想效度,特别是讨论自我评价是否容易受方法因素的影响。

二 方法、过程及结果

(一) 研究材料

本研究采用调查问卷的形式,共有A、B两种问卷。两种问卷都包括听说读写四个部分,每部分5个题目,共20题。问题的内容是一致的,都是评价自己在具体情境下的语言使用能力,而不是总体的或概括的评价。比如:"告诉别人来你家

[①] Peirce, Swain & Hartd 1993,"Self-assessment, French Immersion and Locus of Control" *Applied Linguistics*. V4—N1 25—43.

的路怎么走"。我们使用这样的提问内容是因为前人的研究表明在具体情境下让学生做自评他们更容易接受,并且问具体的语言使用任务比问笼统的问题更有效。A、B两种问卷的不同在于提问形式,A卷采用能做多少的形式,即广为流行的"Can-Do"形式,比如"你能告诉别人来你家的路怎么走吗?"著名的 TOEIC(托业)考试的能力调查采用的就是这种形式。B卷采用的是有多少困难的形式,比如"告诉别人来你家的路怎么走,你有困难吗?",这也是问卷常用的提问形式。Bachman & Palmer(1989)的研究认为 B 类提问方式的效度要高于 A 类,我们也想通过本研究对 A、B 两种提问方式进行研究和比较。另外,两种问卷均采用 4 级量表,这主要是考虑到避免趋中效应。

(二) 调查对象及实施情况

本研究的调查对象有两部分,第一部分是 2003 年 7 月参加 HSK(初中等)考试的部分考生(简称样本 1),其中 103 人回答了 A 卷,收回有效答卷 79 份;112 人回答了 B 卷,有效答卷 88 份;详情见表 2-24。第二部分是北京语言大学汉语速成学院 B 班和 C 班的部分留学生,其水平相当于 HSK(初中等)考生(简称样本 2),72 人参加,有效卷 61 份;详情见表 2-25。

表 2-24 样本 1 的基本情况

	总人数	男	女	国家及人数
A 卷	79	36	43	韩 64,日 9, 俄罗斯,尼日利亚,泰国,瑞士,澳大利亚,荷兰(各 1)
B 卷	88	42	46	韩 68,日 7,泰国 4,意大利 3,尼泊尔 2, 菲律宾,瑞士,澳大利亚,印尼(各 1)

表 2-25 样本 2 的基本情况

总人数	男	女	国家及人数
61	34	27	日本 16,韩国 11,英国 8,印尼 7,泰国 4,美国 4,印度 2,菲律宾 2,加拿大 2,澳大利亚,马来西亚,德国,乌克兰,瑞典(各 1)

(三) 信度检验

在展开效度研究之前,我们先要对问卷的信度进行检验。因为如果没有信度保障,效度也就无从谈起了。我们采用 Alpher 系数检验调查问卷的内部一致性信度,统计数据来自样本 1。A、B 卷各部分及全卷信度如表 2-26 所示。

表 2-26 A、B 卷各部分及全卷信度表

项目	题目数量	Alpher 系数
A 卷听力部分	5	.765
A 卷口语部分	5	.871
A 卷阅读部分	5	.838
A 卷写作部分	5	.825
A 卷全卷	20	.898
B 卷听力部分	5	.841
B 卷口语部分	5	.886
B 卷阅读部分	5	.855
B 卷写作部分	5	.918
B 卷全卷	20	.926

在题目数量有限的条件下获得这样的信度系数我们还是比较满意的,说明问卷的信度是有保障的。

(四) 效标关联效度的检验

效标关联效度是以某一种测验分数与其效标分数之间的相关来表示的效度。所谓效标就是确能显示或反映所欲测量的属

性的变量①。我们以 HSK(初中等)考试为效标检验问卷的效度,作出这样的选择是因为 HSK 是目前唯一一个测量母语非汉语者的汉语水平的国家级考试,而本次调查的学生水平相当于 HSK(初中等)水平。两份问卷各部分及总分与 HSK 的相关见表 2-27,2-28 和 2-29。

表 2-27　问卷 A 各部分与 HSK 部分的相关

	Al	As	Ar	Aw
HSKl	.474**	.443**	.273*	.299*
HSKg	.366**	.371**	.355**	.332**
HSKr	.305**	.254*	.499**	.422**
HSKc	.318**	.308**	.463**	.454**

表 2-28　问卷 B 各部分与 HSK 部分的相关

	Bl	Bs	Br	Bw
HSKl	.465**	.419**	.320**	.299**
HSKg	.372**	.335**	.343**	.352**
HSKr	.278**	.256*	.469**	.412**
HSKc	.371**	.328**	.503**	.453**

表 2-29　两问卷与 HSK 总分的相关

	问卷 A 总分	问卷 B 总分
HSK 总分	.496**	.471**

注:(1)数据来自样本 1。
(2)使用 SPSS 进行统计分析,下文的统计亦同。
(3)相关全部为斯皮尔曼等级相关,下文涉及的相关亦同。
(4)双尾检验,*表示相关在.05 水平上显著,**表示在.01 水平上显著。
(5)HSKl、HSKg、HSKr、HSKc 分别代表 HSK 听力、语法、阅读和综合;Al、As、Ar、Aw 分别代表问卷 A 的听力、口语、阅读和写作;Bl、Bs、Br、Bw 分别代表问卷 B 的听力、口语、阅读和写作。

总分之间 0.496 和 0.471 的相关在自我评价的研究中是相

---

① 参见王孝玲:《教育测量》,华东师范大学出版社,2001。

对较高的。Bachman & Palmer 的研究计算了自我评价和面试以及多项选择题的相关,分别为 0.473 和 0.465,他们认为这样的相关已经相当高了[1]。其他一些研究,如 Powers,D.,Roever,C.,Huff,K. L.,& Trapani,C. S. 得到了 0.3 的相关[2],而 Anne-Mieke Janssen-van Dieten 的研究仅得到了 0.19 的相关。因而我们可以说两份问卷的效标关联效度还是比较高的。另外,从表 2-27 和表 2-28 中我们还发现了有意思的现象:A 卷和效标的相关略高于 B 卷。对于 HSK 听力这个效标,问卷的听说两部分和它的相关高于读写部分和它的相关;反之,对于 HSK 阅读和综合,问卷的读写两部分和它的相关高于听说部分和它的相关,并且这种情况在 A、B 两卷中都存在。而 HSK 语法和问卷各部分的相关都差不多。

(五) 构想效度的调查

构想效度(Construct Validity)是效度的核心问题,它要考察的是一个考试的结果在多大程度上和我们根据某一理论作出的预测相一致,要验证的是我们所做的假设是否有效[3]。

1. MTMM 方法

Campbell,D.T 和 Fiske,D.W. 二人于 1959 年提出的"多元特质多重方法矩阵"(Multitrait-Multimethod Matrix,简称

---

[1] Bachman & Palmer 1989,"The Construct Validity of Self-rating of Communicative Language Ability" *Language Testing*. V6—N1 14—29.

[2] Powers, D., Roever, C., Huff, K. L., & Trapani, C. S. 2004, "Validating LanguEdge ™ Courseware scores against faculty ratings and student self-assessments." ETS Research Report.

[3] 桂诗春、宁春岩:《语言学方法论》,外语教学与研究出版社,1997。

MTMM)是检验构想效度的一种有效手段[①]。MTMM 关心两个方面的问题,一是使用不同方法测量同一特质,另一是使用同一方法或不同方法测量不同的特质。用不同方法对同一特质进行测量,所得结果具有高相关称测验具有聚敛效度(Convergent Validity);而用同一方法或不同方法对不同特质进行测量,所得的相关比前者低称测验具有判别效度(Discriminant Validity)。如果一个测验既具有聚敛效度又具有判别效度则称测验具有较高的构想效度。使用该方法研究构想效度首先要得到一个说明特质之间、方法之间以及特质和方法之间相关程度的 MTMM 矩阵(数据来自样本 2)。

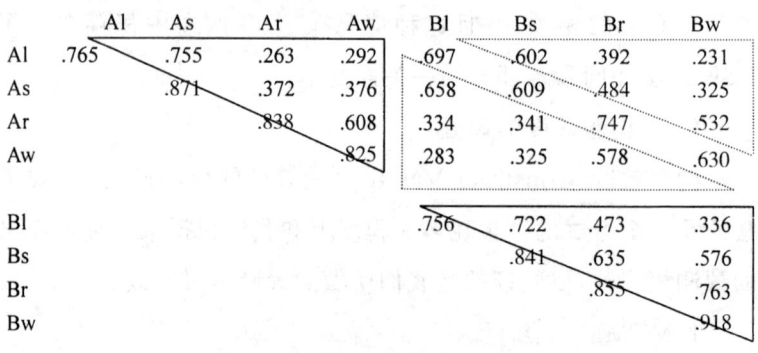

	Al	As	Ar	Aw	Bl	Bs	Br	Bw
Al	.765	.755	.263	.292	.697	.602	.392	.231
As		.871	.372	.376	.658	.609	.484	.325
Ar			.838	.608	.334	.341	.747	.532
Aw				.825	.283	.325	.578	.630
Bl					.756	.722	.473	.336
Bs						.841	.635	.576
Br							.855	.763
Bw								.918

图 2-7 样本 2 的 MTMM 矩阵

从理论上讲,一个测验如果要有构想效度就必须满足以下几个条件:

(1)效度系数(虚线三角形之间的两条对角线上的数值)显著地大于 0,即用不同方法测量同一特质应有正相关。这反映

[①] Campbell, D.T. & Fiske, D.W. 1959, "Convergent and discriminant validation by the multitrait-multimethod matrix" *Psychological Bulletin*. 56 81—105.

的是聚敛效度。

(2)效度系数高于实线三角形内的数值,即用不同方法测相同特质所得的相关应高于用同样方法测不同特质所得的相关。这就是说,特质的差异必须比方法的差异显得更重要。这反映的是判别效度,在这里我们称为判别效度1。

(3)效度系数高于虚线三角形内的数值,即用不同方法测相同特质所得的相关应高于用不同方法测不同特质所得的相关。这就是说,特质之间的相关不应该来自与方法交互作用的假效果。这反映的也是判别效度,称为判别效度2。

我们的研究结果表明,条件(1)得到了充分满足,效度系数相当高且均在.01水平上显著。条件(3)也得到了充分满足,每一个效度系数都高于它所对应的虚线三角形内的数值(如,.697>602,392,231,658,334,283),这在语言测量中是很难做到的,说明判别效度2很好。只有条件(2)得不到充分的满足,说明判别效度1不太理想。从 MTMM 方法的角度分析,问卷的构想效度是比较好的,听说读写四种特质受方法的影响不大。

为了做更细致的比较和检验,我们根据 Henning[1] 和王佶旻[2]的方法,从矩阵中得出每个特质和方法的聚敛效度和判别效度,从而得到一个相对构想效度。由于本研究的方法只有两种,因此各种特质和方法的聚敛效度只有一个。每一个特质

---

[1] Henning, G. 1983, "Oral proficiency testing: comparative validities of interview, imitation, and completion methods", *Language Learning*. 33 315—333.

[2] 王佶旻:《三类口语考试题型的评分研究》,《世界汉语教学》2002 年第 4 期。

又都对应了3个实线三角形和3个虚线三角形内的值,将这些值平均后除以相对应的聚敛效度值就能得到平均判别效度1和2。计算结果见表2-30,由于相关系数的非等矩性,运算需经过 Fisher-Z 转换。

表2-30 两种方法的聚敛效度和判别效度

方法及特质	聚敛效度	排名	判别效度1	排名	判别效度2	排名	累积名次
A方法	.675	1	.928	1	.946	1	1
Al	.697	2	.932	2	.958	2	2
As	.609	4	.834	6	.857	8	7
Ar	.747	1	.972	1	.970	1	1
Aw	.630	3	.919	2	.937	6	5
B方法	.675	1	.832	2	.943	2	2
Bl	.697	2	.897	4	.947	4	3
Bs	.609	4	.724	8	.911	7	8
Br	.747	1	.857	3	.947	4	3
Bw	.630	3	.771	7	.957	3	6

各特质的相对构想效度从高到低依次为:A方法阅读、A方法听力、B方法阅读、B方法听力、A方法写作、B方法写作、A方法口语、B方法口语。可以看出,阅读和听力的构想效度要优于写作和口语。从方法上看,A方法优于B方法。

2. 因素分析法

因素分析方法是英国心理学家斯皮尔曼在考察智力结构时发展起来的一种统计方法。它的目的是从为数众多的观测变量中概括和推论出少数因素,用最少的因素来解释最大量的观测事实,从而建立起最简洁最基本的概念系统[①]。在心理测量领

---

① 参见谢小庆、王丽:《因素分析》,中国社会科学出版社,1989。

域,因素分析有着重要的功能,它可以协助测验研究者进行测验效度的验证,建立量表的因素效度。

本研究进入因素分析的变量仍旧是上面的 8 个,即 Al、As、Ar、Aw、Bl、Bs、Br 和 Bw,样本也依然采用样本 2。进行因素分析的主要步骤包括,提取公因素,旋转初始因素负荷矩阵,旋转后产生因素矩阵,给提取的因素命名和解释[1]。在这之前,我们先进行 KMO 和 Bartlett 球形检验来检验采样充足性以及变量间相关系数矩阵是否适合进行因素分析,检验结果如表 2-31。

表 2-31 采样充足度检验和 Bartlett 球形检验

Kaiser-Meyer-Olkin 采样充足度检验		.809
Bartlett 球形检验	卡方	266.837
	自由度	28
	显著性	.000

一般而言,KMO 值至少应该大于 0.5 采样才算充足,.809>0.5,检验合格。Bartlett 球形检验结果显著,说明相关系数可以用于因素分析提取因素。

我们采用最简单最常用的主成分分析法来提取因素。因素个数的决定主要依据特征值的大小,它代表某一因素可解释的总变异量,特征值越大该因素的解释力越强。一般情况下,特征值大于 1 的才可被视为一个因素。因素具体提取情况如下:

---

[1] 参见张厚粲、徐建平:《心理与教育统计学》,北京师范大学出版社,2003。

表 2-32 初始分析结果及特征值碎石图

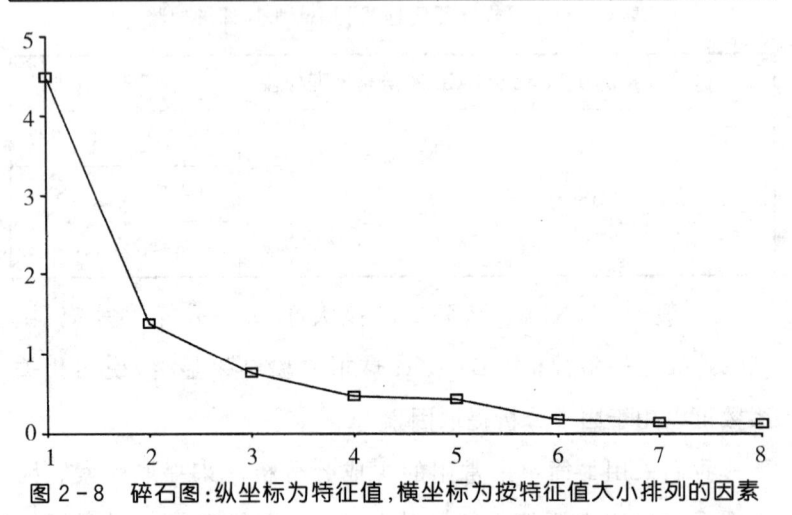

因素	特征值	方差贡献(百分比)	累计方差贡献(百分比)
1	4.606	57.581	57.581
2	1.448	18.106	75.687
3	.656	8.202	83.889
4	.500	6.251	90.140
5	.277	3.460	93.600
6	.209	2.612	96.212
7	.175	2.186	98.398
8	.128	1.602	100.000

图 2-8 碎石图:纵坐标为特征值,横坐标为按特征值大小排列的因素

我们从表 2-32 和碎石图可以看出,只有两个因素的特征值大于 1,并且这两个因素的累计方差贡献率已经达到了 75.687%,也就是说用这两个因素代替 8 个原始变量,可以概括总信息的 75% 以上。因此我们提取的因素是两个,分别记做因素 1 和 2。两因素未经旋转的负荷矩阵如下:

第五节 语言能力自我评价的效度

表 2-33 未旋转的因素负荷矩阵

	因素 1	因素 2
Al	.758	.-496
As	.786	.-416
Ar	.722	.515
Aw	.634	.352
Bl	.790	.-416
Bs	.824	.-258
Br	.840	.519
Bw	.695	.361

由于各变量在因素上的负荷没有明显区别,我们在给因素进行命名时比较困难,这时就需要进行旋转使负荷系数向 0 和 1 两级分化。采用何种方法进行旋转取决于我们对研究问题的认识,在语言测验中各个因素不可能是毫不相干的,因此我们选择斜交旋转(oblimin rotation)。这种方法允许因素之间存在一定的相关性,是较贴近现实的一种做法。旋转后的因素矩阵模式如下:

表 2-34 旋转后的因素负荷矩阵

	因素 1	因素 2
Al	.945	-9.02E-02
As	.887	5.345E-03
Ar	.117	.857
Aw	-9.38E-02	.740
Bl	.889	7.696E-03
Bs	.760	.184
Br	.182	.895
Bw	-5.90E-02	.813

现在我们可以对因素作出解释了。因素 1 在 Al、As、Bl、Bs 上有较高的负荷,而在 Ar、Aw、Br、Bw 上负荷很低且趋向于零。也就是说因素 1 在口语和听力上有高负荷,我们把它叫做

"口头能力"。因素2则刚好相反,它在阅读和写作上有高负荷,我们把它叫做"书面能力"。这样的结果是在我们的预想之中的,虽然我们的理论假设包括听说读写四种技能,但听和说,读和写本身就是密不可分的。因素分析的结果也没有得到方法的因素,说明方法的作用不大。在图2-9中,我们可以更清晰地看出8个变量在两个不同维度(因素1和因素2)上的表现。

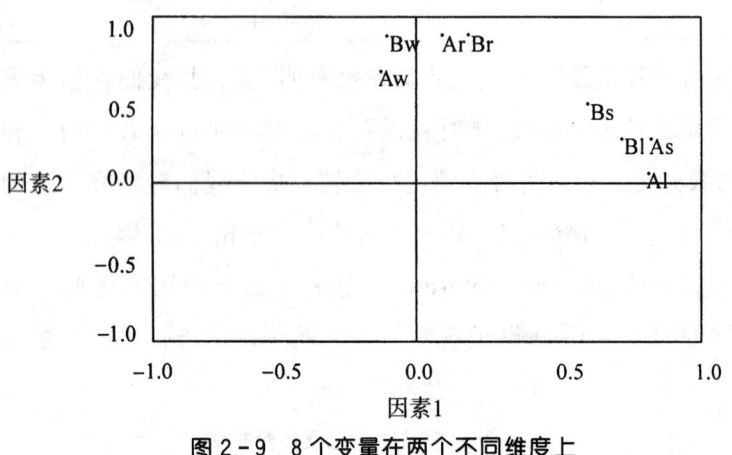

图2-9 8个变量在两个不同维度上

三 讨论

第一,本研究的结果表明,语言能力自我评价可以是一种可靠而且有效的评估工具。研究获得的信度系数是比较理想的,甚至超出了我们的预期。MTMM方法和因素分析法都说明特质不受方法的影响,自我评价的构想效度较好。和HSK的相关研究也得到了中等程度的相关,说明具有一定的共时效度。这就为自我评价的运用提供了支持,比如在分班测试时运用自我评价以减轻教师的负担;在语言习得的研究中运用自我评价获取习得过程中的有用信息。

第二,在因素分析过程中,我们提取了两个相对独立的因素。这一结果暗示语言能力具有两个相对独立的维度,我们暂且把它们叫做"书面能力"和"口头能力"。根据因素分析结果,在听说读写四种技能中,听和说归为"口头能力",读和写归为"书面能力"。可以用图表示为:

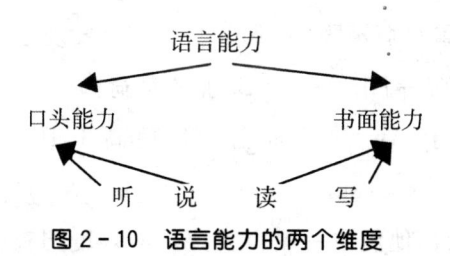

图 2-10 语言能力的两个维度

我们认为,在留学生对自己的语言能力进行评估时,听和说是被当作一个整体来认知的,读和写也是这样。这种认知方式使学生在对自我语言能力做评价时呈现两维的趋势,即口头和书面两个维度。

在对 HSK 构想效度的研究中,张凯对三份初中等试卷进行因素分析得到了三个因素,其中可以明确的两个分别被命名为"阅读理解"和"听力理解"[①]。郭树军通过对初中等试卷的题目内部构想效度的研究把汉语水平重新定义为"听"和"读"两种结构,而语法则被认为渗透在听说读写各个部分中[②]。本研究得到的两个因素"口头能力"和"书面能力"与他们的结论是趋于

---

① 张凯:《汉语水平考试结构效度初探》,《首届汉语考试国际学术讨论会论文选》,1997。

② 郭树军:《汉语水平考试(HSK)项目内部结构效度检验》,《汉语水平考试研究论文集》,现代出版社,1995。

一致的。这同时也解释了在效标关联效度的研究中所发现的现象,即问卷的听说两部分和 HSK 听力的相关较高,问卷的读写两部分和 HSK 阅读以及综合的相关较高,语法和各个部分的相关没有明显差别。

第三,问卷对听和读的评估效度要高于对说和写的评估效度。在 MTMM 方法中,我们发现听和读的构想效度要优于说和写。从因素负荷矩阵(表 2-34)中亦可发现这种现象,因素 1 在 Al 上的负荷高于 As,在 Bl 上的负荷高于 Bs;因素 2 在 Ar 上的负荷高于 Aw,在 Brs 上的负荷高于 Bw。这一结果和 Powers, D., Roever, C., Huff, K. L., & Trapani, C. S. 的研究结果一致,他们在一项自我评价的效度调查中也发现了类似现象。我们认为,这种现象可能是由于学生对听和读的注意力高于说和写造成的。学生在学习语言的过程中,无论是在课堂上还是生活中,参加听和读的练习机会明显多于说和写。这使得他们对自己听和读的能力比较了解,评估起来准确性也会高一些。

第四,两种方法没有本质区别,但 A 方法略好于 B 方法。我们之所以这么说是因为,一方面在 MTMM 方法中,我们确实得到了 A 方法好于 B 方法的结果,但是另一方面这种差距不很明显,方法对特质的干扰作用很小。在因素分析中我们也没有得到方法的因素,更进一步证实了两种方法没有质的区别。这一结论和 Bachman & Palmer 的研究结果不大相同。他们的研究结果表明方法对问卷的影响很大,并且得出了 B 方法好于 A 方法的结论。

第三章

信度的计算问题

第一节 信度估计的 γ 系数[①]

信度(Reliability)是反映测验结果受到随机误差影响程度的指标,是评价测验质量的最基本的指标。高信度是高效度的前提,没有信度,效度也谈不到。根据经典测验理论,信度被解释为真分数方差与实得分数方差的比值,信度也可以被解释为真分数与实得分数之间的相关[②]。由于真分数是一个永远也无法确切知道的理论上的概念,我们不能直接求出信度,只能通过一些方法来间接地估计信度。信度估计的一种努力是对同一组人两次施测同一测验,计算两次测验之间的相关系数,以这个相关系数作为信度的估计值。可以证明,在满足一些较严格条件的情况下,在练习效应可以忽略不计时,这个相关系数是真分数方差与实得分数方差比值的一个估计值。在不能对同一组人两次施测同一测验时,可以根据 Cronbach 公式计算 α 系数,也可以根据 Kuder-Richardson20 公式计算 K-R20 系数。后者是前

[①] 本节摘自谢小庆:《信度估计和 γ 系数》,《心理学报》第 30 卷,1998。

[②] Anastasi, A. 1976, *Psychological Testing*(4th edition). New York: Macmillan. Graham J R, Lilly R S. 1984 *Psychological testing*, New Jersey: Prentice-Hall.:32.

者在 0、1 二分变量情况下的特例。今天,在经典测验理论范围内,α 系数是使用最普遍的信度估计值。

然而,α 系数至少受到三方面因素的影响:第一,受到测验实得分数中误差分数所占比重的影响;第二,受到题目之间同质性的影响;第三,受到考生样本同质性的影响。在国际心理测量学界颇负盛名的 F. M. Lord 认为,"仅用信度系数来描述作为测量工具的测验是没有多大价值的。因为,一个大的信度系数常常可以通过对足够大的异质被试群体施行测验而获得。就单一测验而言,可以得到 0.96 或 0.5 的信度系数,这主要依赖于被施测的被试群体。"[1]Feldt 和 Brennan 也曾指出:"计算(信度)系数的方法经常受到批评,因为这种方法对于系数赖以计算的被试样本的特点太敏感。""批评者认为,许多测验的使用者不能对信度系数的这种敏感性做出正确的估计,以致对分数的可靠性做出错误的理解。"[2]

笔者在对 HSK 一次正式考试的统计分析中发现,根据一个 240 人异质样本计算得到的 α 系数为 0.804,根据一个 100 人同质样本计算的 α 系数则为 -0.614[3]。这一结果显示,有时 α 系数会很大程度上受到考生样本同质性的影响。

侯杰泰就 α 系数与测验题目同质性的关系问题进行了一项数据模拟研究。研究结果表明,"度向数目与 alpha 值并无一一

---

[1] 罗德,M. & 诺维克,R. 1992,《心理测验分数的统计理论》,福建教育出版社。

[2] Feldt L S, Brennan R L. 1989 Reliability, In linn R L ed. *Educational Measurement*. New York: Macmillan publishing Company.

[3] 谢小庆:《关于 HSK 信度的进一步研究》,《汉语水平考试研究论文选》,现代出版社,1995。

对应关系"①。这一结果从一个角度说明了α系数受到多种因素的影响。

根据信度定义,刻画信度的信度系数应该是一个评价测验受到误差因素影响的指标,这一指标应该主要反映测验本身的特点,既不应对测验题目的同质性太敏感,也不应对考生样本的特点太敏感。由于α系数对二者都很敏感,它不是一个很好的信度估计值。

为了得到更好的信度估计值,陈希镇提出了β系数。与α系数相比,β系数对测验题目同质性的敏感性明显降低,更大程度上反映了测验受到随机误差因素影响的程度。或者说,陈希镇通过β系数,从α系数中分离出测验题目同质性的影响,从而得到关于测量误差的更好估计②。

为了从α系数中分离出考生样本同质性的影响从而更好地刻画出测量误差变异在观察分数总变异中的比重,笔者提出一种信度估计的方法,可以称为"γ系数",表示为γ:

$$\gamma = 1 - \frac{\sqrt{K\sum_{i=1}^{K}S_i^2 - S^2 \times 3.92}}{\sqrt{K-1}(X_{max} - X_{min})} \quad (1)$$

其中,S^2 为测验方差

S_i^2 为第 i 题的题目方差

K 为测验中包含题目数量

X_{max} 为测验得分中的最高分

---

① 侯杰泰:《信度与度向性:高 alpha 量表不一定是单向度》,《教育学报》(香港),1995。

② 陈希镇:《如何正确使用信度估计公式》,《心理学报》23(1),1991。

X_{min} 为测验得分中的最低分。

不难导出：

$$\gamma = 1 - \frac{(SE \times 1.96) \times 2}{X_{max} - X_{min}} = 1 - \frac{SE \times 3.92}{X_{max} - X_{min}} \quad (2)$$

其中，SE 为标准误

$$\gamma = 1 - \frac{\sigma\sqrt{1-\alpha} \times 3.92}{X_{max} - X_{min}} \quad (3)$$

其中，σ 为测验标准差

α 为 α 系数。

即

$$\gamma = 1 - \frac{95\%置信区间}{测验分数全距}$$

在公式(2)中给出了 γ 与标准误 SE 的关系。在公式(3)中给出了 γ 与 α 的关系。可以看出，γ 系数在很大程度上受到 SE 的影响。SE 越大，γ 系数就越小；SE 越小，γ 系数就越大。与 α 系数相比，SE 具有很高的稳定性，SE 并不随着考生样本同质性的变化而出现太大的变化。因此，Anastasi 说："对于大多数测验目的而言，SE 比信度系数更有用。"[1]而 Feldt 和 Brennan 认为："(与信度系数相比)SE 在不同样本组之间表现出更大的稳定性。"[2]

但是，标准误不像 α 系数那样具有不同测验之间的可比性。α 系数反映了测验分数方差的不同成分之间的比例关系，具有不同测验之间的可比性。标准误受到分数单位的影

---

[1] 谢小庆：《心理测量学讲义》，华中师范大学出版社，1988。
[2] 叶佩华等：《教育统计学》，人民教育出版社，1982。

第一节 信度估计的 γ 系数

响,具有不同分数单位的测验之间无法比较,例如,5 分制考试的标准误与百分制考试的标准误是无法比较的。正是为了克服标准误的这一不足之处,笔者提出了 γ 系数。γ 系数既具有比 α 系数更好的稳定性,又具有不同分数体系之间的可比性。

从计算公式可以看出,γ 系数是 95% 置信区间与测验分数全距的比值。对 95% 置信区间的解释是:如果某一考生得到了分数 X,我们有 95% 的把握认为他的真分数会落在这一区间之内。例如,如果分数 80 的 95% 置信区间是 75—85 分,那么我们就有 95% 的把握认为得到 80 分的考生的真分数在 75—85 的区间之内。测验的信度越高,对应于每一测验分数的置信区间越小。根据计算公式,95% 置信区间在测验总分中所占比值越小,γ 系数越高;95% 置信区间在测验总分中所占比值越大,γ 系数越低。γ 系数既不像 α 系数那样容易受到考生样本同质性的影响,也不像标准误那样受到分数取值单位的影响。在对测验信度进行评价时,γ 系数一般应该达到 0.70 以上。或者说,测验分数的 95% 置信区间一般应该小于测验分数全距的 30%。

既然涉及 95% 置信区间,必须考虑正态分布假设能否得到满足。SE 是样本平均数的标准差。可以证明,在样本不是很小的情况下,样本平均数的分布独立于测验分数分布而恒为正态分布。因此,γ 系数适用于具有各种分布形态的测验分数,包括偏态、双峰等分布。

在表 3-1 中给出了 HSK 正式考试中一个极端例子的计算结果。

表 3-1 一个计算实例

	异质样本	同质样本
样本量	240	100
α 系数	0.804	-0.614
SE	2.412	2.537
γ 系数	0.680	0.668

从表 3-1 可以看出,与 α 系数相比,γ 系数更少受到考生样本同质性的影响,更多地反映了测验本身的特点而不是考生样本的特点。

由于测验质量评价问题本身的复杂性,对测验质量的评价需要通过多种渠道,采用多种方法,互相参照。α 系数受到考生样本的同质性的影响有其合理的一面:任何测验都只能适用于特定的测验对象,普遍适用的测验是不存在的。尽管 γ 系数具有较好的稳定性,但是,在将其用于测验信度估计时,最好与 α 系数以及其他指标一起报告。

第二节 主观评分信度 Longford 方法的实验[1]

一 引言

一直以来,人们将主观评分的信度理解为评分员所评分数的一致性程度。这种理解是否和经典测试理论的信度理论一

---

[1] 本节摘自陈菊咏:《主观评分信度 LONGFORD 方法的实验研究》,载孙德金主编《语言测验专业硕士论文精选》,北京语言大学出版社,2005。

致? 主观评分可以和客观评分共用一个信度理论还是主观评分必须建立自己的信度理论? 我们先简单地看一下主观评分的发展。

其实早在 19 世纪末,Edgeworth 就首次采用统计方法分析传统写作测试评分员的主观评分,结果他发现在评分员所评的分数之间,存在着很大的差异。Spolsky(1995)在他的书中详细介绍了 Edgeworth 的研究成果①。自此,主观评分的信度成了从事语言测试研究和实践的人们的难题。智力测验使人们找到了可以解决测试信度问题的办法:客观测试。可是这种做法回避了主观评分的问题,而没有彻底解决这个问题。客观测试在效度方面存在的问题又使人们将眼光转到了主观测试上。由此可见主观评分的信度在测试历史上占有很重要的地位,它是语言测试发展的推动剂。这一点我们在任何一本有关语言测试历史的书中都可以体会到②。

解决主观评分问题的第一个措施是采用多人评分。"Thorndike 认为就传统测试的内容而言,可改变的不多,但可以通过增加评分员的数量来改善公平性。"③这种做法的意义何在? 显然它并没有完全解决主观评分的信度问题,它使得评分员评分的一致性成为评价主观评分信度的一个重要指标。因此提高主观评分信度的方法只有一个,提高评分员评分的一致性。

在语言测试领域对于评分员信度一直有两种不同的态度。

---

① Spolsky, B. 1995, *Measured words*, Oxford: Oxford University Press.
② Barnwell, D. P. 1996 *A history of foreign language testing in the United States: from its beginning to the present*, Arizona: Bilingual Press.
③ Spolsky, B. 1995, *Measured words*, Oxford: Oxford University Press.

在 Spolsky 的书中,我们也可以清楚地感受到这两种不同的态度。一种是主张采用各种办法提高评分员评分的一致性,以取得较高的评分员信度。"尽管存在着这样的冲突和不确定性,只要评分员有足够的培训,在他们处理问题时给予额外的指导,仍能评出一致的分数。要想获得可靠的测量,评分需要这样的限制程序(constraining procedures)"。一种是主张审慎地对待评分员间的差异,进一步研究这些差异,而不是一味地消除评分员的差异。"一般而言,试图让评分员互相之间更一致的所有做法都是危险的。它们很可能倾向于传统的评分系统,使富有创见、感觉敏锐或与众不同的被试处于不利地位。应该使每一位评分员用他所有的最好的评判,和真相更接近。"Henry 认为,不同评分员所评分数之间较低的相关,不是在提醒人们要对作文评分引起警惕,而是在提醒人们应将之纳入研究的课题(a subject of study)[①]。

将主观评分的信度理解为评分员评分的一致性,用提高评分员评分以知性的方法来提高主观评分的信度,这种理解和做法有一些不可解决的内在的矛盾。比如依据现有的理解,同一个被试使用的评分员越多,那么最后的分数更接近于被试的真分数。但是出于经济的考虑,一般只使用两到三个评分员。如果一个主观测试宣称其具有很高的评分员信度,也就是说具有很高的评分员一致性,那么采用一个评分员的评分不是更符合经济的要求吗?不就没有必要使用多个评分员了吗?

[①] Henry, K. 1996, Early L2 writing development: A study of autobiographical essays by university-level students of Russian, *The Modern Language Journal*, 80: 309—326.

采用多人评分在计算最后的分数时通常的做法是取平均数。那么这个平均数是否可以理解为可以接近真分数的期望值呢？我们的样本太少了，只有两三个分数，那么这两三个分数来自于同一个评分员给同一个被试无数次评分的分布，还是来自于无数个评分员给同一个被试一次评分的分布，还是来自于无数个评分员给同一个被试无数次评分的分布？这三个分布是同一个分布吗？

所以本文试图用实验考察人们对评分员信度的理解是否和目前的信度理论包括客观测试的信度理论一致。

假设有一批作文，请一组评分员来评分，每一篇作文都由两个评分员独立地给出分数，也就是说，每一次评分，每个被试都获得两个由不同的评分员独立地给出的分数。评分进行了两次，获得了两组数据，第一次评分，评分员间一致性较低（简称RL，rating of higher inter-rater reliability）；第二次评分，由于采取了一些措施，评分员间一致性较高（简称 RH，rating of higher inter-rater reliability）。那么，这两次评分之间存在着什么样的差异呢？仅仅是信度高低的不同吗？

我们所依据的信度理论来自 Bachman 和罗德、诺维克对信度的表述。

Bachman(1990)在讨论信度时，对经典测验理论的信度理论做了较全面的介绍。

经典测验理论的信度理论有两个概念：真分数和误差分数。这是其信度理论的逻辑基础。使信度理论具有操作性的是另一个概念：平行测验概念。经典测验理论中平行测验的定义是，假设每一组被试参加了两个测验，这两个测验测的是同一个能力，如果这两次,那么,这两次测验就是平行测验。平行测验使得测试的信度可以操作性地定义为在两个平行测验上的观测分数的相关。"正是这个定义为经典测验理论信度的估计提供了基础。"[1]

罗德和诺维克对信度进行了数字定义。

如果一批被试参加了几个测量同一能力的测试,那么这几个测试就可以视为是对同一测度的连续测量,关于对同一测度的连续测量,罗德、诺维克定义了测量观测值之间的几种等价关系。请注意,是对同一能力或者说同一测度的几次测量观测值之间的等价关系,等价关系的条件是对同一测度的几次测量结果[2]。

重复测量

"在测验理论中,(重复测量)这个术语是指那些具有同真分数、独立、同一分布的测量误差的测量。因此,重复的概念表示观测值之间的一个等价关系。"[3]

罗德、诺维克给重复测量的定义是:

"在(一个总体)P 中,如果对所有(被试)$a \in P$, $\tau_{ga} = \tau_{g'a}$,以及 $F(E_{ga}) \equiv F(E_{g'a})$,则称测量 X_g 和 $X_{g'}$ 是等价的。"(罗德、诺维克:《心理测验分数的统计理论》,43 页)

τ_{ga} 表示在测验 g 中考生 a 的真分数(期望分数),$F(x)$ 表示累积概率密度函数。$E_{ga} = X_{ga} - \tau_{ga}$,表示对某特定测验(题目)g

---

[1] Bachman, L. F. 1990, *Fundamental considerations in language testing*, Oxford: Oxford University Press.

[2][3] 罗德,M. & 诺维克,R. 1968,《心理测验分数的统计理论》,叶佩华等译,福建教育出版社,1991。

和特定考生 a 的误差分数随机变量。X 表示对特定测验和特定的考生的观测分数随机变量。

"在所考虑的模型范围内,这些重复观测值都是有效的等价。"(同上:43页)

平行测量

"(在经典测验理论中)没有必要去假定重复测量既要有相同的真分数又要有同分布的误差。我们只需要假定它们有相同的真分数和等方差的线性试验独立的误差。在经典理论的结构里,我们把这些测量归为平行测量(parallel measurement),把那些取得平行测量的测验形式归为平行测验(parallel tests)。"[①]

罗德、诺维克给平行测量下的定义是:

"如果对每个被试 $a \in p$,$\tau_{ga} = \tau_{g'a}$,以及 $\delta^2(E_{ga}) = \delta^2(E_{g'a})$,则独特测量 X_{ga} 和 $X_{g'a}$ 称为平行测量。"(同上:44页)

罗德、诺维克还给出了平行测量的几个定理。

定理一:"平行测量的期望值是相等的;……而且平行测量的观测分数方差是相等的。"(同上:45页)

定理二:"所有平行测量的两两之间的相关是相等的;……而且所有平行测量和其他任何测量的相关是相等的。"(同上:45页)

"平行测量在相同量表下精确地测度同样的东西;在某种意义上,对所有人来说,测定是同样的好的。"(同上:44页)

[①] 罗德,M. & 诺维克,R. 1968,《心理测验分数的统计理论》,叶佩华等译,福建教育出版社,1991。

τ 等价测量

"提到 τ-等价的测量,我们将意指那些有相同真分数,但是(可能)有不同的误差方差的(重复测量)。许多标准测验理论结果仅在重复测量是 τ-等价的假定下得到的。"[1]

罗德、诺维克给 τ-等价测量的定义是:

"如果对所有被试 a,$\tau_{ga} = \tau_{ha}$,则独特测量 X_{ga} 和 X_{ha} 是 τ-等价的。g 和 h 表示特定测验,X 表示对特定测验如 g、h 和特定的考生的观测分数随机变量。"(同上:46 页)

罗德、诺维克还给出了一个等价的定义:

"如果在(总体)P 中的每个非空子集满足 $E(X_{g^*}) = E(X_{g^*})$,则独特测量 X_{g^*} 和 X_{g^*} 是 τ-等价的。"(同上:47 页)

E(X)指随机变量 X 的平均数。

有关 τ-等价的测量的定理是:

"对(总体)P 中的每一个子总体,当且仅当 $E(X_{g^*}) = E(X_{h^*})$ 期望值成立时,独特测量 X_{ga} 和 X_{ha} 是 τ-等价的。"(同上:46—47 页)

关于 τ-等价测量,以下公式也成立(同上:253 页)

$$\sigma^2(y_{a^*}) = \sigma_T^2 + \sigma^2(e_{g^*}),$$

$$\sigma(y_{g^*}, y_{h^*}) = \sigma_T^2,$$

a 表示考生,g、h 表示测验,e 表示误差分数随机变量的观测值,y 表示考生在某特定测验上的随机变量的观测分数,T 表示真分数随机变量。$\sigma(y_{g^*}, y_{h^*})$ 表示两个随机变量的协方差,

---

[1] 罗德,M. & 诺维克,R. 1968:《心理测验分数的统计理论》,叶佩华等译,福建教育出版社,1991。

第二节 主观评分信度 Longford 方法的实验

$\sigma^2(y_{a^*})$ 表示随机变量的方差。

如果测验 g,h,i,……是 τ-等价的,有:

$\sigma(y_{g^*}, y_{h^*}) = \sigma(y_{g^*}, y_{i^*}) = \sigma(y_{h^*}, y_{i^*}) = \cdots$。

对于任意给出的一组数据,τ-等价的假定可以通过计算测验 g,h,i,……"协方差的无偏估计而被部分地证实。"(同上:253 页)

本质 τ-等价测量

本质 τ-等价测量的定义是:

"如果测量 X_{g^*} 和 X_{h^*} 是独特的,并且对所有 a,$\tau_{ga} = a_{gh} + \tau_{ha}$,这里 a_{gh} 是个常数,则称测量 X_{g^*} 和 X_{h^*} 是本质 τ-等价的(essentially τ-equivalent)。"

以上几种等价关系的区别是,"τ-等价和本质 τ-等价的关系是等价关系(在这个词组的专门意义中),它比平行关系要稍弱一些。τ-等价关系的意思是,虽然测量对所有人有同样的真分数,但是两个测验所测得的这些真分数不一定对每个人都是同样恰当的,而且,本质 τ-等价引进这样一种可能性,即两个测量上的真分数可能相差一个加性常数。"(同上:47 页)

根据 Bachman 的表述和罗德、诺维克的定义,我们可以得出以下的结论。

要使评分员一致性有意义,可以作为信度的指标,必须符合一些条件:多次评分具有相同的期望值,并且误差方差相等,这个条件可以放宽,也就是说也可以不等。这时候谈论评分员的一致性才有意义。

从以上的表述我们可以推出,只有两次测验的真分数相等,误差方差相等,我们才可以说,这两次测验是平行测验,也就是说,这两次测验测到了同一个东西。在此基础上谈论观测分数的相关才有意义。否则就会出现我们讨论两个事物之间存在什么样的关系而实际上这两个事物之间没有任何关系。

相关法可以提供的关于这两种评分之间差异的信息是很少的。本文将采用 Longford 方法试图找出两者之间更多的信息。

二 Longford 方法简介

Longford 首先假设了一个理论模型[①]。

假设有 I 个被试,每个被试就同一个题目写了一篇作文,J 个评分员分为 K 组,每个评分员独立评分,每篇作文被每一组评一次。设 y_{ij} 是评分员 $j=1,2,\cdots,J$ 给作文 $i=1,2,\cdots,I$ 评的分数,由于不能做到每一个评分员给每一篇作文都评一个分, y_{ij} 仅有部分实现。用 $j_{ik}(k=1,\cdots,k)$ 定义在 k 组中给作文 I 评分的评分员。将评分员——被试再和组别联系在一起, y_i, j_{ik} 是属于 k 组的 j 评分员给被试 i 的作文的评分。

对观测分数而言,假设一个加法模型:

$$y_i, j_{ik} = \alpha_i + \beta j_{ik} + \varepsilon_i, j_{ik} \quad (1)$$

被试 i 所写的作文有一个未知的真分数 α_i,假设实际参加评分的 K 组 J 个评分员是来自同一个评分员总体的抽样,**被试的真分数定义为该评分员总体的所有评分员所评分数的平均**

[①] Longford, T. 1995, *Models for Uncertainty in Educational Testing*, New York: Springer-Verlag New York, Inc.

第二节 主观评分信度 Longford 方法的实验

数。评分员 j 的严厉度 β_j 定义为评分员 j 给所有被试所评分数的平均数（I 个分数中只有部分实现）和实际参加评分的所有评分员给所有被试分数的平均数（IJ 个分数,只有 IK 个实现）的差异。但是假设实际参加考试的被试来自同一个被试总体,同样地,假设实际参加评分的评分员来自同一个无限的评分员总体,评分员 j 的严厉度 β_j 就重新定义为该评分员的平均数（遍及被试总体的平均数）和所有评分员的平均数（遍及被试总体和评分员总体的平均数）的差异（正的严厉度表明该评分员评分时较一般评分员宽容,负的则相反）。残项（residual terms）$\varepsilon_{i,jik}$ 是不一致项（inconsistency item）,是一个"垃圾箱",装着评分员的偏好（对作文优点的看法的不一致）,时间变异（temporal variation）,以及其他除真分数、评分员系统变异之外的临时变异。

假定真分数 α_i 是一个来自平均数 μ 未知,方差 σ_α^2 未知的分布的随机样本（一系列独立的具有相同分布的随机变量）。同样地,假定评分员严厉度 β_j 是一个来自平均数为 0,方差为 σ_β^2 的分布中的一个随机样本。不一致项（inconsistency terms）$\varepsilon_{i,jik}$,有时指评分员——被试间的交互作用,也假定是一个来自平均数为 0,方差为 σ_ε^2 的分布的随机样本。这三个随机样本是完全独立的,而且该模型没有指明分布的形态或类型,因为当分数量表只包括少数几个整数（如 1 到 5）时,这些分布可能相当不寻常,很难去描述。

σ_α^2,σ_β^2 和 σ_ε^2 可以用矩法（动差方法,the method of moments）来估计。这种方法,不需要任何分布假设。其基本思想是定义三个平方和统计量：被试内平方和（the within-examinee sum of squares）S_E,评分员内平方和（the within-rater sun of squares)S_R,总平方和(the total sum of squares)S_T,计算它们的期望值,然后解平方和统计量与期望值的方程,估计方差 δ_α^2、δ_β^2、δ_ε^2。

以上这些方差估计量的抽样方差或标准误可以通过近似的方法获得。真分数的自由度是 $I-J$,不一致项ε_{ij}的自由度是 $N-I$($N=IK$),这些数目通常比较大,因而方差参数 δ_α^2 和 δ_ε^2 的抽样方差是很小的,所以估计它们意义不大。

Longford 采用了一种简易但实用的方法来得到估参量的标准误的近似估计。假定在正态分布的情况下,方差 δ_β^2 的抽样方差是 $2\delta_\beta^2/J$,J 是自由度,因此标准误大约是 $\delta_\beta^2\sqrt{2/J}$。当大多数评分员有很大的工作量 n_j,因而 β_j 可以有效地知道的时候,这个标准误是一个很合理的近似;否则,用这种方法估计出来的标准误就是一个近似的下限(an approximate lower bound),如果标准误达到了这个下限,就不支持假设 $\delta_\beta^2=0$。估计标准误还可以采取模拟的方法。在计算出方差的估计量之后,可以用计算机产生的分数取代被试的原始分数来进行模拟。再把模拟的数据用来计算方差的估计量(the estimates of variances),也即计算模拟数据的 δ_α^2、δ_β^2、δ_ε^2。进行多次模拟(如 100 次),每次都产生一系列方差的估计量,假设它们和相应的估参量来自同一抽样分布,就可以直接计算它们的标准误。本文只采用了近似的方法计算标准误。

该模型有一些必须满足的条件和假设,也存在着一些缺陷:任务在评分员中随机分配;假设一个被试和评分员的总体,而实际的被试和评分员是分别来自各自总体的抽样;假设评分者的严厉度可能取决于真分数,也就是评分员倾向于给具有较高真分数的作文较低的分数,而给具有较低真分数的作文较高的分数,有效分数量表较窄。

在该模型的框架内,Longford 还提出了计算评分员一致性的办法,分数调整的方法和查找异常评分员的方法。

三 实验研究

(一) 实验目的

一致性较高的评分(RH)和一致性较低的评分(RL)之间存在哪些差异。

(二) 实验方法

我们用 HSK(高等)作文部分的答卷作为材料。我们按照 Longford 方法的模型要求,对作文答卷进行评分。

本研究选取的是 2002 年 11 月韩国 HSK(高等)的作文答卷,共 836 份。我们从这 836 份作文答卷中随机抽取 400 份,分为 20 组,每组 20 份。评分任务是随机分配的,每个评分员每次只能领一组作文评分,评完一组后交回,再领一组,直至全部作文评完为止。评分没有速度和时间的限制。

所请的评分员全部是本校的研究生,共 12 名。评分采用五级评分量表,没有半分。

第一次评分不采用任何评分标准,评分员完全根据自己的经验和理解来给出分数。每一篇作文由两个不同的评分员独立评分。由于时间原因,所有评分并非在同一时间进行和完成,而是视评分员个人情况分几个时间完成;评分员的评分速度和评分时间都不同,因而每个评分员所评作文的数量(工作量)也不同。为了使两次评分的评分员一致性存在一定的差异,所以在

400份作文的数据中,有60份作文的数据没有使用,使评分员一致性由0.479(斯皮尔曼等级相关)降至0.423。最后,获得了340份作文的数据,每一篇作文有两个分数。

第一次评分获得的评分员间一致性为0.42(斯皮尔曼等级相关系数),这一评分我们视为RL。为了取得RH,我们又组织了一次评分。

这次评分所用的材料(340份作文)和评分员(12位)与第一次完全相同。这一次,每一篇作文依然由两个不同的评分员独立地给出分数。无论是这次评分,还是上次评分,每一个评分员都不会评到同一篇作文。在评分之前,我们对评分过程施加了影响,用标杆卷(HSK1992年、1993年作文标杆卷和此次作文标杆卷)和评分标准对评分员进行了半个小时到一个小时的培训。我们先采用了HSK(高等)作文部分的评分标准,然后针对此次评分,又制订了一个较详细的评分标准。如果评分员的一致性过低,如在0.5(斯皮尔曼等级相关系数)以下,我们会要求评分员重评或请第三个评分员来重评,目的在于提高整个评分的一致性。

(三) 数据分析

实验之前,我们预期获得评分员间一致性分别为0.30左右和0.80左右(斯皮尔曼等级相关系数)的两次评分,以使这两种评分有足够的差异。第二次评分的斯皮尔曼等级相关为0.62。由于没有找到等级相关系数差异显著性的检验办法,只好采用了近似的独立样本积差相关系数差异显著性的检验方法。结果见表3-2。

第二节 主观评分信度 Longford 方法的实验

表 3-2 评分员间一致性差异显著性检验

	斯皮尔曼等级相关	费歇尔 Z 转换	Z 值
第一次评分	0.423	0.451	Z = 3.56
第二次评分	0.620	0.725	($P<0.01$,单尾)

注:计算软件是 SPSS 8.0。

表 3-2 中可以看出,在统计学意义上,这两次评分的评分员间一致性存在着显著差异,符合研究的要求。

图 3-1 给出了两次评分第一评分人和第二评分人的分数

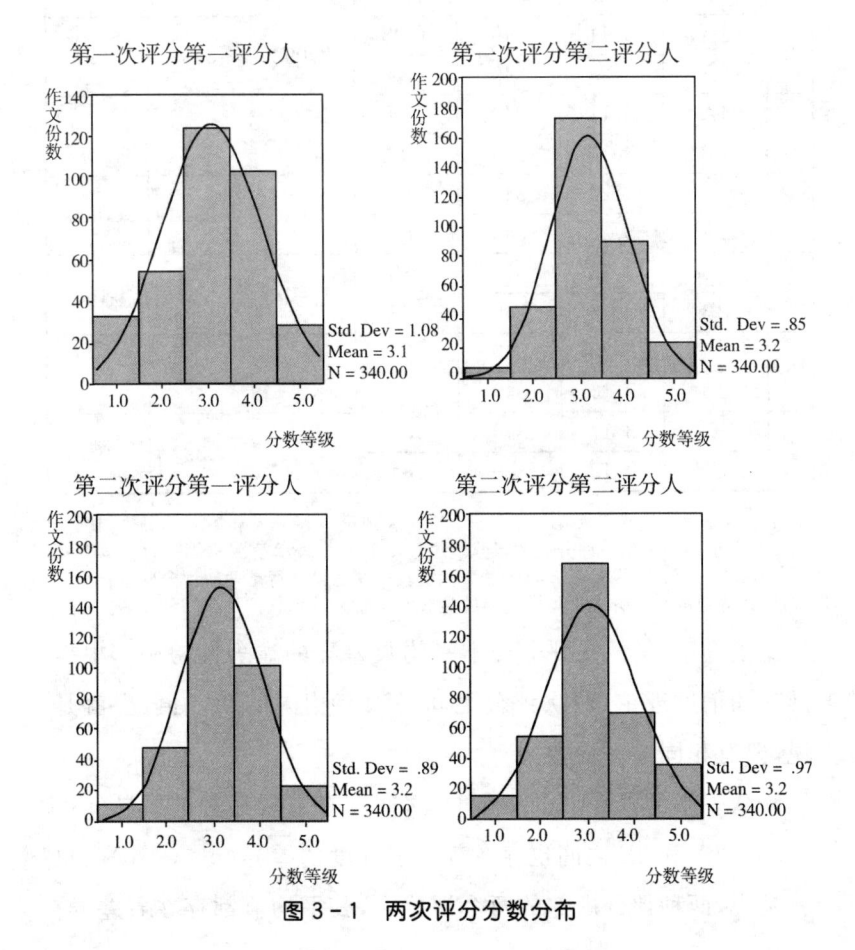

第一次评分第一评分人　　第一次评分第二评分人

Std. Dev = 1.08　　Std. Dev = .85
Mean = 3.1　　Mean = 3.2
N = 340.00　　N = 340.00

第二次评分第一评分人　　第二次评分第二评分人

Std. Dev = .89　　Std. Dev = .97
Mean = 3.2　　Mean = 3.2
N = 340.00　　N = 340.00

图 3-1　两次评分分数分布

的分布。从图中可以看出,这两次评分分数的分布变化不大,第二次评分得低分的作文少些,培训对评分员的评分产生了一些影响。

表3-3 两次评分配对样本平均数差异显著性检验表

序号	名称	平均数	样本数	标准差	t值	自由度	显著水平（双尾）
1	1A	3.11	340	1.08	2.029	339	.043
	1B	3.23	340	.85			
2	1A	3.11	340	1.08	2.092	339	.037
	2A	3.23	340	.89			
3	1A	3.11	340	1.08	.717	339	.474
	2B	3.16	340	.97			
4	1B	3.23	340	.85	.000	339	1.000
	2A	3.23	340	.89			
5	1B	3.23	340	.85	1.402	339	.162
	2B	3.16	340	.97			
6	2A	3.23	340	.89	1.653	339	.099
	2B	3.16	340	.97			
7	1	3.17	340	.82	.550	339	.582
	2	3.19	340	.84			

注:1、2区别第一次评分和第二次评分;A、B区别第一评分人和第二评分人;比如,1A表示第一次第一评分人的评分。序号1那一行表示第一次第一评分人和第一次第二评分人平均数差异的显著性检验。序号第7行是两次评分两个评分人所评分数的平均分的平均数差异的显著性检验。计算软件的SPSS 8.0。

表3-3是两次评分样本平均数差异的显著性检验。根据现有的信度理论,两次评分之间必须有相同的期望值,也就是说,要有相同的平均数。

从表中可以看出,1A和1B之间存在着较显著的差异($p<0.05$),2A和2B之间也存在着一定程度的差异($p<0.10$)。也就是说,两种评分内部的两个评分人,其平均值都存在着差异。

第二节 主观评分信度 Longford 方法的实验

这不符合现有的信度理论的定义。两种评分之间又是另外一种情形。除了 1A 和 2A 的平均数存在着较显著的差异($p<0.05$)之外,1A 和 2B、1B 和 2A、1B 和 2B,两种评分的平均数都没有显著的差异。两种评分之间却有相同的期望值。每一种评分之内存在着差异,每一种评分之间却没有差异,如何来给这种情形下结论呢？

表 3-4 两次评分的方差估计结果

评分	$\hat{\sigma}_a^2$	$\hat{\sigma}_b^2$	$\hat{\sigma}_e^2$	方差总和
第一次	0.41	0.06	0.49	0.96
第二次	0.57	0.11	0.20	0.88
两次	0.44	0.07	0.40	0.87

注:"两次"一行,表示将两次评分的结果合在一起,视为同一批作文有四个评分人,估计方差。

我们对所得结果进行了 4 个方差差异的显著性检验。第一次和第二次的真分数方差差异显著($F=1.3902$, $df_1=328$, $df_2=328$, $P<0.01$);第一次和第二次评分员严厉度方差无显著差异($F=1.8333$, $df_1=12$, $df_2=12$, $P>0.05$);第一次和第二次的误差方差有显著差异($F=2.4500$, $df_1=340$, $df_2=340$, $p<0.01$);第一次和第二次方差总和无显著差异($F=1.0909$, $df_1=679$, $df_2=679$, $p>0.05$)。将两次评分结合起来计算出来的方差和第一次评分的结果比较接近。

从方差差异显著性检验的结果来看,这两种评分,方差总和没有变化,产生变化的是真分数方差和误差方差。就误差的方差来看,RH 的误差比 RL 的误差小;真分数方差占总的方差的比例,RH 高于 RL。

如果我们取两种评分的总的平均数(3.17 和 3.19),这两个平均数没有显著的差异,因而可以说两种评分方法具有相同的期望值。由 Longford 方法计算出来的方差总和没有差异,误差方差存在差异。这些符合现有的信度理论,支持可以把评分员的一致性理解为主观评分的信度。

虽然我们没有两种评分,但是还是可以从表 3-4 中看出一种趋势,真分数的方差随着评分员一致性的提高而增加,误差方差随着评分员一致性的提高而降低,但是评分员严厉度的方差并没有随着评分员一致性的提高而降低。换句话说,提高评分员的一致性并不能减少评分员对结果的影响,而且可能增加评分员对结果的影响。提高评分员一致性的做法并不是像我们所认为的那样,可以将评分员的影响降到最低,评分员是主观评分无法避免的因素。

到这里,主观评分遇到了和客观评分同样的问题:如果将评分员一致性理解为主观评分的信度,那么信度高的评分,就是效度高的评分吗?

(四)结论

两种评分有相同的期望值,不同的误差方差,可以将主观评分的信度理解为评分员的一致性。这符合目前的经典测试理论的信度理论。

RH 并不能降低评分员对结果的影响,因此主观评分也存在着信度和效度之间如何取舍的问题。信度高的主观评分其效度也高吗?和客观评分一样,这个问题同样很难回答。

四 存在的问题

本文用量化方法对主观测试的信度进行了一些探讨。但有很多问题本文没有能力解决和触及。Longford方法和方差分析、概化理论有何微妙的联系和区别？如果用概化理论和项目反应理论来分析，结果又会如何？将评估主观评分质量的各种统计方法结合在一起进行比较研究，是否能获得关于主观评分信度的更多信息？在评分员一致性和各种方差之间存在着什么样的变化关系？这些问题都需要进一步的研究，我们还将对这些问题做更深入的探索。

第四章

效度问题

第一节 效度理论的变迁[①]

现代语言测试从兴起至今,至少有一百多年的历史了:1894年美国人 J. M. Rice 就曾做过有关单词拼写的测验;1913—1935年间新型客观化语言测试出现;20世纪30、40年代语言测试越来越趋向专业化;1954—1965年间语言测试日趋成熟。90年代以来,语言测验加快了向交际性方面发展的脚步[②]。综观语言测试发展的历史可以发现,语言测试走向客观化、科学化是其必然趋势。这就对测验的信度、效度的概念和操作提出了更加科学化、精确化的要求。

很长时间以来,效度研究一直是心理测量学及语言测试学界的一个核心问题。效度在其长期的发展过程中,自身也经历了十分复杂的演变历程,效度研究发展至今,其中的问题仍然很多。如效度概念的含义、效度的分类、各类型的特点、作用、相互关系等问题上,都存在着争论甚至混乱,尤其是对构想效度(即结构效度 construct validity)的研究,更是众说纷纭。另一方

[①] 本节摘自常晓宇:《效度理论的变迁》,孙德金主编《语言测试专业硕士论文精选》,北京语言大学出版社,2005。

[②] Alderson, J. C. & North, B. 1991, *Language Testing* in 1990s: The Communicative Legacy, Macmillan Publishers Limited.

面,人们似乎更专注于对效度的一时一事的静态研究,着眼于效度发展历史及其相关科学背景的研究并不是很多,特别是国内,对这一领域的研究则更为匮乏。出于这一原因,本文尝试对效度的发展历史做一个尽可能详尽的描述,对其中存在的问题与混乱进行一番理论思索,并适当分析影响其发展的有关因素,以期为效度研究提供一个较为全面的参考。

一 效度概说

(一) 效度是什么

关于这个问题,各家的表述由于角度和侧重点不同而不尽相同,但本质上差别不大。

"由测验分数或其他评价方式做出某种推断,效度就是对这种推断的恰当性和充分性能在多大程度上得到经验证据及理论基础的支持所做的综合评价。概括地说,效度是对分数解释及使用的证据和潜在影响的归纳总结。"[1]Messick 的这一定义涉及效度与理论层面的关系,实际上可以看作是效度发展到较为完善阶段的概念,即构想效度的定义。

Henning 也指出:"效度一般指某个测验或其任何组成部分对它所声称要测量的那个东西的测度的恰当性。"[2]

美国心理学学会则将效度概念阐述为:"由测验分数做出的推断的恰当程度、有意义程度和有用程度。"这个定义说明效度是与根据测验分数做出的推断紧密联系在一起的,它最终要落

---

[1] Messick, S. 1989, Validity. R. L. Linn(ed.). *Educational Measurement*. New York: Macmillan Publishing Company.

[2] Henning, G. 1987, *A Guide to Language Testing*, Newbury House Publisher.

实到对分数的解释上。

(二) 效度的地位

1. 效度的重要性

"一个可以被人们信任的测验必须具备两个基本特点:一是可靠的,二是有效的。"①

"'实用性'甚至可以说是心理测验的最重要的特点之一。"②如果一个测验缺乏足够的效度,那么它的实用性必然大打折扣,测验也就毫无价值可言。

可以说,信度和效度是测验的两大质量标准,是测验研究中最为重要的问题,而效度更是重中之重,已被公认为语言测验的核心问题。按照 Deterich 和 Freeman 的观点,如果脱离了效度问题,包括信度在内的一切有关标准或质量的讨论都会显得毫无意义③。Bachman 也指出:"在语言测验的开发、解释及应用中,需要考虑的最重要的问题就是效度。这是一个一元化概念,它关系到我们是否能以正确、恰当的方式去解释和使用测验分数。"④

2. 不同意见

也许是因为效度这一概念比较抽象,对它的理解和使用很容易产生混乱,并且需要繁复的检验和证明,有人认为它伴随着太多的问题,因而建议心理测量学家放弃这一概念,而用"有意

---

① 戴忠恒:《心理与教育测量》,华东师范大学出版社,1987。
② Rogers, T.B. 1995, The *Psychological Testing Enterprise*: *An Introduction*, Brooks/Cole Publishing Company.
③ Dieterich, T.G. & Freeman, C. 1979, *A Guide to English Proficiency Testing in School*, Center for Applied Linguistics.
④ Bachman, L.F. 1990, *Fundamental Consideration in Language Testing*. New York: Oxford University Press.

义性、重要性和方便性"来代替它。

这种观点未免失之偏颇,效度固然是一个在理解和操作上都极其复杂的概念,但它比之"有意义性、重要性和方便性"具有更高的概括性和专指性,因而多年以来为人们所广泛采用。

二 效度概念的产生:19 世纪末—20 世纪 20 年代

(一)产生期的演化图表

```
1890 年      测验—标准法
            (Test-criterion method)
                  ↓
1900 年        可信度           ⎫
            (Trustworthiness)   ⎬ 产生期
                  ↓             ⎪
1910 年        价值度            ⎪
              (Value)           ⎭
              ↙      ↘
1915 年   预后价值度      诊断价值度
        (Prognostic value)  (Diagnostic value)
              ↘      ↙
1921 年      效标关联效度
          (Criterion-related validity)
              ↙      ↘
1925 年    预测效度        共时效度
        (Predictive validity) (Concurrent validity)
```

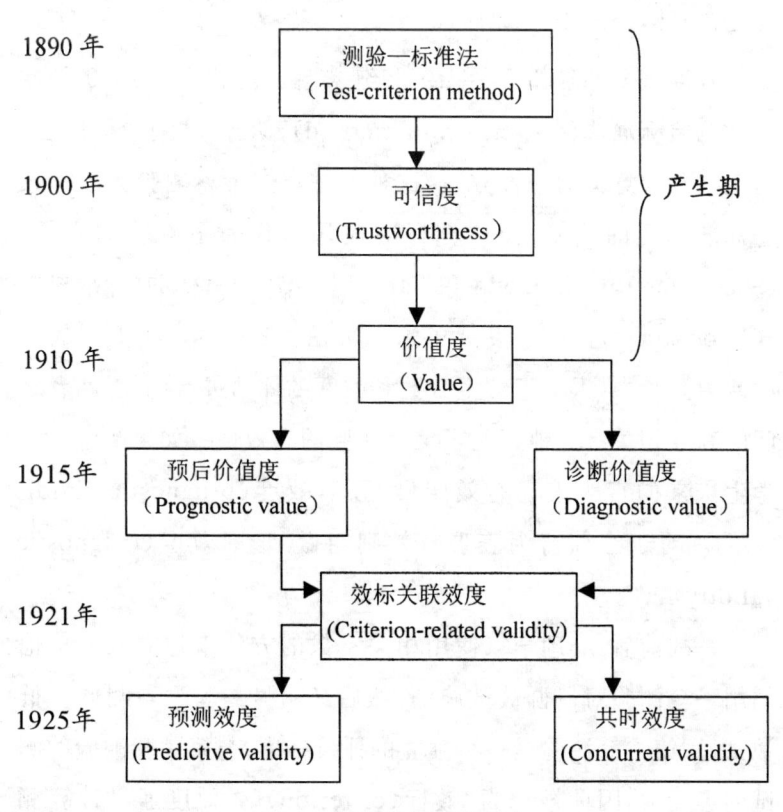

图 4-1 效度概念的演化

注:以上年份为近似年份。

由上图可以看出,效度概念产生初期的"测验—标准法"可以看作是效标关联效度的雏形，而后由于对效度的含义的关注，又经历了"可信度"、"价值度"的阶段，而后又由"价值度"的分支即"预后价值度"和"诊断价值度"发展到"效标关联效度"这个相对完备的概念。同样，根据效标资料搜集时间的不同，效标关联效度又分作了"预测效度"和"共时效度"。不过，效标关联效度在分期上不属于"产生期"，而属于效度概念的进一步发展了。

(二) 产生期的几个概念

1. 测验标准法

效度概念的雏形早在 19 世纪末就已经出现。1890 年左右，"**测验标准法**（test-criterion method）"萌芽。"测验标准法"是建立分数意义的一种方法，这种方法意在考察测验分数和某一标准之间的关系，而这种标准被认为代表了测验的实质。1898 年 Jastrow，Baldwin 和 Cattell 提出一个具体的"标准要求（desiderata）"，进一步发展了这一方法。1915 年，在美国的一次智力测验中，人们把学生分数和教师的评估进行比较，两者之间的高度相关有力地证明了该次测验的有效性。如果测验对于学生未来的行为表现有效叫做"预后效度（prognostic validity）"，如对于当前行为表现有效则叫做"诊断效度（diagnostic validity）"。

一战前后，心理学家使用相关系数的方法来建立效度。他们用一套测验对一群被试施测，然后又用另一套测验测同一群被试，这第二套测验是一个独立的评价标准，与第一套测验的测试内容无关，因此被称为"效标（criterion）"。效度通过计算测验分数与效标分数之间相关系数来检验。如果这个系数足够高，效度就得以建立了。Boulton 曾于 1891 年在一个判断记忆力是否与聪明度有关的测验中使用该方法。Boulton 让教师根据学生的聪明程度将学生分为好、中、差三种，以此作为效标。然后将记忆力测验表现也从好到坏分为三级。这样，就建立起一个 3×3 的列联表：

表 4-1　教师评价与测验表现列联表

记忆力测验表现	教师聪明度评价 好	中	差
好	18	10	5
中	8	15	9
差	5	11	19

这个表包括了九种可能，Boulton 把九种学生的数目（假设总数为 100）填入表内。表中阴影部分的数字代表教师评价和测验表现一致的学生数量，也就是测验和"效标"的相关程度，这部分的数字越高，测验和效标的相关越高，测验的效度就越高。根据这个表我们可以清楚地看出记忆力与聪明度的相互关系。Boulton 的量表是"测验标准法"的出色代表。

2.可信度

大约在 1900 年前后，研究者们开始使用"**可信度**（trustworthiness）"的概念。在当时，人们认为具有"可信度"的测验因其良好的代表性而更适于在现实中推广。换句话说，"可信度"就是一个测验能够反映真实世界的程度。但这一概念没有提供具体的实施方法。

3.价值度

1907 年，Spearman 引入了信度概念，他把可信度分成两部分，一部分定义为信度，却没有定义信度以外的那一部分。而这部分显然更为重要，试想，倘若一个测验信度很高，但它测到的并不是它想测的东西的话,岂非可信度更低?可是这一部分究竟是什么呢?为了解决这一问题,1910年人们提出了"价值度(value)"的概念。导致这一结果的直接原因是相关系数的应用,因为相关系数的应用使测验价值的测量成为可能。

三 效标关联效度与内容效度:20世纪三四十年代

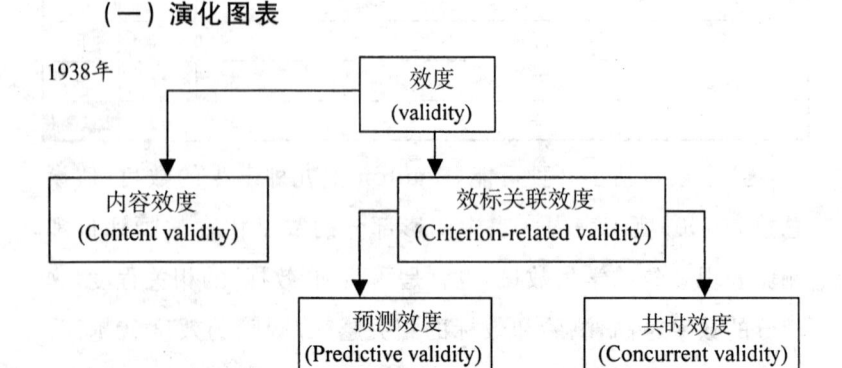

(一)演化图表

1938年

图4-2 20世纪三四十年代的效度概念

这一时期的效度主要包括效标关联效度和内容效度,这两种效度至今仍被使用和讨论着。其中,效标关联效度基本上继承了效度概念萌芽期的观点和思路,主要是通过与"标准测验"(即效标)的比较考察效度问题。内容效度则是为了解学生对课程掌握的情况而出现的。效标关联效度和内容效度所针对的测验目的不同,同样的测验我们会因其目的的差异而分别选择效标关联效度,或者是内容效度。

(二)效标关联效度

1.效标关联效度的提出

第一次世界大战之后,测验开始流行起来。1921年,效度概念被美国教育研究指导协会提出,它被定义为"测验在多大程度上测到了它要测的东西"。同时被提出的还有"**预测效度**(predictive validity)"和"**共时效度**(concurrent validity)",以分别代替原来的"预后效度"和"诊断效度"。而正是由于"测验标准法"的使用,这两种效度被归成了一种,这就是后来众所周知的"**效标关联效度**"。

2. 效标关联效度的解释角度

由于测量效度是就测量结果达到测量目的的程度而言的,所以测量效度的估计在很大程度上取决于人们对测量目的的解释。到目前为止,比较常见的解释角度主要有三种,一是用测量的工作实效来说明目的;二是用测量的内容来说明目的;三是用某种理论结构来说明目的。效标关联效度属于第一种。

3. 效标关联效度的含义

效标关联效度是指一个测验对处于特定情境中的个体的行为进行估计的有效性。也就是说,一个测验是否有效,应该以实践的效果来作为检验标准。

简单地讲,在建立效度的过程中,我们需要收集另一种证据,这种证据表明测验分数和某个标准之间的关系,而我们相信这个标准同样表现了所测的能力。这个标准可以是被试在另一同类测验上的分数,还可以是被试将来实际表现出的水平。用这种方法建立的效度就是效标关联效度。

4. 效标关联效度的种类及作用

根据效标资料搜集的时间不同,效标关联效度可以分为共时效度和预测效度。例如前文所说的语言能力倾向测验,其效标资料是与测验分数同时搜集的,所以它是共时效度。而前面所说的外语学校选拔测验,其效标资料是在测验之后根据实际学习成绩来确定的,所以它叫预测效度。

共时效度主要用于诊断现状,在于用更简单、更省时、更廉价和更有效的测验来取代不易搜集的效标资料。预测效度的作用在于预测某个个体将来的行为。

5.关于效标

估计测验的效标关联效度的首要条件是必须具有效标。简单地说,效标就是衡量一个测验是否有效的外在标准,它是独立于测验并可以从实践中直接获得的我们所感兴趣的行为。不过,我们所感兴趣的行为往往是一个观念上的东西——观念效标,它必须用一个数字或等级来进行表达——效标测量。例如,大学入学考试的观念效标通常是"大学学习成功",它的一种常用的效标测量便是大学头一年或两年相关学科的平均成绩。

在心理、语言、教育测量中,常用的效标有:学业成就、等级评定、临床诊断、专门的训练成绩、实际的工作表现、对团体的区分能力以及其他现成的有效测验。这些效标可以是连续变量,也可以是离散型变量;可以是自然的现成指标,也可以是人为设计的指标;可以是主观判断,也可以是客观测量;可以是自我评定,也可以是他人评定等等。

6.效标关联效度的确定方法

效标关联效度的确定方法大体上可以分为以下几个步骤:(1)明确观念效标。(2)确定效标测量。(3)考察测验分数和效标测量的关系。

效标关联效度可以用以下方法进行估计:

(1)相关法

效标关联效度的一种常用估计方法是计算测验分数与效标测量的相关系数(积差相关法、等级相关法、二列相关法、四分相关法等)。

如果效标分数是连续分布,我们可以计算测验分数和效标分数之间的积差相关。如果效标分数是二项分布,如大学的学习情况可分为毕业和肄业(或成功与不成功)可以计算测验分数和效标的 phi 相关。测验分数和效标分数之间的相关系数,称为测验的效度系数。

(2)区分法

该方法的思路是,被试接受测验后,让他们工作一段时间,再根据工作成绩(效标测量)的好坏分成两组。这时再回过头来分析这两组被试原先接受测验的分数差异,若这两种人的测验分数差异显著,则说明该测验有较高的效度。

(3)命中率

当用测验做取舍决策时,决策的正命中率和总命中率是测验有效性的较好指标。其中,总命中率是指根据测验选出的人当中工作合格的人数,以及根据测验淘汰的人当中工作不合格的人数之和与总人数之比。若总命中率高,则说明测验的效度高。

不过,在评价一个测验的效度时,还要注意测验使用的功利率比例,即使用测验所带来的好处应大大高于使用测验所耗费的时间、精力和经费,还要比较用测验与不用测验的效益之差,若差别不大,则无使用测验之必要。

7.效标关联效度的局限

效标关联效度的一个局限是,它并不直接表明测验和效标测的是不是同一种能力。也许一个语言测验和一个数学测验有很高的相关,很显然,这两个测验的任何一个都不能成为另一个的效标。在寻找效标的时候,我们一定要考虑,效标所测的是不是我们要测的能力。实际上,这个考虑已经和构想效度有关了。

效标关联效度的另一个局限是效标本身可能不可靠,还可能导致循环论证。测验 A 以 B 为效标,但 B 的有效性仍有待证明,于是 B 又以 A 为效标。

(三) 内容效度

1. 内容效度的提出

到了 19 世纪 20 年代,特别是随着标准化测验的日益推广,测验标准法已经远远不能满足需要了,人们越来越多地把注意力放在测验对于具体目标课程的代表性高低上。于是在 30 年代初,"**课程效度**(curricular validity)"被引入,随后更名为"**内容效度**"。内容效度主要考察一个测验的题目是否为所有可能题目的代表样本,这些所有可能的题目叫做内容域(content domain)。这种效度很难测定,因为内容域要比测验大得多。因此直到目前,内容效度主要依靠专家评定的方法来确定,客观化程度较差。

2. 内容效度的解释角度

前文曾提及测量效度的解释角度有三种,内容效度属于第二种。

3. 内容效度的含义

内容效度指的是一个测验实际测到的内容与所要测量的内容的吻合程度。估计一个测验的内容效度就是去确定该测验在多大程度上代表了所要测量的行为领域。这里,所要测量的内容或行为领域是依据测量目的而定的,它通常包括欲测的知识范围,以及该范围内各知识点所要求掌握的程度两个方面。首先,在判断一个一年级汉语口语试卷是否有较高的内容效度时,我们必须首先分析考题是否有效地覆盖了一年级口语课本所包括的发音、声调、语调和对话等几个方面。内容效度高的口语测验应当是由这几个方面最有代表性的试题样本组成的。其次,我们还必须分析题目的难度等指标是否较好地反映了考试大纲中对这几个方面能力水平的要求。

4. 内容效度的应用范围

内容效度主要应用于成绩测验,因为成绩测验主要是测量被试掌握某种技能或学习某门课程所达到的程度的。在这种测验中,题目取样的代表性问题是内容效度的主要考察方面。内容效度高,则可以把被试在该测验上的分数推论[推广]到其相应的知识总体上去,说他在某个方面的水平处在一个什么样的位置。反之,内容效度低,则这种推论将是无效的。

5. 区分内容效度和表面效度

在使用内容效度时,要避免与表面效度(face validity)相混淆。其实,表面效度不能算是一种效度,它不反映测验实际测量的东西。它表示外行人从表面上看某个测验是否测到了要测的东西。当外行人认为某个测验能有效地测得某种东西时,该测验就被认为有较高的表面效度。

6. 内容效度的确定方法

内容效度的确定方法主要是逻辑分析法,其工作思路是请有关专家对测验题目与原定内容范围的吻合程度做出判断。具体步骤是:

(1)明确欲测内容的范围,包括知识范围和能力要求两个方面。这种范围的确定必须具体、详细,并要根据一定目的规定好各纲目的比例。内容效度通常是涉及成绩测验的,因此内容范围是由一系列教学项目定义的。

(2)确定每个题目所测的内容,并与测验编制者所列的双向细目表(考试蓝图)对照匹配,逐题比较自己的分类与制卷者的分类。

(3)制定评定量表,考察题目对所定义的内容范围的覆盖率、判断题目难度与能力要求之间的差异,还要考察各种题目数量和分数的比例以及题目形式对内容的适当性等,对整个测验的有效性作出一个总的评价。

此外,Cronbach还提出过内容效度的统计分析方法。其具体方法是:从同一个教学内容总体中抽取两套独立的平行测验,用这两个测验来测同一批被试,求其相关。若相关低,则两个测验中至少有一个缺乏内容效度;若相关高,则测验可能有较高的内容效度(除非两个测验取样偏向同一个方面)。

7.建立内容效度需考虑的问题

规划一个内容效度研究,需要作出这样几个决策:

(1)不同的项目是否需要做加权处理以反映其重要性的不同?

(2)项目匹配作业应如何进行?

(3)试题的哪些方面需要检查?

(4)匹配的结果应怎样运算?

一组题目与特定的内容范围的匹配程度如何,主要是一个定性的问题,而不是一个定量的问题。然而,一些定量的指标也还是有参考价值的。这些指标有：

(1)题目与项目匹配的百分比

(2)重要项目匹配的百分比

(3)项目权重与代表这些项目的题目数的相关

(4)题目—项目的一致性指数

(5)没有反映到测验中的项目的百分比

这些指数依据的是不同的逻辑前提，所得的结果会是很不同的，实际应用时应有所选择。

8.内容效度的局限

内容效度的主要局限是，它只涉及测验和内容范围之间的关系，没有把被试在测验上是如何表现的考虑在内。Messick(1989)甚至认为内容效度根本算不上是效度：内容效度与反应过程无关，也与测验的内外部结构、行为的差异及刺激的反应或社会效果无关，就其本原的意义来说，所谓的内容效度根本算不上是效度[①]。

9.在语言测验中建立内容效度的困难

由于内容效度本身局限和语言测验的复杂性，在语言测验中建立内容效度会有一定困难。

首先，我们很难定义一个清楚的、不含糊的语言或语言应用的内容范围，即使是在教学和成绩测验中，我们也很难穷尽性地列出学生所可能完成的语言作业。

即便我们能把内容范围中的所有项目都穷尽性地列举出

[①] Messick, S. 1989, Validity. R. L. Linn(ed.). *Educational Measurement*. New York:Macmillan Publishing Company.

来，以根据被试答对的题目来推断他能做什么，但却仍然无法推断他不能做什么。语言的应用实在太复杂，被试没有答对的题目也并不能表明他没有这个能力，或许还有其他原因，而这些原因可能是非语言的。

四 构想效度的出现：20世纪50年代

（一）演化图表

1955年

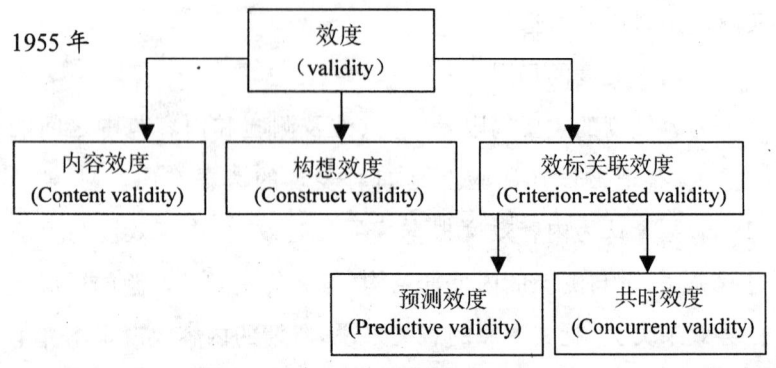

```
                    效度
                 (validity)
          ┌─────────┼─────────┐
       内容效度   构想效度   效标关联效度
    (Content    (Construct  (Criterion-related
     validity)  validity)    validity)
                        ┌────────┴────────┐
                     预测效度           共时效度
                  (Predictive        (Concurrent
                    validity)         validity)
```

图4－3　20世纪50年代的效度概念

这一时期的最引人注目的特点是构想效度出现，这是效度发展史上具有划时代意义的事件。构想效度与效标关联效度和内容效度并存，并迅速成为效度研究的焦点问题。

（二）构想效度(construct validity)概念的提出

1．概念提出

构想效度的概念是由 Cronbach 和 Meelh 于 1955 年提出的[1]，此概念一经提出，便作为一个行业标准被美国心理测量协

---

[1] Cronbach, L.J. & Meehl, P.E. 1955, Construct Validity in Psychological Tests, *Education Measurement* Vol.1.

会所采纳。

在哲学背景上,构想效度是在逻辑实证主义影响下出现的。

2.关于"构想"一词

在心理学和语言测验领域,"构想"一词常常用以描述"思想、行为特有的组织和效率"[①]。但为什么要用"构想"一词而不用"概念"这个词呢？"构想"(construct)一词来源于希腊文,本义指"思维的产物"。最早使用"构想"一词表达这类意思的是动物学家劳埃德·摩根(Lloyd Morgan)。因此,我们用这个词来强调那些有关心理特质等的理论假设"是一些精心创造的产物,是可以用来把经验纳入某种理论规律的普遍陈述"。

(三)构想效度出现的八大历史意义

构想效度的提出的的确确是测量学界的一场重要变革,这一点从下述构想效度的八大历史意义中可以得到证明。

(1)不再使用未经定义的测验。构想效度最重要的"贡献"可能就是它明确地指出了旧的测试的"致命缺陷":未经定义或者说缺乏理论解释。现在我们可以肯定地说,一个不能定义出它测到了什么的测验是无效的,起码不具有构想效度。20世纪50年代初,由于构想效度的提出,传统的对测验的定位被彻底改变了,在理论上,未经定义的测验被彻底废弃了(当然,实践中还远未能做到这一点)。

(2)测试被引入心理学和其他社会科学研究的领域。构想效度的提出使测验的应用范围的局限被打破。心理测量的最大

[①] Cronbach,L.J. 1990,*Essentials of Psychological testing* New York：Harper & Row ,Publishers.

困扰恐怕就是它的测量对象不像物理测量对象那样是有形的、看得见摸得着的。

(3)测试者和应用心理学家在运用他们的教育理论时拥有了更多的自由。因为构想效度的引入使测试者得以摆脱彻底的定义操作的束缚,他们可以将自己多年的理论见解实现于测验中并加以验证了。

(4)使用测验的前提是测验使用者必须是接受测验开发者的理论的。

"除非测验使用者接受类似的理论假设,否则不可能进行广泛的效度检验。如果 A 认为'攻击性(aggressiveness)'指的是对他人的公开侵犯,而 B 则觉得是指的是内在的敌意的话,那么,能够使 A 确信测验测到了'攻击性'的证据就未必能说服 B。因此,试图用测验来检验某个理论假设的人必须足够清楚地描述出他的理论构想,以便使用测验的人能够接受或拒绝它。"[1]

(5)衡量测验的标准更为严格。构想效度在哲学、方法论以及实用方面的特点把测验带到了一个要求更加严格的阶段。

(6)效度证明是一个反复的、持续的过程,一个活跃的、不断被重复的过程,甚至可以说是"永远不会结束"的。

(7)旧测验应通过加强其自身证据(**bootstraps effect**)来进行修正。早期测验的问题在于它没有清楚地认识到理论这一角色的重要地位。这就导致了某些人的疑问:在没有构想效度之

---

[1] Cronbach, L.J. & Meehl, P.E. 1955, Consturct Validity in Psychological Tests, *Education Measurement* Vol.1.

前的那段时期,测验怎么能证明自己是科学而"理性"的呢?但如果因此就彻底废除旧的测验显然是不正确的,因为这不啻是废除了应用科学领域多年来艰辛工作的成果,而且不可否认旧测验具有一定的实用性。

(8)构想效度从某种程度上说并不尽完善,不过,"多特质多方法矩阵"的出现为构想效度的证明提供了技术支持。

(四)众说纷纭的构想效度——构想效度的种种定义及评价

构想效度提出至今,学术界仅就其定义问题就争论不休。这从一个侧面也反映出它的复杂性以及其研究工作的艰巨性。下面就是关于构想效度的形形色色的定义。

1. 定义错误

> 内容效度则是教师或测验者做出的专业判断。他们靠自己的语言知识,来判断测验从大纲中抽取的样本的满意程度如何,不论这个大纲是实在的(就成绩测验而言),是想象的(就水平测验而言),还是理论上或模型上的(就能力倾向测验而言)。在这点上,内容效度就转化为构想效度,因为它是理论结构的一个样本,而测验是作为能力倾向来建构的。唯其如此,内容和构想很难截然分开,除非按它们的不同用途来分。①

这是一种把内容效度与构想效度混为一谈的错误观点。还有一种类似的错误观点认为如果测验谈不上什么内容效度的话,总得找点东西来代替内容效度,这东西就是构想效度②。

---

① Davies, A. 1990, *Principles of Language Testing*, Basil Blackwell.
② Crocker, L. & Algina, J. 1986, *Introduction to Classical and Modern Test Theory*, CBC College Publishing.

某些测验理论家认为,构想效度是测验建立效度的一种方式,它基本上就是评价测验在何种程度上成功地建立在它所依据的理论上。注意,在这种方式下,理论本身不受质疑:它被认为是当然正确的。问题只在于测验是否成功地使理论实现了操作化。实际上,这种建立构想效度的做法跟内容效度差不多:推选一些专家,对支撑理论下一些定义,然后对测验进行审查,最后做出判断,以此作为构想效度。①

该定义至少有两处明显错误,一是"理论本身不受质疑:它被认为是当然正确的。"我们已经反复强调:理论是尚需验证的。二是在建立构想效度的方式上:"实际上,这种建立构想效度的做法跟内容效度差不多:推选一些专家,对支撑理论下一些定义,然后对测验进行审查,最后做出判断,以此作为构想效度。"在建立构想效度的方法中,先考察测验的内容效度的方法也是其中一种,"因为有些测验对所测内容或行为范围的定义或解释类似于理论构想的解释"②,但这种方法当且只有当"测验对所测内容或行为范围的定义或解释类似于理论构想的解释"时才成立,考察内容效度的方法多数情况下并不适用,况且内容效度本身就难以测定。

一个测验,测验的某个部分,或一个测验技术,如果它测到的能力正是假设要测的能力,则可以说它具有构想效度。"构想"一词指的是一个语言能力理论所假设的任何潜

---

① Alderson, J.C. Clapham, C. & Wall, D. 1995, *Language Testing Construction and Evaluation*. Cambridge University Press.
② 戴海崎、张锋、陈雪枫:《心理教育测量》,暨南大学出版社,1999。

在的能力(或特质)。例如,你可以假设,阅读能力包含几个子能力,如根据上下文猜出生词意思的能力。①

该定义的主要错误在于将"构想"等同于"心理特质"。然而构想来源于人的主观假设,而心理特质则是客观实在。

2.定义片面

如果一个测验具有构想效度,则它能够测到某种特定的属性,而这种属性和一个语言行为或学习理论所说的是一致的。这种效度假设在能力和技能的习得背后存在着某种学习理论或构想。②

同样片面的定义还见于高兰生、陈岳辉③和 Fraenkel & Wallen④。

3.基本正确的定义

测验的构想效度就是测验在多大程度上可以说是测出了理论构想,或理论特质。这类结构的例子有智力、机械理解力、语言流利程度、行走速度、神经过敏、焦虑等。找出上述每个结构,为的是解释观察到的反应,并把这些反应组织起来。构想效度着眼于更宽泛、更持久,也更抽象的描写,因此构想效度需要不断积累来自各方面的信息。所有涉及这种特质的因素以及影响到对特质的解释的因素,都在构

---

① Hughes, A. 1989, *Testing for Language Teachers*. Cambridge University Press.
② Heaton, J. B. 1975, *Writing English Language Tests*, Longman.
③ 高兰生、陈岳辉:《英语测试论》,广西教育出版社,1996。
④ Fraenkel, J. R. &Wallen, N. E. 1993, *How to Design and Evaluate Research in Education*. 2nd edition. McGraw-Hill, Inc.

想效度的考虑范围之内。①

Anastasi 的定义实际上也没有涉及理论构想需要被验证的方面,但她强调了理论构想需要不断积累的证据支持这个问题。桂诗春、宁春岩②和 Henning③ 的表述基本上也是正确的。

4.标准表述

下面是美国心理协会对这个概念的表述:

> 对构想效度的评价,要通过对测验所测心理属性的研究来进行,即,这种研究表明,某些解释性构想在某种程度上解释了测验表现。检验构想效度需要从逻辑和经验两方面入手。构想效度研究,本质上是证明测验背后的理论有效。④

(五)定义的讨论中的问题

1."测到了什么东西?"和"多大程度上测到了那个东西?"

在效度和效度的各种类型包括构想效度的定义中,都会涉及"在多大程度上"这一限定。但是这种观点的问题在于它隐含了一个前提,即测验的目标是已知的、确定无误的。但是构想效度解决的一个核心问题便是"这个测验测量的究竟是什么",也就是说,构想效度首先要回答"测到了什么",然后才是"多大程度上测到了它"。这一点是十分重要的。

2.构想效度既涉及理论又涉及测验

---

① Anastasi, A. 1982, *Psychological Testing*, 5th Edition, Macmillan.
② 桂诗春、宁春岩:《语言学方法论》,外语教学与研究出版社,1997。
③ Henning, G. 1987, *A Guide to Language Testing*, Newbury House Publisher.
④ American Psychological Association. 1954, Technical recommendations for psychological tests and diagnostic techniques. *Psychological Bulletin*, 51.

Cronbach 说:"许多证据凑在一起才能对某一个解释提供支持。正面的结果证明测量有效,同时也证明构想有效。一旦理论没有得到证实就需要寻找一个新的测量程序,或者,寻找一个与数据拟合更好的概念。"[1]张凯举过一个"病毒"的例子[2]。假设有一种微生物叫做病毒,这便是一个构想,这个构想需要从理论上陈述病毒的样子、特点。因为病毒是我们用肉眼看不到的,于是发明了一种工具——显微镜,这就相当于测验。如果我们用显微镜真的发现了病毒,那我们就可以说:工具有效,理论也有效。如果结果未能发现我们所预言的那个东西,那么,或者工具无效,或者理论无效,或者二者都无效。

3. 主观臆断导致的问题

构想效度的构想来源于主观设想,且定义宽泛,极易导致主观臆断方面的问题。Anastasi 在她的经典著作《心理测量》的不同时期的几个版本中对构想效度的理解,就是从主观臆断逐渐发展到越来越科学化、客观化,越来越强调测验的理论假设基础,并强调尽可能积累和搜集与效度有关的实际的、可观察的外部证据,强调构想效度的证明应该是一个反复的、持续的寻找证据的过程。

主观臆断导致的问题可以归纳如下:

a. 将构想效度等同于内容效度

b. 在缺少内容效度的情况下,就会出现构想效度的问题

c. 将"构想"等同于"心理特质"

---

[1] Cronbach, L. J. 1990, *Essentials of Psychological testing*, New York: Harper & Row, Publishers.

[2] 张凯:《关于构想效度》,《汉语水平考试研究文集》,经济科学出版社,2000。

4.构想效度在心理学上的含义

在心理学意义上,构想效度是指一测验实际测到的所要测量的理论构想和特质的程度,或者说它是指测验分数能够说明心理学理论的某种结构或特质的程度。这里,构想或结构是指心理学理论所涉及的抽象而属假设性的概念或特质,如智力、焦虑、外向、动机等,它们通常用某种操作来定义,并用测验来测量。例如,Guilford,J.P.认为创造力是发散性思维的外部表现,是人对一定刺激产生大量的、变化的、独创性的反应能力。

(六)构想效度的特点

根据定义,我们可以知道构想效度具有如下特点:

构想效度的大小首先取决于事先假定的心理特质理论。一旦人们对同一种心理特质有着不同的定义或假设,则会使得关于该特质测验的构想效度的研究结果无法比较。

当实际测量的资料无法证实我们的理论假设时,并不一定就表明该测验构想效度不高,因为还有可能出现理论假设不成立,或者该实验设计不能对该假设做适当的检验等情况。这就使得构想效度的获取更为困难。

(七)构想效度的确定方法

1.建立构想效度的大致步骤

在测验中建立构想效度的大致过程是:(1)提出或选择某种关于语言能力的理论假设;(2)根据理论假设对预计要测量的语言能力进行操作性定义;(3)根据操作假设设计和开发测验;(4)考查测验分数与其他语言能力效标的关系;(5)根据测验结果检验对理论的拟合程度;(6)对测验进行技术性修改,而后重复(4)(5)两个步骤;(7)修正理论假设,重复(2)以后的所有步骤①。如果检验结果出现了我们假设的行为,那么检验就是有效的,同时,我们的假设也得到了证明。

总的来说,构想效度的确定一般包括三步:提出理论假设,并把这一假设分解成一些细小的纲目,以解释被试在测验上的表现;依据理论框架,推演出有关测验成绩的假设;用逻辑的和实证的方法来验证假设。

2.建立构想效度的具体方法

具体地说,构想效度的估计可以有以下一些方法:

(1)测验内部寻找证据法。

首先,我们可以考察该测验的内容效度,因为有些测验对所测内容或行为范围的定义或解释类似于理论构想的解释,所以,内容效度高实质上也说明结构效度高。其次,我们可以分析被试的答题过程。若有证据表明某一题目的作答除了反映着所要测的特质以外,还反映着其他因素的影响,则说明该题没有较好地体现理论构想,该题的存在会降低构想效度。再次,我们还可以通过计算测验的同质性信度的方法来检测构想效度。若有证据表明该测验不同质,则可以断定该测验构想效度不高。当然,测验同质只是构想效度高的必要条件。

(2)测验之间寻找证据法。

首先,我们可以去考察新编测验与某个已知的能有效测量相同特质的旧测验之间的相关。若二者相关较高,则说明新测

---

① 陈宏:《在语言能力测验中如何建立构想效度》,《语言教学与研究》第2期,1997。

验有较高的效度。这种方法叫聚敛效度法。其次,我们也可以去考察新编测验与某个已知的能有效测量不同特质的旧测验间的相关。若二者相关较高,则说明新测验效度不高,因为它也测到了其他心理特质。

(3)考察测验的效标关联效度法。如果一个测验有效标关联效度,则可以拿该测验所预测的效标的性质与种类作为该测验的构想效度指标,至少可以从效标的性质和种类来推论测量的构想效度。这里有两种做法:其一是根据效标把人分成两类,考察其得分的差异。

但是应该注意的是,在效标关联效度中,我们考虑的是测验与效标之间的关系;而在构想效度中,在获得了相关的数据之后,不要忘记我们应该根据事先的理论假设来考虑。

(4)多特质多方法矩阵法。

Campbell,D.T.和 Fiske,D.W.二人于1959年提出"多元特质多重方法矩阵(Multitrait-multimethod Matrix,简称 MT-MM)[1],这是考察构想效度的方法中较为有效的一种。MTMM关心两个方面的问题,一是使用不同方法测量同一成分,另一是使用同一方法或不同方法测量不同成分。使用不同方法测量同一成分,所得结果具有高相关则称测量具有聚敛效度(Convergent Validity);而用同一方法或不同方法测量不同成分,所得的结果比前者低则称测验具有判别效度(Discriminant Validity)。如果一个测验既具有聚敛效度又具有判别效度则称测验

---

[1] Campbell,D.T.& Fiske,D.W. 1959, Convergent and Criminant Validation by the Multitrait-multimethed Matrix. *Education Measurement* Vol.1.

具有较高的构想效度。

具体地说,使用多元特质多重方法矩阵时,我们从两个方面考虑问题,一是使用两种或两种以上方法去测同一个特质,另一方面是,使用同一方法去测不同的特质。在这里,我们把测验看成是一种方法和一种特质的结合。假定我们的理论假设有三个特质,为此我们编制九个测验(用三种方法分别去测三个特质),找一组被试,每一个特质都用三种方法来测,最后我们得到一个相关矩阵,矩阵中的相关系数无非是下列三种情况之一:

(1)信度系数——用同一方法对同一特质的测量之间的相关系数,这些数应该越高越好。

(2)聚敛效度系数(Convergent Validity Coefficients)——用不同方法对同一特质的测量之间的相关系数,这些数也应该越高越好,但要考虑到不同测验的信度不同,这些数会有所衰减。

(3)判别效度系数(Discriminant Validity Coefficients)——用同一方法对不同特质的测量之间的相关,以及用不同方法对不同特质的测量之间的相关,这些数应该比前两类都低。

具体方法可见表4-2。若有多种特质(如A、B、C)都接受了多种方法(如1、2、3)的测查,就可以分别计算出任意两种方法测量同一特质的相关和测量不同特质的相关,以及任意两种特质接受同一方法和不同的相关,并以这些相关系数为元素构成一个矩阵,如表4-2所示。

表 4-2 多种特质——多种方法矩阵

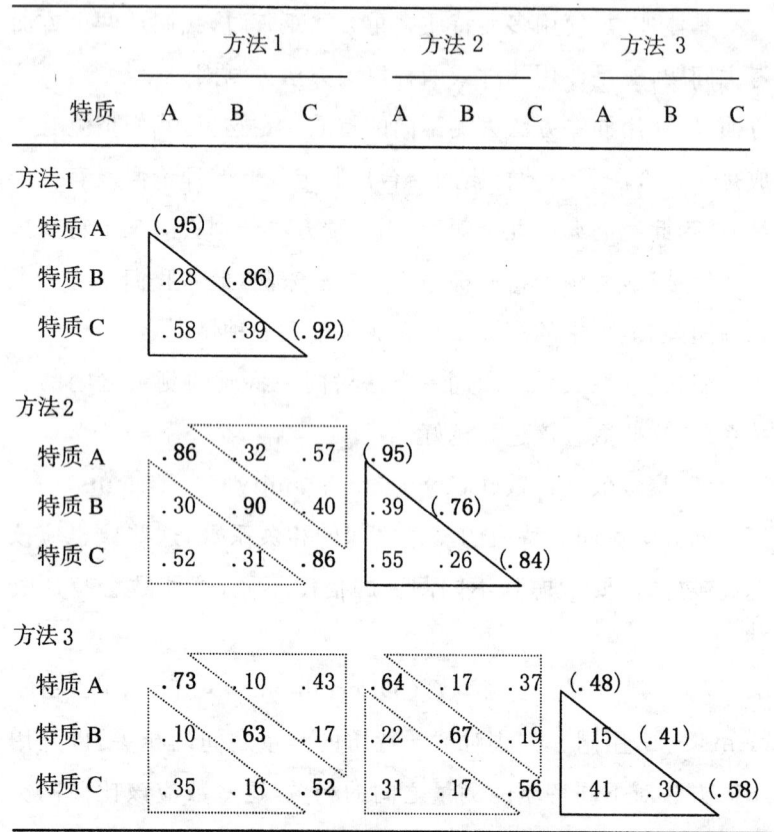

特质	方法 1 A B C	方法 2 A B C	方法 3 A B C

方法 1

特质 A　(.95)
特质 B　.28　(.86)
特质 C　.58　.39　(.92)

方法 2

特质 A　.86　.32　.57　(.95)
特质 B　.30　.90　.40　.39　(.76)
特质 C　.52　.31　.86　.55　.26　(.84)

方法 3

特质 A　.73　.10　.43　.64　.17　.37　(.48)
特质 B　.10　.63　.17　.22　.67　.19　.15　(.41)
特质 C　.35　.16　.52　.31　.17　.56　.41　.30　(.58)

在表 4-2 中,位于主对角线上的数值,是用同样的方法测相同特质所得的相关,是信度指标;在实三角形内的数值,是用同样方法测不同特质所得之相关。此相关若高,则说明方法间共同点较多;在虚线三角形内的数值,是用不同方法测量不同特质所得的相关,它一般较低,是特质与方法间交互影响的反映;在虚线三角形之间的两条对角线上的数值,是用不同方法测相同特质的相关,它是测验效度的指标。

多元特质多重方法矩阵(MTMM)是 Campbell,D. T. 和

Fiske,D.W.专门为证明构想效度而提出的,它的提出使构想效度有了科学技术的支持,也为构想效度更广泛地被人们所接受作出了贡献,在客观上促进了构想效度的进一步发展。

3.建立构想效度需考察的证据

Nitko 提出,建立构想效度需要三个方面的证据:逻辑分析、相关分析和实验研究①。

(1)逻辑分析:通过检验测验和测验所要求的行为,通过综合理论知识和对被试的经验,可以对已提出的构想表示质疑,其结果是,你对一个测验所要求的行为提出新的假设。

(2)相关分析:理论的或逻辑的构想构成解释测验的基础。在这样的框架内,某一构想应该和其他构想具有或不具有某种关联。相关研究就是看测验间是否具有你提出的那种关联,如果没有,那么按原来的构想解释分数就是成问题的。

(3)实验研究:是指设置某种条件来修正测验分数。如果设置的理论上与你所研究的构想无关的条件能够改变测验分数,那就有必要修正你原来提出的解释程序了。

Messick 认为构想效度这个一元化的概念需要从六个方面进行研究:(1)内容方面,包括内容的相关性、代表性及其有关技术指标;(2)本质方面,是指在被观察到的表现和题目之间建立联系的理论,这包括处理作业行为的模型,以及支持理论过程的经验性证据;(3)结构(structure)方面,要看分数量表与结构域拟合的程度;(4)概括性方面,检验分数的特性和解释的涵盖范

---

① Nitko,A.J. 1983, *Educational Tests and Measurement*, Harcourt Brace Jovanoich, Inc.

围；(5)外部方面，指从多特质得来的聚敛和判别证据以及标准关联程度与实用性方面的证据；(6)效果方面，要看分数解释所涵盖的价值判断等[①]。

（八）构想效度面临的两个威胁

一个威胁来自测验的不精确性和不完善性。测验的不精确性和不完善性不仅是由于随机误差的存在，还由于测验经常忽略它本应该包含的东西，而包含了它本应该忽略的东西，也就是与测验无关的变量。另一个威胁则来自建立构想效度所需要的两种不同证据：一是经验性分数能在多大程度上反映构想——这可以看作是聚敛效度的内容；二是理论构想与分数之间的内在关系能否用来区分不同的特质——可以看作是判别效度的内容。

（九）几种相关统计技术简介

1. 相关分析

相关分析(Correlation Analysis)是这样一种方法，即检验测验的不同部分之间或不同的测验之间的相关程度，以此来确定测验是否能得到这方面证据的支持。所谓相关，不过就是在两变量之间建立函数关系，看两变量（两测验或测验的两部分）是否具有相同的变化趋势。

2. 回归分析

回归分析(Regression Analysis)的出现比相关分析稍晚，是 Pearson, K. 对相关分析的发展，也是一种更加精确的相关分析。它是按照各个自变量对因变量作用的大小，从大至小逐个

[①] Samuel Messick 1996，Validity and Washback in Language Testing，*Language Testing*. Vol.13.

地引入回归方程。

3.因素分析

因素分析(Factor Analysis)大约出现在19世纪初(1904)，其基础的数学表达公式是由 Spearman 作为考察"智力"结构的手段提出的，经常用来分析测验分数以发现潜在的维度或测试所实际度量的结构。

五 效度一元化

(一) 演化图

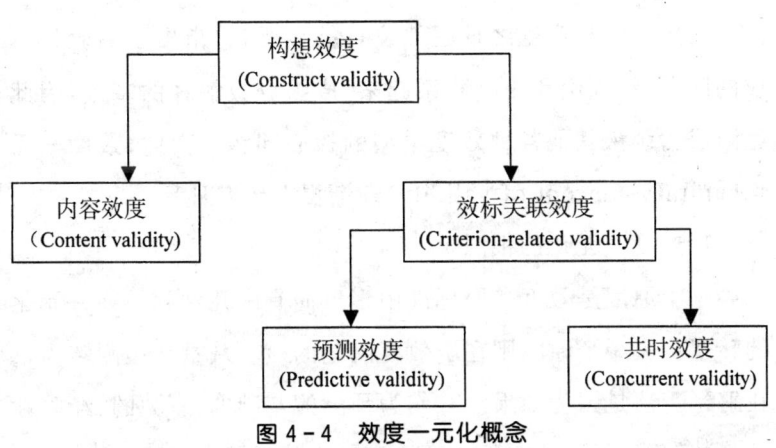

```
                        构想效度
                  (Construct validity)
                    ↓            ↓
            内容效度        效标关联效度
        (Content validity)  (Criterion-related validity)
                              ↓          ↓
                        预测效度      共时效度
                  (Predictive validity) (Concurrent validity)
```

图 4-4 效度一元化概念

随着构想效度核心地位的逐步显现，效度概念开始向一元化方向发展。构想、内容和效标关联渐渐被看成几种不同的效度证据，它们共同组成了一个整体的效度概念。效度一元化是效度概念综合科学层面和实践、社会层面的要求的产物。

(二) 后期效度的分类

1.最初的效度是简单的"0、1"选择

在最初的许多年里，效度作为测验的一个重要属性，被看成是"要么完全有,要么完全无"的概念。人们描述一个测验,只是泛泛地说它"有效"或"无效",而不会把它同一定的标准联系起来①。

2. 效度分类的演变

20世纪50年代早期,APA(美国心理学会)把效度分为4种:内容效度、预期效度、共时效度、构想效度。到了60年代(1966),效度被归为3大种,即:内容效度、效标关联效度、构想效度。

(三) 效度一元化的发生

构想效度从产生之日起地位日益显要,它指出了测验最本质的问题,将理论和测验联系起来,成为分数解释的基础,因此逐渐成为统摄其他各种效度类型的核心问题。由此,**效度一元化**(unitary concept of validity)渐渐提上研究日程。

1. 效度一元化的根源

一个原因是效度参照标准由多重向有限几种到最终一元化的转变。另一个原因则在于效度问题的核心从重在预测转为重在解释。这是因为如果没有作为预测的基础的、有力的、经验性的分数解释,预测的应用、关联、意义也就无从谈起。

效度的各种类型分别从不同角度及层次对测验假设要测到的东西做出描述和说明。然而在使用这些不同标准和方式对语言测验的效度进行多方面的探索时,人们逐渐发现,尽管不同种类的证据的相对重要性因测验而异,但根据其中任何一种标准

---

① Lindquist, E. F. 1936, *Preliminary considerations in Objective Test Construction*, American Council on Education.

所得到的信息本身都不足以表明对测验的某种特定解释或使用的效度,效度只有通过收集一切有关的信息并给以解释才能证明①。Cronbach 强调,"三种效度证明的类型(即内容、效标关联和构想效度)并不是可以任意选择的,对于几乎所有的测验都应该结合这三种方式共同建立一种解释,分开来任何一种都无法代表。"②于是,专家们开始倾向于把不同类型的效度看成是包含在这个一元化效度概念中的不同的方面。

2.一元化发展过程

多年来,效度研究的焦点逐渐演变。最初,其焦点放在具体参照标准的预测上。

之后,效度研究的焦点渐渐转移到有限几种效度类型上,即内容效度、效标关联效度和构想效度。这一点正如上文讨论过的,故不再赘述。

再以后,焦点进一步转移到测验分数的解释上。由此,效度概念逐渐一元化,Gronbach 把这一趋势简洁地概括为"所有效度都是一个"。而作为一元效度理论基础的构想效度,其地位日益重要。

效度一元化的过程,正是作为一元化理论基础的构想效度的重要地位逐渐显现的过程。

而按照 Gulliksen 的观点,"由分数得到的内容和效标信息都可归于分数解释",那么"有关测验的几乎所有信息都可以归

---

① 陈宏:《在语言能力测验中如何建立构想效度》,《语言教学与研究》第 2 期,1997。

② Cronbach,L.J. 1984, *Essentials of Psychological Testing*. New York: Harper and Row.

于构想效度。而如果这些信息与(称为分数解释基础的)理论的适应程度越高,它们就越有理由归为构想效度。"[1]

Cronbach 总结说"建立效度的过程(Validation)"的最终目的是解释(interpretation)和理解(understanding)[2]。而构想效度所体现的分数意义是所有以分数为依据的推断的基础。也就是说,构想效度在测验分数解释中具有框架和核心作用。因此,测验领域越来越倾向于"所有 validation 都是构想效度"的观点。

1966 年,美国心理学会(APA)最早尝试性地指出了一元化观念:三种类型仅在概念上相互独立,其重要性仅因需要而异,若想全面考查一个测验,则需要考虑所有效度信息。

1985 年,效度概念在日益广泛的职业化应用中越来越系统;也正是在这一版本中,效度一元化被自然地提出;内容效度、效标关联效度和构想效度也不再被称作效度种类(types),而被作为了效度证明的三种范畴。

在 Anastasi《心理测量》1968、1976 和 1982 年三个版本中,构想效度的比重逐渐增大,而 1982 年版中更称内容、效标关联和构想三种为效度证明(validation)而非效度(validity),并强调了构想效度证明的包含性。

Cronbach《心理测量基础》1984 年版强调三种类型必须结合以建立解释。

---

[1] Messick,S. 1989, Validity. R. L. Linn(ed.). *Educational Measurement*. New York:Macmillan Publishing Company.

[2] Cronbach,L. J. 1984, *Essentials of Psychological Testing*. New York: Harper and Row.

（四）效度一元化的哲学意义

很久以来，测试学界的研究者们一直在为效度问题向科学化靠近而努力。特别是构想效度的出现，使效度问题向科学迈进了一大步，而效度一元化则是效度在贴近科学的基础上，向实用层面靠拢的又一大进步。从哲学上讲，是实证主义（导致构想效度）和人文主义结合的产物。

六　结语

综观效度演变史可以发现，人们对效度的理解经历了长期的变化过程，这中间包含了一个实质性的转变，即从原来的"**寻求外部参照**"（如效标关联效度）转向"**寻求内部解释的外部证明**"（如构想效度和内容效度），也就是说，一个好的理论既要有内在的完备性，又要有外部的证实。

从效度概念的鼻祖——"测验标准法"开始，人们探究效度的途径不外乎找到测验之外的另一个测验或大纲作为参照标准（前提是该标准具有较好的效度），然后看两者之间的相关程度，相关程度越高，说明该测验效度越高。后期的效标关联效度和内容效度不过是在定义、分类，特别是证明手段上更为完备和精确而已。但即便是已经发展得相当完备的效标关联效度，也只是在追问一个测验相对于某一标准是否有效，却忽视了一个本质问题，即**测验是否测到了人们所期望它测到的东西**。所以，构想效度的出现具有划时代的意义，它使效度这一概念有了质的飞跃。

构想效度要求必须对测验进行定义。如果我们要对人的语言能力加以测验，首先我们必须提出一个理论说明语言能力是什么。然后根据这一理论设计一个测验,用这个测验来对被试进行测量,如果测验得分高的被试在现实中确实具有很高的学习、运用语言的能力(学习语言很快、运用语言自如、流畅等),则说明测验有效——具有较高的构想效度,而且,更重要地,说明测验赖以建立的理论是成立的。

构想效度能够触及(至少在理论上)效度的本质问题,使效度理论,甚至测验都更符合现代科学的要求,同时也使构想效度理论本身更接近于科学理论,因而逐渐成为统摄其他效度类型的最重要的一个效度概念。

而效度一元化则使效度理论既接近科学,又可照顾经验层面及社会效应。一个完整的效度概念,必须具有这样一种认识:由分数所做推断的恰当性、有意性和有用性应当以测验的社会影响为基础赖以建立。因而可以说,效度一元化是效度理论发展臻于完备的必然趋势。

第二节　结构效度与汉语能力测验
——概念和理论[①]

一　关于结构

在心理和教育测量领域,研究人员往往用一个数值来估计被试具备或表现出多少某种心理特质(trait)。在一切有关效度

---

　　① 本节摘自陈宏:《结构效度与汉语能力测验——概念与理论》,《世界汉语教学》1997年第3期。

第二节 结构效度与汉语能力测验——概念和理论

的研究中,我们面临的一个基本问题就是,这种心理特质的性质是什么。为了回答这个问题,我们必须对它进行辨别和定义,而"当我们对'这是什么'加以定义时,我们实际上是在定义一个结构"[1]。在语言能力测验中,被估计的心理特质一般指某种特定的语言能力,所以结构可以被理解为对这种语言能力的定义。

根据 Lord 和 Novic 的说法,结构具有句法(syntactic)和语义(semantic)两个层面的意义[2]。

从句法层面上看,结构,即我们对语言能力的定义是"纯理论的"。首先,我们可以根据某种理论的详尽说明对某种结构与其他结构是否相关以及如何相关提出假设。从这个意义上说,结构反映了各种能力之间的关系。其次,我们对语言能力的测量"总是间接的和推论性的,而不是根据我们研究的那种特质或能力的直接的行为样本"[3]。另外,根据理论,测验所测的能力将影响被试使用语言的方式和他们在语言测验中的表现,这就使我们能够将被试的某些可观察到的行为假设为这些能力的外在表现,然后根据我们对这些表现的观察对被试的语言能力作出推断。比如,Carroll 就认为,某种"心智能力"结构是依一组要个人在某个特定的测验上作出表现的特

---

[1] Bachman, L.F. 1990, *Fundamental Considerations in Language Testing*. Oxford University Press.

[2] Lord, F.M. and M.R. Novick. 1968, *Statistical Theories of Mental Test Scores*. Reading, Mass.: Addison-Wesley.

[3] Ausubel, D. P., J. D. Novak, and H. Hanesian. 1978, *Educational Psychology*, *A Cognitive View*. U. S. A.: Holt, Rinehart and Winston.

定的心智任务定义的[1]，而 Cronbach 和 Meehl 则把结构定义为人的某种假定会在测验表现中反映出来的假定的特质[2]。因此，结构又反映了根据理论所建立的语言能力与语言行为之间的关系。

从语义层面上看，结构又具有可操作的性质。在语言能力测验中，分数是对语言行为进行观察和评定的记录，语言行为则被看成语言能力作用的外部结果。所以，当我们把结构定义为对语言能力的测度时，我们就是在对这些结构与测验分数之间的关系提出假设，而测验分数则可以看作是这些结构的行为表现。通过结构建立的这种测验分数与语言能力的联系，使我们能够借助语言能力测验考查语言能力与语言行为以及某种语言能力与其他语言能力之间的关系。

从前面的讨论可以看出，结构所回答的基本问题是如何从心理学的角度对测验分数进行解释，结构一方面来自某种理论，一方面来自对行为的各种测度之间已确立的相互关系的推论，而反过来，结构也可以用来组织对被试语言行为的观察和对观察结果与理论的一致性的推论[3]。

---

[1] Carroll, J. B. 1987, "New perspectives in the analysis of abilities" in R. R. Ronning, J. A. Glover, J. C. Conoley, and J. C. Witt (eds.): *The Influence of Cognitive Psychology on Testing*. Hillsdale, NJ: Lawrence Erlbaum Associates: 267—284.

[2] Cronbach, L. J., and P. E. Meehl. 1955, "Construct validity in psychological tests." *Psychological Bulletin* 52: 281—302.

[3] Anastasi, A. 1982, *Psychological Testing*. New York: Macmillan Publishing Co., Inc.

二 关于效度

（一）什么是效度

现在,人们已经普遍把效度看作是语言能力测验的核心问题,相信脱离了效度问题,包括信度在内的一切有关标准或质量的讨论都会显得毫无意义①。不过,在对一个具体的测验作出评价时,效度又被公认为迄今最复杂的问题。

那么,效度究竟是什么呢?

Davies 认为:测验效度确保了测验是有意义的。而某个测验只是从人们要从它那里得到什么这个角度看才是有意义的②。Henning 也指出:"效度一般指某个特定的测验或其任何组成部分作为对它所声称要测量的那个东西的测度的恰当性（appropriateness）。"③美国心理学学会则就此作了更全面而扼要的阐述,指出效度是指"对测验分数所作的特定推论在恰当、有意义以及有实际使用价值几个方面的程度"。④ 很显然,无论是恰当、有意义,还是有使用价值,效度总是相对于某种特定的目的、功能和适用范围而言的。"某个测验被说成是有效的,是

---

① Dieterich, T. G. and C. Freeman. 1979, *A Linguistic Guide to English Proficiency Testing in School*. Virginia: Center for Applied Linguistics.

② Davies, Allan. 1977, "The Construction of Language Tests" in Allen, J. P. B. and Alan Davies (eds.): *Testing and Experimental Methods*, The Edinburgh Course in Applied Linguistics. Vol. 4. 1977: 58, Oxford: Oxford University Press.

③ Henning, G. 1987, *A Guide to Language Testing*, Development. Evaluation. Research. Cambridge: Newbury House Publishers.

④ American Psychological Association 1985, *Standards for Educational and Psychological Testing*. Washington, DC: American Psychological Association.

指它在多大程度上测量了它应该测量的东西。由此可以推知,有效这个词,当用于描写一个测验时,通常应当配以介词对于,意义才完整。因此任何特定的测验对于某个目的都可以是有效的,而对于其他的目的又都是无效的。"[1]因此在开发或选择一个测验时,我们首先必须考虑的一个主要问题就是:这个测验将用于什么目的?因此每当我们要对某个测验作出效度评价,无论是通过针对内容的定性研究,还是借助某种量化手段进行实证性分析,我们都应确认这一测验对于它所预期的目的是否有效。目的性,这是效度的最基本的特征。

(二) 歧见与误解

既然效度总是与某种特定目的或用途相联系,既然我们根据测验分数所作的推论并不是对所有能力和在所有情境下都同样有效,因此我们为建立效度所作的一切努力的基本目的便不在于考查测验内容,甚至并不在于考查测验或测验分数本身,而在于考查对那些通过各种方式收集来的数据或其他证据,我们的使用、解释或推论是否有效。然而,目前在汉语语言能力测验领域,"效度=测验/分数的效度",或"效度=测验质量"这一类看法实际上还相当流行,这就很容易造成误解,使人局限于对测验的小修小补,而忽略了效度首先是对理论的挑战,从而在一定程度上妨碍了对效度的深入探讨。Bachman 在谈到这个问题时曾经指出:"认为某个测验或测验分数是有效的,却既不涉及设计这种测验所要测量的某种或某些特定的能力,又不涉及这

---

[1] Henning, G. 1987, *A Guide to Language Testing*, Development. Evaluation. Research. Cambridge: Newbury House Publishers.

第二节 结构效度与汉语能力测验——概念和理论

种测验打算作什么用,就不仅是用语不准确。至少,它反映了一种对效度的根本误解,而最糟的是,它可能意味着某种对测验分数的解释和使用的有效性的说法是没有确实根据的。"[1]近年来,尽管原则上大家都同意效度研究的重要性,但一旦涉及具体测验,很多人又采取回避的态度,他们需要被试和测验的使用者对见到的分数和测验的整体质量确信不疑,但他们却不能理解,这种功利性或商业性的考虑与效度研究的本义大体上是不相干的。任何一种精心编制的测验总会测到某些特质,因而这种测验的分数都必然在某种意义上,一定范围内,对于某种特定目的,具有某种效度,问题是我们需要确认这种特质到底是什么,即通过研究产生测验分数中可靠的变异的那些因素来回答"哪些特定的能力说明测验分数中那些可靠的变异"的问题。这就要求我们对我们就分数作出的解释和使用在意义、范围和目的等方面进行更精确、更合理的限定。不过,由于我们对特质的一切推论只能根据对被试应试行为的观察间接地获得,所以我们对分数的解释和使用既不可能完全有效,也不会完全无效。

当然,对于前述把效度与测验目的联系在一起的方法,国外也有人提出异议,认为其中最大的问题在于这种方法假设测验的确切目的是可知的[2]。他们认为"我们现在更有可能问:'这个测验测量的究竟是什么?'而不是问那个陈旧的效度问题:'在

---

[1] Bachman, L. F. 1990, *Fundamental Considerations in Language Testing*. Oxford University Press.

[2] Davies, Allan. 1977, "The Construction of Language Tests" in Allen, J. P. B. and Alan Davies (eds.): *Testing and Experimental Methods*, *The Edinburgh Course in Applied Linguistics*. Vol. 4. 1977: 58, Oxford: Oxford University Press.

多大程度上这个测验测到了它想测量的东西?"[1]这种看法不是没有道理,特别是如果某种目的是错误的,岂非测验达到假设目的的程度越高,效度就越差了吗? 不过,科学研究总是要就未能确知的目的提出某种假设,而我们在理论层面上和操作层面上进行探索的方式不同、任务不同,提出的假设也不同。在理论层面上,我们当然只管根据逻辑思辨回答"这是什么?"的问题,而无须越俎代庖地试图验证本来从实证方面来讲就是未知的东西;在操作的层面上,除了逻辑思辨以外,我们更多地使用实证手段对根据这种回答建立的理论的有效性进行证实或证伪。我们会说:"你说的那个东西我们并没有看到,我们看到的是另外的东西。至于这是什么,我们这里收集了一些证据。不过,还是你来解释吧。"效度恰恰是沟通这两方面科研探索的桥梁。

(三) 效度一元化的概念

在为语言能力测验建立效度的过程中,为了判断某个测验究竟是不是测到了它想测的东西,习惯上往往把它同某种标准联系起来,同时人们的判断方式也因标准不同而相互区别。采用何种标准取决于测验开发者所追求的效度的类型,其中最主要的有内容效度、效标关联效度以及结构效度。判断标准则分别从不同角度或层次对这个测验假设要测量的东西作出描述或说明。判断效度的方法中通常有两类,一类是实证性的,包括收集数据和使用公式。另一类是非实证性的,包括系统详细的调查,凭直觉和常识进行判断[2]。然而,在使

---

[1] Walsh, W. B. 1989, *Tests and Measurements*. Prentice Hall.
[2] Henning, G. 1987, *A Guide to Language Testing*, Development. Evaluation. Research. Cambridge: Newbury House Publishers.

用这些不同标准和方式对语言能力测验的效度进行多方面的探索时,人们却逐渐发现,尽管不同种类的证据的相对重要性因测验而异,但根据其中任何一种标准所得到的信息本身都不足以表明对测验的某种特定的解释或使用的效度,效度只有通过收集一切有关的信息并给以解释才能证明。于是,专家们便开始倾向于把效度看成一个一元化的概念,并把不同类型的效度看成是包含在这个一元化效度概念中的不同的方面[1]。作为一种观念转变的重要标志,效度一元化概念已经被确立为教育和心理测量的一条重要标准,而为这种新概念提供基础的则是结构效度在测验分数解释中的框架和核心作用的逐步显现。

三 关于结构效度

(一) 什么是结构效度

结构效度这个概念形成于 20 世纪 50 年代。1954 年,美国心理学学会一个委员会尝试编纂一部职业道德法典,并将心理测验的恰当性作为其中一个重要的部分,而且在该委员会对这部法典的专门介绍中提出了结构效度这个概念。第二年,Cronbach 和 Meehl 就结构效度的概念、建立结构效度的必要性以及可供这方面的科学探索参考的概念框架发表了奠基性的第一篇论文。

用一句简洁的话来表述,结构效度就是"某个测验可以说成

---

[1] Bachman, L. F. 1990, *Fundamental Considerations in Language Testing*. Oxford University Press.

是测量了某种理论结构或理论特质的程度"。① 那么,我们在什么情况下才需要为测验的恰当性提供结构效度方面的证据呢?可以认为,我们之所以不得不面临结构效度的问题,常常是因为"没有什么标准或内容领域被公认为完全适合于定义将被测量的那个特质"②,可测验的使用者又希望从测验分数中得出对被试的各种表现的推论,而且这种应试表现能够用一个表示某种特定的心理结构的词加以归类。也就是说,语言能力测验所涉及的几乎所有重要的问题都与结构效度有关。因为"实质上所有对测验的应用都无可避免地需要把测验分数解释为能力的指标,而一旦我们提出'这个测验测量的是什么?'的问题,我们就是在要求建立结构效度。所以结构效度被看作是一个一元化的概念,而结构效度的建立被看作是一个结合所有效度的基本证据的过程"③。结构效度把人们关于效标及内容等方面的考虑统统放在一个共同的框架之内,所有包含将被测量的那个特质的因素以及影响到对特质的解释的因素都在结构效度的考虑范围内。这样,与单独从效标或内容的方面考虑相比,结构效度实际上"着眼于对特质或能力的更宽泛、更持久,也更抽象的描写"④,从而构成一种综合性价值判断,"这种判断要表明,来自

---

① Anastasi, A. 1982, *Psychological Testing*. New York: Macmillan Publishing Co., Inc.

② Crocker, L. and J. Algina. 1986, *Introduction to Classical and Modern test Theory*. P.217—218. CBS College Publishing.

③ Messick, S. A. 1980, "Test validity and the ethics of assessment." *American Psychologist* 35: 1012—1027.

④ Anastasi, A. 1982, *Psychological Testing*. New York: Macmillan Publishing Co., Inc.

经验的证据和基本理论在多大程度上保证根据测验分数或其他评价手段而做出的推论和决策的**精确性**和**恰当性**。"①这么看来,真正理解和把握结构效度又实在远比牢记一条简单的定义复杂得多。

(二)结构效度在理论上的复杂性

结构效度所面临的理论上的挑战主要是语言能力的定义问题。

前面,我们曾经提到,我们对任何一种语言能力测验所测量的结构的认识、解释和使用都源自理论,"这种理论可以是心理学的,描绘学习是怎么回事,也可以是语言学的,提出某种关于语言本质的观点。"②结构首先是指根据某种理论假设存在的"深层能力"或"潜在特质"③。在建立结构效度的过程中,如果有充分的证据表明某个测验测量了根据理论假定要测量的那些能力或特质,那就不仅证明这个测验有效,而且也证明我们对测验的解释和使用有效或我们的理论所假设的结构或能力有效。根据同样的道理,如果结构或假设的能力首先就无效,我们对测验的解释、使用以至测验本身也就不可能有效;而如果发现测验无效,则我们关于结构或能力的概念,亦即我们的理论本身,就

---

① Messick, S. A. 1989, "Validity" in Linn, Robert L. (ed.): *Educational Measurement*. P. 14 New York: Macmillan Publishing Company.

② Davies, Allan. 1977, "The Construction of Language Tests" in Allen, J. P. B. and Alan Davies (eds.): *Testing and Experimental Methods*, *The Edinburgh Course in Applied Linguistics*. Vol. 4. 1977: 58, Oxford: Oxford University Press.

③ Hughes, A. 1989, *Testing for Language Teacher*. Cambridge University Press.

有可能缺乏效度。所以，对语言能力测验的结构效度的考查往往也就是对理论本身有效性的考查，而在语言能力测验的领域内，理论的有效性的核心内容是对语言能力定义的有效性。然而，如同我们已经看到的，各种语言理论都有自己对语言能力的定义，尽管不同时期流行的价值观念不同，但没有哪种理论在这个问题上没有遇到过来自作为它的敌体的理论的现实的批评。同样我们也可以想象，人们对语言能力测验的解释，也同样"没有几种能禁得住几十年不懈研究的检验，任何临时性的解释都会受到强烈的挑战"。[1]

在语言能力的定义上，人们争论的几个最重要的问题有：

1. 关于语言能力的本质，什么是语言能力？

2. 语言能力都包含哪些要素或组成部分，它们之间的关系如何？

3. 语言能力与语言行为的关系，它们之间有什么联系和区别？

20世纪30—50年代，美国语言学领域最活跃的是以描写学派为代表的结构主义。与西方传统的语言学和19世纪的历史比较语言学不同，美国的结构主义把语言研究的着重点从书面和历时的方面转向口语和共时的方面，强调通过直接利用可以观察到的言语素材对语言结构进行形式方面的分析和描写。以Bloomfield为代表，当时的一批结构主义者提出了一整套语言理论和语言结构的形式分析方法。他们把语言看成是替代实

---

[1] Cronbach, L. J. 1990, *Essentials of Psychological Testing*. P. 184. New York: Harper & Row, Publishers.

际的刺激和反应的、纯外在的、客观的符号体系,在语言结构的分析中,他们往往回避对意义的考虑,主张排斥非语言的一切事实和非语言学的一切标准,特别是心理因素和心理过程分析的方法①。这样,尽管结构主义在其统治语言学领域的二十年间里掌握了大量的各种语言的素材,对各种语言结构作了非常细致而系统的逻辑分析和实证检验,但正是这种对语言行为和语言结构差异的近于偏执的无穷无尽的形式描写妨碍了这一学派对语言结构普遍性的理论追求,这使它既没有能够提出一种语言学习理论,也没有能够提出任何关于语言能力的假设。如果说结构主义者对语言习得有所解释,那也是采取行为主义心理学的立场,即把语言习得看成是在经验的范围内通过归纳建立一套习惯。按照这种观点,人被降低到一般动物的水平,在出生时,大脑是一片空白,包括语言习得在内的一切人类的语言行为只不过是对外部刺激的一系列被动反应。这样,结构主义就根本无法解释,人为什么能说出和理解超出个人经验的话。

对语言能力测验的结构主义和行为主义的解释最早大约见于 Lado 的著作。在他看来,语言测验必须包含两种变量,一种是语言本身的各种成分,其中每种成分又可以再细分为更小的成分;另一种即通常所说的听、说、读、写四种技能②。Lado 在表述中显然遇到了困难,因为他说:

"可以把我们所讨论的语言的各种成分作为个别的领域分别进行有益的研究、描写和测量,然而它们在语言中从来就不是

---

① Bloomfield, L. 1933, *Language*. New York: Holt.
② Lado, R. 1961, *Language Testing: The Construction and Use of Foreign Language Tests, A Teacher's Book*. New York: McGraw-Hill.

个别地发生的,而是结合在听、说、读、写这些技能的整体之中。也就是说,即便一个人的发音与其词汇知识相比可强可弱,而当他说的时候,我们还是可以把这两方面总括起来说他说这种外语的能力如何。我们于是就多了四个变量要测量,即说、听、读、写所达到的程度。"①

Lado 这段话集中反映了他在语言能力的内部层次与内部结构方面的基本思想。这种思想对语言测验的研究和开发产生了长期的影响。然而这种表述显然面临以下几种诘难,首先,它没有将语言能力与语言行为区分开来;其次,正如 Bachman 所说,这种理论没有指出知识与技能的关系;另外,这样的表述忽略了语言环境的作用②;最后,这种表述把不能脱离听、说、读、写而独立存在的各种语言成分看成是可以分别直接测量的,本身就包含逻辑错误。

20 世纪 50 年代以后,理性主义在美国抬头,结构主义逐渐失去了对语言学领域的支配地位。但结构主义和行为主义对语言测验的影响至今在美国以至世界范围内依然存在。例如美国的 TOEFL(Test of English as a Foreign Language),从测验形式、分数合成、分数解释以至题目编制方法等,都明显地留有结构主义的痕迹。我国的 HSK 在其早期研制试验阶段,已经引入了交际能力的概念并将其定义为在一定的社会文化情景中对汉语的运用能力。然而在有关 HSK 的文献中,对这种能力的

---

① Lado, R. 1961, *Language Testing: The Construction and Use of Foreign Language Tests*, *A Teacher's Book*. New York: McGraw-Hill.

② Bachman, L. F.1990, *Fundamental Considerations in Language Testing*. Oxford University Press.

描述却通常限于两个方面,一是听、说、读、写四种技能,二是有关语音、词汇、语法结构和汉字等方面的语言知识[1]。这样一种理论框架一直延续到今天。很明显,尽管以考察交际能力为号召,HSK 的理论基础——它对于语言能力的基本假设,大体上沿袭了 Lado 对语言能力的定义,实质上并未摆脱结构主义语言学的窠臼。

社会语言学是在批判乔姆斯基理论,或更准确地说,是在批判被偷换了的乔姆斯基的概念的基础上建立起来的[2]。社会语言学追求对语言交际功能的充分描写,实际上是在语言以外寻找语言本质的解释。这样,社会语言学就根本抹煞了语言学与其他学科的区别,把语言研究变成了一个无所不包的行当。当然,社会语言学确实在对一些语言变体的研究方面作出了有益的贡献。但整体而言,社会语言学的哲学基础仍然是经验主义的,对一切言语素材、一切语言变体的广泛的兴趣使社会语言学家们看不到这一切纷繁变化的语言现象背后的本质的普遍性的东西,提不出一个理论上自足的关于语言能力的假设。就语言测验而言,社会语言学根本无法解释,无法区分一个分数所反映的究竟是被试对世界的知识还是他的语言能力。结构效度本身也就变成可以任意解释的因而是可有可无的东西了。

与语言能力的定义有关的理论研究是一种艰苦的科学探索,这种研究之所以困难,还因为它涉及认识论的基本问题。而

---

[1] 刘珣、黄政澄、方立、孙金林、敖树军:《汉语水平考试的设计与试测》,载《汉语水平考试研究》,现代出版社,1989。

[2] 许国璋:《社会语言学和唯理语言学在理论上的分歧》,载祝畹瑾编《社会语言学译文集》,北京大学出版社,1985。

正是在这个问题上,无论是传统的、结构主义的,还是社会语言学的语言观都暴露了它们经验主义立场的根本缺陷:对语言使用者或学习者做为认识主体作用的冷漠。也正是在语言能力的本质这个问题上,本世纪最重要的一次论战的两位对手——皮亚杰和乔姆斯基,站到了同一个立场上。根据皮亚杰的观点,经验主义者最大的问题在于他们把语言能力的来源归于观察,把语言知识仅仅看作是客观环境的反映。然而世界上从来就没有脱离了认识主体的"观察","观察"从一开始就必须使用数学—逻辑框架,就必须对"观察"到的事实作出解释,以建立事物间的关系,而这些绝不是一个消极的、大脑空空的主体能够做到的[1]。乔姆斯基则指出,如果人的大脑真的生来就是空如"白板"的话,那任何企图"塑造"或控制人们思想的行为,就都是正当的了。显然,以任何面貌出现的语言能力问题上的经验主义都是与从学生(被试)的需要出发,以学生(被试)为主体的现代语言教学和语言测验思想背道而驰的。经验主义的解释,即便使用了"能力"这个术语,其有效性,恐怕也仅限于语言行为或语言运用。

第一个在语言学领域提出语言能力的科学概念,并把它与语言行为或语言运用区别开来的学者是乔姆斯基。乔姆斯基认为,自索绪尔以至后来的结构主义所研究的语言实际上局限于人脑中的语法所派生出来的表层结构,因而是非客观实在的,带有任意性的和外化的。对科学研究而言,语言这个概念并不重

---

[1] Piattelli-Palmariini, M. 1980, *Language and Learning: The Debate between Jean Piaget and Noam Chomsky*. Harvard University Press.

要。真正重要和实在的是人脑中的语法,是深层结构。

乔姆斯基所说的语法正是语言能力的同义语。

乔姆斯基的语言学理论前后经历了句法结构、标准理论、扩充式标准理论几个时期的变化,而且现在仍在变化,不过这种变化大体上都属于具体的论证角度、论证手段或理论框架方面的变化,而且这一切都始终围绕着语言能力的生成性这个中心。以这个中心为线索,乔姆斯基的理论大致可以分成三个部分:第一个部分为研究语言能力生成性的方法或理论框架,乔姆斯基用这个框架把句法、语义、语音三者统一起来。在句法结构时期,这个框架主要包括一系列的短语结构规则和转换方法,到了扩充式标准理论时期,乔姆斯基提出了原则和参数方法,用以代替句法结构框架。这是个根本性的变化。它反映了乔姆斯基语言能力一元化的思想和他对简单化规则的追求。新的框架更有效地解决了解释的充分性和描写的充分性的矛盾,从而使乔姆斯基的语言能力学说从传统语法和结构主义语法中彻底摆脱出来,成为一种真正完备的自足的理论体系。第二个部分是关于语言能力生成性的本质的假设。语言生成性的本质在于,每个人的语法或语言能力都是先天固有的,而且每个人的语言能力都是相同的,这种失天的语言能力就是普遍语法,人无须教授就具有这种能力,后天的环境只是提供了生成某种具体语言的语言能力的外部条件。第三个部分主要涉及语言能力的内在形成过程。语言习得的主要途径不是从经验素材中发现规则,而是从理性出发,判断规则是否能够概括素材,或对规则能否最大程度地概括素材作出评价。所以,语言习得过程是一个由内在能力决定的、能动的、创造的过程。

在扩充式标准理论时期,乔姆斯基提出了著名的普遍语法理论。这个理论带有更强烈的理性主义色彩。它摒弃了传统语法和结构主义语法以经验分析和归纳为依托的具体规则,而使用普遍的原则和参数来对语言能力结构及其生成过程进行演绎。乔姆斯基认为,尽管每种语言都有各自特殊的带有标记的(Marked)结构作为边缘部分(Peripheral),但普遍语法却只包括为数有限的、未加标记的(Unmarked)、由普遍的语言原则构成的子系统,每个子系统都带有一些未定值的语言参数,不同子系统在参数上互有少许差异。这些原则与参数是先天赋予所有婴儿的语言能力,也是他们出生时的初始语言状态。婴儿接触周围环境后,在不长的时间里,会根据自己对输入的语言信息进行判断和评价的经验为头脑中先天固有的语言参数赋值。普遍语法的各个规则系统按一定条件相互作用、相互影响,再以这种赋了值的语言参数为参照,就可以生成核心语法(Core Grammar)。幼儿有了这种核心语法,再通过经验材料掌握了具体语言的边缘部分和一定的词汇,他就学会了某种特定的具体语言的语法整体或特殊语法,进入了语言的稳定状态。任何一种具体语言的语法整体虽由核心语法和边缘部分构成,但核心语法与任何一种具体语言的边缘部分并无必然的直接的联系,人类所有语言在核心语法方面的差异也只局限在参数所给定的范围内。①

---

① Chomsky, N. 1981, "Principles and parameters in syntactic theory" in Hornstein, N. and D. Lightfoot (eds.) 1981. *Explanation in Linguistics: The Logical Problem of Language Acquisition*. London: Longman. Chomsky, N. 1982, *Some Concepts and Consequences of the Theory of Government and Binding*. Cambridge: MIT Press. Chomsky, N. 1986, *Knowledge of Language: Its Nature, Origin, and Use*. New York: Praeger Publishers.

第二节 结构效度与汉语能力测验——概念和理论

根据乔姆斯基的语言观,我们会认为,建立语言能力测验的结构效度所需要的是一种将语言能力和语言行为或语言运用区别开来的理论,是一种对存在于心智或人脑中的稳定状态的语法进行描写的理论,是一种对基于普遍语法、在原则和参数框架内生成的,集句法、语义、语音功能于一身的语言能力进行描写的理论。乔姆斯基自己的理论就是这种理论的一个开山之作。然而,在语言测验的领域内,真正值得一提的,以乔姆斯基的理论解决结构效度问题的努力只有 J. Oller 在 20 世纪 70 年代提出的一元特质假设(unitary trait hypothesis)。乔姆斯基创世纪性的真知灼见未能为同样关心语言能力问题的语言测验研究者们所广泛重视,原因是多方面的。前面曾提到,结构效度一方面指测验测到理论假设的某种特质的程度,另一方面指测验能够证实的理论本身的合理性或有效程度。但应当承认,在语言测验领域里,人们对结构效度的关心大多着重于前一个方面,着重于结构效度的技术的、操作的方面,而对后一个方面的问题,人们还缺少足够的责任感。此外,有一定规模的语言测验,即便是非营利性的,通常也包含某种商业考虑。语言测验的开发者通常必须面向社会,必须对测验的现实用途有所解释,这就使他们对效度问题的考虑中包含了更多的预测或内容方面的因素,传统语言学、结构主义语言学和社会语言学至少在目前更能迎合他们的这种需要。此外,大多数搞语言测验的人在上述或传统或流行的语言学的既成解释中浸淫已久,习惯的力量也使他们一般不愿尝试一种理论既抽象,操作上又几乎全无参照的努力。然而,结构主义者和社会语言学家们尽可以为他们对语言事实的详尽描写和这种描写的实用性而沾沾自喜,尽可以把一切难以解释的现象都推给语言变体或"约定俗成"一边去,也可以批评乔姆斯基提出的语言能力的生成过程至今还没有提出更有力的证据和更充分的解释,正如乔姆斯基本人在许多场合都承认的,我们对语言机能的发生学来源和物质基础的确知之甚少,我们所有对语言能力的解释目前都只能是一种假设,但没有证明的,不等于不可证明,尚无解释的也不是不可解释。

(三) 结构效度在操作上的困难

结构效度在操作方面所面临的主要挑战仍然是语言能力的定义问题。

从操作的角度讲,"结构效度涉及的是,在何种程度上,测验表现与我们根据某种关于能力或结构的理论所作的预测一致。结构效度的根本问题是,在多大程度上我们能够根据测验表现就假设的能力作出推断。"[①]然而,正如 Henning 所说的,"在我们能够判断某个智能测验是否有效之前,我们必须了解测量的是哪种智能,题目是否准确地反映了这种智能……"[②]就语言测验而言,决定结构效度的先决条件就是对语言能力的操作性定义。

当我们设计或开发语言能力测验时,由于无法对语言能力进行直接观察。我们不得不通过把测验划分为若干部分来为我们希望测量的语言能力选取相应的可观察的语言行为样本,并以数学的方式,把我们的观察结果记录为测验分数——我们对

---

① Bachman, L. F. 1990, *Fundamental Considerations in Language Testing*. Oxford University Press.

② Henning, G. 1987, *A Guide to Language Testing*, Development. Evaluation. Research. Cambridge: Newbury House Publishers.

第二节 结构效度与汉语能力测验——概念和理论

语言能力进行推论的依据。当我们这样做的时候,我们就是在分数与结构之间、行为与能力之间、结构与结构之间建立某种联系,我们就是在操作性地把结构定义为对该结构的测度,我们就是在把分数当做结构的行为表现①。我们就是在假设,我们借助测验和它所包含的每个题目所引发的**这一种**语言行为可以恰当、充分、有意义,从而有效地反映**这一种**语言能力。在这个过程中,语言测验是一身而二任,它既是对语言行为进行观察的工具,也是对语言能力进行操作性定义的工具。作为一种观察工具,它必须满足描写充分性的要求,而作为一种对于能力的定义,它同时又要满足解释充分性的要求。解释的充分性要求测验具有最大的概括力,要求我们根据分数所作的推论尽可能不依赖于任何具体的语言环境而简洁地反映出语言能力的本质。也就是说,在一个测验中,作用于被试的行为的能力种类越是单一,我们的推论就越有希望透过外部语言行为而及于内部语言能力,就越具有解释力。不过很显然,这种条件尽管在逻辑上是合理的,但如果以实际的语言交际环境作标准,满足这样的条件必定会使测验效度在真实性方面招致批评。比如 Davies 就曾指出"……某个同类语法题的测验(比如给出 She loves me/She doesn't love me 的过去时态)会非常可靠,但从语言的自然交际应用方面看却不一定有效②。另外,从操作方面来看,通过对变

---

① Kerlinger, F. N. 1986, *Foundations of Behavioral Research*. Third Edition. New York: Holt, Rinehart and Winston.

② Davies, Allan. 1977, "The Construction of Language Tests" in Allen, J. P. B. and Alan Davies (eds.): *Testing and Experimental Methods*, *The Edinburgh Course in Applied Linguistics*. Vol. 4. 1977: 58, Oxford: Oxford University Press.

量实行严格控制以实现结构单一化在技术上也有相当的难度，这是因为，任何语言测验，包括对与所测语言能力无关的变量进行最严格控制的那些测验，都不得不依赖对语言行为的观察间接地进行，而真实生活中的语言行为通常不会只与某种单一的语言能力要素相对应，实际上任何一种人类的外部语言行为或与语言有关的心理活动都是多种语言能力要素综合作用的结果，而不同的语言行为又可能受到同一种或几种语言能力要素的支配。

然而，满足描写充分性的要求同样会使测验的结构效度受到威胁。描写的充分性要求测验具有最大的真实性，尽可能地贴近非测验环境下的语言交际活动。问题是，测验所保留的真实语言交际活动的细节越多，我们的推论就越难透过外部语言行为而及于内部语言能力，就越类于描写而疏于解释。Bachman 指出："如果我们要表明我们的测验分数是某种特定的语言能力的有效指标，我们就必须证明它们不仅与同一种能力的其他指标相关，而且与其他能力的统计量无关。"[1]就是说，任何对语言能力的有效定义都必须建立在把某种能力与其他能力相区别的基础上。这是因为，语言能力的各个要素是与语言行为的发生机制有关的心理特质，而任何一种心理特质都应具备的一个基本条件，就是它的功能，它在人类心理活动和外在行为中的作用应是独特的，是其他心理特质无法取代的。所以从测量的角度看，最理想的情况就是，语言能力的各个要素之间完全不

---

[1] Bachman, L. F. 1990, *Fundamental Considerations in Language Testing*. Oxford University Press.

第二节 结构效度与汉语能力测验——概念和理论

相关。然而,语言测验的实际情况是,我们所选择的语言行为样本越是真实,其中所包含的语言能力要素就越复杂,从而测量不同语言能力的各个部分之间的相关就会越高,这种相关如果超过了一定的限度,我们就无法从测验的分数中确认和分解出我们要测量的那种能力,就没有理由说分数有效地反映了测验假设的那种结构。

语言测验的开发者在结构效度问题上所面临的这种两难的局面,通常理解为需要测量的语言能力与测验方法的矛盾。这种矛盾突出反映了语言测验的特殊性:我们必须通过语言来测量语言,比如我们要了解被试的语法能力,就必须提供听力或阅读材料作为输入,在口试中,则需要诱导学生说出一段话,因而某个变量既是特质,又是方法。这样,在语言测验中,不仅我们预计要测量的语言能力,而且测验方法的各个方面,例如被试接受的输入的性质和要求他作出的反应的类型,都会对语言测验的表现从而对测验分数产生影响。Stevenson 在谈到语言测验的这种特殊性时说:"与许多其他领域的测验不同,当语言测验涉及特质和方法时,就有一个非常特殊和复杂的问题。这个问题就是,什么是特质,什么是方法,很难区分,而且什么应当被看作特质,什么应当被看做方法也很难判断。"[①]认为,这种心理特质与方法因素的相互匹配恰恰构成了语言测验真实性的一个方

---

① Stevenson, D. K. 1981, "Beyond faith and face validity: the multitrait-multimethod matrix and convergent and discriminant validity of oral proficiency tests" in Palmer, A. S., P. J. M. Groot, and G. A. Trosper. (eds.) 1981: *The Construct Validation of Tests of Communicative Competence*. Washington, DC: TESOL.

面,并特别强调:"在考察测验方法的各个方面对于语言测验分数的影响时,我们也是在检验与结构效度相关的假设。"对这种影响进行的研究还"为就测验分数之间的关系提出进一步的假设提供了基础"。

目前,国内外很多大规模的语言能力测验都是分立式的。在这类测验中,特质与方法的这种矛盾对建立结构效度所造成的一个最大的麻烦,就是所谓"共线性"(collinearity)或"多重共线性"(multicollinearity)现象。"共线性"指的是测验的各个部分之间高度相关,作为自变量,每个部分都可以在很大程度上用作其他部分的预测变量,而又同时在很大程度上可以作为回归变量,被其他部分所预测。这个问题直接影响了测验的判别效度,使测验的开发者很难判断,继续把测验的各个部分当做测量了一个独立的语言能力是否还有意义。国外的学者早就注意到了这个问题,并就此进行了大量的研究。他们指望对于语言能力的操作性定义能够提出新的假设,但结果是对问题本身的解释往往也只能限于推测。Oller 分析了大量各种各样的测验之后宣称,他发现了某种 g 因素,他把这种 g 因素解释为"一元特质"。这就是有名的一元特质假设。根据这种假设,语言能力是一个单一的一元的能力(a single unitary ability),即"一般语言能力(general language proficiency)"。遗憾的是,在后来的研究中,Oller 未能确证一元特质假设,最后不得不承认一元特质假设的最强式是错误的[①]。当然,也有人认为语言测验各部分

---

① Oller, J. W. Jr. 1983, "A consensus for the eities?" in Oller, J. W. Jr. (ed.) 1983. *Issues in Language Testing Research*. Rowley, Mass.: Newbury House.

的高度相关说明各种语言能力之间就是相关的,或者认为主要还是测量手段的问题①。显然,前一种推测多少有些强词夺理,而且多半把语言能力混同于语言行为了,而后一种说法并未触及问题的实质:语言能力的定义,甚至不能被称为一种解释。

从心理测量学在语言测试中应用的角度看,特质与方法的这种矛盾也可以理解为聚敛效度与判别效度的矛盾。我们需要为我们对语言能力的定义提供结构效度方面的证据,而结构效度则是一个聚敛效度和判别效度的矛盾统一体。聚敛效度强调对现象的高度概括,判别效度则偏重对现象进行分类。结构效度这两种不同的判定标准在实践中往往发生冲突,因为大凡各个部分相关高的测验通常有着较好的同质性,而同质性高、从而可靠性也高的测验,其判别效度却往往要打些折扣。近年来,国内一些学者已经开始重视这方面的研究。张凯在应用因素分析方法对HSK(初中等)进行结构效度研究中发现听力理解第三部分与阅读理解等有很高的同质性,而全卷各个部分的内部相关低于它们与总分的相关。据此,张凯认为,HSK(初中等)的判别效度不够理想②。郭树军采用检验项目与分测验相关关系的方法——内部结构效度法,进行了实证性研究,结果也证明HSK(初中等)的某些部分缺乏预期的判别效度。郭树军因此认为,尽管HSK(初中等)以考查被试的听力理解力、语法结构知识、词汇知识、阅读理解力和综合性语言能力为目标,但从语

---

① Spolsky, B. 1995, *Measured Words*. Oxford: Oxford University Press.
② 张凯:《汉语水平考试结构效度初探》,载《汉语水平考试研究续集》,现代出版社,1994。

言能力测验的操作性定义考虑,我们只能有把握地说,HSK(初中等)测到了听和读的能力[1]。笔者最近也应用多元回归分析方法对 HSK(初中等)的结构效度作了进一步的考查,结果除了再次确认 HSK 各个部分有着很高的线性相关外,还发现该测验的语法结构部分对总分贡献甚微,笔者因此认为,测验分数只能用来解释被试完成特定测验任务的情况,而无助于确认哪些语言能力参与了被试的哪些应试行为。所以,所谓结构效度的结构从其操作意义来看,实质上只是对语言行为或语言活动的定义,这些行为或活动只是语言能力即那些与语言行为的发生机制有关的心理特质综合作用的结果,而并非语言能力本身。笔者同时强调,测验各个部分的高度相关并不意味着支持这些结构的各种语言能力本身可以相互替代或相互重叠,而仅指在测验中,这些语言能力分别以各自独特的方式共同作用于几种语言行为,而使这些行为看起来彼此相关,否则,此能力也就必然因为混同于彼能力而失去自身存在的意义了。

Ingram 说:"我们引发考生某些类型的行为,希望并且相信,我们可以从他在某个特定场合、某些数量有限的任务上的行为方式,对他在所有其他有关场合的行为方式作出概括。但只是希望显然是不够的。我们对效度必须有所描绘,必须对测验是在作它该做的事有某种即使是大概的估计。"[2]遗憾的是,我

---

[1] 郭树军:《汉语水平考试(HSK)项目内部结构效度检验》,《汉语水平考试论文选》,现代出版社,1995。

[2] Ingram, E. 1977, "Basic Concepts in Testing." in Allen, J. P. B. and Alan Davies (eds.) *Testing and Experimental Methods*, *The Edinburgh Course in Applied Linguistics*. Volume 4 P. 18, Oxford: Oxford University Press.

们离实现这个希望显然还有相当的一段距离。

第三节　在汉语能力测验中如何建立结构效度[①]

一　建立结构效度的一般过程

建立结构效度通常包括以下步骤:(1)提出或选择关于语言能力的理论假设;(2)对预计要测量的语言能力进行操作性定义;(3)设计和开发测验;(4)考察测验分数与其他语言能力效标的关系;(5)检验测验对理论的拟合程度;(6)技术性修改,而后重复(4)、(5);(7)修正理论假设,重复(2)后所有步骤。下面将择要分述。

(一) 建立理论假设

语言能力本身是无法直接测量的,所以关于语言能力的概念一般只能建立在对经验事实或行为的观察的基础上,但在考虑语言能力测验的理论假设的时候,我们却必须尽量舍弃被观察物中那些属于个别的、特殊的、有条件的、依环境而转移的方面,而专注于"行为或反应的一致性"[②]的方面,使我们对语言能力的定义只保留被观察物的类的特征,从而达到对经验事实或

[①] 本节摘自陈宏:《在汉语能力测验中如何建立结构效度》,《语言教学与研究》1997年第2期。

[②] Messick, S. A. 1989, Validity. In Linn, R. L. (ed.): *Educational Measurement*. New York: American Council on Education/Macmillan Publishing Company.

行为的最大限度也是最简单的概括。

一个完备的结构效度理论假设起码应当满足以下要求：

(1) 对语言能力的本质、特征和功能进行高度概括，并清楚地表明，语言能力作为一种内在心理特质与这种特质的外在行为表现不同。理论假设不应是，也不应包含对语言行为的描绘。

(2) 应能反映语言能力的基本结构和结构关系，并从本质、特征和功能方面充分表明，语言能力每个部分都是独立的、不可替代的、不依赖于其他部分而存在的。

(3) 吸收现代语言学、心理学等领域的最新研究成果，并对此作适当回顾或具体说明。

(4) 若声称体现了汉语特色，就要解释，与其他语言相比，汉语能力有哪些本质上的区别性特征。这种解释要具备理论意义和科学价值，就必须从心理和生理方面对不同语言的语言能力作属性、特征和功能的概括性区别，而不是仅从外部形式上对它们进行描绘性比较，并摒弃一切政治、行政乃至商业方面的考虑。

(二) 建立操作假设

当我们把理论假设用于测验，我们就是在尝试对理论提出的结构和结构关系加以证实或证伪，不过结构和结构关系本身是无法直接测量的，需要为它们建立一系列操作假设，所以，操作假设实际上是为验证理论假设而建立的一个基本框架。它的主要作用就是在结构与测验分数之间，语言能力与语言行为之间，结构与结构之间建立一种联系。在建立这样一个框架时，我们的主要思考方向不是哪些行为反映了哪种能力，而是哪种能力会影响哪些行为，也就是说，操作假设更多地关注语言行为和这些行为的类的差别。毫无疑问,这些假设必须建立在对语言行为的正确分类的基础上,惟此才能最终使测验和分数所代表的语言行为与理论假设所概括的语言行为具有最显著的同构性和尽可能一致的变化趋势,才能保证根据测验和分数对语言能力作出的推论最正确、最有效。根据这种观点,在建立操作假设时要特别注意以下几方面问题:

(1)具体说明预期的被试反应的性质,不能不加区别地用理论定义本身来替代对测验所要求的行为的假设。比如,我们当然不会认为有所谓语法行为和词汇行为,所以把语法和词汇定义为分立的测验就有问题。表面上,这种定义把能力与行为看作是一对一的关系,而从逻辑上,这种定义实际上把两者等同,从而混淆了不同层次或不同范畴的概念。当然,即使从经验的角度看,这种关系模式也难以成立,因为它不仅忽略了能力影响所及的行为的范围,同时也低估了支持行为的能力的多样性。

(2)具体说明各种结构之间的关系:哪些结构应当相关,应如何相关以及应在多大程度上相关,哪些结构不应相关。

(3)详尽说明不同类别的行为刺激物及其属性。这里当然要涉及测验内容,实际上对内容的精确描绘正是对结构作操作性定义的重要方面。不过,这种说明绝不仅仅是个内容清单,它还应当包括体现被试的潜在测验任务特征的那些引导和观察条件,因为测验方法,"实施测验的背景的每个方面和这一程序的每个细节都可能对被试表现从而对实际测量物产生影响。"[1]

---

[1] Bachman, L. F. 1990, *Fundamental Considerations in Language Testing*. Oxford: Oxford University Press.

(4)提出对抗性假设,即预想的结构和结构关系也许并不存在,因为"建立结构效度的任务并不是去支持某种解释,而是去发现它有什么纰漏。一个命题只有经过各种证伪的认真尝试后仍能幸存,才值得某种程度的信任"。①

假定我们想为两个通称为句法能力和语音能力的结构建立效度,我们操作性地将它们定义为测验中几个部分的分数。当然,我们所以能这样做,还因为我们同时假定,已经事先有了一套符合逻辑的、正式的、完整的有关语言能力的理论,从而可以假设:

较之不具备句法能力者,具有此种能力者

(1)在交流口头信息时将有更高的成功率。

(2)在说的方面将出较少的语法错误,在听的方面,将对口语是否符合语法规范表现出更强的敏感性和觉察力。

(3)在获取书面信息时将有更高的成功率。

(4)将对书面语是否符合语法规范表现出更强的敏感性和觉察力。

(5)在交流口头信息时将有更高的成功率。

(6)在说的方面将出较少的语音错误,在听的方面,将较少因语音问题出识别和理解错误。

较之仅具备语音能力或仅具备句法能力者,兼具两种能力者

(7)在交流口头信息时将有更高的成功率。

---

① Cronbach, L.J. 1980, Validity on parole: how can we go straight? *New Directions for Testing and Measurement*. 5:103.

(8)听辨理解的成功率与口头表达的成功率有更高的相关。

(9)句法能力与语音能力不相关或相关较低:交流口头信息时的语法错误率及获取书面信息的成功率与交流口头信息时的发音错误率及语音识别引起的理解错误率无关。

(10)较之不具备下列能力者,具备相应能力者将在口头交流信息和获取书面信息时有更高的成功率,并出较少的相关错误。它们是:词法和词汇知识,连贯和修辞组织能力,概念、操作、启发及想象功能,对方言或变体差别、语域差别、语言的自然程度的敏感性和控制能力,使用和理解文化所指及言语特征的能力。这些能力对应试行为的影响构成测验分数方差的一部分,但这一部分属于测验的方法方面,被试样本在这些方面的同质性越高,对测验实现目标的程度所作的推论效度就越高。

假定我们有了这十个得之于理论的假设,又有了一套关于测验的句法和语音项目、社会文化内容和语言功能项目的详细清单可供随机抽样,我们就具备了设计和开发测量句法能力和语音能力的听辨理解测验、口头表达测验和测量句法结构能力的阅读理解测验的操作基础。

我们的对抗性假设简单地说就是:以上假设的结构和结构关系,部分或全部不能成立。

(三) 根据操作假设设计和编制测验

这一阶段,测验开发者将对每个测验实施以下步骤:

(1)根据假设的结构和结构关系,从所有的相关领域清单中随机抽取测验内容样本。

(2)根据内容样本命题,并按假设的结构和结构关系编制预备测验(pilot test)。

(3)从预期的被试总体中抽取样本实施预备测验。

(4)根据预定的难度和区分度对预测结果进行项目分析。

(5)估计预备测验的信度。

(6)收集数据,考查预备测验的效度。

(7)根据(4)(5)(6)的结果筛选试题,组成新的测验。这时,可对测验作技术性修改,也可以对操作假设中提出的结构和结构关系作局部调整。

(8)重复实施第(6)个步骤。

二 确定结构效度的一般方法

结构效度检验主要通过从语言能力的行为样本中收集、整理和分析证据来进行。在这里,需要提供何种证据和进行哪些逻辑论证,主要取决于根据测验目标就分数与对分数的解释和使用的关系提出了哪些假设。这种假设的关系通常都可以用某种数量关系来表示。结构效度检验,"就是看是否出现所预言的数量关系"[1],"如果假设的结果发生了,假设就得到了支持,就可以说这个结构是有效的"[2]。所以,结构效度检验首先是一个设计问题,设计必须从测验目标或用途出发,它不仅决定了需要收集的证据的类型,而且决定了假设的结构应在什么条件下接受检验和采用何种统计分析手段。不过,"结构效度没有和任何

---

[1] Cronbach, L. J. 1990, *Essentials of Psychological Testing*. P.178, 179. New York: Harper & Row, Publishers.

[2] Henning, G. 1987, *A Guide to Language Testing*. Cambridge: Newbury House Publishers.

一个特定的效度系数联系在一起。"[①]也"不以单个统计量的形式表示,相反,它通常需要考虑多种证据"[②],并涉及一系列各种条件下的检验。

(一) 结构效度检验的设计

关于如何设计结构效度检验,专家们提出了多种思路。Bachman 认为,根据测验目标和用途,检验结构效度需要三个方面的证据:内容恰当、效标相关以及结构有实际意义。如果结合一定的研究方法,结构效度检验需要的证据类型可以包括以下任意几个或全部:(1)题目分数和测验分数之间,题目和测验的特征与题目和测验的分数之间的相关模式;(2)对应试心理过程的分析以及根据此类分析建立的模型;(3)考生团体间差异的研究;(4)对经过一段时间所发生的变化的研究;(5)对实验效果的调查。

Nitko 则把结构效度检验的设计归为以下三种类型[③]:

1.逻辑法 通过检验测验和测验所要求的行为,通过综合理论知识和对被试的经验,可以对已提出的结构表示质疑,其结果是,对一个测验所要求的行为提出新的假设。

2.相关研究 理论的或逻辑的结构构成解释测验的基础。在这样的框架内,某一结构应该和其他结构具有或不具有某种关联。相关研究就是看测验间是否有你提出的那种关联,如果

[①] Henning, G. 1987, *A Guide to Language Testing*. Cambridge: Newbury House Publishers.

[②] Bachman, L. F. 1990, *Fundamental Considerations in Language Testing*. Oxford: Oxford University Press.

[③] Nitko, A. J. 1983, *Educational Tests and Measurement*. Harcourt Brace Jovanovich, Inc.

没有,那么按原来的结构解释分数就有问题。

3.实验性研究　是设置某种条件来修正测验分数。如果设置的理论上与研究的结构无关的条件能够改变测验分数,那就有必要修正原来提出的解释程序了。

测验内法(内部结构效度的建立)

这类设计思路主要着眼于测验本身或兼及应试心理过程。

1.内容效度考察

这种设计思路假设,测验内容能够反映并定义测验实际测量的语言能力结构。考查内容效度还可以从许多角度入手,如复本法、再测法、经验法等,但最通行的做法就是请有关领域的专家对测验题目是否符合或在多大程度上符合预定的内容范围作出评定,也就是考察测验内容对某种语言学习大纲或有关测验内容的详尽说明的覆盖面和代表性。另外,考察测验内容必须充分考虑测验方法的各个方面,只是这一点却往往为人们所忽视。

从效度一元化的观点考虑,建立结构效度的确需要内容恰当性方面的证据,但内容效度考查显然有很大的局限性。比如,它缺乏可靠和公认的数量指标,不利于进行不同测验的相互比较。再测法不能完全排除练习效应,复本法则在复本相关低时无法确知哪一个缺乏内容效度,而在相关高时又无法确知是两个复本都有效还是都无效。但内容效度考查最大的缺陷还在于以下两个方面:

首先,要一个不漏地详尽说明测验所代表的内容领域一般是不可能的,无论多么详尽,这种说明本身终究只是一种抽样,测验则更是抽样的抽样,所以无论是这种抽样,还是对这种抽样的覆盖面和代表性的判断,都无可避免地带有主观的成分。

其次,即便我们能够最大限度地实现测验内容的客观性,我们对测验效度的推论,也将仅限于已经说明的结果的方面,而仅仅根据内容的恰当性,甚至连这样有限的解释也是片面的。因为我们只能推断被试能够做什么,至于他为什么在某个题目上失分,我们可以作出若干种涉及被试动机、注意力等看起来能够自圆其说的对抗的解释,却无法作出任何实质性的、得到特质结构和应试心理过程方面的证据支持的判断,无法得出没有能力(inability)或没有运用能力(incompetence)的推论。由此可知,忽略了被试的应试心理过程和各种心理因素对测验表现的影响,是内容效度考查的最重要的局限。

2. 测验的同质性检验

这种设计思路着眼于各种题目之间或测验的各种次量表之间的相关,它的一个优点是比较简便和经济,因为它通常不需要实施共时测验以建立效标。它的效标取自测验本身。这种设计假设,如果某个测验和它的题目具有结构效度,那么每个题目与测验总分之间的相关就应高于它与其他测验的相关。根据 Henning 的说法[①],这种假设用数学形式表达就是:

$$r_{a1,AT} > r_{a1,BT} \quad r_{a2,AT} > r_{a2,BT} \quad r_{a3,AT} > r_{a3,BT} \cdots\cdots$$

上面的符号表示单个题目 a1、a2、a3 等与其所属部分的总分 AT 的相关应高于它们与任何其他部分总分 BT 的相关。同理,如果用 TT 表示测验总分,我们也可以检验测验某个部分与

---

① Henning, G. 1987, *A Guide to Language Testing*. Cambridge: Newbury House Publishers.

总分的相关是否高于它与其他部分的相关,即是否 $r_{AT,TT}$ > $r_{AT,BT}$。

语言测验的同质性检验传统上通常用 Cronbach 的 α 系数或 Kuder-Richardson 公式,点双列相关系数也比较好用,现在如果涉及多个变量,则最好使用确证性因素分析。因素分析不仅能够检验抽取的每个因素是否在预期的变量上有显著负荷,而在其他变量上没有或没有显著负荷,而且可以检验某个变量是否同时负荷不同的因素,各种变量和因素之间是否相关以及如何相关。这样,就能够推论测验和各部分题目测了单一特质还是多个特质。

同质性检验的主要缺陷是,如果着眼点仅在于测验自身的同质性,由于缺少外部效标和对被试应试过程的心理分析,仍然很难确认测到的特质或结构在语言能力中的定位。

3. 应试心理过程分析

这种设计思路最重要的特征是,它将对测验数据的定量分析与对应试过程和测验任务本身的定性分析方法结合起来。它假设在测验中,被试对自身反应的动机、原因及所采取的应试策略等有一定程度的自觉。所以,应当现场观察被试面对测验任务时的具体操作反应,及时调查记录他们意识到的应试心理过程,并将观察结果和调查记录与测验的假设相比较,进行必要的统计分析。这样,就有可能发现,某一类题目会牵涉到哪些类型的认知过程,其中哪些是与语言能力直接有关的,而影响这一类认知过程的主要因素是否就是希望推论的那种结构或能力。

对应试心理过程的调查方法,最主要的有自我报告分析和原始记录分析[1],这类方法要求被试在答题的同时说出思考内容,或在答题或测验之后追溯解题过程,目的在于调查被试选择答案的理由及其应试策略。在某些调查中,研究者发现,一方面,"某个特定的解题方法可能产生于若干个替代性应试策略。"[2]而另一方面,"不同的个人以不同的方式完成同样的任务,甚至同一个个人在不同题目上或不同的场合中表现方式也不同……也就是说,不同的个人一贯地变化着他们在任务表现上使用的策略和风格。"[3]

考查应试心理过程还可以采用其他方法,例如计算机模拟、反应次数分析及对这些次数的数学模拟,以及系统错误分析等。不过,毫无疑义,自我报告分析和原始记录分析的引入对于建立结构效度具有特殊重要的意义,正如 Bachman 所说,"它使我们得以更好地理解被试接受测验时实际作了些什么,而我们的语言测验实际测量了些什么。"[4]

测验间法(外部结构效度的建立)

这种设计主要是从其他测验,直至非测验条件中去寻找结构效度的证据。前者涉及若干测验的比较。其中,最重要的概

---

[1] Messick, S. A. 1989, Validity. In Linn, R. L. (ed.): *Educational Measurement*. New York: American Council on Education/Macmillan Publishing Company.

[2] Grotjahn, R. 1986, Test validation and cognitive psychology: some methodological considerations. *Language Testing*. 3,2:165—166.

[3] Messick, S. A. 1989, Validity. In Linn, R. L. (ed.): *Educational Measurement*. New York: American Council on Education/Macmillan Publishing Company.

[4] Bachman, L. F. 1990, *Fundamental Considerations in Language Testing*. Oxford: Oxford University Press.

念有两个,即聚敛的有效性和判别的有效性。

1. 聚敛效度和判别效度检验

结构效度在逻辑上具有双重意义:一方面,通常假设测验所要求的语言行为是其他环境下同类行为的代表性样本,所以,必须收集证据以表明使用不同方法在不同环境中采集的语言行为样本均受同一种语言能力支配。用 Campbell 和 Fiske 的话来说就是,结构效度应当"体现为通过尽可能不同的方法测量同一特质的两次尝试的一致性。"[①]另一方面,又必须假设,无论使用何种方法、在什么环境下收集数据,测量不同语言行为的测验总是趋向于产生不同的结果并以此相互判别。这些数据必须能够表明,因为假设要测的语言能力不同,这些测验彼此无关或相关较低。

考查聚敛效度(convergentvalidity)最简单的方法就是先找到一个已经得到较多效度资料证明的、同类的、有一定权威的语言测验,把它和被考查的测验都在同一组被试中施测,然后比较它们的分数,如果相关很高,就说明两个测验测的是相同的语言能力,新测验用于推论这一语言能力与权威测验在结构上等效。如果相关很低,则说明它们测的不是一种结构。不过,与权威测验等效只是建立结构效度的必要条件,而不是充分条件。因为根据权威测验所作的许多推论本身也需要更多的证据。

考查判别效度(discrimi-nantvalidity)的方法一般是找一些测量其他语言能力的测验,把它们与被考查的测验在同一组

---

① Campbell, D. T. and D. W. Fiske 1959, Convergent and discriminant validation by the multitrait-multimethod matrix. *Psychological Bulletin*. 56:81—105.

被试中施测,然后比较它们的分数,另外,一般认为分立式测验测量了不同的结构,因而也可以把各个部分的分数加以比较,如果结果相关很高,就说明根据分数对测验所测结构的推论可能无效,而如果相关较低,却仍不能保证推论必定有效,也就是说,判别效度同样只是结构效度的必要条件,而不是充分条件。

2. 多质多法式设计的应用

这种方法的最大特征和最大优点,就是能兼顾各种相关的聚敛模式与判别模式,把两方面的证据结合起来以形成对结构效度的综合判断。一般认为测验分数的变异有三个来源:特质、方法、特质与方法的交互作用。要判断某个测验分数的变异是不是主要由假设的语言能力所决定,就要能区别这三种变异的作用,就要能估计它们各自在分数总变异中所占的比例。为了取得这些证据,多质多法式设计(the multitrait-multimethod design)中包含了各种测验,每种测验都体现了特质与方法搭配的一种特定形式。通过对所有搭配形式中各种聚敛和判别效应的分析,就有可能为特质与方法的某种特定的搭配方案是否合理提供有意义的证据。

根据 Henning 所述,在多质多法的设计框架中,假如目的是考查使用听、说、读三种方法能否有效地测量句法、词汇和语域敏感性三种特质,传统上一般需要采取以下步骤[①]:

(1)设计九个测验并在同一组被试中实施,即分别用三种方法逐个测量三种特质。然后,根据测验分数生成一个所有特质

---

① Henning, G. 1987, *A Guide to Language Testing*. Cambridge: Newbury House Publishers.

与所有方法的相关矩阵。为了便于解释,可以用实线和虚线把这个矩阵隔成九个三角形,并用Ⅰ、Ⅱ、Ⅲ分别表示听、说、读三种方法,用 A、B、C 分别表示句法、词汇和语域敏感性三种特质,如图 4-5。在这个矩阵中,圈在实线里的是以同样的方法测量的不同特质间的相关,或称异质单法相关。圈在虚线里的是以不同方法测量的不同特质间的相关,或称异质异法相关。虚线三角形之间的两条对角线上的数值(黑体)是用不同方法测得的相同特质间的相关,也称单质异法相关。另外,主对角线上的数值(括号内)表示测验信度,即用相同方法测量相同特质的相关。

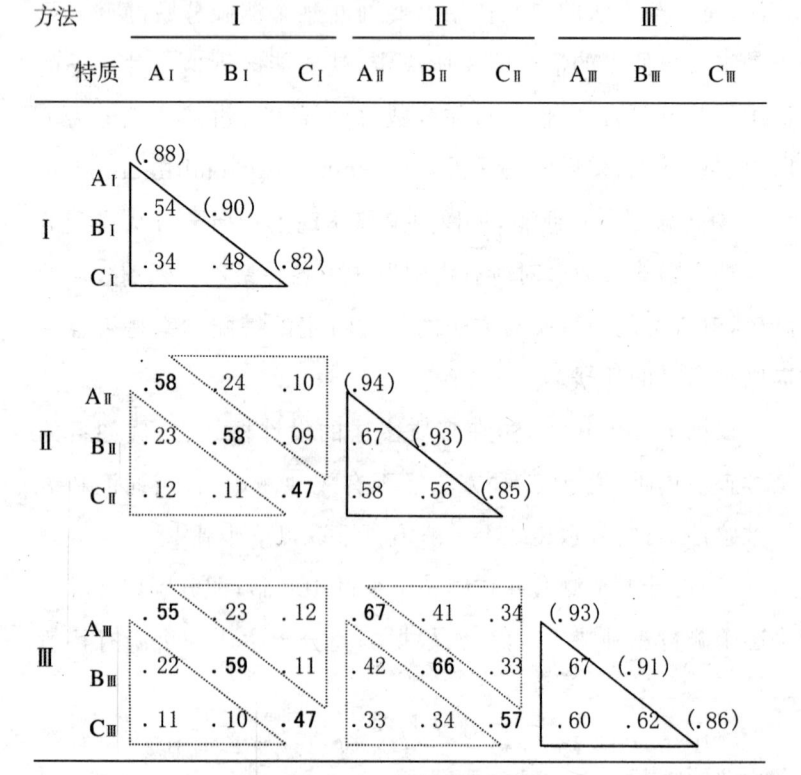

方法		Ⅰ			Ⅱ			Ⅲ	
特质	$A_Ⅰ$	$B_Ⅰ$	$C_Ⅰ$	$A_Ⅱ$	$B_Ⅱ$	$C_Ⅱ$	$A_Ⅲ$	$B_Ⅲ$	$C_Ⅲ$

Ⅰ
$A_Ⅰ$ (.88)
$B_Ⅰ$ .54 (.90)
$C_Ⅰ$ .34 .48 (.82)

Ⅱ
$A_Ⅱ$ **.58** .24 .10 (.94)
$B_Ⅱ$ .23 **.58** .09 .67 (.93)
$C_Ⅱ$ .12 .11 **.47** .58 .56 (.85)

Ⅲ
$A_Ⅲ$ **.55** .23 .12 **.67** .41 .34 (.93)
$B_Ⅲ$ .22 **.59** .11 .42 **.66** .33 .67 (.91)
$C_Ⅲ$ .11 .10 **.47** .33 .34 **.57** .60 .62 (.86)

图 4-5 多质多法矩阵

第三节 在汉语能力测验中如何建立结构效度

(2)在采取以下步骤之前,必须首先考虑几个测验的信度是否相差很大,以至必须通过校正来保证统计精度。图4-5中,信度值都很高,说明测验间具有可比性,不必进行校正。

(3)考查对角线上的单质异法相关系数或聚敛效度系数。总的来说,这一项相关高,就说明分数主要由特质决定,与方法关系不大。不过,为了最终得到这一总的结论,通常要使用三重标准,进行三步判断:

第一,用最宽松的标准考查聚敛效度,即聚敛效度系数应显著高于零。从图4-5看,所有特质都能满足这一标准。另外,如需比较不同特质的总体聚敛效度,就应通过费歇尔Z转换算出每个特质所有相关系数的平均数,即平均聚敛效度。

第二,考查异质单法判别效度。把聚敛效度系数与实线三角形里的对应的异质单法相关系数进行比较。因为后者实际是不同量表间的信度系数,这个系数越高,则由方法决定的变异在分数总变异中占的比重越大,而由特质决定的变异占的比重越小。因此,聚敛效度系数应显著高于异质单法相关系数。从图4-5看,这一标准没有全部满足。此外,如需比较不同特质的总体异质单法判别效度,就要为每个特质算一个平均比率,即先通过费歇尔Z转换算出每个特质所有对应的异质单法相关系数的平均数,然后用这个平均数除该特质的聚敛效度系数的平均数。这里的标准是:相应的平均比率必须超过1.00。

第三,考查异质异法判别效度。把聚敛效度系数与虚线三角形里对应的异质异法相关系数进行比较,前者应显著高于后者,即由特质决定的分数变异应显著高于由特质与方法的交互作用决定的分数变异。图4-5显示所有特质都能满足这一标准。此外,如需比较特质总的异质异法判别效度,就要为每个特质算一个平均比率,即通过费歇尔 Z 转换计算单个特质的所有异质异法相关系数的平均数,然后用这个平均数除该特质的平均聚敛效度。显然,这一平均比率必须超过 1.00。

多质多法设计可以应用多种统计手段,其中较新而更强有力的是确证性因素分析。

3.效标关联效度检验

这种思路假设,决定被试测验表现的心理结构与决定他们在其他环境下同类行为的心理结构具有一致性。因此,非测验环境中的语言行为可以用作测验表现的效标。考查效标关联效度,建立正确的效标至关重要。正确效标的第一个条件是要符合测验目的。语言能力测验与语言测验应用的所有目的都有关,却不必对任何特定的目的充分有效。与任何一种为某些专门目的设计的语言测验不同,语言能力测验的目的是测量一般的语言行为。正确效标的另一个条件是,效标变量与测验分数相互独立。也就是说,效标证据必须取自与测验无关的其他测量工具。

根据取得效标证据的时间,可以将效标关联效度分为共时效度(concurrentvalidity)和预测效度(predictivevalidity)。共时效度指测验分数对在其他条件下同时获得的对被试语言行为的观察结果的代表性。预测效度指测验分数对经过一段时间后搜集的在其他条件下对被试语言行为的观察结果的预测能力。

考查效标关联效度的具体方法很多,但其局限也很明显:首先,这种设计完全回避了语言能力的定义问题和应试心理过程。同样重要的是,对于语言能力测验来讲,实际上很难找到或根本就不存在所谓最终效标,所有的效标证据可能都是片面的,临时性的,永远有待其他证据来证明的。

4. 实验法的应用

这种思路最重要的特征有两个:随机化和实验干预或处置。干预或处置有多种形式,较典型的是通过教学直接或间接地控制、改变变量或结构,然后通过观察比较干预、处置对测验分数的影响来取得效度证据。应当注意的是,实验研究的目的通常在于考查教学处置本身的效果,测验只是被当做这种研究的工具,所以实验通常都要包括至少一种效果未知的教学处置。反之,建立结构效度的目的在于考查一个效度未知的测验,而不在于教学处置,为此,最重要的是要有一种效果已知的教学处置[①]。

(二) 关于相关分析的几点

看法相关分析涉及一系列有些是十分复杂的统计技术。对它们的具体介绍和评价超出了本文的讨论范围,不过,在语言能力测验领域有关建立结构效度的研究中,考查分数之间的相关模式已经成为使用得最为广泛的一种方法,所以建立一个对它的正确认识就十分必要。

首先,关于相关的意义和性质。从传统的意义上说,相关就是两个量数之间的函数关系。相关系数是一个用数字表示的单一的统计量,它告诉我们"一个量数的变异在多大程度上与另一个的变异相一致"。因此,两组测验分数彼此相关最多表明它们

---

① Bachman, L. F. 1990, *Fundamental Considerations in Language Testing*. Oxford: Oxford University Press.

趋向于相互对应地以相同的方式变异。

其次,关于相关分析的方法和途径。在很多情况下,分数间的相关模式考察可以直接进行,例如上面介绍的多质多法研究。不过,对于大量的分数间的相关而言,这种考察最好还是通过因素分析来实现。相关分析的途径主要有两类:探索和确证。使用探索方式时,研究者对分数间的相关并没有一个先验的模式,他只是试图通过考察一组变量间的相关来识别对测验表现产生影响的语言能力,即根据观察到的分数间的相关来对可以解释这些相关的语言能力进行概括或提出假设。使用确证方式时,研究者对分数间的相关已经有了一个先验模式,即已经形成了关于语言能力的定义和这些能力间如何相关的特定假设。从这个假设出发,研究者试图通过考察观察到的相关关系来确证或是推翻假设的各种相关关系。

另外,关于相关分析结果的解释。必须明确,包括相关分析在内的一切统计工具本身都不带有推断性,不能产生对语言能力及其相互关系的理论解释,这种解释只能产生于研究者对语言能力本身的思考。

最后,关于相关分析的局限性。人们经常注意的是它们在形成新的假设方面的作用相对有限。比如,由于因素分析方法的应用,相关模式的建立已不再仅限于两个变量之间,而是考虑了所有可能的变量及其相互关系,但因素分析并不能帮我们更令人满意地定义所发现的任何"潜在变量"。又如,尽管由于项目反应理论(IRT)的出现,相关分析已经由专注于考查测验分数之间的相关模式而深入到考查单个的测验题目。但是因为各种 IRT 模型都假设测验中的所有题目测量的都只是同一种能力,所以"IRT分析所能证实的最多只是题目(或被试)在同一维度上是否与模型相匹配以及这种匹配或不匹配的程度。从能力的角度对这一维度是什么进行辨别便超出了它的能力"。就像Hulin等人指出的:"项目反应理论可以用于估价个人在潜在特质方面所处的位置,却并不为这一特质的结构效度的建立提供指导。"[1]此外,按照项目反应理论,把人的能力都放在一个统一的量表上去衡量,实际等于说人的能力只有量的差别。但事实上,我们经常遇到这样的情况:某甲长于能力A,而某乙长于能力B,这里的问题是,我们怎么能够使人信服地说明,使用同一量表对于甲乙二人是同样公正和有效的呢?相关分析的一个更大的局限性在于,所有的相关分析方法都仅仅考察应试过程的结果——测验分数,而不能为调查应试过程本身提供任何手段。

三 结语

经过前述各种假设检验之后,我们有时会发现不得不对某些假设作出调整。这种调整或是操作层面的,因而需要设计新的测量程序;或是理论层面的,因而需要建立与数据拟合得更好的结构——关于语言能力的新的定义。其实建立结构效度的目的本来就不限于支持对分数的某种应用和解释,而语言能力的很多方面对我们来说仍是未知领域这一点就决定了建立结构效度的过程绝不是一劳永逸的事,"不能归结为一条定律,没有哪

---

[1] Hulin, C. L., F. Drasgow, and C. K. Parsons 1983, *Item Response Theory: Application to Psychological Measurement*. Homewood, III: DowJones-Irwin.

种解释是最后的定论,也不能建立一种永远适用的结构效度。"①

第四节 关于construct的译法[②]

目前,对于construct的中文译法主要有"结构"(朱智贤)、"构想"(朱智贤、张敏强、郑日昌等)、"概念"(谢小庆)、"实验"(桂诗春)、"构造概念"(凌文辁等)、"建构"(简茂发)、"构念"(杨宜音)等。在朱智贤主编的《心理学大词典》中,对同一个construct validity列出了"构想效度"(第240页)和"结构效度"(第331页)两个不同的词条,有意思的是,竟然分别撰写了内容不同的释文。从这个例子可以看出这个术语在翻译上存在的问题。

从1955年Cronbach与Meehl提出construct validity概念以后,心理测量学家对这个概念就存在着两种不同的看法。反对的人认为它会导致对测验效度的主观臆测,支持的人认为它涵盖了所有其他的效度证据。今天,后一种观点已经占据了明显的上风,construct已经成为教育与心理测量中的核心概念。1999年,美国教育研究协会(AERA)、美国心理学会(APA)和美国国家教育测量协会(NCME)在1985年版本的基

[①] Cronbach, L. J. 1990, *Essentials of Psychological Testing*. P.178,179. New York: Harper & Row, Publishers.

[②] 本节摘自谢小庆:《关于construct的译法》,《心理学探新》2001年第1期,第21卷总第77期。

础上重新修订出版了新的《教育与心理测量标准》(Standards for educational and psychological testing)。这是教育与心理测量领域中的最权威文献。1999年新版本与1985年版本的一个重要区别就是将construct放到了更重要、更核心的地位。在1985年版本中,construct-related与标准关联(criterion-related)、内容关联(content-related)并列为支持测验效度的三种证据。在1999年版本中,没有将construct作为效度证据来源的一种,而是用construst来定义效度概念。这一改变表明,在主流心理测量学界,今后已不再存在construct validity这一概念。所谓效度,就是测验对construct进行测量的有效程度。因此,"construct效度"就成为同义反复。随着"construct效度"这一概念退出历史舞台,construct这一概念却走到了舞台的中心。在今后的教育与心理测量学术研究领域中,construct将成为最重要的概念之一。

《教育与心理测量标准》是教育与心理测量领域的职业标准,是最权威的文件。在这一文献1999年最新版本中谈到效度时说:"逻辑上,效度检验过程开始于对测验分数解释的清楚说明,以及这种解释与测验使用之间的关系。所谓测验解释,是关于测验所要测量的construct或概念(concepts)的解释。"(第9页)在书后的术语(glossary)中,关于construct的解释是:"测验所测量的概念或特性(the concept or the characteristic that a test is designed to measure)。"(第173页)在这一文献关于construct validity的解释中说"在本标准中,所有的分数都被视为对construct的测量。因此,这一短语对于效度来讲已经成为多余(redundant)"。(第174页)

最早提出 Construct validity 概念的 Cronbach 在 1971 年写道:"当我们对情景、人或反应进行分类时,就需要使用 construct。这里,使用术语'概念(concept)'可能比使用术语'construct'更好,但是,我们使用后者的原因是为了强调,这些范畴是为了将经验组织进定律性陈述而精心创造的。"(转引自 Bachman,第 255 页)

根据以上两个比较具有权威性的说法,我们可以看到,提出"实验""结构"译法的人并没有准确理解 construct 本身的涵义。在传统的、已有的中文词汇中,并没有一个与 construct 完全对应的词。与"构想"相比,似乎"概念"与 construct 的涵义更为接近一些。正如 Cronbach 所说,在英语中,与"概念(concept)"相比,construct 更强调建造、创造、人为的意思。如果译为"概念",没有体现出英语中的这种区别。与之相比,词组"构造概念"显然更为准确。作为新造的词,有"建构"和"构念"两种译法。相比之下,二者中"构念"可能更好一些,因为在"建构"中没有体现"概念"的意思。如果采用词组译法,似乎"建构概念"又比"构造概念"好一些。

在外文文献的翻译过程中,一些术语找不到现成的完全对应的中文词的情况,不是偶然,而是相当普遍。处理这种情况的方式有两种:一种方式是采用一个现有的中文词,赋予其新的涵义。例如,汉语中原有的"文化"一词后来被赋予了"物质和精神财富总和"的新的涵义。另一种方式是创造一个新词。例如,"测验""服务"等都是在翻译过程中创造的新词。在 construct 的翻译中,我们也可以有两种选择。如果选择一个既有的中文词并赋予其新的涵义,译为"概念"较好;如果创造一个新词,则译为"构念"较好。

此外,我们还有一些其他的选择。例如,可以译为词组"建构概念"。北京语言文化大学外语学院院长、语言学家方立教授建议译为"构件"。这是一个非常形象化的译法,确实是一个可以考虑的选择,不足之处是没有体现出"概念"这一层意思。

第五节 测量是理论的组成部分
——再谈构想效度[①]

"构想效度"概念首次出现于《心理测量与诊断技术的建议执行标准》(习惯上称"1954年标准")中,第二年,Cronbach & Meehl对这个概念做了详细的阐述[②]。"构想效度的引进,可以看成是自比奈发明智力测验以来,测验领域中最为显著的变化",它标志着测验"和历史传统与实用传统彻底决裂",而且"至今仍以显著的方式改变着测验事业"[③]。但效度研究方面"规范的理性进步却来得十分缓慢"[④],人们对构想效度的误解,至今

---

① 本节摘自张凯:《测量是理论的组成部分——再谈构想效度》,《云南师范大学学报》(对外汉语教学与研究版)2005年第5期。

② Cronbach, L. J., Meehl, P. E. 1955, Construct validity in psychological tests. A. W. Ward, H. W. Stoker and M. Murray-Ward (eds.) *Educational Measurement*. Lanham: University Press of America, Inc. 1996.

③ Rogers, T. B. 1995, *The Psychological Testing Enterprise: An Introduction*. Belmont: Brooks/Cole Publishing Company.

④ Wiley, D. E. 1991, Test validity and invalidity reconsidered. In R. E. Snow, D. E. Wiley (eds.) *Improving Inquiry in Social Science: A Volume in Honor of Lee J. Cronbach*. New Jersey: Lawrence Erlbaum Associates, Publishers.

也没有消除。本文的目的是,以心理测量和语言测验为例(为简便起见,本文只说"心理测量",本文所说的"心理测量"包括教育测量和语言测验),对照自然科学(物理学)的研究程序,探讨构想效度和理论的关系,并提出消除误解的办法。

一 标准表述和误解

(一) 标准表述

构想效度的标准表述见于 APA 标准①:

> 对构想效度的评价,要通过对测验所测心理属性的研究来进行,即,这种研究表明,某些解释性构想在某种程度上解释了测验表现。检验构想效度需要从逻辑和经验两方面入手。**构想效度研究,本质上是证明测验背后的理论有效**(重点引者加)。

自此,构想效度成了心理测量的核心概念。Cronbach & Meehl 第一次论述了这个概念。他们的目的是阐述构想效度的本质及其建立(证明)方法,他们说:

> 只要一个测验要被解释为某种属性的一个测度而非"操作性定义"时,那就涉及了构想效度。这时,研究者所面临的问题是:"哪些构想解释了测验表现中的方差"?(p. 180—181)②

---

① American Psychological Association. 1954, Technical recommendations for psychological tests and diagnostic techniques. *Psychological Bulletin*, 51.

② Cronbach, L.J., Meehl, P. E. 1955, Construct validity in psychological tests. A. W. Ward, H. W. Stoker and M. Murray-Ward (eds.) *Educational Measurement*. Lanham: University Press of America, Inc. 1996.

他们还说：

> 建立构想效度主要不是由特定研究程序决定的，而是由研究者的倾向性决定的。面向标准（CRITERION）的效度……"是把一组操作当做对所测属性的充分定义"。当研究者认为没有什么标准完全有效时，他必然对构想效度发生兴趣……建立内容效度，就是检验内容整体是否是对所测变量的定义。当没有什么标准或内容整体可作为对所测属性的完备定义时，我们就必须研究构想效度。几乎任何测验都需要知道究竟有哪些心理构想能说明测验的表现。(p.181)[①]

APA 以及 Cronbach & Meehl 的愿望是共同的，即把心理测量纳入正规科学的轨道，但事与愿违，Cronbach & Meehl 的这篇文章日后引起了长期的误解。对构想效度的误解，我们大致可以分成两类，一类是理解得不全面，另一类是完全的误解。

（二）不全面的理解

在今天，大家都知道，构想效度是效度的核心，但是，当一个测验声称有构想效度时，究竟是什么东西有效呢？对此，测量界有三种不同的解释：构想有效、测量有效、测验的分数或分数解释有效。

构想有效

Henning 说：

---

① Cronbach, L. J., Meehl, P. E. 1955, Construct validity in psychological tests. A. W. Ward, H. W. Stoker and M. Murray-Ward (eds.) *Educational Measurement*. Lanham: University Press of America, Inc. 1996.

> 建立构想效度的目的是,证明被测量的潜在的理论构想本身是有效的。①

桂诗春、宁春岩以及陈俊良的说法与之类似②。

测量有效

在测量界,很多人认为构想效度是测量(测验)的有效性。Anastasi 以及 Anastasi & Urbina 说:

> 测验的构想效度就是测验在多大程度上可以说是测出了理论构想或理论特质。③

罗德和诺维克则说:

> 所谓构想效度,是指一个测验测定到它所打算测定的构想的程度。④

戴忠恒、凌文辁、滨治世、王重鸣、Fraenkel & Wallen、Brown、Kline、刘永芳、房慧聪均持上述观点⑤。

---

① Henning, G. 1987, *A Guide to Language Testing: Development, Evaluation, Research*. New York: Newbury House Publisher.

② 桂诗春、宁春岩:《语言学方法论》,外语教学与研究出版社,1997。陈俊良:《体育测量与评价》,人民体育出版社,1991。

③ Anastasi, A. 1982, *Psychological Testing*(5th ed.). New York: Macmillan Publishing Co., Inc. Anastasi, A. & S. Urbina. 1997, *Psychological Testing* (7th ed.). New Jersey: Prentice-Hall, Inc.

④ M.罗德和 R.诺维克:《心理测验分数的统计理论》,叶佩华等译,福建教育出版社,1992。

⑤ 戴忠恒:《心理与教育测量》,华东师范大学出版社,1987。凌文辁、滨治世:《心理测验法》,科学出版社,1998。王重鸣:《心理学研究方法》,人民教育出版社,1990。Fraenkel J. R., Wallen, N. E. 1993, *How to Design and Evaluate Research in Education*(2nd ed.). McGraw-Hill, Inc. Brown, J. D. 1996, *Testing in Language programs*. New Jersey: Prentice Hall. Kline, P. 1998, *The New Psychometrics: Science, Psychology and Measurement*. London: Routledge. 刘永芳、房慧聪:《人格评价》,山东人民出版社,2001。

测验的分数或分数解释有效

上个世纪最后的十几年里,效度是分数解释或根据分数所作推断的有效性之说越来越盛行。Messick 说,"效度不是测验……的特性,而是测验分数的意义的特性"[1]。Fraenkel & Wallen 说,"需要证明有效的,不是工具本身,而是工具在特定的应用中产生的推论"[2]。Cronbach 自己后来也说,构想效度"证明的是特定的分数解释"[3]。持这种观点的还有 Ebel & Frisbie,Bachman,Bachman & Palmer,Chapelle 等[4]。

表述含混

以上三种说法,不论对错,总还是清楚的,还有一些说法就令人费解了。

Alderson,Clapham 和 Wall 说:"每个理论都包含若干构想,并力图定义构想之间的关系……为了测出一个测验的构想

---

[1] Messick, S. 1989, Validity. R. L. Linn (ed.). *Educational Measurement*(3rd ed.). New York: Macmillan Publishing Company.

[2] Fraenkel, J. R., Wallen, N. E. 1993, *How to Design and Evaluate Research in Education*(2nd ed.). McGraw-Hill, Inc.

[3] Cronbach, L. J. 1989, Construct validation after thirty years. R. L. Linn (ed.). *Intelligence*, *Measurement*, *Theory and Public Policy*. University of Illinois Press.

[4] Ebel, R. L., Frisbie, D. A. 1991, *Essentials of Educational Measurement*. New Jersey: Prentice-Hall.
Bachman, L. F. 1990, *Fundamental Consideration in Language Testing*. New York: Oxford University Press.
Bachman, L. F., Palmer, A. S. 1996, *Language Testing in Practice*. New York: Oxford University Press. Chapelle, C. A. 1998, Construct definition and validity in SLA research. L. F. Bachman and A. D. Cohn (eds.). *Interfaces Between Second Language Acquisition and Language Testing Research*. Cambridge: Cambridge University Press.

效度,编制测验的人必须使测验和潜在的理论挂上钩,然后将测验结果和那个理论进行比较。"①这好像是说构想有效,但他们接着又说:"构想效度就是评价一个测验对那些构想的测量程度如何。"这又似乎是说测验有效了。

杰克逊说:"构想效度是根据心理概念或构想分析测验分数的意义[分数有效?]。为了以心理学或科学术语来解释测验测量了什么[测验有效?],有必要理解决定测验分数的概念[构想本身有效?]。"②

Sax 说:"在大多数 IQ 测验背后,都有某种理论意义,而这个理论意义正是测验编制者想要测量的东西。"③

Loewenthal 则更玄:"如果你是在一个理论背景[context]中编制测验,而这个理论做出了关于行为和测验之间关系的预言,那你就涉及了构想效度问题。"④

还有人认为,构想效度"既包含了内容效度的信息,也包含了效标关联效度的内容"。⑤

Fraenkel & Wallen 在同一本书里有两种说法,也属表述不清。

---

① Alderson, J. C., Clapham, C. Wall, D. 1995, *Language Test Construction and Evaluation*. Cambridge: Cambridge University Press.

② 杰克逊,查尔斯:《了解心理测验过程》,姚萍译,万传文审校,北京大学出版社,2000.

③ Sax, G. 1997, *Principles of Educational and Psychological Measurement and Evaluation*. Belmot: Wadsworth Publishing Company.

④ Loewenthal, K. M. 2001, *An Introduction to Psychological Tests and Scales*. East Suseex: Psychological Press, Ltd.

⑤ Aiekn, L. R. 1996, *Assessment of Intellectual Functioning*. New York: Plenum Press.

（三）完全的误解

应该说，上述各种观点，无论多么不全面，表述多么含混，谈论的总还是构想效度，或构想效度的一个侧面。我们下边列举的观点，就可以认为是对这个概念的曲解了。

把 construct 理解为 structure

构想效度的英文是 construct validity。在中文里，这个术语有很多译法，如"构造概念效度"①"理论效度"或"观念效度"②"构思效度"③"编制效度"④"构念效度"或"构造效度"⑤"构卷效度"⑥等。很多人把这个概念译成"结构效度"。根据这个译法，我们中国人有可能把"结构"理解为 structure，以为结构（构想）效度是指所测能力的构成（如智力的各个因素）和测验结构（structure）之间的一致性程度或对应程度。中国人有这样的误解应该说不奇怪，奇怪的是以英语为母语的人，也有类似误解。如 Allison 说：

[Construct（构想或结构）是]我们想要教或想要测的东西的表征，如"听力理解"及其组成成分。⑦

测验在什么程度上符合理论要求

有一种误解在我国很流行，这种观点可以在刘英林⑧、刘润

---

① 凌文辁、滨治世：《心理测验法》，科学出版社，1988。
② 刘英林：《汉语水平考试（HSK）述略》，《中国语文》1990 年第 4 期。
③ 王重鸣：《心理学研究方法》，人民教育出版社，1990。
④ 刘润清：《语言测试和它的方法》，外语教学与研究出版社，1991。
⑤ 徐枞巍：效度，Huesn, T., Postlethwaite, T. N.（主编），《简明国际教育百科全书·教育测量与评价》，许建钺等译，教育科学出版社，1992。
⑥ 高兰生、陈辉岳：《英语测试论》，广西教育出版社，1996。
⑦ Allison, D. 1999, *Language Testing and Evaluation: An Introductory Course*. Singapore: Singapore University Press.
⑧ 刘英林：《汉语水平考试（HSK）述略》，《中国语文》1990 年第 4 期。

清①、周大军和高兰生②的论述中看到,如高兰生、陈辉岳说:

> 构卷效度反映的,是测验在多大程度上符合理论方面的要求。

这种误解并非我国特有,英美人同样有这么考虑问题的,如 Alderson，Clapham & Wall 说:

> 构想效度是测验建立效度的一种方式,它基本上就是评价测验在何种程度上成功地建立在它所依据的理论上。③

和内容效度相互转化

Davies 则是这样误解构想效度的:

> 内容效度是教师或测验者做出的专业判断。他们靠自己的语言知识,来判断测验从大纲中抽取的样本的满意程度如何,不论这个大纲是实在的(就成绩测验而言)、是想象的(就水平测验而言),还是理论上或模型上的(就能力倾向而言)。在[最后]这一点上,内容效度就转化为构想效度,因为它是理论构想的一个样本,而测验是作为能力倾向来建构的。唯其如此,内容和构想很难截然分开……④

二 效度理论中的两个循环论证

我们看到,对构想效度这样一个核心概念,测量界有各种各样的理解和解释,其中一些解释之间的差距甚大。由于我们在

---

① 刘润清:《语言测试和它的方法》,外语教学与研究出版社,1991。

② 周大军、高兰生:《交际性语言测试理论述评》,《外语教学与研究》1998年第2期。

③ Alderson, J. C., Clapham, C. Wall, D. 1995, *Language Test Construction and Evaluation*. Cambridge: Cambridge University Press.

④ Davies, A., 1990, *Principles of Language Testing*, Basil Blackwell.

基本概念上没有达成共识,效度理论和效度检验的实践中,就一直存在着两个循环论证。

(一) 构想效度证明中的循环论证

虽然人们对构想效度概念的认识不一致,但大家似乎有这样一个共识,即构想效度的证明需要多方面的证据,如 Nitko 认为需要三个方面的证据①,Messick 认为需要六个方面的证据②。但是,不论大家怎么看待证明构想效度的过程,其中有一个循环论证,总是不能完全消除的。这个循环论证就是构想和测验的相互论证,因为构想的有效性和测验的有效性都是需要证明的。既然这个循环不能消除,有人似乎主张在构想效度的证明中接受这个循环。如谢小庆说:

> 这里,我们面临了一种逻辑上的循环。任何概念都是对一定经验事实的概括,而可以把握的事实必定具有一定的量纲,即必定是一种测验。概念是建立在测验之上的,而我们的概念效度又要用概念来检验测验。就智力测验而言,"智力"概念只有作为一个对一些可测量行为,即对一些测验表现的概括才成为一个科学概念……而我们又要用智力概念所赖以提出的那些事实来检验我们所编制的智力测验。而作为检验标准的那些测验也需要检验……尽管在这种循环中我们不能找到一个确定的逻辑出发点,但我们却

---

① Nitko, A. J. 1983, *Educational Tests and Measurement*: *An Introduction*. Harcourt Brace Jovanovich, Inc.

② Messick, S. 1996, Validity and washback in language testing. In *Language Testing*, Vol. 13, No. 3.

可以从中获得很大的实际效益。[1]

(二) 效标关联效度证明中的循环论证

在效标关联效度的证明中也可能出现循环论证。证明效标关联效度的关键是以什么东西为效标。终极效标当然就是所谓的"标准行为(criterion behavior)",但我们往往找不到或等不及这个终极效标。最方便的效标是一个已经证明有效的测验,如果我编制的测验和一个已证明有效的测验之间有高相关,则可以认为我的测验具有效标关联效度。测验 C 以已证明有效的测验 B 为效标,测验 B 以已证明有效的测验 A 为效标,在 A 之前,如果没有已证明有效的测验了,A 则有可能以测验 C 为自己的效标,循环论证由此而生。

三 构想、测量和科学理论的关系

(一) 什么是构想

所谓构想,就是假设的概念[2]。构想和概念一样,我们用它来指称事物的性质或属性;构想和概念又有区别,概念所指的属性或性质往往是已经证实的,如长度;构想所指的属性或性质是假设的,我们尚不能完全把握它,尚不能准确地测量它,如"爱"。构想和概念的这种区别不总是很清楚的,随着科学的进步,一些假设的构想最终会变成确定的概念,如"原子",而一些原以为确定的概念实际上只是得不到证实的构想,如"五行"。

---

[1] 谢小庆:《心理测量学讲义》,华中师范大学出版社,1988。
[2] Crocker, L., Algina, J. 1986, *Introduction to Classical and Modern Test Theory*. New York: CBS College Publishing.

据皮尔逊说,劳埃德·摩根在《动物的生活和智力》一书中,建议使用"构象"[construct,即构想]一词称呼外部客体。摩根说:"实在的东西和理想的东西之间的划分,并不像许多人所想的那么截然分明。例如,海王星由理想的东西过渡到实在的东西,而原子还是理想的东西[原子现在也是实在的——笔者]。当理想的东西的知觉等价物被发现时,理想的东西就过渡为实在的东西,但非实在的东西永远也不能变成实在的"①。这大概是"构想"概念的最初出处。

(二) 科学理论的要素

"成熟的科学理论通常具有由概念、原理、定律等按照逻辑关系组成的演绎结构,其核心是科学定律。这种结构通过建立理论概念和可观察量之间的对应关系而与经验事实相联系……科学家在表述科学理论时总是力求达到符号化和形式化,使之成为严密的公理化体系"②。科学研究就是对事实进行分类、比较,以发现其中的关系,"最后借助于训练有素的想象发现简明的陈述或公式",这种公式就是科学定律③。科学概念或构想是科学理论的组成部分,而科学活动的主要形式就是对构想[所指的对象]进行测量,并在不同构想的测量之间找出函数关系④,这种函数关系就是公式,就是科学定律。

下面,我们看一个例子。

---

①③ 皮尔逊,卡尔(1892):《科学的规范》,李醒民译,华夏出版社,1999。

② 孙小礼:《科学理论》,《中国大百科全书·哲学》,中国大百科全书出版社,1987。

④ Nunnally, J. C., Bernstein, I. H. 1994, *Psychometric Theory*. New York: McGraw-Hill.

20世纪以来,至少在科学和科学哲学范围内,多数人承认,物理学是科学的典范。在此,我们以物理学的一个理论——欧姆定律为例,简单说明一下科学理论是怎样建立起来的,我们的目的是要了解构想和测量在这个过程中起了什么作用,同时,我们也把心理测量拿来做一个对照。图4-6简略地描述了两种理论的建立过程及其异同,其中欧姆定律的建立过程见丹皮尔的著作[①]。

从图4-6可以看出,在经验科学中(非经验科学又当别论),建立理论的基本过程是:根据经验现象和已知概念,提出一个构想,用某种工具(原有的或新创的)对构想所指的属性进行(反复的)测量,发现新的科学定律(用数学表述的),最后经验事实证明这个定律是成立的。

在建立理论的过程中,测量不一定总是在提出定律之前进行,但如果提出定律之前没有测量的话,事后也一定要由测量来检验;否则,定律不能成立。很多时候,测量一定要在提出定律之前进行,欧姆定律、量子论、语言测验、心理测验都是这种情况,因为有些属性(如电阻、电容、智力、语言能力)必须在测量工具的刺激下才能有所表现。

(三)构想效度是哪个要素的有效性

在欧姆定律的建立过程中,我们可以清楚地看到三个要素:作为构想的电阻、测量工具及测量活动、一个科学理论(欧姆定律)。在这个过程里,哪个要素的有效性需要证明?或者说,哪

[①] 丹皮尔,W. C.(1958):《科学史及其与哲学和宗教的关系》,李珩译,张今校,商务印书馆,1997。

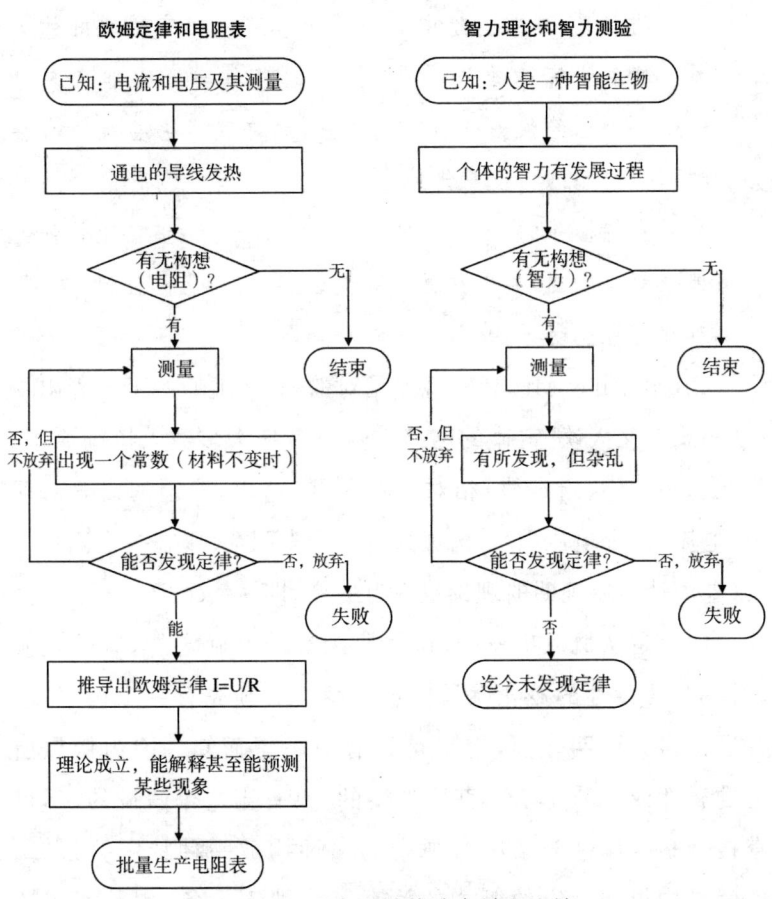

第五节 测量是理论的组成部分——再谈构想效度

图 4-6 两个理论的建立过程比较

个要素先获得有效性,又是哪个要素随之被证明有效?在这个问题上,Cronbach & Meehl 的解释是正确的:

> 我们不是先"证明"理论而后证明测验有效,也不是反过来先证明测验再证明理论。当我们根据一类观察作出归纳推断时,我们考察的是整个理论网络与观察之间的关系。这个系统涉及的关系有:测验和构想的关系,一构想和其他

构想的关系,这些构想中的若干个和可观察变量之间的关系。随着研究的推进,这个推论的链条会变得非常复杂……一个已经预测出的经验关系,允许我们去检验所有导致那个预测的预设。传统上,只有用于解释测验的命题被当做有待检验的假设,但实际上,所获证据对链条上的任何部分都有影响,如果预测没有被证实,链条上的任何一个环节都有可能有错。[1]

Cronbach & Meehl 的观点是对的,只是他们一下子弄出一堆"构想",又大谈"定律的网络",这可就把大多数人搞糊涂了。我们的例子(欧姆定律)相对简单一些,这里,确定的概念有两个,电流(I)和电压(U),构想只有一个电阻(R),有一个测量工具(电流计),要证明的理论也只有一个,即 $I = U/R$。

理论是从概念出发的,这些概念有的是确定的,有的是假设性的,假设性的概念就是构想。我们必须先有一个构想,但在理论得到证明之前,构想是否有效不得而知。因为构想所指的属性或性质是不可直接观察的,只有当这个假设的、不可直接观察的属性与某些可观察的属性构成一种特定关系时,也就是构想和确定的概念的关系可以纳入一条(用数学表达的)定律时,构想才是有效的。我们无法在理论成立之前确定构想本身的效度,例如我们不能在欧姆定律成立之前就断定"电阻"是一个有效的概念。因此,构想效度不能仅仅是构想本身的效度。

---

[1] Cronbach, L.J., Meehl, P. E. 1955, Construct validity in psychological tests. A. W. Ward, H. W. Stoker and M. Murray-Ward (eds.) *Educational Measurement*. Lanham: University Press of America, Inc. 1996.

第五节 测量是理论的组成部分——再谈构想效度

"测量对科学是极为重要的"[①]。要把某些现象纳入科学定律,我们就要测量,测量就要使用测量工具。测量工具和测量程序为理论提供可靠的数据。但是,测量不能在理论成立之前有效。测量无效,理论必然不能成立,如果得不到可靠的电流电压测值,欧姆定律根本就推导不出来;但测量(孤立地)有效,理论却未必能成立,因为构想可能无效,理论本身也可能无效(即根本不存在我们试图发现的规律,如期望 $I=UR$ 成为定律)。因此,构想效度不能是测量(测量工具)本身的效度。

要使理论有效,构想、测量、定律三者必须同时有效。如果理论不成立,情况就复杂了:三者中三个都无效、两个无效、一个无效;即使其中只有一个东西无效,定律也建立不起来,理论也不能成立。这也就是 Cronbach & Meehl 所说的"任何一个环节都可能有错"。

归根结底,证明构想效度就是证明理论的有效性(APA 在一开始就是这么说的),测量在这个过程中是不可缺少的。

(四) 测量是科学理论的组成部分

通过以上的讨论,我们可以看出:测量是科学理论的一个组成部分。当然,这个说法不是我发明的。Cliff 曾经说,"测量是一种不可和科学事业分开的活动"[②],而石里克早就精辟地说过,"自然科学是由光辉的猜测和精确的测量相结合而组

[①] 特拉斯特德,詹尼弗(1979):《科学推理的逻辑》,刘钢、任定成译,河北科学技术出版社,2000。

[②] Cliff, N. 1993, What is and isn't measurement. G. Keren and C. Lewis (eds.). *A Handbook for Data Analysis in Behavioral Sciences*:*Methodological Issues*. New Jersey:Lawrence Erlbaum Associates, Publishers.

的"①。所谓"猜测",就是构想。

四 探索性测量和应用性测量

说测量在建立理论的过程中不可缺少,说测量是理论的一部分,指的都是探索性测量。所谓探索性测量,就是建立理论(尽管不是所有理论)、证明假说所必需的测量。在建立理论的过程中,我们通过测量获得各种必要的数据,如果这些数据之间的关系最终服从一个数学公式(有时是概率的),我们就得到了一条或几条定律。建立一个新的理论本质上是探索未知领域,这里有很多未知因素,这些因素会以各种各样的方式影响测量的效果,而我们往往会被这些因素蒙蔽,这就是探索性测量的困难处境。仍以电阻为例,如果导线粗细不匀、杂质太多、温度不稳定、电流表极不准,都不可能导致欧姆定律的发现。因此,建立理论是一个反复探索的过程,其中的测量活动,也是一个反复试验、排除无关因素、尽可能控制有关因素的过程。尤其困难的是,这时我们往往很难明确地知道问题出在哪儿,是构想根本不对?测量仪器不准?还是我们没有找到正确的数学表达式?图4-6的右侧清楚地表明,心理测量目前仍然处在这种困境之中。

定律得到证明、理论建立起来之后,另一种测量就出现了。如果理论发现了一条重要的客观规律,而这个规律在生产和生活中又很有用处,相关的测量就会被反复应用,这就是应用性测量。所谓应用性测量,就是测量的实际应用。例如,生产家用电

---

① 石里克,莫里茨(1949):《自然哲学》,陈维杭译,商务印书馆,1984。

器经常要测量电阻,于是人们根据欧姆定律,大批量地生产电阻表,每天都有很多人——生产和修理电器的技术人员——在测量电阻。应用性测量虽然也会受到许多无关因素的影响,但这些影响大多是已知的,只要严格地按正确的程序操作,无关因素的效应就会被控制在可接受的范围之内,测量的效度和精度不受影响,这些问题在理论建立过程中或理论成立之初已经(或基本上)解决了。图4-6左侧的末端"生产电阻表"是应用性测量的开端。在这个图里,理论—应用全过程中的两种测量是有比较清楚的区别的。

探索性测量和应用性测量在一些方面是很不同的。

首先,在探索阶段,只要理论没有得到证明,构想效度总是成问题的,而在应用阶段,构想效度总是不成问题的,除非遇到科学革命,推翻旧的理论。

第二,探索性测量几乎总是处在变动之中,而应用性测量总会在一个相当长的时间内保持稳定。

第三,两种测量的目的不同。尽管实用也是目的,但探索性测量的根本目的在于建立新理论、认识新事物或新属性,应用性测量的根本目的不在于此,它的目的是获得实际的效用,如评价人或物以进一步利用。

第四,以上三点,尤其是第三点,决定了从事两种测量的人很不相同。搞探索性测量的人本质上是理论家,新的事物或新的属性是他发现的,新的理论是他建立的。搞应用测量的人对理论及理论的探索过程可以一无所知,使用电阻表的工人可能不懂(甚至不知道)欧姆定律,但这并不妨碍他的工作。

从图4-6左侧和我们刚才的分析可以得出一个结论,测量是可以分成探索性测量和应用性测量两类的。我们说测量是理论的一部分,这个测量说的应该是探索性测量而不是应用性测量。探索性测量是理论的组成部分,应用性测量是理论的产物。我们说构想效度是理论的有效性,如果一定要说构想效度也是测量的有效性的话,那也是说构想效度是探索性测量的有效性。因此,构想效度仅仅是理论探索性阶段的问题,不是应用阶段的问题。

心理测量和某些科学测量(如电阻的测量)相比,有很大不同。某些科学测量已从探索阶段发展到应用阶段,而心理测量目前仍处在探索阶段,其应用阶段(以理论成立为标志)还不是指日可待。这从图4-6和图4-7可以看出来。但麻烦的是,对心理测量的迫切需求(以商业测验为标志),往往使人误以为应用阶段已经到来。或者我们可以说,在心理测量领域,探索和应用迄今为止是混在一起的,这就使效度问题变得极其复杂,也使很多从事测量的人(不论专业还是非专业)陷入混乱。在探索阶段,研究者所要做的是证明理论有效;在应用阶段,使用者可以不管理论。可是在心理测量里,研究者不但要管理论(有不少人忘了这一点),而且往往还要关心应用;而负责任的使用者不能只管应用不管理论,不负责任的使用者(也包括部分研究者)会误以为理论是当然正确的。怀特海说:"科学被人们认识到的地方多半是它的结果而不是它的原理。……我们如果认为科学概念……只要拿起来就可以用,那便大错而特错了"[①]。这个话同样适用于心理测验。

---

① 怀特海,A. N. (1932):《科学与近代世界》,何钦译,商务印书馆,1997。

欧姆定律和电阻表

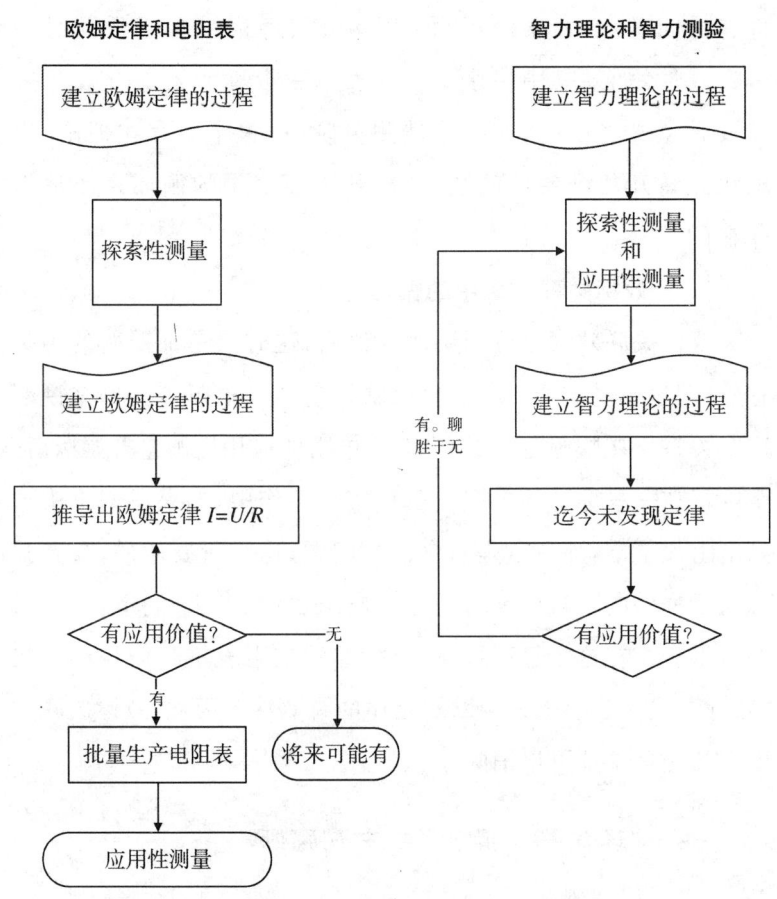

建立欧姆定律的过程 → 探索性测量 → 建立欧姆定律的过程 → 推导出欧姆定律 $I=U/R$ → 有应用价值？
- 有 → 批量生产电阻表 → 应用性测量
- 无 → 将来可能有

智力理论和智力测验

建立智力理论的过程 → 探索性测量和应用性测量 → 建立智力理论的过程 → 迄今未发现定律 → 有应用价值？
- 有。聊胜于无（返回探索性测量和应用性测量）

图 4-7 电阻测量和心理测量所处的发展阶段不同

五 消除循环论证

区分了探索性测量和应用性测量，不仅有助于论证构想效度是理论的有效性，而且可以消除效度证明中的循环论证。

（一）构想效度中的循环论证

在上面的讨论中，我们已经明确：构想效度是探索阶段特有的问题,在探索阶段,构想、测量、理论三者必须同时获得有效性,如果其中一个要素无效,另外两个无论有效无效都没有意义。因此,在探索性测量阶段,根本不存在理论、构想和测量互相证明的问题,构想效度证明中的循环论证是不存在的。

(二) 效标关联效度中的循环论证

效标关联效度是应用层面的证明,这时只是证明新的工具有效,理论不受质疑。我们仍以欧姆定律和电阻表为例来说明这个关系。在欧姆定律成立、对于电阻的应用性测量开始以后,至少存在一只标准的电阻表。在实际工作中,如果我们手头这只电阻表不准,那一定是它自己的问题,这时所要做的,或者找一只标准的电阻表校准有问题的电阻表,或者买(制造)一只新的电阻表。在这个过程里,那只标准的电阻表不必为自己寻找"效标",更不会有人怀疑欧姆定律的有效性。因此,效标关联效度中的循环论证可以消除。

六 关于"理论指导测验"或主观臆断

在上文中,我们提到一种误解,即把构想效度理解为"测验在何种程度上符合理论要求",这种误解,可以归入 Anastasi 批评的主观臆断[1]。这种误解的关键在于误解了理论的性质,我们这里说的理论和有此误解的人说的理论是两种不同的理论。我们说构想效度是理论的有效性,这里的理论是严格意义上的

---

[1] Anastasi, A. 1961, *Psychological Testing* (3rd ed.). New York: Macmillan Publishing Co., Inc.

科学理论,这种理论可以归结为一条量化的定律。当人们说"测验是否符合理论要求"时,他所说的可能是描述性理论或弱解释性理论,也可能仅仅是一些行为原则。

我们来作个通俗的类比。有一个人,每天吃完晚饭后都要散步,他的行为根据的可能就是"饭后百步走,活到九十九"这一"理论"。这种理论和经验事实的关系是这样的:饭后散步的确是好习惯,但不一定必须走一百步,多走几步少走几步都没关系;即便每天都走一百步,是否就一定活到九十九,那也难说。我们不是说这种理论不重要,只是说这和欧姆定律那样的理论有很大的区别。当然,这种理论也完全有可能变成欧姆定律那样的理论,只要我们愿意对如下命题进行证实或证伪:"吃饭+百步走=寿命为九十九岁"或"如果饭后百步走,则寿命为九十九岁(允许有正负10岁的误差)的概率不小于70%"。

"饭后百步走"和欧姆定律的区别是明显的。前者迄今为止还不想使自己变为以科学定律为核心的理论,而后者从一开始就要使自己成为以定律为核心的理论。智力理论一百年的努力,语言测验半个多世纪的努力,都是要使自己的理论成为后者。说构想效度指测验在多大程度上符合理论要求,是把有特定性质的理论,即科学理论,理解为其他类型的理论了。因此,照此方式解释构想效度是不能成立的。Cronbach 不是说许多人在"构想效度"的名目下塞了一些杂乱无章的东西吗[①]?这就

[①] Cronbach, L. J. 1990, *Essentials of Psychological Testing*(5th ed.). New York: Harper and Row, Publishers.

是其中之一。

七 结论

本文的结论是：

第一，证明构想效度就是证明理论有效，而测量是这个理论的一部分。

第二，为了澄清对构想效度的误解，我们需要区分探索性测量和应用性测量，只有探索性测量才是理论的组成部分，而应用性测量仅仅是理论的产物。心理测量和语言测验至今仍未走出探索阶段，所以两种测量总是混在一起的，误解和混乱由此产生。

第三，区分了两种测量，按照建立科学理论的程序去研究构想效度，我们就可以排除构想效度证明和效标关联效度证明中的循环论证，可以使测验的研究者（无论是否以理论为目的）免于陷入矛盾。

八 余论

心理测量和语言测验是否应该或可能成为科学测量，智力理论或语言能力理论能否成为科学理论，那是可以研究和讨论的，结果既可能是，也可能否。但是，我们不能误解使它们成为科学理论的努力（如 Cronbach & Meehl 的工作）。

第五章

等值技术问题

第一节 对15种测验等值方法的比较研究[1]

一 问题的提出

(一) 等值的意义

将测验不同版本的分数统一在一个量表上的过程即等值化(equating)。等值是测验公平性的保证。尽管我们在命题过程中总是尽量保持考试难度的稳定性,但不同试卷之间在难度、信度、分数分布方面的差别很难完全避免,这种差别会影响到评价标准的客观性,造成使用不用试卷的考生受到不公平的对待。

等值是题库建设的需要。为了避免命题和试卷编制中的盲目性和偶然性,许多考试机构都在致力于建设题库。实现等值是建设科学化题库的前提。

等值是实现计算机辅助自适应性测验的前提。随着计算机技术的迅速发展,测验的计算机化正在成为一种重要的发展趋势。实现计算机辅助自适应性测验的意义不仅在于可以提高测

---

[1] 本节摘自谢小庆:《对15种测验等值方法的比较研究》,《心理学报》2002年第2期。

验的效率,更重要的是可以提高测验的信度。计算机化自适应性测验开发中的一个核心环节是实现各个考生所回答的不同题目之间的等值。

迄今,等值是我国测验研究中最薄弱的一个环节,包括高考、自学考试、高中会考、公务员考试、各级各类职业资格证书考试在内的许多重要的考试都尚未实现统计等值。尽快实现等值是国内许多考试所共同面临的重要任务。

(二) 等值问题的研究状况

在心理测量学领域中,等值问题的研究开展较晚。虽然从20世纪50年代就有一些零星的研究,但80年代才引起比较广泛的注意。直至今日,关于等值问题的系统性文献也十分罕见。近年来,心理测量学家对测验等值问题给予越来越多的关注,不仅提出了许多等值方法,而且围绕等值问题展开了多方面的研究。研究的问题包括:不同等值设计之间的比较;不同理论模型之间的比较;不同等值系数估计方法之间的比较;等值误差因素研究;等值误差估计方法研究。

在关于经典测验理论(CTT)等值模型和项目反应理论(IRT)等值模型的比较研究中,一些研究认为 IRT 方法优于 CTT 方法,另一些研究却没有为 IRT 方法提供支持,还有一些研究发现,两种方法的差异程度因不同的测验情景和不同的分数分布特点而不同。

所有这些研究显示,像测验误差不可避免一样,等值误差也是不可避免的。影响等值误差的因素包括:被等值测验的同质性;被等值测验之间的难度差别;被等值测验分数的分布特点,包括偏度、峰度等;被等值测验的单维性;锚题对测验的代表性,或锚题分数与测验分数的相关;用于等值估计的考生样本的容量;用于等值估计的考生样本分数分布的相似性;测验长度;锚题数量;锚题在测验中的位置。在等值模型的选择上,不仅要考虑这些误差因素,还需要考虑测验所关注的分数段、测验目的对分数精确性的要求水平、测验分数的应用、计算条件等因素。

事实上,各种等值模型、各种计算方法都具有或强或弱的一定假设,都仅仅适合一定的测验条件。这些假设,都与某些造成等值误差的因素有关。有些假设是可以通过一定方式来检验的,有些假设是不可能或很难被检验的。至今,我们对于数量众多的各种等值方法的误差来源、误差幅度尚不够清楚,对于各种方法的适用条件也不够清楚。

为了探索各种不同等值方法的误差范围的适用条件,笔者进行了本项研究。

二 方法

(一) 研究思路

本项研究的基本思路是:以试验方法对各种等值方法进行系统的比较,探索各种方法的误差范围和适用条件。如果有可能,最好在最短时间间隔内将两个不同的考试版本施测于一组考生,以共同组方式实现等值。但是,这种方式很难实现。第一,很难保证参加等值测试的考生具有与正式考试一样的动机水平,认真作答;第二,专门组织等值测试的工作量很大,代价较高。因此,今天 SAT、GRE、TOEFL 等测验均采用共同题方式实现等值。在多种共同题等值方法中,哪种方法得到的结果最接近共同组等值方法的结果呢?这就是本项研究试图回答的问题。本项研究以共同组等值结果作为检验标准,对各种共同题等值模型的等值误差幅度进行了比较。

(二) 试验过程

我们请 495 名考生于 1997 年 5 月 18 日和 5 月 25 日先后参加了两次 HSK 正式考试,中间间隔一周。两次考试采用不同的 HSK 试卷,两份试卷具有共同题。试卷结构与共同题数目见表 5-1。

表 5-1 试卷结构与共同题数目

分测验	整卷题目数量	共同题目数量
听力	50	8
语法	30	5
阅读	50	8
综合	40	7
总计	170	26

我们假设,一周之内考生的汉语水平不会发生明显的变化,两次考试的成绩都能反映出考生的实际水平。两次考试的成绩差异是由试卷难度差异造成的。我们将两次考试的实际分数差异作为标准,考察各种等值模型反映这种难度差别的准确性。

考生对待考试的态度将影响到考试成绩。为了保证考生在两次考试中具有相同的动机水平和认真程度,我们在考试报名公告中明确告诉考生:5 月 18 日的考试免费,自愿参加,对于参加两次考试者,我们将根据两次考试中成绩较高的一次颁发 HSK 成绩单和证书。

(三) 所比较的等值方法

本项研究共比较了 4 种基于 CTT 之上的方法和 11 种基于 IRT 之上的方法。

1. 基于 CTT 之上的等值方法

(1)等百分位方法

(2)Tucker 观察分数线性等值方法

(3)Levine 观察分数线性等值方法

(4)Levine 真分数线性等值方法

2. 基于 IRT 之上的等值方法

(1)基于 Rasch 模型的题目难度参数等值

计算的步骤是：

①根据 Rasch 模型,从两个不同样组分别计算出锚题的难度参数 b 值；

②采用平均数和标准差方法(Mean and Sigma Method,以下简称 ms 方法)计算出题目难度参数转换系数；

③以计算出的转换系数对 A 卷的 b 参数进行转换,得到与 B 卷等值的一套新的关于 A 卷的 b 参数；

④根据①中计算得到的 b 参数,通过插值迭代的方法计算出对应于每一个不同真分数的能力水平参数 θ 值；

⑤根据③中计算得到的 A 卷的新的 b 参数,计算对应④中迭代得到的各个 θ 值的新的真分数,即得到相应的等值分数。

(2)基于单参数 LOGISTIC 模型的能力参数等值(以下简称"IRT-2")

与 IRT-1 的计算步骤相似,只是在参数估计、插值计算和真分数计算过程中采用 LOGISTIC 单参数模型。

(3)基于双参数 LOGISTIC 模型、ms 方法的题目参数等值(以下简称"IRT-3")

与 IRT-2 的计算步骤相似,但同时估计 a 参数(区分度)

和 b 参数并在相应的插值计算和真分数计算过程中采用 LOGISTIC 双参数模型。

(4)基于双参数 LOGISTIC 模型、mm 方法的题目参数等值(以下简称"IRT-4")

与 IRT-2 的计算步骤相似,但参数转换时采用平均数和平均数方法(Mean and Mean Method,简称 mm 方法)。

(5)基于三参数 LOGISTIC 模型、ms 方法的题目参数等值(以下简称"IRT-5")

与 IRT-3 的计算步骤相似,但同时估计 a 参数和 b 参数和 c 参数(猜测系数)并在相应的插值计算和真分数计算过程中采用 LOGISTIC 三参数模型。

(6)基于三参数 LOGISTIC 模型、mm 方法的题目参数等值(以下简称"IRT-6")

与 IRT-5 的计算步骤相似,但参数转换时采用 mm 方法。

(7)固定单参数方法(以下简称"IRT-7")

计算的步骤是:

①估计 B 卷的 b 参数;

②估计 A 卷的 b 参数;

③用 BILOG 重新估计 A 卷的 b 参数,在参数估计时将锚题的题目参数固定为 B 卷的题目参数;

④根据②中计算得到的 b 参数,采用 LOGISTIC 单参数模型,通过插值迭代的方法计算出对应于每一个不同真分数的能力水平参数 θ 值;

⑤根据③中计算得到的 A 卷的新的 b 参数,采用 LOGISTIC 单参数模型,计算对应④中迭代得到的各个 θ 值的新的真

分数,即得到相应的等值分数。

(8)固定双参数方法(以下简称"IRT-8")

与 IRT-7 的计算步骤相似,但同时估计 a 参数和 b 参数并在相应的插值计算和真分数计算过程中采用 LOGISTIC 双参数模型。

(9)同时估计单参数的等值方法(以下简称"IRT-9")

计算的步骤是:

①单独估计 A 卷的 b 参数;

②将 B 卷和 A 卷的样本数据合并为一个样本。以阅读分测验为例,这个新样本包括 92 题,其中,B 卷 42 题,A 卷 42 题,锚题 8。用 BILOG 中的测验等值模块估计这一包括 92 题、990 名考生的样本的 b 参数;

③根据①中计算得到的 A 卷的 b 参数,采用 LOGISTIC 单参数模型,通过插值迭代的方法计算出对应于每一个不同真分数的能力水平参数 θ 值;

④根据②中计算得到的 A 卷部分的 b 参数,采用 LOGISTIC 单参数模型,计算对应③中迭代得到的各个 θ 值的新的真分数。这时得到的真分数是对应于联合估计中 B 卷的真分数。此时,还需要继续估计所对应的单独估计时 B 卷的真分数;

⑤根据②中计算得到的 B 卷的 b 参数和④中计算得到的真分数,采用 LOGISTIC 单参数模型,通过插值迭代的方法计算出对应于每一个不同真分数的能力水平参数 θ 值;

⑥单独估计 B 卷的 b 参数;

⑦根据⑥中计算得到的 B 卷部分的 b 参数,采用 LOGISTIC 单参数模型,计算对应⑤中迭代得到的各个 θ 值的真分数。

(10) 同时估计双参数的等值方法(以下简称"IRT-10")

与(9)的计算步骤相似,但同时估计 a 参数和 b 参数,并在相应的插值计算和真分数计算过程中采用 LOGISTIC 双参数模型。

(11) 同时估计三参数的等值方法(以下简称"IRT-11")

与 IRT-9 的计算步骤相似,但同时估计 a 参数、b 参数和 c 参数并在相应的插值计算和真分数计算过程中采用 LOGISTIC 三参数模型。

(四) 比较标准

本项研究中同时采用了两次考试的直接线性等值和等百分位等值两种结果作为操作性检验标准。差异量的计算采用加权误差均方差,或总误差,其计算方法是:

$$\sum_j f_j d_j^2 / n = \sum_j f_j (d_j - \bar{d})^2 / n + \bar{d}^2 \tag{4}$$

其中,$d_j = (x' - x)$,x' 是标准分,x 是估计的等值分。

$$\bar{d} = \sum_j f_j d_j / n$$

$$n = \sum_j f_j$$

等值是以各个分测验为单位分别进行的。在本项研究中分别计算了听力、语法、阅读、综合四项分测验的等值结果。为了对各种方法进行比较,在研究中还计算了一项加权平均。计算方法是:

加权平均 = (∑分测验误差×分测验题数) ÷ 总题目数

三 结果

在统计分析时发现,A 卷的第一部分听力测验中第 39 题区分度很低,在 IRT 参数估计中不收敛。因此,将此题删去。为了进行比较,在 B 卷中也删去区分度较低的第 42 题。这样,实际统计的听力试题 49 题,全卷 169 题,两次考试的主要分数统计结果见表 5-2 至表 5-6。

对各种等值方法的比较结果汇总于表 5-7。表中所列数据为总误差。表中加权平均一项中所列是按题目数量进行加权的平均分。

本项研究的一个基本假设是在间隔一周的时间中考生的汉语水平不会有实质性的改变。基于这一假设,采用了两次考试分数的线性转换作为评价各种等值方法的标准。实际的统计分析数据基本满足这一假设。从表 5-6 可以看出,两次考试成绩之间具有很高的相关,总分的相关达到 .9620。

表 5-2　A 卷的主要统计结果

	听力	语法	阅读	综合	总分
题目数	49	30	50	40	169
样本人数	495	495	495	495	495
平均数	34.624	21.079	37.459	28.915	121.341
标准差	9.125	5.989	10.377	7.600	30.751
锚题平均分	6.523	3.747	5.972	4.935	—
锚题标准差	1.761	1.163	2.055	1.459	—
α 系数	0.911	0.871	0.938	0.900	0.974
标准误	2.726	2.148	2.592	2.409	4.991
平均通过率	0.707	0.703	0.749	0.723	0.718
平均双列	0.620	0.641	0.709	0.650	0.611

表 5-3 B 卷的主要统计结果

	听力	语法	阅读	综合	总分
题目数	49	30	50	40	169
样本人数	495	495	495	495	495
平均数	37.622	21.752	35.584	29.137	124.095
标准差	8.896	5.466	9.701	7.670	29.557
锚题平均分	6.859	3.972	6.133	5.212	—
锚题标准差	1.666	1.115	1.974	1.464	—
α 系数	0.918	0.849	0.921	0.909	0.972
标准误	2.550	2.124	2.723	2.317	4.916
平均通过率	0.768	0.725	0.712	0.728	0.734
平均双列	0.678	0.622	0.648	0.701	0.621

表 5-4 两个样组全体的共同题统计结果 （n=990）

	听力	语法	阅读	综合
锚题平均分	6.691	3.860	6.053	5.074
锚题标准差	1.723	1.145	2.016	1.468

表 5-5 锚题与全卷的相关 （人数:495）

	听力	语法	阅读	综合
B 卷	0.8415	0.7313	0.8728	0.7720
A 卷	0.8542	0.6929	0.8720	0.7675

表 5-6 两次考试分数之间的相关 （人数:495）

听力	语法	阅读	综合	总分
.8756	.8228	.9095	.8844	.9620

结果显示,总体上线性等值的结果优于 IRT 等值的结果。是否由于在等值误差估计中采用了线性标准呢？为了对此进行检验,笔者又以共同组非线性等百分位等值的结果作为检验标准,计算了各种方法的等值误差。其结果与采用线性检验标准计算得到的结果基本一致。

表 5-7 各种等值方法的比较结果

比较项目 方法	听力	语法	阅读	综合	加权平均	名次
不等值(线性标准)	10.65703	0.48787	5.08840	0.04526	4.69267	9
等百分位方法	2.62927	0.52433	1.79502	2.03904	1.86909	2
Tucker 观察分数线性	1.97012	0.38146	0.12180	0.81104	0.86693	1
Levine 观察分数线性	4.47059	2.16235	0.33656	2.76000	2.43288	4
Levine 真分数线性	4.35225	4.36586	2.36664	4.21909	3.73569	5
Rasch 参数转换	9.86197	0.35475	5.49608	0.13753	4.58097	8
logistic 题目单参数转换	1.69385	3.09991	20.99088	5.77075	8.61757	16
题目二参数 ms 转换	1.50800	0.23867	13.69152	8.42378	6.52414	13
题目二参数 mm 转换	1.04907	3.03806	10.44042	8.91785	6.04308	12
题目三参数 ms 转换	1.50615	3.32526	13.37085	11.79242	7.77396	15
题目三参数 mm 转换	1.10859	4.46594	11.77726	10.48740	7.08082	14
固定单参数	1.30977	1.49761	15.70154	2.94602	5.98831	11
固定二参数	2.83421	0.50648	8.46448	2.80629	4.08016	7
同时单参数	0.90485	1.21510	3.72124	3.37051	2.37676	3
同时二参数	2.17849	0.27259	7.05642	4.86755	3.91980	6
同时三参数	2.27986	0.47854	11.31355	6.03475	5.52152	10

四 讨论

(一) 等值方法比较的检验标准问题

等值方法比较研究的难点是等值检验标准的确定问题。在以往研究中所使用的几种等值检验标准均存在重要局限。一种用得较多的方法是"循环等值到自身"。在这种方法中被等值的两个测验之间实际上不存在差异，可能并不能反映出各种不同方法与试卷难度、区分度、取样代表性之间的关系。研究发现，在这种研究设计中，结果往往是"不等值"的结果最好。研究发现，在同一个循环等值过程中，不同方法的误差因不同的测验复本而异,将 X 经 Y、Z 等值为自身与将 Y 经 Z、X 等值为自身的结果不一致。另一种等值方法比较研究设计是"模拟等值(simulated equating)"。这种方法的主要问题是:模拟数据总是需要事先根据确定的心理测量学模型而生成,而不同的心理测量模型会产生不同的结果。

在本项研究中,以试验方法确立了等值检验标准,以"共同组设计"的等值结果作为"锚题设计"等值研究的检验标准。由于采用了"两次考试中择优报告成绩"的方法,本项研究解决了试验研究的"动机水平"问题。在等值研究的标准确立方面进行了新的探索是本项研究的主要特点。如前所述,以往关于不同等值模型、不同等值计算方法的比较研究的结果很不一致。造成这种差异的原因之一就是等值检验标准缺乏可靠性。由于本项研究采用了较为可靠的等值结果检验标准,可以认为,本项研究得到的结果是比较有说服力的。

(二) 等值的必要性

研究结果表明,并非在任何情况下等值都是最好的处理。如果有证据表明两份试卷的难度差异很小,就没有必要进行等值。在本项研究所比较的 15 种等值方法中,有 8 种方法的等值误差小于不等值,有 7 种方法的等值误差大于不等值。在综合分测验中,由于两份试卷难度差别很小(平均分分别为 28.915 和 29.137),所有方法的等值结果均不如不等值。

在实验研究的条件下,我们知道在类似综合分测验的情况下等值是不必要的。但是,在实际的测验等值过程中我们无法知道等值是否必要。因此,我们只能为了控制测量误差而采取等值方法。尽管在有的情况下进行等值处理可能增大了测量误差,但总体来讲,等值处理仍然是必要的。从这个意义上讲,等值的过程很像购买保险的过程:如果出现了意外,购买保险可以大大降低损失;如果没有出现意外,购买保险的钱就似乎是"白花了"。

(三) CTT 方法与 IRT 方法的比较

在本项研究中比较了 4 种基于 CTT 的等值方法和 11 种基于 IRT 的等值方法。4 种 CTT 方法均排在等值误差最小的 5 种方法之中。其中,又以 Tucker 观察分数线性等值方法的误差为最小。在 IRT 方法中,"同时单参数"等值方法在全部 15 种方法中排在第三。

今天,许多考试面临题库建设和发展计算机辅助自适应性考试问题。CTT 方法不能解决这两个问题。CTT 只能实现"试卷"之间的等值,不能实现"试题"之间的等值。我们面临的问题不是"采用 CTT 还是 IRT 模型",而是"IRT 模型是否可以被接受"。本项研究的结果表明,某些 IRT 模型是可以被接受的。

(四) 不同参数估计方法的比较

基于 IRT 的参数转换方法,尤其是 ms 参数转换方法是得到较多介绍的等值方法。在本项研究所涉及的 11 种基于 IRT 的方法中,IRT-1 至 IRT-6 属于参数转换方法:对两份试卷分别进行参数估计,以 ms 或 mm 方法找到锚题之间的转换关系,并对 A 卷的题目参数进行转换;IRT-7 至 IRT-11 属于整体估计方法:在 A 卷的参数估计过程中引入来自 B 卷的限定。由于在整体估计方法中有更多的信息参加了整个等值过程,等值的误差应该较小。实际的结果与预期相一致,误差最大的 5 种方法均属于参数转换方法。至少,就 HSK 的数据而言,在等值过程中参数转换方法不足取。

(五) 有待进一步研究的问题

由于存在着诸多的等值设计、等值模型、等值方法,由于存在众多可能导致等值误差的因素,围绕测验等值问题,还需要在以下几个方面展开进一步的研究:

探讨出现不一致结果的原因

在本项研究中,各个分测验上的结果很不一致。不一致的原因在于各个分测验在试卷内容、锚题、分数分布等方面具有不同的特点。如果能够找到这些特点与等值误差之间的联系,对于控制等值误差将是非常重要的。

对等值误差统计检验方法的比较

本次试验研究数据不仅可以为不同等值方法的比较提供标准,而且可以为不同等值误差显著性检验方法的比较提供标准。这是一个可以进一步研究的领域。

五 结论

1. 在有些情况下,进行等值处理并非是最好的选择。

2. 在题库建设中,某些 IRT 方法是可行的,如"同时单参数"方法。

3. 至少就 HSK 数据而言,不论是单、双、三参数,不论是 ms 方法和 mm 方法,IRT 参数转换等值方法的误差都较大,均不足取。

第二节 关于统计等值效果的系列试验研究[①]

一 问题的提出

在保证测验的公平性和测验分数的可比性方面，等值具有重要的作用。等值也是建设题库、开发计算机化测验和自适应性测验过程中的关键步骤。在自适应性考试中，计算机将根据考生答题情况给出较难或较容易的题目，同在一间教室参加考试的每个考生都可能回答不同的问题。通过分数等值才能确保在计算机自适应性考试中考生们能够得到公平的对待。因此，许多研究者围绕测验等值问题展开了研究。

在等值过程中可能包含许多误差因素，如测验信度、测验的单维性、用于等值的考生样本的能力水平差异，等等。在等值过程中，还往往包含许多假设。在这些假设中，有些是可以检验的，有些是无法检验的。在实际的测验实践中，这些假设往往很难得到满足。例如，在非等组锚题等值设计的 Tucker 观察分数线性等值模型中，假设在两组考生中锚题分数与全卷分数具有相同的线性回归关系，在非等组锚题等值设计的 Levine 线性等值模型中，假设在两组考生中锚

---

① 本节摘自谢小庆：《关于统计等值效果的系列试验研究》，《考试验就文集》第2辑，经济科学出版社，2004。

题分数与全卷分数的相关为1。显然,这些假设很难得到满足。在受到多种误差因素影响并包含不能满足的一些假设时,等值过程是否确实可以改进分数的可比性?为了对等值的实际效果进行检验,从1997年到1999年,我们进行了包括三个样本的系列试验研究。

二 研究方法

中国汉语水平考试(HSK)是为测试母语非汉语者的汉语水平而设立的国家级标准化考试。本研究所使用数据是HSK的正式考试数据。

等值研究的主要难题是建立合理的检验标准。在这个系列研究中,我们力图建立一个较为合理的检验标准。等值的媒介有两种:共同组或共同题。一般说,共同组等值的精确性较好,但这种方法在大规模证书考试中的可行性较差,涉及试题保密、动机水平等难题。因此,在SAT、TOEFL、GRE等考试中,均采用共同题方法进行等值。在本项研究中,我们以共同组的等值结果作为标准,对共同题等值的结果进行了检验。在每次试验中我们都将两个不同的试卷施测于同一组考生。为了保证考生的动机水平,我们在报名时就告诉考生:第二次考试机会免费提供,自愿参加,我们仅报告两次考试中较好的一次成绩。等值采用的是单参数Logistic模型,以BILOG对两份试卷同时进行了参数估计。具体的等值步骤是:

1. 用BILOG以缺省设置计算标准试卷的参数。
2. 利用BILOG中的连接(LINK)模块同时计算标准试卷

和新试卷的参数。在计算过程中利用步骤1的结果固定标准试卷的参数。

3. 以 θ 值来连接标准试卷和新试卷的原始分数,建立两份试卷的分数等值转换表。在 θ 的估计中采用迭代方法。

HSK 包括听力理解、语法结构、阅读理解和综合填空4个分测验。对于各个分测验,等值试验是单独进行的。

对试验结果进行了两个方面的比较。

1. 分别比较新试卷的原始分平均分和等值后平均分与标准卷的差距。由于两份试卷被施测于同一组被试,如果经过等值的分数与标准试卷的分数差距小于原始分数与标准试卷的分数差距,就说明等值减少了测量误差,提高了分数的可比性。反之,则说明等值过程没有减少测量误差。

2. 计算总平均加权差异平方和:

$$MSD = \sum_f f_j (x'_j - x_j)^2 / n$$

J 是原始分数,x'_j 是作为标准的共同组等值分数,x_j 是经过等值的分数,f_j 是获得原始分 j 的人数,且

$$n = \sum_j f_j$$

三 研究结果

在表5-8至表5-9中给出了等值前后的误差变化。在图5-1至图5-3中直观地给出了等值前后平均数差异的变化。

表 5-8　样本 1 的等值结果（n=495）

	标准差原始分平均	SD	新卷 原始分平均	新卷 SD	新卷 等值后平均	新卷 SD	原始分 差异	原始分 t	原始分 sig	原始分 MSD	等值后分数 差异	等值后分数 t	等值后分数 Sig	等值后分数 MSD	变化(%) 平均分	变化(%) MSD
听力	37.62	8.90	34.62	9.13	36.81	8.949	3.00	16.99	0	10.66	0.811	6.274	0	0.90	-72.95	-91.56
语法	21.75	5.47	21.08	5.99	22.54	5.720	0.67	4.866	0	0.49	0.788	5.915	0	1.22	+17.09	+14.80
阅读	35.58	9.70	37.46	10.38	37.14	10.190	1.88	9.643	0	5.09	1.558	8.141	0	3.72	-16.91	-26.92
综合	29.14	7.67	28.92	7.60	30.47	7.692	0.22	0.5468	0.18	0.05	1.336	1.010	0	3.37	+501.8	+6640

表5-9 样本2的等值结果(n=296)

	标准卷原始分平均 SD	新卷 原始分平均	新卷 SD	新卷 等值后平均	新卷 SD	原始分 差异	原始分 t	原始分 sig	原始分 MSD	等值后分数 差异	等值后分数 t	等值后分数 Sig	等值后分数 MSD	变化(%) 平均分	变化(%) MSD
听力	40.04 7.09	36.24	7.30	37.73	7.441	3.80	15.40	0	32.35	2.309	9.243	0	23.69	-39.23	-27.77
语法	22.84 4.91	19.48	4.66	20.89	4.636	3.36	17.10	0	22.70	1.946	9.935	0	15.14	-42.06	-33.30
阅读	38.75 7.32	35.64	7.74	36.70	8.037	3.11	11.79	0	30.30	2.053	7.582	0	25.97	-33.99	-14.29
综合	28.38 5.47	26.52	6.58	26.28	6.525	1.86	7.613	0	21.03	2.099	8.653	0	21.73	+12.86	+3.32

表5-10 样本3的等值结果(n=292)

标准卷原始分平均	SD	新卷 原始分平均	新卷 SD	新卷 等值后平均	新卷 SD	原始分 差异	原始分 t	原始分 sig	原始分 MSD	结果 等值后分数 差异	结果 等值后分数 t	结果 等值后分数 Sig	结果 等值后分数 MSD	变化(%) 平均分	变化(%) MSD
听力 38.43	7.24	35.71	7.40	36.63	7.660	2.72	11.83	0	22.83	1.793	7.634	0	19.33	-34.08	-15.33
语法 21.54	5.09	19.13	4.90	20.17	5.063	2.41	12.33	0	16.93	1.368	6.905	0	13.33	-43.21	-21.26
阅读 37.77	7.84	30.79	8.43	33.33	8.497	6.98	22.76	0	76.23	4.435	14.39	0	47.45	-36.45	-37.75
综合 27.53	5.32	25.86	6.25	27.06	6.310	1.67	6.90	0	19.86	0.474	1.948	0.05	17.58	-71.59	-11.48

图 5-1 样本 1 的误差变化

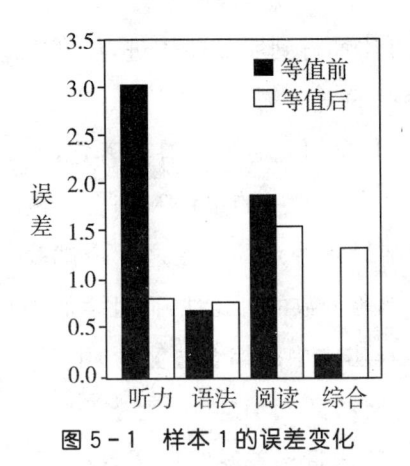

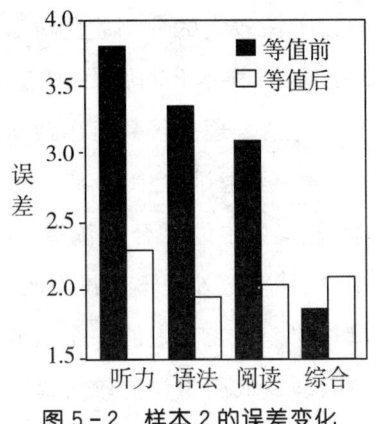

图 5-2 样本 2 的误差变化

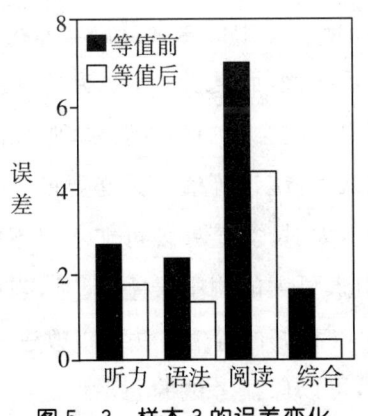

图 5-3 样本 3 的误差变化

四 讨论

IRT 统计等值处理能否改进分数的可比性？从图 5-1 至图 5-3 和表 5-8 至表 5-10 中可以看出，多数情况下等值处理可以改进分数的可比性。等值处理使三个样本共 12 个等值试验中的 9 个试验的分数可比性得到改进，尤其是使一些试卷难度差距较大的分测验的分数可比性得到明显的改进,如样本1的听力、样本2的听力、语法和阅读等分测验。

等值处理是否总可以改进分数的可比性?回答是否定的。在12个等值试验中有3个试验(样本1中的语法和综合分测验,样本2中的综合分测验)的结果是否定的。在这3个试验中,统计等值处理不仅没有改进测验分数的可比性,而且增加了测量误差。在其中的一个试验(样本1中的综合分测验)中,等值处理造成测量误差较大幅度的增加。

在什么情况下等值处理会增加测量误差呢?从图5-1和图5-2中可以直观地发现,当两份试卷的实际难度差异很小的时候(如样本1和样本2中的综合分测验),统计等值处理不仅没有改进分数的可比性,而且引入了更大的测量误差。

既然统计等值有时会增加测量误差,那么,统计等值处理是否必要呢?我们认为,统计等值还是必要的。尽管在两份试卷的实际难度差别不大时,等值处理可能不仅不能改进分数的可比性,而且可能引入更大的测量误差,但是,当两份不同试卷的实际难度差别较大时,好的等值方法可以改进分数的可比性,可以减少测量误差,可以保证考试的公平性。由于在考试实践中我们并不知道不同试卷之间真实的难度差距,我们别无选择。等值的意义类似于为测验"买保险"。在不发生交通事故的情况下,每年不菲的车辆保险就似乎得不偿失。但一旦发生交通事故,车辆保险可以帮助我们避免大的损失。我们购买保险是为了预防发生交通事故,同样,我们进行统计等值处理是为了避免由于试卷难度相差过大而导致严重的不公平现象。

第六章
概化理论和 DIF 问题

第一节 概化理论及其在 HSK 测试中的应用[①]

众所周知,当今测量学界最有影响的三大理论是经典测验理论(Classical Test theory,CTT)、概化理论(Generalizability Theory,GT)和项目反应理论(Item Response theory,IRT),其中,经典测量理论和概化理论同属于随机抽样理论,概化理论是对经典测量理论的扩展和改进,而项目反应理论则是从另外一个角度来分析每一个项目的项目特征曲线(Item Characteristic Curve,ICC)和项目信息函数(Item Information Function,IIF)。概化理论由于形成体系比较晚,且统计要求繁琐,因此虽然它在误差分析方面比经典测量理论更详细、更优越,但在理论研究和实际应用方面却相对较少,近年由于相应软件包的出现,大大推进了它的进一步发展,它越来越受到了测量领域工作者的重视。限于篇幅,本文只简略地介绍一下概化理论的形成、发展与应用。

---

① 本节摘自黄春霞:《概化理论及其在 HSK 测试中的应用》,《云南师范大学学报》(对外汉语教学与研究版)2004 年第 2 期。

一 概化理论的产生与发展

(一) 概化理论产生的理论背景

在概化理论产生之前,人们通常使用 CTT 对测量误差进行分析,CTT 产生于 19 世纪末,经过几十年的探讨与摸索,在 20 世纪 50 年代便形成了一套相当完整的理论体系,对测验的编制提出了一系列具体实用的统计分析方法,这些方法在实际测量工作中产生了巨大影响,至今仍然在使用,1984 年研发汉语水平考试(HSK)时,测验采用的理论基础就是 CTT。但传统的 CTT 对误差的分析是粗糙的、笼统的,CTT 的真分数的线性模型为 $X = T + E$(观察分数 X 等于真分数 T 与误差 E 之和),同时 $X' = T + E'$(X 和 X′为平行测验),$\delta^2(E) = \delta^2(E')$,该模型最突出的弱点就是把所有的误差都归为一类,而没能区分测验情景中的各类误差,在误差 E 中包括了类似评定者、测题、测验环境等影响测量目标的各种因素,也没有说明这些测量误差究竟来自哪些误差源,及各自产生的误差的大小;另外,CTT 的测验信度是建立在严格平行测验假设基础上的,即两个测验是以相同的程度测量同一心理特质。然而,这一理论假设在实际的测验情景中却难以满足,我们常常无法保证不同测量间得分的平均值和方差都相等,我们也没有一个统一的标准来判断两个测验究竟在多大程度上才是"平行测验"。同时,CTT 指导下的测验还要求测量条件完全标准化,从施测指导语到测验记分都有严格而明确的规定,从而使测量目标变得狭小(例如只能对一种非常严格条件下的被试能力进行测量,不够灵活,不便于推广和实际操作),这样就不能对测验进行有效地改进。上述弱点限制了经典测量理论的进一步应用。鉴于 CTT 理论存在的不足,测量的理论界和实践领域都呼唤一个全新的测量理论。正是在这样的理论背景之下,20 世纪 60 年代在 Cronbach 等学者的研究下,概化理论应运而生,为测量理论界开拓出了一片新天地。

(二) 概化理论的发展过程

概化理论的基本观点形成于 20 世纪 60 年代[1],但正式提出这一理论的是 Cronbach 等人在 1972 年出版的《行为测量的可靠性》一书,GT 较之 CTT 有很多实际的优点,但产生之后并没有马上引起有关专家的重视,主要是因为模型的复杂性和计算的多样性。这时的 GT 后来被称为一元概化理论(Univariate Generalizability Theory,UGT)。1983 年,美国测验委员会(ACT)的 J.E.Crick 和 Brennan,R.L.编制了 GENOVA 专用软件[2],从而大大减轻了人们的计算负担,也推动了 GT 向前迈进了一大步。1976 年,为了适应多维度测量的需求。Joe 和 Woodward 将一元概化系数推广为多元概化系数,从此开始了多元概化理论(Multivariate Generalizability Theory,MGT)的深入研究。

多元概化理论适用于多变量的测量情景,MGT 的测量目标由多个变量组成,它可表示一个多维的分数向量。国外的一

---

[1] Brenan, R. L. *Elements of Generalizability Theory*. ACT Publication, 1983:1.

[2] J.E.Crick & R.L.Brennan, *Manual for Genova:A Generalized analysis of Variance System*, ACT, 1983:43.

些概化理论专家对 MGT 进行了一些研究，但直到 1999 年，Brennan，R.L.开发了专门用于 MGT 分析用的 mGENOVA 软件，这些研究才达到一个比较细致的阶段。相对于一元概化理论而言，多元概化理论的优点在于能够处理多个测量变量或维度的问题，这就容易发现一些从整体上看信度较高，而其中某一部分信度不够理想的测验的问题所在，给实际的测验工作提供更有价值的信息。

二　概化理论的原理

（一）概化理论和经典测量理论的异同

前面提到经典测量理论（CTT）和概化理论（GT）都是随机抽样理论，但与 CTT 相比，GT 提出了一个崭新的角度。具体来说，CTT 致力于估计真分数在观察分数中所占的比例，这种方法不管估计的值多大，都是一种情况下的值，如果测量情境发生变化，真分数所占的比例也必定发生变化；而 GT 则是比较注重测量的情境，因为任何测验都是在特定测量情境下进行的，所以测量的根本目的不是为了获得在特定条件下得到的固定结果，而是要以此来判断更广泛条件下可能得到的测量结果。Cronbach 在《行为测量的可靠性》一书中提到：其实作为决策根据的分数，只是用于同样目的的所有分数中的一个，决策者几乎从不对特殊被试在特殊情况下参加的特殊测验感兴趣，至少如果其中一些测验条件发生变化，对决策者来说，分数的可接受性不会减少；也就是说，存在一个观察全域，它们其中的任何一个（观察分数）都能为决策提供有价值的根据。在 GT 理论中，"信度"问题转化成了概括或概化的准确性问题。[1]

从具体方法上来讲,二者的区别在于:CTT将观察分数方差分解成真分数方差和总的误差方差;GT则把观察分数方差,分解成由测量目的引起的全域分数方差(universe score variance)和多个代表来自测验施测情境的误差方差。

(二) 几个基本概念

GT认为,测量情景关系由测量目标和测量侧面构成。"测量目标(Object of measurement)就是研究者通过测量以及测验分数所试图描述、刻画、揭示的研究和那个心理特质"。测量侧面(Facet of measurement)可以看成是误差的来源,即除了测量目标之外的影响和制约最后测验分数的所有条件和因素。测量侧面有水平的不同,比如说我们把评分者当做一个侧面,如果有三个评分员,就说明这个侧面有三个水平,所以侧面的水平是指一个测量侧面所包含的个别状态。测量侧面还可分为随机侧面(Random Facet)和固定侧面(Fixed Facet),如果侧面的水平是该侧面所有可能的众多水平中的一个随机样本,则该侧面是随机侧面;如果每次所采用的侧面的水平都是相同的、固定不变的,则该侧面是固定侧面。在一定条件下,根据测量目的的不同,随机侧面和固定侧面可以相互转换,测量目标和测量侧面也可以相互转换。固定侧面越多,所得结果的信度就越好;但固定的侧面越多,就会使测量目标受到越多的限制,如果所有的侧面都固定,则测量目标将变得毫

---

[1] Shavelson, R. L. The Rand Corporation & Webb N M. *Generalizability Theory*: 1973—1980, British Journal of Mathematical and Statistical Psychology, 1981, 34: 133—166.

无意义,所以应用 GT 时至少有一个面是随机的。其实,CTT 就是通过标准化将出了项目以外的其他面都固定起来,只考虑一种情况下的信度指标,即真分数在总分数中所占的比例。

可观察全域(universe of admissible observation)指所有可能的不同的实施测验情境(condition)的全体,其中一系列相同的测验情景称之为一个侧面(facet)。同一被试可以在多个不同的测验情景下进行测量,这种情景的结合叫做随机化平行(randomly parallel)[1],随机化平行的前提是大规模题库的存在。所有可能的随机化平行组合,构成了可推论全域(universe of generalizability)。可推论全域可以包括可观察全域中所包含的所有或部分情境,但是不可能超出它所包含的情境。概化理论认为,观察分数方差可以分成多个部分,分别是由测量目标(即总的分数方差,类似于经典测量理论中的真分数方差)和由观测情境造成的,并可采用方差分析的方法将它们分别计算出来。

为了进一步分析误差方差,GT 还提出了相对误差方差和绝对误差方差的概念。相对误差方差是指测量设计中的侧面和测量目标之间的交互作用;绝对误差方差是指所有侧面的主效应和侧面和测量目标之间的交互效应的方差分量。用相对误差方差估计出来的信度系数是 G 系数(Generalizability Coefficient),用绝对误差方差估计出来的信度系数是可依靠性系数

---

[1] Brennan, R. L. *Generalizability Theory*. Educational Measurement: Theory of generalizability for score and profiles. New York, 1992, 11: 27—34.

(Dependability Coefficient)或 Φ 系数。[1]

(三) G 研究及 D 研究

概化理论有两大部分——G 研究和 D 研究。

G 研究要求研究者表述测量的目标是什么,以及在什么情景下进行测量,也就是确定测量目标和可观察全域。这些对测量的建构(conceptualization)就是 G 研究设计。在 G 研究设计中,研究者需要指出测量的目标、可观察全域以及它们之间的关系,然后再收集数据,估计对应于这些情境方差成分的大小。G 研究收集数据的初始阶段,利用类似于 ANOVA 的设计类型(交叉设计、嵌套设计和混合设计等),然后,在 ANOVA 分解误差的思想下,进行方差分析。在大多数情况下,Cronbach 建议使用交叉设计,这样可以使所有的方差分量都可以估计到,但同时他也指出有时嵌套设计也很有用,因为嵌套 G 研究可以为某些方差分量估计提供更大的自由度(Degrees of freedom)。[2]

方差分析的模型有三种:模型Ⅰ是指所有的自变量都是固定效应(fixed effect)的情况,即传统的 ANOVA;模型Ⅱ是指所有效应都是随机效应(random effect);模型中既有固定效应又有随机效应的混合效应(mixed effect),属于模型Ⅲ。选择恰当的模型,然后借助 ANOVA 等方法为观察全域提供方差分量(variance component)估计,即获得测量目标效应、各种测量侧

---

[1] Brian, K. Lynch & T. F. McNamara, *Using G-Theory and Many-facet Rasch measurement in the development of performance assessments of the ESL speaking skills of immigrants*, Language testing, 1998 年第 2 期。

[2] Shavelson, R. L. & Webb, N. M. *Generalizability Theory: A primer*. Newbury Park, CA: Sage, 1991.

面效应以及测量侧面和测量目标的交互效应等的方差。G 研究中的方差估计值,只反映可观察全域中的单个测量目标和单个情境。在 G 研究中,以双面交叉设计 p×i×r 为例,p 指学生的语言能力,i 指语言测验的题目,r 指评分者面,这样在方差分析中就有三个主效应 p、i、r,四个交互效应 pi、pr、ir、pir,我们可以通过数据来判断每种效应对总分的贡献。

G 研究中方差的估计值为有效的测量方法提供了一定的信息,而这就是 D 研究的目的。D 研究在 G 研究的基础上,通过改进测量侧面结构、测量模式或样本容量,来估计概化系数和 Φ 系数的变化,即提供各种测量设计方案下全域分、误差的估计和设计优劣的信度指标,寻找有效控制误差、提高信度的最佳方案。也就是说,先根据研究目的确定概化全域,即指明哪些为研究结果推广的侧面,以及各侧面推广范围有多大,然后根据实际需要来确定测量设计(D 研究设计可以和 G 研究一样,也可以不一样)和样本容量的大小;最后,再根据已经估计出的方差分量,求出 G 系数。在 D 研究中,研究者可以通过改变评分者面和题目面的水平数来看 G 系数的变化,或者考虑是否可以固定其中的一个或几个面,以此来增加测验的可靠性。D 研究中将修改设计方案后形成的新的全域称为概化全域(universe of generalization),它区别于 G 研究中的观察全域,把 G 研究初始设计中代表性样本的统计结果推广或概化到了新的全域。这就是概化理论的真正内涵。

测量方法的决定与概化全域的确定有关,也就是说,要决定在可观察全域中,哪一个侧面要抽取多少个情境,这便构成了 D 研究。可见,G 研究是针对可观察全域,D 研究设计则对应着测量方法和可推论的概化全域空间。

D研究可以包括与G研究中所用的不同的新观测,但在大多数概化理论研究中,G研究和D研究都是用同一组数据。在这种情况下,D研究被称为D研究考虑(角度)(D-study consideration)[①]。D研究分别提供了两个类似信度的系数,即G系数和Φ系数。计算G系数和Φ系数的公式比较麻烦,但我们可以借助专门的软件来处理。

G系数和Φ系数是概化理论的信度指标。有些学者认为,用概化理论提出来Φ系数来判定测试的信度,尤其是判定评分者之间的一致性时,要比经典测试理论提出的肯德尔和谐系数(简称W系数)合理,理由是它"不仅反映了评分中随机误差的大小,而且也考虑了各评分者的系统偏差"[②]。这一结论目前还有争议,但它为我们提出了一个研究的方向。

概化理论虽然有许多独特的优点,但这一理论并不是完美无缺的。首先是GT的理论基础方差分量估计,一些概化理论专家把它称作GT理论的"The Achilles Heel(唯一致命的弱点)",因为这些方差分量估计对我们常见的小样本来说,通常是不太稳定的,但这并不是GT理论独有的,同样的问题存在于所有的抽样理论中。另外,在基本思想上,GT理论注重所测心理特质的单维性,因此在实际操作中要求保持试题样组的同质性;

[①] Dato, N. M. de Gruijter & Leo, J. Th. van der Kamp, Generalizability Theory, Advance in Educational and Psychological Testing: Theory and Applications,1990:45.

[②] 刘远我,张厚粲:《概化理论在作文评分中的应用研究》,《心理学报》1998年第2期,211—217页。

在计量方法上，GT 理论在运用 AVONA 方法分析误差来源时，由于数据结构复杂性，方差分量估计有时会出现负值，Cronbach 在 1972 年提出建议，可将估计值为负值的方差分量用零来表示，或者选用能够排除方差分量出现负估计的其他估计方法，如极大似然估计（Maximum Likelihood Precedures）、有限似然估计（Restricted Maximum Likelihood）或者最小范数二次无偏估计（Minimum Norm Quadratic Unbiased Estimation）和贝叶斯估计（Bayes）。

（四）多元概化理论

MGT 与 UGT 有着相同的理论构架，是对 UGT 的推广和发展，它适用于多变量的测量情景。MGT 的测量目标是由多个变量组成，它可表示为一个多维的分数向量，不同的测评变量（或维度）上的得分是相互关联的，多维分数构成一个向量，向量的期望观察分数方差、全域分数方差和误差方差不仅有赖于单个测评变量的方差，还包括测评变量之间的协方差，因此向量的观察分数方差可用方差协方差矩阵来表示。多元概化理论中的信度指标是多元概化系数 ρ^2，多元概化系数为多变量测量提供综合的整体信度指标。事实上，在实际应用中 MGT 有着比 UGT 更为广阔的天地。

三 概化理论的实际应用

（一）目前国内应用概化理论的情况

概化理论在诞生早期并没有得到迅速的推广，直到 20 世纪 80 年代后期才逐步发展起来，但随着 GT 的理论内涵更加丰富，其应用的情景也更为复杂。在各种误差研究中，不仅是对评分误差,而且对于各类组合测验的信度研究和标准参照测验界定分数的误差研究,概化理论都有很大的发挥余地。此外,GT还用来确定表现评估(Performance Assessment)中的任务个数以及提供聚敛效度(Convergent Validity)的证据等。最近概化理论实际应用的一个热点是对评分者一致性的研究,在比较一元概化理论中的概化系数和传统的 Kendall 和谐系数谁更准确方面,一些专家还发生了争论。总的来说,GT模型对于实际应用中所涉及G系数和Φ系数的所有类型的测量设计都是适用的。可见,概化理论作为一种可设计、评估和改善测验过程的、可靠的、综合性的方法,正描绘着现代测量理论的新图景。

在概化理论的指导下,国内外的一些测量专家已经开始着手进行应用领域方面的研究。据介绍,Brennan, R. L.、高小虹和 Colton, D. A.曾经做过一个对ACT的一个测验的研究,该研究要求两组评分者(每组三人)从听力和写作两个维度,对同一批被试在同样12个录音题目上的作答表现进行评定,比较详细地介绍了UGT和MGT在ACT听力和写作测试中的应用,这应该是比较早的系统应用研究。在国内,一些测量专家很早就开始将概化理论应用在高考的作文评分误差分析中。20世纪80年代,在高考改革的推动下,我国引进了概化理论。早在1985年,当时的广州外语学院院长外语测试专家桂诗春的研究生曾运用概化理论研究高考中的作文评分误差,但影响不大。90年代国内的文章多为概述GT的产生思路,实际应用的例子也主要是初探性、尝试性的测验信度估计。最近几年,也有一些专家运用概化理论来研究高考综合能力测试的信度[①]、普通话测试[②]两种方式(面试评分和录音评分)信度的比较以及其他类型测试的信度。

(二) HSK 对概化理论的应用

中国汉语水平考试(HSK),是为测试母语为非汉语者(包括外国人、华侨和中国少数民族人员)的汉语水平而设立的国家级标准化考试,1984 年研制,1990 年通过专家鉴定。到目前为止,已有 120 个国家 38 万余名考生参加了 HSK 考试,在国内建有 46 个考点,分布在 27 个城市,在国外也建有 67 个考点,遍布亚洲、欧洲、美洲、大洋洲 22 个国家和地区。1984 年北京语言大学汉语水平考试中心的测试专家们在研发 HSK 时,由于 CTT 理论经过几十年的发展,已经到达了一个比较完善的阶段,统计技术也相对简单,且考虑当时我国实际情况,HSK 设计的理论基础采用的基本上都是 CTT 理论。

在 CTT 的理论框架下,汉考的专家们经过不断的探索和认证,并借鉴国际上一些著名英语测试的经验,成功地解决了作为一个合格的标准化测试的几个重大问题(信度问题、效度问题、等值问题等)。比如信度问题,一个信度高的测验应该具备较高的区分度,即所有的题目都应该能够把水平高的考生和水平低的考生区分开来,因此专家们给每一道题设置了区分度参数。一般情况下,要求标准化测验的信度达到 90% 以上,而 HSK 的信度基本上达到 96% 以上。另外,为使每一次参加考试的考生

[①] 杨志明,马世晔:《高考综合能力测试(广东卷)的多元概化理论研究》,《考试研究》2002 年第 2 期,28—31 页。

[②] 张雷,侯杰态,何伟杰,文剑冰,王渝光:《普通话测试的录音评分可行性、信度及经济效率》,《心理学报》2001 年第 2 期,97—103 页。

所获得的成绩都是公平的,专家们给每一道题都设定了难度参数,从而使每一份试卷的总体难度得到控制,然后将某一年的试卷设为基准卷,以后的每一份试卷都会与之比较(主要比较难度参数),接下来再通过等值计算公式进行转换,保证每次所用的试卷的难度都不会有太大的差异,以免对考生不公平。

HSK 的这些做法,在当时的条件下是一种很明智的选择,而且当时国际上比较成功的大规模标准化测验也都是采用这种方法。但随着社会的发展和进步,人们对目前的标准化测验的质量要求越来越高,尤其是在竞争日益激烈、标准化测验的使用范围不断扩大的今天,像 HSK 这样的国家级标准化测验在国内外都有很大影响,它评定的分数直接影响到考生的留学、就业等方面,因此广大考生及用人单位不可能不对 HSK 的质量投以更多的关注。所以在这种情况下我们认为,HSK 还是有需要改进的地方,比如说通过难度值来确定平行测验的方法虽然可行,但是还是不如概化理论的弱假设更具有说服力、根据具有操作性。另外,通过区分度、难度值估计出来的信度系数,在 CTT 理论框架下的确能达到一个很高的水平,但是它只考虑了一个单一的题目因素,没有更多地考虑评定者、测试环境等因素,而且是一种条件下的信度系数,不能推广到其他情况下。与概化理论的 G 系数和 Φ 系数相比,CTT 的信度系数确实显得有些粗糙和笼统。HSK 考试现分为三等(基础、初中等、高等)11级,每一等级考试的试卷都有几个分测验构成,也就是说 HSK 所用的试卷是组合测验。关于 HSK 几个分测验之间的关系以及每个分测验对总分的贡献等问题,在 CTT 理论下,可以通过相关系数的比较来说明,但还是显得太粗糙,而运用概化理论的方差分析技术来解决这个问题,就变得细致得多了。

十几年来,HSK每年的考生从几十人发展到现在的十几万人,取得了瞩目的成绩,得到了世界上许多国家的认可和欢迎。虽然,由于CTT本身的一些的缺陷,HSK也存在着自身的问题。但是,汉语水平考试中心的测试专家正在着手HSK的改进工作,准备在HSK考试的试卷构成、信度估计、分数解释、题库建设等方面作相应的变动,因此必将更多地借鉴GT、IRT的有关理论,并在已有的研究成功上作一些实践探索,力求把HSK建设成一个更完备、更客观的标准测验。

第二节 多种DIF检测方法的比较研究[①]

一 相关背景

1. 社会背景

提到测验偏差(Test bias),就不能不提到上个世纪60年代的人权运动。这个时期之所以对人们了解DIF产生重要影响,是因为现代测验形式及项目偏差(Item bias)分析都来自于那个时代,受那个时代的影响,并且把人权运动的准则作为测验实行的一个标准部分。那个时代之所以被人们永远记住是因为它重视平等的工作机会,打击从教育体系到工作情况、从工作情况

---

① 本节摘自于媛颖:《多种DIF检测方法的比较研究》,载孙德金主编《语言测试专业硕士论文精选》,北京语言大学出版社,2005。

第二节 多种DIF检测方法的比较研究

到社会服务的不公平现象,鼓励人们用法律的形式捍卫自己的权利,唤醒少数民族人士尤其是在美国数量众多的黑人的民族意识。过去不平等的教育体系造成了教育质量的差异,从而又影响就业率的好坏,大部分的平民百姓都是旧等级制度的受害者。在这种教育制度下的测验成绩往往被用来作为获得工作和晋升机会的一个重要依据,这显然对一部分人是不公平的。

在这种情况下,人们注意到项目偏差。人们开始用公平性原则研究文化差异,并且发现在当时的考试内容中有一些题目超出了少数民族的文化领域,因此造成了黑人和西班牙人与白人之间在考试行为上的极大差异。考试中涉及的有些内容,对少数民族来说,很少有机会学习到。当时人们对项目偏差问题的关注,目的是通过科学的方法找出对少数民族考生不利的题目并把他们从试卷中剔除。与此同时,人们不光注意到考试中可能存在有偏差的题目,还把那些用于选拔性质的考试作为一个整体考量,检查这些考试是否对少数民族考生不利,从而使他们的得分低于他们所能达到的能力水平,这些考试是否是有效的和公平的等,都是人们关注的问题。

在这里有必要认真地考虑一下,在测验偏差和项目偏差中经常使用的一些词语,尤其是偏差——"BIAS"这个词。从80年代开始,有很多作者对"BIAS"作过类似的定义[1]:如果来自不同组的能力水平相同的被试对某一题目没有相同的答对率,

---

[1] Linn, R. L., Levine, M. V., Hasting, C. N. 1981, *An investigation of item bias in a test of reading comprehensive*, University of Illinois. Shepard, L. 1981, Identifying bias in test items, In Green, B., editor, *Issues in testing: coaching, disclosure, and ethnic bias*. San Francisco, CA: Jossey-Bass.

那么,这个题目是有"BIAS"的。Shepard 对"BIAS"的定义可能更有趣一些,他说:"BIAS"是一种无效性,它更大地伤害了其中的一组。第一种定义指的是所能观察到的不同被试考试行为的差异,第二种定义超出了差异本身,而带有评价的意味,指的是考试对其中一组的不公平对待。词典中对"BIAS"的解释是,和真相的一种分歧。从统计学意义上讲,这种意思可以理解为对真值偏离方向的评估;从社会学意义上讲,它意味着和偏见类似的东西,一种毫无理由的个人喜好。20 世纪 60 年代,当"BIAS"这个概念在心理测验学领域大受欢迎的时候,它所指的意思和 Shepard 的意思是一样的,"BIAS"的提出为少数民族考生在考试中获得低分的行为提供了合理的解释,因为有些用来检测所谓知识和能力水平的题目其实就是白人中产阶级文化的一部分,对中产阶段的白人是司空见惯的事情,对很多少数民族考生却十分陌生。为了检验这个假设的合理性,心理学家研究出很多方法来判断异常项目是如何被界定为有"BIAS"的项目。但是心理学家提供的这些方法所检验的结果只是统计学上的发现,它最后还要服从专家的解释和判断。有的异常题目真正存在"BIAS",对少数民族考生非常不利。有的异常题目实际上并不存在偏差,而只是教育成果的一个体现,即所有的考生都学习过这个知识,但是并不是所有的人都真正理解它的意思。还有的异常题目连专家也无法判断它们是否存在偏差。

有一点是很清楚的,这里存在一个语义矛盾;单词"BIAS"同时具有至少两种完全不同的意思,即统计学上的和社会学上的两种意思。这种词语使用上的混乱加剧了政治气氛中的混乱,少数民族人士认为"BIAS"是造成考试成绩差异的最大问题,因此对现行的教育制度和考试制度极为不满,进而对整个社会制度是否公正也产生怀疑。人们开始意识到问题的严重性,有的人建议,当研究统计意义上的"BIAS"时使用一个词语,涉及社会学意义上的"BIAS"时使用另一个词语。最后人们使用项目功能差异(Differential item functioning,简称 DIF)来表示某个题目在不同被试组中产生的不同统计特性。用 DIF 检测出的题目如何被判断和使用,它是否有社会学意义上的"BI-AS"等问题跟统计意义上的"BIAS"毫不相干。

2. 行业背景

在教育和心理测量中,人们的目的是尽可能准确、公平地了解被试在成就能力和人格等各种心理特质上的差异。为了达到这个目的,信度和效度的分析成为关键。但是测量学家发现还有一个问题困扰着我们,那就是测验偏差,这一现象指的是测验中的大多数项目对于所有被试都是测量同一维度的特质,但是测验在实施过程中会不可避免地受到各种无关因素的影响。如果没有这些因素的影响,测验的结果将是完全公平而有效的。因此,关键问题是对于所有被试来说,这些无关因素的影响是否完全一致。在测验的编制过程中,测验专家也许会控制一些干扰因素,使得测验对不同团体相对公平些,但是测验编制者用什么证据来证明他们所编制的测验是公平有效的,并且怎样预防新测验不再受到无关因素的影响?

从 20 世纪 60 年代起,美国教育界就开始对性别与种族在测验结果上的差异特别感兴趣,一些人认为传统的教育和职业测验偏向白人文化,不能反映少数民族的能力。如今美国的心理测量界有两个趋势:一是计算机在测验上的应用越来越广泛和深入,人们使用计算程序来处理一些心理测量问题;二是政治和法律的介入越来越明显,为了测验的公正与否而诉诸公堂的案子屡屡发生,与此同时美国的州和国家也多次为公民的不被歧视的权益通过了有关的法律条文。因此,对于测量界的专家们来说,研究出一些方法来保证测验的公平性成了至关重要的问题。

对 BIAS 和 DIF 的研究正是适应以上的形势和要求而发展起来的。1986 年夏开始,美国教育测验服务公司(ETS)在测验的编制过程中规定,必须对试题进行项目功能差异的分析,对试题的常规分析过程中加入了一个项目功能差异指数。项目功能差异的分析成为测验公平性和有效性的依据,同时对项目功能差异的原因探究可为新测验的公平性打好基础。

研究者对项目偏差(BIAS)和项目功能差异(DIF)的研究[1]更多地关注于性别差异和种族差异等问题,本论文的实验研究部分拟通过几种 DIF 检测方法,检测在初中等汉语水平考试中

---

[1] Reynolds, C. R. 1980, An examination for bias in a preschool battery across race and sex, *Journal of Educational Measurement*, 17, 137—146. Schmidt, F. L., Hunter, J.E. 1974, Racial and ethnic bias in psychological tests: Divergent implications of two definitions of test bias., *American psychologist*. 29, 1—8. Hale, G. A. 1988, *The interaction of student major-field group and text content in TOEFL reading comprehension*, TOEFL research report 25. Princeton, New Jersey: Educational Testing Service. Cole, N. S., Zieky, M. J. 2001, The new faces of fairness, *Journal of Educational Measurement*, 4,369—382. Steenkamp, J. E. M., Baumgartner, H. 1998, Assessing measurement invariance in cross-national consumer research, *Journal of Consumer Research*, 25, 78—90. Chinn, P. 1976, The exceptional minority child: Issues and some answers. *Exceptional children*, 46, 532—536.

Katzenmeyer, H., Hunka, S., Stenner, A. J. 1977, Estimation of the invariance of factor structures across race and sex with implications for hypothesis testing, *Educational and Psychological Measurement*, 37, 111—119.

是否存在性别差异。

(一) DIF 和 BIAS

项目偏差指的是,如果来自不同团体的具有相同能力或熟练水平的子群体对某题正确回答的概率不同,那么这道题就是有偏差的。例如,某个测验的作文题目是要求写一篇有关电脑革命带来的巨大变化,测验编制者的目的是想要了解被试的作文能力,但是由于地区经济发达程度不同的被试对电脑的认识是不同的,经济发达地区的被试接触电脑的机会更多一些,因此他们的得分可能比具有同等作文能力的经济欠发达地区的被试更高,这个题目对经济欠发达地区的被试不利,即这个题目有项目偏差。用这个测验分数作推论时,就会产生不公平的现象。项目偏差是对测验分数的一种威胁。

由于"BIAS"一词有统计学和社会学两方面的含义,它不只是显示了测验分数和真分数的差异,还带有判断和评价的含义,所以在 20 世纪 80 年代末有人提出在不涉及评价意义而只有统计学意义的时候,用项目功能差异(DIF)的概念来代替项目偏差概念。DIF 指的是在控制团体能力之后,一个项目在不同的团体中显示的不同统计特性,它主要是从统计学的角度来检查,表示答题正确率的差异。假设一个词语推断题需要阅读理解能力、推理能力和简单的数学计算能力来解决。如果不同的被试具有相同的推理能力,但是在阅读理解能力和简单的数学计算能力方面有差异,此时有可能存在 DIF 问题。如果阅读理解能力和简单的数学计算能力与考试的目的有关,那么虽然这个题目存在 DIF 问题,但是没有项目偏差。反之,如果这两种能力与考试的目的无关,那么这考试既有 DIF 问题,又有项目偏差。

(二) DIF 研究方法的历史发展过程

评估测验中的题目在何种程度上被认为有"BIAS"的第一个正式程序由 Cardall 和 Coffman 于 1964 年提出,他们用方差分析方法分析参加 1963 年 SAT 考试的黑人组和白人组是否有相同的考试反应。之后,Cleary 和 Hilton[①],Angoff 和 Sharon 又使用相同的程序进行 DIF 研究,此时研究的方法程序很少。1972 年,Angoff 提供了一种新的方法研究文化差异,这就是后来被人们熟知的散点图法也叫项目难度转换法。这种方法很快大受欢迎,因为它逻辑简单,又容易被人们使用,而且稳定性也比较高。

1979 年,Scheuneman 提出一种和卡方相似但不是完全一样的方法,用这种方法来检测 DIF,人们称之为 S 卡方方法。S 卡方只考虑答对率的情况。但是这种方法很快受到 Baker 等人的抨击,他认为 S 卡方方法受样本数量的影响很大,卡方值会随着样本数量的变化有很大的不同[②]。有一种与 S 卡方方法不同的卡方方法,由 Holland 等人提出,人们把它叫做全卡方方法。这种方法不仅考虑答对率的频数,还考虑答错率的频数。

20 世纪 80 年代,散点图方法也有了进一步的发展。Angoff 等人认为,如果散点图中所有的项目没有相同的区分度,那么散点图方法将会产生错误的结果,尤其是当被研究的两组被试

---

① Cleary, A. 1968, Test bias: Prediction of grades of Negro and White students in integrated colleges., *Journal of Educational Measurement*, 5, 115—124.

② Baker, F. B. 1981, A criticism of Scheuneman's item bias technique, *Journal of Educational Measurement*, 18, 59—62.

在能力水平相差很大的情况下却有相同的平均分[1]。在这种情况下,有一些没有被散点图方法检测出有 DIF 的题目可能是有 DIF 的题目,之所以没有被检测出 DIF 只是因为它们的题目区分度比较小。相反,那些被检测出有 DIF 的题目可能是没有 DIF 的题目,之所以被检测出 DIF 只是因为它们的题目区分度比较大。

1988 年,Holland 和 Thayer 用一种新的方法来检测 DIF,这种方法被称为 MH 方法,原先是由 Mantel 和 Haenszel 提出,用于医学研究的方法[2]。Holland 和 Thayer 认为 MH 方法比全卡方方法有更多的统计优越性。

Dorans 和 Kulick 提供了一种检测 DIF 的方法——标准化方法(简称 STND)[3],这种方法与 MH 方法极为相似,事实上,当量表水平相同时,用两种方法检测 DIF 的相关系数可以达到.99。与散点图方法和全卡方方法相同,与 IRT 方法不同,MH 方法和 STND 方法只提供不同题目的难度指数,而没有提供不同题目的区分度指数。

以上的这些方法,除了全卡方方法既包括答对率又包括答错率之外,其他的方法都只是考虑答对率。但是错误的选择和

---

[1] Angoff, W. H. 1982, Use of difficulty and discrimination indices for detecting item bias, *Handbook of methods for detecting test bias*. Baltimore, Maryland: John Hoipkins University Press.

[2] Mantel, N., Haenszel, W. 1959, Statistical aspects of the analysis of data from retrospective studies of disease, *Journal of the National Cancer Institute*, 22, 719—748.

[3] Dorans, N. J., Kulick, E. M. 1986, Demonstrating the utility of the standardization approach to assessing differential item performance on the Scholastic Aptitude Test., *Journal of Educational Measurement*, 23, 355—368.

由于各种原因的漏选,都会对项目难度产生重要的影响,而且很有可能成为产生 DIF 的重要来源。

(三) 一致性 DIF 和非一致性 DIF

Mellenbergh 提出一致性 DIF(Uniform DIF)和非一致性 DIF(Nonuniform DIF)概念[①]。在当前的研究中,这两种 DIF 都可以被观察到。当被试的能力水平与其组别之间没有联系时,一致性 DIF 发生。也就是说,在所有能力水平上,一组的正确反应概率总是高于另一组。当能力水平与其组别之间有联系时,非一致性 DIF 发生。也就是说,并不是在所有水平上,一组的正确反应概率总是高于另一组。例如,假设检测黑人和白人在某一项目上是否有 DIF,如果在所有能力水平上,白人的正确反应概率总是高于黑人,则这个项目存在一致性 DIF;如果在具有能力水平 A 的黑人和白人中,白人的正确反应概率高于黑人,而在具有能力 B 的黑人和白人中,黑人的正确反应概率高于白人,则这个项目存在非一致性 DIF。在标准化测验中,一致性 DIF 比非一致性 DIF 更常见。

(四) 参照组与目标组

在 DIF 的研究中常会人为地把被试分为两组,分别称为参照组和目标组。划分被试的依据一般有:性别、地域、民族、年级、职业、社会经济地位等。衡量参照组与目标组的被试是否具有相同能力水平的变量就称为匹配变量。匹配变量既可以是观察分数,一般是测验的总分,又可以是潜在能力值,一般是用

[①] Mellenbergh, G. J. 1982, Contingency table models for assessing item bias, *Journal of Educational Statistics*, 7(2), 105—118.

IRT模型估计出的θ值以及经典测验理论的真分数t。

（五）检测DIF方法的分类

为了更好地理解和正确选择DIF方法,下面列举几种较常见的分类。

(1)根据检测项目的记分形式,可分为适用于"0""1"项目的方法(如MH、SIBTEST和STND等大多数方法都是这种方法)和适用于多重记分项目的方法(如多重记分的STND、SIBTEST等都是用"0""1"的记分方法扩展成的方法)。

(2)根据方法是否要以参数方程为基础,可分为参数方法和非参数方法(MH方法,STND和SIBTEST方法)。

(3)根据匹配变量是否是真分数,可分为以实际得分为匹配变量的方法(如STND和MH方法)和以潜在变量为匹配变量的方法(如SIBTEST方法)。

（六）影响DIF方法检验力的因素

DIF方法在检验DIF的过程当中,把辨认具有DIF项目的能力称为DIF方法的检验力或检验效率。方法不同,其检验力也不同,下文即将介绍的六种方法的检验力在众多方法中是比较高的。每种方法的检验力不是固定不变的,有一系列的因素影响其检验力。

以往的研究表明,影响最大的一个因素是样本的容量,样本容量越大,检验力就越高。如果样本容量太小,则无法检验出有DIF的项目。

测验长度也会影响DIF的检验力,因为长的测验将测得更可靠的分数,因而对能力的估计就更准确。但是,随着具有DIF项目的增加,对匹配变量的污染也会增加,这将会影响DIF检验力。所以测验长度增加而 DIF 项目比例减小时,DIF 方法的检验力才会增加。

目标组和参照组的总体分布差异也会对 DIF 检验力发生影响,研究表明:目标组和参照组具有相同的总体能力分布时,DIF 检验力较高;当目标组和参照组不具有相同的总体能力分布时,DIF 检验力较低。

二 研究方法和目的

本文介绍六种检测 DIF 的方法,并使用这六种方法进行 DIF 研究,通过具体实验对这六种方法进行分析比较。以下是本文的研究方法。

(一) 样本

本文使用的样本是在韩国本土参加初中等汉语水平考试 (HSK)的韩国学生,共 5 701 人,从中随机抽取男女生各 1 370 名。试题卷号为 RD003,考试时间是 2003 年 12 月。目标组为韩国女生,参照组为韩国男生。

(二) 工具

初中等汉语水平考试(HSK)由北京语言大学汉语水平考试中心设计研制,是专门为测量母语为非汉语者的汉语水平而设立的一种标准化考试。HSK 初中等试卷共有 170 题,分为四大项,其中听力理解 50 题,语法结构 30 题,阅读理解 50 题,综合填空 40 题。

(三) 程序

S 卡方检验的程序:把参照组和目标组被试划分为 n 个能力水平组,根据此考试情况共划分为五个能力区间,即 1(低)、

2(中下)、3(中)、4(中上)和5(高)共五组。每一能力水平组的人数没有很大的差距,确保有大致相同的参照组和目标组被试。然后分别计算每一个能力区间的每一个题目的卡方值。

全卡方方法检测程序与 S 卡方方法基本一致,但是最后的计算公式不同,它计算的是答对率的卡方值和答错率的卡方值累加之和。

SIBTEST 方法使用的是由 Shealy、Stout 和 Roussos 开发出来的 SIBTEST 程序,MH 方法和标准化方法使用的是自编的程序。

Δ 散点分布图法程序:分别计算参照组和目标组的难度 p 值,然后把 p 值转化成 z 值,最后把 z 值转化成 Δ 值。使用的方程式:$\Delta = 4z + 13$。这样每一个题目都得到一个相应的 Δ 值,然后使用 Δ 散点分布图来分析 DIF。

(四) 研究目的

本文拟通过介绍几种常用 DIF 检测方法,并通过实验研究,试图解决下列问题:

(1)这些不同的 DIF 检测方法什么地方比较相似,什么地方差异明显?

(2)统计意义上的项目功能差异和主观判断的项目功能差异是否一致?

(3)在相同样本容量情况下,各种 DIF 检测方法的检测敏感性是否一致?

三 本文使用的 DIF 检测方法简介

检测 DIF 的方法有很多种,许多的研究者也分别介绍过

DIF 的一些检测方法[1]，本文介绍和使用的 6 种方法是其中较为常用的几种方法，分别是 S 卡方方法、全卡方方法、SIBTEST 方法、MH 方法、STND 方法和 Δ 散点图方法。

（一）卡方检验
项目偏差卡方指标

卡方（Chi-Square）检验是一种非参数检验，它是在总体分布未知的情况之下，根据样本的频数分布对总体分布所作的假设检验。根据卡方检验方法，项目偏差指的是，当个体来自于不同的子体，在测验中具有相同的总分，对某一项目的正确反应概率不同时，项目便具有偏差性。根据这种方法，先将整个样本分成有关的子体（黑人/白人，男人/女人等）。然后，测验总分被划分成 J 个连续区间，虽然，根据样本中的人数、项目难度、测验总分的不同，可以进行不同的划分，但通常采用五个区间。在每一个测验区间中，那些对某一项目能正确或错误回答的人数比例被用来估计那一区间中个体正确或错误反应的概率。因为，如果一个项目是无偏差的，那么，在所有有关子体中处于某一特定

---

[1] Lois, E. B. 1980, Comparative studies of item bias methods., *Handbooks of methods for detecting test bias*, 161—179. Cecil, R. R. 1980, Methods for detecting construct and predictive bias, *Handbooks of methods for detecting test bias*, 199—227. Ruder, L. M., Getson, P. R., Knight, D. L. 1980, A Monte Carlo comparison of seven biased item detection techniques., *Journal of Educational Measurement*, 17, 1—10. Cochran, W. G. 1954, Some methods for strengthening the common chi-square tests, *Biometrics*, 10, 417—451. Flaugher, R. L. 1978, The many definitions of test bias, *American psychologist*, 33, 671—679. Humphreys, L. G. 1973, Statistical definitions of test validity for minority groups, *Journal of Applied Psychology*, 58, 1—4. Clauser, B. E., Mazor, K. M. 1998, Using statistical procedures to identify differential item functioning test items, *Educational Measurement: Issues and Practice*, 17, 31—44.

测验分数区间的个体的正确反应概率就应相同。

测量项目偏差的卡方方法建立在这样一个假设基础上,即测验测量了单一的潜在特性。卡方检验认为:如果测验总分或 θ 为常数,那么,因为控制项目使之所评定的是唯一特性,因此,不同的团体成员对某一项目的正确回答概率就应是相同的。而正确反应概率若有差异则表明:与项目反应有关的唯一特性保持恒定之后,我们仍然可以通过该项目区别不同个体。这一矛盾意味着该项目在两个团体中的功能是不同的。在这种情况下,就其对两个团体的能力测量而言,项目是有偏差的。

Scheuneman 的卡方检验方法

S 方法[①]是检验 DIF 的多种卡方方法之一,其他的卡方检验方法都是全卡方方法。与其他的全卡方方法(如 Camilli 的全卡方方法)不同,S 方法只考虑回答正确的人数比例。而且,S 方法是唯一允许样本容量小于 100 的卡方方法。

S 方法检验的第一步是根据被试的考试总分,把被试划分成 J 个能力区间。每个组的分数线划分应该遵循常规的卡方假设,也就是说,每个组的理论频数不得少于 5。如果满足这个假设,就可以通过多种方式建立能力区间。Ironson 总结了下面的 3 种方法:

(1)根据总分量表,能力区间应该包括大致相同的分数幅度。

(2)能力区间应该包括大致相同的人数(两个组都应如此)。

---

① Scheuneman,J. D. 1979,A new method for assessing bias in test items,*Journal of Educational Measurement*,16,143—152.

(3)确定能力区间以保证每个能力水平上的最小的分频数的能力是相同的。

被试被划分成不同的能力水平以后,就可以用 Scheuneman 的公式并用卡方表来计算不同组的能力相同的人的数据。分属于不同组但能力水平相同的被试,每个题目的正确反应概率应该大致相同。因此,用这个公式来计算每组每个水平等级的所有被试的正确反应的实际频数在多大程度上偏离了理论频数。公式如下:

$$x^2_{correct} = \sum_{j=1}^{J} \frac{(E_{1j} - O_{1j})^2}{E_{1j}} + \sum_{j=1}^{J} \frac{(E_{2j} - O_{2j})^2}{E_{2j}}$$

其中,j 代表能力水平,即按照被试的能力水平分成 J 个能力区间

E_{1j} 代表组别为 1 的能力水平为 j 的被试的正确的理论频数

O_{1j} 代表组别为 1 的能力水平为 j 的被试的正确的实际频数

E_{2j} 代表组别为 2 的能力水平为 j 的被试的正确的理论频数

O_{2j} 代表组别为 2 的能力水平为 j 的被试的正确的 E 实际频数

公式的计算遵循一般的卡方检验计算。最后的卡方值越大,DIF 的可能性就越大。

Camilli 的卡方检验方法

Camilli 的卡方检验方法也叫全卡方检验方法,所谓全卡方检验是指既要考虑回答正确的人数比例,也要考虑回答错误的人数比例。而 S 卡方方法只考虑回答正确的人数比例。另外,全卡方检验方法的样本需求量也比 S 卡方的样本需求量要大,所需样本要大于 100。全卡方的计算公式如下:

$$x_{full}^2 = x_{correct}^2 + x_{incorrect}^2$$

因为 $$x_{correct}^2 = \sum_{j=1}^{J}\frac{(E_{1j} - O_{1j})^2}{E_{1j}} + \sum_{j=1}^{J}\frac{(E_{2j} - O_{2j})^2}{E_{2j}}$$

$$x_{incorrect}^2 = \sum_{j=1}^{J}\frac{(E_{1j}^{'} - O_{1j}^{'})^2}{E_{1j}^{'}} + \sum_{j=1}^{J}\frac{(E_{2j}^{'} - O_{2j}^{'})^2}{E_{2j}^{'}}$$

所以这个方程还可以写成下面的形式：

$$x_{full}^2 = x_{correct}^2 + x_{incorrect}^2$$
$$= \sum_{j=1}^{J}\frac{(E_{1j} - O_{1j})^2}{E_{1j}} + \sum_{j=1}^{J}\frac{(E_{2j} - O_{2j})^2}{E_{2j}} + \sum_{j=1}^{J}\frac{(E_{1j}^{'} - O_{1j}^{'})^2}{E_{1j}^{'}} + \sum_{j=1}^{J}\frac{(E_{2j}^{'} - O_{2j}^{'})^2}{E_{2j}^{'}}$$

其中，E_{1j} 代表组别为 1 的能力水平为 j 的被试的正确的理论频数

O_{1j} 代表组别为 1 的能力水平为 j 的被试的正确的实际频数

E_{2j} 代表组别为 2 的能力水平为 j 的被试的正确的理论频数

O_{2j} 代表组别为 2 的能力水平为 j 的被试的正确的实际频数

$E_{1j}^{'}$ 代表组别为 1 的能力水平为 j 的被试的错误的理论频数

$O_{1j}^{'}$ 代表组别为 1 的能力水平为 j 的被试的错误的实际频数

$E_{2j}^{'}$ 代表组别为 2 的能力水平为 j 的被试的错误的理论频数

$O_{2j}^{'}$ 代表组别为 2 的能力水平为 j 的被试的错误的实际频数

(二) SIBTEST 方法

SIBTEST 方法，也叫同时性项目偏差估计（Simultaneous Item Bias Procedure），是由 Shealy 和 Stout 于 1993 年提出的一种新方法。

该方法的特点是：

(1)可以同时计算单个题目的 DIF 和一批题目的项目束功

能差异(Differential Bundle Functioning,简称 DBF)。一批题目,如一篇短文之后的 5 个题目,每个题目单独进行 DIF 分析时,DIF 值都不大,而同时进行分析时,DIF 值马上增大,说明该篇短文对两组被试的功能不一致,此种现象称之为"放大"(amplification);而有些题目单独分析时,DIF 值很大,同时分析时,DIF 值由于被互相抵消反而减小了,这表明这些题目在两组被试上的功能差异相互抵消,这种现象被称为"缩小"(cancellation)。

(2)可以帮助分析产生 DIF 的原因。一般认为,产生 DIF 的主要原因是该题对于某一组被试不是一维的,当我们把具有相同第二维度的一批题目进行项目束功能差异分析时,如果 DIF 明显增大,则说明假设的第二维度确实存在,并且造成了 DIF。

(3)SIBTEST 方法用潜在能力作为匹配变量,它用回归矫正(regression-based correction)方法来估计匹配分数。起初,SIBTEST 把所有的项目都作为匹配标准,对每个项目逐项检测,把有 DIF 的项目排除在匹配标准之外,这样不断反复,直到形成一个不含 DIF 项目的"有效测验"。这个"有效测验"就可以作为最终的匹配标准。

SIBTEST 方法的 DIF 指标为 ß:

$$ß = \sum_{s=1}^{k} P_s (\overline{Y}_{rs} - \overline{Y}_{fs})$$

其中,P_s 为第 S 能力水平组中答对该项目的人数比率

$\overline{Y}_{rs}$ 是第 S 能力水平组中的参照组被试在该题目上的平均得分

$\overline{Y}_{fs}$ 是第 S 能力水平组中的目标组被试在该题目上的平均得分

ß 值计算出来以后,还要对其进行显著性检验,其检验统计量为:

$$B = \frac{-\beta}{\sigma(\beta)}, \text{其中}, \sigma(\beta) = \left\{ \sum_{s=1}^{k} P_s^2 \left[\frac{\sigma^2(Y|S, R)}{N_{R_s}} + \frac{\sigma^2(Y|S, F)}{N_{F_s}} \right] \right\}^{\frac{1}{2}}$$

其中,$\sigma^2(Y|S, g)$ 是匹配测验分数为 S 的 g 组(g = R 或 F)被试,在所研究项目上得分的方差。当项目无 DIF 时,B 近似于 N(0,1)的正态分布,B 值大于 1.96 或小于 -1.96 时(α = 0.05,双侧检验),零假设被拒绝,即认为该项目存在 DIF。

(三) MH 方法(Mantel-Haenszel Procedure)

MH 方法由 Mantel 和 Haenszel 首先提出并应用于医学研究中,Holland 和 Thayer 把这种方法又用于检测项目功能差异,现在已经成为检测 DIF 应用最为广泛的一种方法。MH 方法用于侦查两级记分项目的 DIF,以检测总分作为匹配变量。MH 方法统计量的计算建立在一张 S×2×2 的列联表中,其中 S 是测验总分的水平数,对于其中的任一水平 K,可构成一个来自两子群体在项目上得、失分数的 2×2 列联次数表。根据样本数据完成上述 S×2×2 列联表,即可按表中数据计算 αMH,公式如下:

$$\alpha MH = \left[\sum (f_{1rk} \cdot f_{0fk})/n_k \right] / \left[\sum (f_{0rk} \cdot f_{1fk})/n_k \right]$$

其中,f_{1rk} 是在第 K 个能力水平组中参照组答对项目的人数

f_{0rk} 是在第 K 个能力水平组中参照组答错项目的人数

f_{1fk}是在第 K 个能力水平组中目标组答对项目的人数

f_{0fk}是在第 K 个能力水平组中目标组答错项目的人数

αMH 的取值介于 0 至正无穷之间。当 $\alpha MH = 1.0$ 时,表示该项目无 DIF;当 $\alpha MH < 1.0$ 时,表示该项目对目标组有较低难度;当 $\alpha MH > 1.0$ 时,表示该项目对参照组有较低难度。

但是由于 αMH 的计算来自于样本数据,因此对其值是否显著必须进行统计检验。检验统计量是 MH_{x^2},其计算公式为:

$$MH_{x^2} = [|\sum_{k=1}^{s} f_{1rk} - \sum_{k=1}^{s} E(f_{1rk})| - 0.5]^2 / \sum_{k=1}^{s} V_{ar}(f_{1rk})$$

其中: $E(f_{1rk}) = n_{1k} \cdot n_{rk} / n_k$

$V_{ar}(f_{1rk}) = n_{1k} \cdot n_{0k} \cdot n_{rk} \cdot n_{fk} / [n_k^2 (n_k - 1)]$

MH_{x^2} 被认为是服从自由度为 1 的卡方分布的,如果经检验 MH_{x^2} 值处于显著性水平,则认为所研究项目存在 DIF。美国 ETS 对 αMH 又作了一个变换,与他们的 Δ 量表相配,转换公式如下:

$$\Delta MH = -\frac{4}{1.7}\ln(\alpha MH) = -2.35\ln(\alpha MH)$$

此时,ΔMH 为 0 表示项目无 DIF,ΔMH 为正表示对目标组有利,ΔMH 为负表示对参照组有利。

ETS 将 DIF 分为三种水平:A 级,可忽略;B 级,应该修改;C 级,应该删除。

(四) STND 方法(Standardization)

STND 方法常被译为标准化方法,由 Dorans 和 Kulick 提出。标准化方法认为,如果一个项目无 DIF,那么 $E_r(Y|Z) = E_f(Y|Z)$,$E(Y|Z)$ 表示项目分数对测验分数水平 Z 的回归,意思是说如果项目无 DIF,则项目分数的回归应该是不受群体

划分的影响而完全相等的,如果在不同群体上的回归不等,就说明项目存在 DIF。

应用标准化方法计算 DIF 统计量被称为标准化 P 差(简记为 $STND_{P-DIF}$),计算公式如下:

$$STND_{P-DIF} = \sum_{k=1}^{s}[W_k(P_{fk} - P_{rk})]/\sum_{k=1}^{s}$$

其中:$P_{fk} = f_{1fk}/n_{fk}$ 表示目标组在第 k 个分数水平上正确作答测验项目的概率

$P_{rk} = f_{1rk}/n_{rk}$ 表示参照组在第 k 个分数水平上正确作答测验项目的概率

$W_k/\sum_{k=1}^{s}w_k$ 表示在第 k 个分数水平上两组正确作答之差的加权数

$STND_{P-DIF}$ 取值范围在 -1.0 到 +1.0 之间。负值表示项目有利于参照组,正值表示项目有利于目标组。STND 方法没有显著性检验,只用 $STND_{P-DIF}$ 来表示项目功能差异的大小。通常对于 $STND_{P-DIF}$ 指标取值介于 -0.1 到 +0.1 之间时,认为是可以接受的取值误差,即使是稍有偏差也可以忽略不记。对于取值在正负 0.1 范围之外的值,就必须对项目作进一步的检查,以了解形成 DIF 的原因。

(五) Δ 散点图方法

Δ 散点图方法(delta-plot method)的主要代表人物是 Angoff。在这种方法中,项目难度被定义为(1-Pi),其中,Pi 指的是某一样本对第 i 个项目正确回答的比例。由于子体间的能力 θ 分布不同,因此项目难度在子体间也可能有所差异。根据项目偏差的能力难度的定义子体间能力分布的差异在 1-Pi 上应有一致的效应。这样,对于能力欠佳的子体而言,项目一致地具有较大的 1-Pi 值。如果两个子体的相对项目难度或难度排列顺序不同,那么,我们把那些产生排列顺序差异的项目看做为具有 DIF 的项目。

　　使用这一方法,需要计算每一团体的项目难度 1-Pi。把项目难度 1-Pi 转化为 Z 分数,然后把 Z 分数再转变成 △ 值(平均数为 13,标准差为 4,以消灭负值)。用图示法将从两个不同样本得出的 △ 值标在图上(每一点代表两个样本中相同的项目 △ 值),表示从两个不同样本估计出的项目难度之间的关系。多对 △ 值(每一对代表一个题目)成散点状分布在双变量量表上。图中的每一点代表一对 △ 值,其中一组的 △ 值是这一点的横坐标,另一组的 △ 值是这一点的纵坐标。在通常的量表中,这些点的分布是一个椭圆形。如果两组被试来自相同的或相似的样本中,那么这些点的散点图将是一个狭长的椭圆形,通常相关系数可达到 0.98 或者更高,这表明对两组被试来说,题目的难度大致相同。每一题目同主轴的偏离能直接表明两个样本在项目难度上的差异程度[1]。大的离差表明某些项目(相对于测验中的其他项目而言)在一个样本中比在另一个样本中难度更大。这样,便可以把与主轴大的离差看作具有 DIF 的证据。

四　结果

(一)描述性统计

描述性统计内容如表 6-1:

---

[1] 查尔斯·L.赫林,弗里茨·德雷斯斯哥,查尔斯·K.帕森斯:《项目反应理论——在心理测量中的应用》,湖北教育出版社,1990。

表 6-1 样本描述性统计

	样本数	平均分	平均难度	标准差
目标组	1370	96.05	0.56	29.29
参照组	1370	90.59	0.53	29.36
总样本	2740	93.32	0.55	29.34

(二) 卡方检验结果

S 卡方检验结果

用 S 卡方方法一共检测出 3 道题有 DIF, 分别是来自语法部分的 57 题, 来自阅读部分的 84 题和 132 题。其中 57 题和 84 题有利于参照组男生, 132 题有利于目标组女生。表 6-2 具体说明 DIF 的存在情况。

表 6-2 S 卡方检验结果

题目	卡方值	DIF 情况
84	17.46	有利于能力区间为 2,3,4 的男生
121	9.58	有利于所有能力区间的女生
132	7.45	有利于能力区间为 5 的女生

全卡方检验结果

用全卡方方法一共检测出 4 道题有 DIF, 分别是来自听力部分的 23 题, 来自语法部分的 57 题, 来自阅读部分的 84 题和 121 题。其中的 23 题和 121 题有利于目标组女生, 57 题和 121 题有利于参照组男生。具体情况如表 6-3:

表 6-3 全卡方检验结果

题目	卡方值	DIF 情况
23	10.16	有利于所有能力区间的女生
57	14.58	有利于能力区间为 3,4 的女生
84	24.22	有利于所有能力区间的男生
121	12.87	有利于所有能力区间的女生

(三) SIBTEST 检验结果

用 SIBTEST 方法只检测出 1 道有 DIF 的题目,即对参照组有利的 84 题。结果如表 6-4:

表 6-4 SIBTEST 检验结果

题目	DIF 值/标准误/有利于
84	—.11/0.02/参照组

(四) MH 检验结果

用 MH 方法共检测出 2 道有 DIF 的题目,分别是来自阅读部分的 84 题和来自综合部分的 145 题,其中 84 题有利于参照组,145 题有利于目标组。具体数据如表 6-5:

表 6-5 MH 检验结果

题目	DIF 值/标准误/级别/有利于
84	—1.3/0.20/B/参照
145	1.07/0.47/B/目标

(五) STND 检验结果

用 STND 方法共检测出 6 道可能有 DIF 的题目。其中有 3 道有利于参照组,有 3 道有利于目标组。具体题目如表 6-6:

表 6-6 STND 检验结果

题目	选 A 差异	选 B 差异	选 C 差异	选 D 差异
4	1	5	—6	1
23	5	—6	2	—1
57	—3	—1	6	—2
84	4	4	2	—11
108	—6	0	2	5
121	8	—2	—3	—3

其中,第 4,第 84 和第 108 题是有利于参照组的题目,第 23,第 57 和第 121 题是有利于目标组的题目。

发现有 DIF 的题目较其他方法分布更均匀,有 1 道来自听力部分,1道来自语法部分,2道来自阅读部分,还有1道来自综合部分。

(六) Δ散点图分布检验结果

根据这次考试结果生成的散点图是一个狭长的椭圆形,相关系数高达0.984,这说明这次考试对参照组和目标组来说,没有明显的DIF倾向,即无论对男生还是对女生都是公平的。比较而言,与主轴偏离较大的题目有2道,分别是来自阅读部分的84题和来自综合部分的157题。其中84题有利于参照组,157题有利于目标组。具体结果如表6-7:

表6-7 Δ散点图分布检验结果

		男生	女生
男生	Pearson 相关	1	0.984
	协方差	3.986	4.115
	题目数	170	170
女生	Pearson 相关	0.984	1
	协方差	4.115	4.389
	题目数	170	170

五 讨论

(一) S卡方与全卡方的比较

S卡方与全卡方的不同之处

(1)全卡方分布更符合卡方分布特征,它既包括答对率,又包括答错率,而S卡方方法只包括答对率,因此相同题目的全卡方值要大于S卡方值,例如被两种方法同时检测出有DIF的84题和121题,其S卡方值分别为17.46和9.58,其全卡方值分别为24.22和12.87。包括Scheuneman本人在内

图 6-1: Δ 散点图

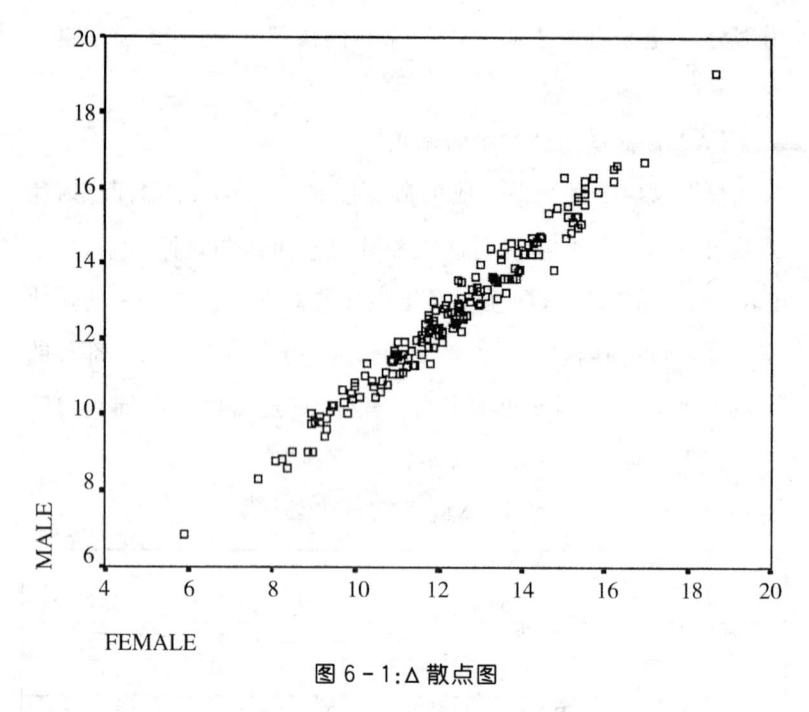

的一些研究者认为,从严格意义上讲,S 卡方方法并不符合卡方分布的要求[1]。

(2)自由度不同。S 卡方检测方法的自由度为(I-1)(J-1),I 是被试组数,J 是所分的能力区间数。当自由度增大时,拒绝零假设所需的卡方值增大,即更难拒绝零假设。全卡方值比 S 卡方值大,因为全卡方值是答对率和答错率之和的累加。

(3)样本容量不同。S 卡方的样本容量比较小,因为它不考虑答错率,它的最小样本要求为 100。而全卡方既要考虑答对率,又要考虑答错率,需要的样本容量要大一些,它的最小样本

---

[1] Baker, F. B. 1981, A criticism of Scheuneman's item bias technique., *Journal of Educational Measurement*, 18, 59—62.

要求为150。

(4)对简单题目和难题的分析评估。因为只考虑答对率,所以,用S卡方更容易评估非常容易的题目①。而对难题来说,无论是用S卡方还是全卡方都很难评估,因为难题的答对率很低,很难达到理论频数的需要。

(5)两种方法的一致性和不一致性②。这两种方法检测难题的一致性较高,而检测简单题目的一致性较低。越是简单的题目,全卡方检测方法越是能轻易地检测出其存在DIF,而S卡方检测方法越是很难检测出是否该题存在DIF。全卡方值等于答对率的卡方值和答错率的卡方值之和,S卡方值只是计算答对率的卡方值。对一个简单的题目,答错率的卡方值会很大,而答对率的卡方值会很小,因此S卡方值很小,而全卡方值会很大。同理,对一个难题,S卡方和全卡方的值都很大。

S卡方与全卡方的相同之处

这两种方法有一些共同的优点和缺点。

(1)优点

①更易于被测验使用者所理解。因为这两种方法考虑的是来自不同组的具有相同能力水平的被试是否具有相同的答对率。

②样本容量不大。每组大概需要100—200人左右。

③花费较少,经济实用。

---

① Gail, H. I. 1980, Use of Chi-square and latent trait approach for detecting item bias, *Handbooks of methods for detecting test bias*, 157—159.

② Gail, H. I. 1980, Use of Chi-square and latent trait approach for detecting item bias, *Handbooks of methods for detecting test bias*, 157—159.

(2) 缺点

①决定划分能力区间的分数线具有任意性。为了求理论频数,使用卡方方法必须确定划分不同能力区间的分数线。而分数线的划定没有公式可循,具有任意性。如果分数线发生变化,那么卡方值也很容易发生变化。

②把测验总分作为衡量能力水平的标准并不是十分准确的事情。假设测试的结果是被试真实能力水平的体现,那么可以用测验总分作为衡量的标准。但是测验总分有一些不尽人意的地方。首先,测验总分并不是绝对可靠的,有时候总分并不能反映被试的真正水平,此时真分数匹配是一个很好的选择。其次,如果整个测验包含有 DIF 的题目,假设这个测验对男生有利,而对女生不利,那么使用测验总分就会低估了女生的能力。男生和女生根据测验总分进行匹配,则会出现水平高的女生与水平低的男生进行比较的情况。如果两组被试有相同的答对率,那么这个题目就是对女生组不利的题目,因为如果这个题目没有 DIF,那么水平高的女生组的答对率应该更高一些。然而,实际上这个题目不会被检测出有 DIF,因为表面上看两组被试有相同的答对率。同样,一个被检测出有 DIF 的题目可能有更大的 DIF 值。最后,有时相同能力区间的两组被试可能有不相同的平均分。特别是在最高能力水平区间,测验总分分布不同的情况更容易发生。因此,所划分的能力区间和真正的能力水平并不是完全匹配的。

③不能有效利用所有的信息。这两种卡方方法没有注意到潜在变量(能力)的连续性和量化特征。而现在的很多 DIF 的方法如 IRT 方法等都十分注意潜在能力变量。

(二) SIBTEST 方法分析

用 SIBTEST 方法只检测出 1 道有 DIF 的题目,而且并没有检测出项目束功能差异,说明被检测出有 DIF 的题目并不存在第二维度的问题。SIBTEST 方法的一个主要优点就是它可以从多维度帮助分析 DIF 产生原因[①]。当考试想要测量的内容不是一个维度时,使用总分作为匹配标准并不合适。Ackerman 曾经指出如果匹配分测验中的题目包含多个维度,而只使用测验总分作为匹配标准,那么错误拒绝 DIF 题目的比例就会增加[②]。而 SIBTEST 方法是用潜在变量作为匹配变量,可以同时检测出一致性 DIF 和非一致性 DIF。

SIBTEST 方法的另一个优点是它对目标组和参照组的能力分布不敏感[③],即它对两组被试的能力分布没有什么特别的要求,这会大大提高它的适用范围,因为在实践当中,很多目标组和参照组的能力分别是不均衡的,如果使用其他的 DIF 检测方法可能会影响检测结果,而使用 SIBTEST 方法不会影响检测结果。

(三) MH 方法分析

MH 方法与 SIBTEST 方法具有相同的理论框架,而且都比

[①] 曾秀芹、孟庆茂:《项目功能差异及其检测方法》,《心理学动态》,1999年第 2 期,41—47 页。

[②] Ackerman, T. 1992, A didactic explanation of item bias, item impact, and item validity from a multidimensional perspective, *Journal of Educational Measurement*, 29, 67—91.

[③] 董圣鸿:《三种常用 DIF 检测方法的比较研究》,《心理学探新》,1999 年第 1 期,43—48 页。

较简单。MH 方法费用低,提供 DIF 的显著性检验,并且不需要很大的样本。MH 方法是使用较久的,经典的,标准化方法,ETS 就用 MH 方法对 DIF 做常规分析。

(四) STND 方法分析

用 STND 方法检测出最多的有 DIF 的题目,一共有六道。STND 方法和散点图方法相同,但与其他四种方法不同的是,它没有显著性检验,只是根据标准化 P 差的大小来表示项目功能差异的大小。

(五) Δ 散点图分布方法分析

(1) 优点

① 使用这一方法十分简便,只要分别求得两组被试的难度值,然后转化成 Z 分数,再由 Z 分数转化成 Δ 值,在 SPSS 中即可求得散点图分布图。

② 因为有现成的 SPSS 程序计算散点图,不用另外寻找其他昂贵的商业程序,所以散点图方法是非常经济实用的检测 DIF 方法。

③ 对这种散点图方法的结果解释较为容易理解。根据散点图的分布情况,只需考量那些偏离主轴较大的题目就可以;如果题目偏离主轴较大,就可以认为这个题目有 DIF。

④ 不需要很多的样本数量来保证检测的稳定性[1]。其他检测 DIF 的方法都对样本数量有一定的要求,而散点图检测方法

---

[1] William, H. A. 1980, Use of difficulty and discrimination indices for detecting item bias, *Handbooks of methods for detecting test bias*, 96(11).

对样本数量并没有特别的要求。

(2)缺点

双变量量表中的散点分布受项目区分度的干扰[1]。如果两组被试的能力分布非常不同并且题目区分度也有很大的不同，在这种情况下，题目区分度的干扰会把一些没有 DIF 的题目错误地归为有 DIF 的题目。

(六)六种方法比较分析

用六种方法一共检测出有 DIF 的题目是 9 道题，其中有 2 道是听力题，有 1 道是语法题，有 3 道是阅读题，有 3 道是综合题。用六种方法同时检测出有 DIF 的题目只有 1 道，就是来自阅读部分的 84 题，用三种方法检测出有 DIF 的题目是来自阅读部分的 121 题，这三种方法分别是 S 卡方方法、全卡方方法和 STND 方法，用两种方法检测出有 DIF 的题目一共有 2 道，分别是来自听力部分的 23 题和来自语法部分的 57 题，这两种方法是全卡方方法和 STND 方法。其余 5 道题分别只用一种方法检测出有 DIF。用 STND 方法检测出最多的 DIF 题目，共有 6 道。用 SIBTEST 方法检测出最少的 DIF 题目，只有 1 道题目。用 S 卡方方法和全卡方方法分别检测出 3 道和 4 道有 DIF 的题目。用 MH 方法和散点图方法分别检测出 2 道有 DIF 的题目。具体情况如表 6-8：

---

[1] William, H. A. 1980, Use of difficulty and discrimination indices for detecting item bias, *Handbooks of methods for detecting test bias*, 96(11).

表6-8 六种方法检测出的 DIF 题目

S 卡方	全卡方	SIBTEST	MH	STND	散点图
R84	R84	R84	R84	R84	R84
R121	R121			R121	
	G57			G57	
	L23			L23	
C132			C145	R108	C157
				L4	

其中,L 代表听力测验,G 代表语法测验,R 代表阅读测验,C 代表综合测验。

样本容量比较

这六种检测方法对样本容量的需求不同。有的对样本容量要求较大,如 SIBTEST 方法,MH 方法,STND 方法;有的对样本容量的要求并不大,如两种卡方方法;有的甚至对样本容量没有特别的要求。具体情况如表6-9:

表6-9 样本容量比较

方法	S 卡方	全卡方	SIBTEST	MH	STND	散点图
最小样本	100 以上	150 以上	200—250	200—250	200—250	无特别要求

本论文中共采用了 2740 个样本,其中目标组和参照组各 1370 个,样本数量足够大,因此不存在因为样本容量的大小而影响检测结果的问题。

检测出 DIF 题目的难度值分析

对有 DIF 题目的难度值进行分析有助于进一步了解检测方法的异同。对检测出的有 DIF 题目的难度值分析如表 6-10:

第二节 多种 DIF 检测方法的比较研究

表 6-10 难度值一览表

题目与方法	P值(女)	P值(男)	P值(总)	P值(差)
4/STND	0.44	0.48	0.46	0.04
23/STND/S卡方/全卡方	0.69	0.61	0.65	0.08
57/STND/散点图	0.62	0.54	0.58	0.08
84/所有方法	0.33	0.42	0.38	0.09
108/STND	0.46	0.49	0.48	0.03
121/STND/S卡方/全卡方	0.55	0.45	0.50	0.10
132/S卡方	0.36	0.33	0.35	0.03
145/MH	0.96	0.94	0.95	0.02
157/散点图	0.31	0.21	0.26	0.10

从表中可以看到，用所有的方法都检测出有 DIF 的 84 题对两组被试来说，都是偏难的题目，比较两组被试在这个题目上所获得的难度值，可以发现这道题对男生组相对容易一些，对女生组相对难一些。第 4 题，第 23 题，第 57 题，第 108 题和第 121 题对两组被试都是难度适中的题。第 132 题和第 157 题对两组被试都是偏难一点的题目。而第 145 题对两组被试都是非常容易的题目，总的难度值达到 0.95，有 96% 的女生，94% 的男生正确回答了这个题目。

其中，除了共同检测出的第 84 题以外，用 S 卡方方法检测出有 DIF 的题目难度适中，没有特别难也没有特别容易的题目。全卡方方法检测的题目难度跟 S 卡方方法检测的题目难度大致相同。MH 方法检测出有 DIF 的题目第 145 题难度很小，对两组被试都是非常容易的题目。用 STND 方法检测出的 DIF 的题目的难度值大致在 0.50 左右，也是难度适中的题目。用散点图检测出的有 DIF 的题目第 157 题是这几道题目中最难的一道，总的难度值达到 0.26。由此可以得到这样的结论，被检测出有 DIF 的题目大部分难度适中,只有极少数比较难或者比较容易的题目被检测出有 DIF。

这几道题目的难度值差也不是非常明显,最大的 p 值差为 0.10,最小的 p 值差为 0.02。这说明在这次考试中,对两组被试来说,考试难度大致相当,没有明显的差距,这也从一个侧面解释为何没有从中发现更多的有 DIF 的题目,且 DIF 值并不是十分显著。

DIF 检测敏感度

根据此次研究的结果,我们可以看出用 STND 方法检测出有 DIF 的题目最多,一共 6 道;用 SIBTEST 方法检测出最少的有 DIF 的题目,只有 1 道;两种卡方方法,MH 方法和散点图方法检测出的 DIF 题目居中,分别为 4 道,3 道和 2 道。因此,对这次测验来说,STND 方法检测 DIF 的敏感度最高,SIBTEST 方法检测 DIF 的敏感度最低,其他四种方法的敏感度居中。这六种方法检测 DIF 的敏感度由高至低排列如下:STND,全卡方,S 卡方,MH 和散点图(并列),SIBTEST。

此次所使用的测验题目数较大,共有 170 题,本论文使用的六种方法检测出有 DIF 的题目最多的不超过 6 道,最少的有 1 道,虽然检测出的有 DIF 的题目不尽相同,但是根据题目的比率来讲,这几种方法的检出率都很接近,检出率最高的为 0.035,最低的为 0.006,相差幅度仅为 0.029。

DIF 检测方向性

此次研究中用两种或两种以上方法检测出有 DIF 的题目共有 4 道,分别是 23 题(全卡方和 STND),57 题(全卡方和 STND),84 题(所有方法),121 题(S 卡方,全卡方和 STND)。值得注意的是,用多种方法检测出有 DIF 的题目其方向性是一致的,即同时有利于目标组或者参照组。如 23 题和 57 题用两种方法检测的结果都是有利于目标组,84 题用所有的方法检测的结果都是有利于参照组,121 题用三种方法检测的结果都是有利于目标组。据此可以推论,虽然用各种方法检测出有 DIF 的题目不尽相同,但是如果由两种或以上的方法检测出的 DIF 题目,其 DIF 方法性一致,也可以理解为检测效率比较高,比较准确。

(七)人工判断有 BIAS 的题目

针对用上述方法检验出的统计意义上显著的 DIF 题目,我们请了三位语言测试专业的研究生对上述题目作人工判断,由他们进行表决,判断这些题目是否真的有 DIF 存在。具体表决情况如表 6-11:

表 6-11 人工判断结果

题目	是否有 DIF	有利于
4	有	目标组
23	有	目标组
57	无	——
84	有	参照组
108	无	——
121	有	目标组
132	有	目标组
145	无	——
157	有	目标组

人工判断与统计意义上的 DIF 方向性比较

人工判断与统计分析得到的可能有 BIAS 的题目并不相同。用两种方法同时分析出可能有 BIAS 的题目是第 4 题,第

23题、第84题、第121题、第132题和第157题,另外3道题,第57题、第108题和第145题用人工判断的方法并没有检测出有BIAS。值得注意的是同时检测出的可能有BIAS的题目方向性并不完全一致,例如第4题用STND方法检测出这是一道有利于参照组的题目,而人工判断的结果却是有利于目标组。

虽然人工判断和统计分析的结果并不完全一致,但是可以看到用两种方法同时分析出有DIF而且方向性一致的题目有5道,占总数的56%,这说明统计意义上显著的DIF题目虽然不能百分百肯定它存在BIAS,但是有BIAS的可能性非常高,同时也说明这两种判断BIAS的方法是互相支持、互相补充的,而并不是互相对立、互相矛盾的,在研究测验偏向问题时,要同时使用这两种方法提高检测的准确性。

人工判断题目分析

现选其中的题目作分析。第84题用多种DIF检测方法都检测出有DIF,而且方向性一致,都是有利于参照组。人工判断的结果与统计结果一致,也是有利于参照组。这是一道来自阅读部分的词汇填空题,要求为一个带有描写性意味的句子选择一个合适的动词,此题的答案是一个科学实验中常用的词语。人工判断认为男生组即目标组在现实生活中可能对这些带有科学性质的事物比较关注,他们更习惯接受和学习这些与科学有关的事物,因此比较女生组即目标组来说,更容易选对正确答案。

第4题是一道来自听力部分的题目,统计分析的结果与人工判断的结果不同,统计分析的结果是有利于参照组的题目,而人工判断的结果是有利于目标组的题目。这是一道与做家务活有关的题目,人工判断认为女生组即目标组对做家务活比较熟悉也比较感兴趣,她们对这类词语也比较敏感,因此更容易选对答案。而男生组即参照组对做家务活没有什么兴趣,对这类词语也不是很熟悉,因此更不容易选对答案。

人工判断的依据大致与上述两种情况相同,用人工判断的方法判断出有 DIF 的其他题目与上述两题也大致相同。

(八) 结论

(1)统计意义上有"BIAS"的题目和人工判断有"BIAS"的题目不一定相同。被多种方法检测出有 DIF 的题目,人工判断可能认为它们并没有对某一组不利,而更倾向于把它们与文化理解力的不同联系起来。这两种方法会产生不同的结果,(虽然有时结果是重叠的),因此这两种方法不能互相取代,只能互相作参照。在 DIF 研究时,最好同时使用两种方法,这样会得到更全面的分析结果。

(2)目前对题目有 DIF 的概念包括这样的意思,即这个题目并不适合它本来应该属于的题目群体。因此,DIF 不一定是某一题目的"不好"的表现;它所以被检测出有 DIF 是因为它和它所在的题目群中的其他题目不同。从这个意义上讲,因为在建构测验的过程中不可能使所有的题目都达到某一特定的标准,因此要想完全清除测验中有 DIF 的题目也是不太可能的事情。唯一可以做的就是提高测验的同质性,使得每一个题目都能产生和别的题目相同的信息量。

(3)不同被试组的能力差异很难被消除。至少到目前为止,有一点是不得不承认的,不管被试的种族如何、性别如何,大多数的被试组之间是存在能力差异的。因此,在进行 DIF 研究的时候，应该尽量保证被试的能力水平相同。S卡方和全卡方方法根据被试的总分划分了n个能力水平区间，是较好地克服这一缺点的方法。

(4)DIF显著指数有时会对人们产生误导作用。当用普通的能力水平作为零点，偏离这个零点的题目被认为是异常的题目，即有DIF的题目，此时可以很容易地判断DIF的方向。但是当使用卡方检测方法时，因为能力水平被分成了n个区间，因此可以观察到在不同的水平区间内，在相反的方向都会产生不同，找不到可以作为零点的能力水平。

(5)到目前为止，人们还不能知道如何避免写出有DIF的题目，而且那些有DIF的题目是否应当从考试中剔除以及如何剔除，也是值得研究的问题。

六　建议

(1)不要只依赖统计意义上的DIF检测方法。可以通过多种形式来检测DIF是否存在，除了上面介绍过的人工判断之外，还可以请与这个领域不相干的人再来作评定，但是前提是他们必须经过一定的培训。总之，要从多方面来检测DIF问题，最后才可以获得最准确的信息。

(2)如果要选择传统的DIF检测方法，卡方方法和散点图方法都是不错的选择。如果更关注测验是否对目标组不利时，可以选用散点图方法；如果更关心效度不同问题，可以选用卡方方法。这两种方法都不会产生太多的有DIF的题目。这两种方法都很容易计算，而且容易解释。

(3)不要提前划定一个绝对的界限去定义哪个题是否有

DIF，而是把挑选出的可能有 DIF 的题目按照 DIF 指标从大到小或从小到大进行排列。当有这样的一个题目集时，就可以把这个排序作为一个唯一的标准进行 DIF 题目的选择。如果题目的 DIF 指标在这个排序中比较大，那么就可以把这个 DIF 指标大的题目认为是有 DIF 的题目。

第七章
口语能力及口语测试

第一节 交际策略与口语测试[①]

北京大学对外汉语教学中心自1996年以来,实行口语单独分班制。在每学年(后改为每学期)开学之初进行口语分班测试。测试采用面试形式,每次受测学生大约240名。评分标准虽然有一些规定,但基本上以总体印象为主[②]。1999年秋季的测试题目之一是图片描述(详下)。本文以学生对图片的描述为语料,探讨从交际策略(communication strategy)的角度评定口语等级的可行性。所要回答的问题是,交际策略使用上的差异,能否作为判断学生口语水平等级的依据。

对外汉语教学中,口语测试是一个薄弱环节,大规模口语测试的研究更少。口语成绩测试方面,有陈昭玲(1998)、蔡整莹(1999)[③]。口语水平测试则以高等HSK为代表,使用的是录音

[①] 本节摘自刘颂浩、钱旭菁、汪燕:《交际策略与口语测试》,《世界汉语教学》2002年第2期。

[②] 口语测试时,有经验的教师对考生的总体印象十分重要,即使是高等HSK也不例外,参看刘镰力:《HSK(高等)口试探索》,1997。

[③] 参见陈昭玲:《大型对外汉语口语成绩测试的探索》,《汉语学习》第4期,1998。
蔡整莹:《口语成绩测试的可靠性与有效性》,《语言文化教学研究集刊》第三辑,华语教学出版社,1999。

方式。这种方式有很多好处,并且可以采用综合与分立相结合的评分方法。因此其标准相对来说也非常细,比如高等 HSK 口试最高级 5 级的标准是:内容充实,能用语音语调较纯正的普通话得体流利地表达思想。词汇丰富,使用恰当。能比较形象、生动地描述事物,语气自然。语法结构清楚,能较熟练地使用汉语中常用的口语句式,并能根据交际需要变化句式和说法。有极个别语法错误,但不影响交际。口语表达接近以汉语为母语者。如果要在学生考试后马上给出成绩(我们的分班测试的要求),上述标准显然太细了,难以操作。刘镰力认为,高等 HSK 口试中朗读部分所包含的丁级词和部分超纲词,"像试金石一样能准确鉴别考生的水平。……凡是达到了高等水平的考生,一般都能正确朗读出来,而不够高等水平的,则大多数读错"。①这对分班来说,又有点太粗了。能不能找到一个标准,既便于操作,又能对学生的程度做出足够多的区分(而不是只分为两级)?交际策略也许是一个可行的角度。

一 通过交际策略评定语言水平

第二语言习得中的交际策略指的是人们在用第二语言或外语进行交际时,在表达遇到困难的情况下所采取的一种弥补语言知识欠缺的手段。研究者普遍认为,交际策略的概念最早是

---

① 刘镰力:《HSK(高等)的内容效度与题型开拓》,《汉语水平考试研究论文选》,现代出版社,1995。

刘镰力:《HSK(高等)口试探索》,《世界汉语教学》1997 年第 2 期。

刘镰力、李明、宋绍周:《高等汉语水平考试的设计原则和试卷构成》,《语言教学与研究》1994 年第 1 期。

由 Selinker 于 1972 年提出的。此后,有关的研究主要围绕的是交际策略的定义、分类和作用①。Faech & Kasper 认为,交际策略有两个特点:一、它是针对某一问题的 (problem-oriented)②;二、它是有意识的 (consciousness)。他们将交际策略分成减缩策略和成就策略两种,成就策略内部的类别如下:

补偿策略　合作策略:直接求助、间接求助

　　　　　非合作策略:以母语为基础的策略(语码转换、外语化、直译等)

　　　　　　　　　　以中介语为基础的策略(泛化、释义、造词、重组等)

提取策略　等待、借助形式上的相似、借助语义场等

这一分类影响很大,本文的分析也基本采用这一框架。交际策略的诸多类别中,补偿策略最为重要。

交际策略和学习策略不同。学习策略是对问题的长时解决,交际策略则提供短时的答案。但交际策略对学习也有作用。不少研究者认为,这种作用表现在,交际策略的使用使得交际能顺利进行,学习者因此能获得更多的语言输入。Skehan 指出,交际策略的使用可以提高交际效率,但对中介语的发展影响不大,因为使用交际策略并不直接涉及深层语言系统 (underlying language system)。③

---

① 高海虹:《交际策略能力研究报告——观念与运用》,《外语教学与研究》第 1 期,2000。

② Skehan, P. 1998, *A Cognitive Approach to Language Learning*. Oxford University Press. 中文版名为《语言学习认知法》,上海外语教育出版社,1999。

③ Faerch, C. & Kasper, G. 1983, Plans and strategies in foreign language communication. In Faerch and Kasper (eds.) *Strategies in Interlanguage Communication*. Longman. 20—60.

Ellis认为,交际策略的使用甚至可以抑制习得,因为成功的交际会使学习者觉得没有必要掌握新的语言形式。

影响交际策略使用的因素有语言水平、任务类型、个性、学习环境、交际对象等。一般来说,语言水平有限的学习者更愿意使用减缩策略或者以母语为基础的策略,而高水平的学习者则倾向于使用以目的语为基础的策略[①]。这就为通过交际策略评定语言水平提供了可能。

根据交际策略来评定学习者的语言水平,这种思想最早始于Varadi。Varadi指出,由于学习者的语言水平有限,他可能找不到任何手段来表达自己的本意,因此就会故意牺牲本意的一部分,这就是减缩。减缩的过程就是调整意义的过程。Varadi用实验表明,学习者在交际时,存在着明显的意义缩减。Varadi认为,本意和调整后的意义之间的差别可以反映学习者的中介语水平。[②] Ellis指出,如果学习者有足够的语言知识,他就会使用较少的交际策略,因此,第二语言学习者使用交际策略的数量要比操母语者多;另一方面,二者在交际策略的种类上也会有差别:第二语言学习者会更多地使用减缩策略,操母语者则会更多地使用成就策略。Ellis对6名学习英语的儿童(10—12岁)和6名英国儿童的对比研究说明,交

---

① Ellis, R. 1985, *Understanding Second Language Acquisition*. Oxford University Press. 中文版名为《第二语言习得概论》,上海外语教育出版社,1999。

② Varadi, T. 1980, Strategies of target language learner communication: message adjustment. In Faerch and Kasper (eds.) *Strategies in Interlanguage Communication*. Longman, 1983,79—99. Originally published in IRAL, 18, 58—72, 1980.

际策略是判断语言水平的一个可靠标准。[①] 黄会健研究了5位中英文双语受试者和1位英语为母语的受试者,黄的结论是:"以图画为刺激手段的现场口述任务,为我们提供了语言使用者如何使用语言知识的窗口。然而,对于水平较高的英语学习者,使用这种测试过程必须谨慎。一个话题的测试结果并不包容别的话题的情况,使用可取语言形式未必预示建构故事结构的能力,口述中未出现某个故事成分也未必预示语言水平低下"[②]。

在研究方法上,Ellis 和黄会健采用的都是图片描述任务,并根据学习者提到的信息点数量来观察他们交际时的意义减缩情况。黄使用了两幅图画,其中"比赛"图画和 Ellis 相同,Ellis 为它设立了12个信息点;另一幅为"玩笑"图画,原作者设立了28个信息点。然而,黄会健的英语为母语的受试者在描述两幅图画时,分别说出了46和69个信息点。黄认为,"口述中的信息成分数量取决于受试者对图画的领悟能力"。尽管如此,我们仍然假设,说母语者在描述一幅图画时,对信息点的关注会有重合的地方。只有这些重合的地方,才能作为标准信息点与第二语言学习者的口述行为进行对比。

Ellis 和黄会健采用的任务相同,结论却相差较大,很可能与他们的研究对象有关:Ellis 研究的是仅在英国学习了一年英语的儿童,黄的研究对象则是中专或大学英语老师,教龄5—15年。换句话说,两组研究对象的英语水平不在同一个层次上。

---

① Ellis, R. 1984, Communicative strategies and the evaluation of communicative performance. *ELT Journal*, 38 (1):39—44.
② 黄会健:《利用看图口述评估交际行为》,《现代外语》1997年第2期。

另外,他们的研究对象数量都很少,这在一定程度上也影响了结论的可靠性。

二 研究程序

以下分五个方面描述我们的研究程序。

测试 正式测试之前,学生先进行15分钟的准备。测试题目用投影仪投射在墙上。准备时,允许使用词典,但不能互相商量。准备完毕后,学生到另一间教室,在两位主考教师面前完成测试。学生和主考老师所说的话用录音机录下来。

任务 描述一组四格漫画。测试时有两组漫画供选择,大部分学生选择的是A图(见下),其内容大致是:一个孩子在图书馆看笑话书时,忍不住哈哈大笑起来。图书馆管理员前来制止,孩子就把笑话书交给管理员。管理员看了以后,也忍不住哈哈大笑起来。孩子就学着管理员的样子,让她保持安静。测试时,图中的三个汉语词"幽默、肃静、笑话"有英、日和韩语翻译。

注:本图选自《亨利》148页,卡·托·安德生等作,译林出版社,1992年。

研究对象 包括一组中国学生和三组留学生。中国学生共14人,7男7女,都是北京大学的学生。他们在口述图画内容之前,不知道我们的研究目的。留学生组的选取方法是:首先根据测试总成绩(满分30分)将学生分为三级,18分以下为初级,18—24分为中级,25—30分为高级。然后用计算机随机取样,取出初级、中级、高级各20人。在转写录音时发现,有几个学生磁带中没有录上音,另有学生描述的是B图。将这几个人再随机取样替换,最后选取的留学生总数为59人,其中初、中级各20人,高级19人。高级组实际上是全部符合要求的样本,因为得分在28—30之间的学生较少。本文不考虑学生的国别差异,但所分析的样本中,日本和美国学生最多,这和北京大学留学生的总体情况是一致的。

  录音转写 三位调查人员分头进行录音转写。转写完毕后由另一人进行核实,有异议的地方经讨论后确定。转写下来的材料是本文分析的基础。

  信息点与表达信息点的语言形式 首先由三位调查人一起,确定14名中国学生口述所包含的全部信息点。方法是:先找出一名叙述完整、表达清晰的学生,以这名学生的口述为标准找信息点。其他学生的口述中与之不同的划为新的信息点,重合的不计。用这种方法一共找出60个信息点。然后再对这些信息点进行统计,如果一个信息点有半数以上(即8人以上,包括8人)的中国学生提到,就具有普遍性,这样的信息点一共有17个。这17个信息点被认为是标准信息点,其余的信息点可以看成是一种个体差异。接下来找出表达这些信息点的语言形式。最后一步是找出留学生在17个信息点上的表现(提到没提到、所用的语言形式如何)并与中国学生进行对比。

三 结果

  以下从信息点的数量和表达信息点的语言形式两个方面描述统计结果。

信息点的数量 中国学生平均提到了17个信息点中的14个(标准差=2),留学生的平均值为11.3(标准差=1.95),卡方检测显示两者之间有显著差异(P<0.0005)。就是说,留学生提到的信息点的数量明显低于中国学生。另外,水平越高的留学生提到的信息点越多(初、中、高三组的平均值分别为10.55、10.9、12.47,标准差分别为1.93、1.45、1.95),不同水平的留学生之间存在显著差异(P<0.05)。从交际策略的类型来看,留学生的水平越低,就越倾向于采用减缩策略,避免提到一些信息点;水平越高,就越倾向于采用成就策略,想办法将自己注意到的信息点表达出来。

14名中国学生中,男女各半;59名留学生中,男生22人,女生37人。中国学生男生提到的信息点比女生少(分别是12.43、15.57,标准差分别是1.51、0.79),两者之间差异显著(P<0.005)。留学生男女之间没有显著差异(P>0.05,男女的平均值分别为11.27、11.3,标准差分别为1.52、2.18)。男女之间的语言差别可能要以一定的语言水平为前提,留学生的语言水平还没有达到能反映男女差别的程度。

将17个信息点单独统计,得到表7-1:

表7-1 中外学生在17个信息点上的表现

	3 孩子	4.1 图书馆	6 借书	8 笑话书	11 看	12 忍不住	13.1 笑	14 管理员	15.1 走过来	20.1 说	21.1 请安静	23.1 说	29 把书递给管理员	30.1 看	31 也	33.1 笑	33.2 哈哈
中国学生	1.00	1.00	.79	.93	.93	.57	1.00	1.00	.93	.57	.57	.57	.93	.86	.79	.93	.79
留学生	1.00	.83	.03	.97	.93	.08	.73	1.00	.58	.81	.80	.24	.75	.83	.39	1.00	.27

注:1. 信息点的排列依据是在漫画中的顺序。2. 某些信息点又进一步分为若干个更小的信息点,比如信息点4(地点)包含两个小信息点,地点(图书馆、房间)和性质(儿童、要求肃静的)。3. 第二、三行中的数字代表百分比。

在6个信息点(6、12、15.1、23.1、31、33.2)上,中外学生的差别超过了30%。信息点6是一个很有意思的地方,79%的中国学生提到孩子去图书馆是为了借书,而留学生只有3%。这种不同是不是因为中外图书馆的功能有别? 也许应该算是一种文化差异吧。信息点23.1指的是孩子听了管理员的话以后的反应,57%的中国学生用了"(孩子)说、(孩子对管理员)说"等形式,而留学生只有24%。有意思的是,不少留学生虽然提到了信息点20.1"(管理员对孩子)说",但在23.1上却没有对应的表现,比如一名日本学生的句子:"女人对男孩子说,请肃静。男孩子对女人,请看,看笑话。"其余4个差别较大的信息点的分析请看下文。

表达信息点的语言形式 有时,留学生注意到了某个信息点,但表达该信息点所用的语言形式和中国学生有区别。从交际策略的角度讲,留学生常用的手段是"释义(paraphrase)"。比如用"声音很大"代替"哈哈大笑"(这当然是从目的语角度所做的解释)。能够用"释义"的方式来表达某个信息,而不是回避,说明语言水平有了进步。另外,不同的"释义"也有高下之分,同样是对"图书馆管理员"的释义,"图书馆的服务员"就比"女人、师傅"要好。

下面讨论语言形式方面中外学生差别较大的7个信息点,分三种情况。第一,语言形式上的差别和数量上的差别一致。留学生不但提到某个信息点的人少,所使用的语言形式和中国学生也有差别,比如信息点12、15.1和31。先看信息点12:

表 7-2　中外学生在表达信息点 12(忍不住)时所使用的语言形式

语言形式	中国学生	留学生
忍不住、不禁、禁不住	8(.57)	5(.08)
0	6(.43)	54(.92)

注:"0"表示没有提到该信息点,表 7-3 至表 7-8 同此。

8 名中国学生提到了这个信息点,其中 6 人用的是"忍不住"。而大多数留学生根本没有提到这个信息点。初、中、高三组留学生在这个信息点上所使用的语言形式没有显著差别(P<0.05)。

表 7-3 反映的是信息点 15.1 的情况:

表 7-3　中外学生在表达信息点 15.1(走过来)时所使用的语言形式

语言形式	中国学生	留学生
走过来	9(.64)	0(.00)
过来、过去	4(.29)	8(.14)
来	0(.00)	24(.41)
其他(遇到他、出来)	0(.00)	2(.03)
0	1(.07)	25(.42)

表达这个信息点的形式从最好到最不好依次是:复合趋向补语→简单趋向补语→单个动词。中国学生除一人没有提到这个信息点以外,别的都用了复合趋向补语或简单趋向补语,其中用前者的达 64%。留学生没提到这个信息点的人超过 40%,在提到的人当中,使用的语言形式也主要是单个的动词"来",只有 14%的人用了简单趋向补语,没有一个人使用复合趋向补语。从留学生内部的情况看,初、中、高三组在语言形式选择方面有显著差异(P<0.05),水平越高的学生越倾向于使用复杂形式(这里指的是带简单趋向补语的形式)。

表 7-4 是信息点 31 的情况：

表 7-4　中外学生在表达信息点 31(管理员)(也)(笑)时所使用的语言形式

语言形式	中国学生	留学生
也	11(.79)	22(.37)
其他(自己、跟他一样)	0(.00)	2(.03)
0	3(.21)	35(.59)

管理员和孩子一样，看了笑话书后哈哈大笑起来。79%的中国学生用"也"来表达两者的类同，能做到这一点的留学生只有 37%。

第二种情况是，中外学生在数量上的差别不是很明显，但在语言形式方面的差别则非常大，比如信息点 13、29 和 33。13 和 33 分别是"(孩子看书后)哈哈大笑起来、(管理员看书后)哈哈大笑起来"，所以一起分析：

表 7-5　中外学生在表达信息点 13 和 33(哈哈大笑起来)时所使用的语言形式

语言形式	中国学生	留学生
哈哈大笑起来、大声地笑、笑出声来	10(.71) 310(.71)	16(.27) 319(.32)
笑起来	2(.14) 33(.21)	4(.07) 312(.20)
状语+笑(不知不觉地笑、常常笑、高兴地笑)	2(.14) 30(.00)	5(.09) 32(.03)
笑	0(.00) 0(.00)	15(.25) 324(.41)
其他	0(.00) 30(.00)	3(.05) 32(.03)
0	0(.00) 31(.07)	16(.27) 30(.00)

注：表 7-1 中，将信息点 13 分成 4 个小信息点：动作(笑)、声音(哈哈)、程度(大)、状态(捂着嘴)。这里把信息点 13 作为一个整体来分析其语言形式。信息点 33 同此。

表达这个信息点的形式从最好到最不好依次是：哈哈大笑起来、大声地笑、笑出声来→笑起来→笑。所有的中国学生在表达这两个信息点时，都使用了复杂形式(如"哈哈大笑起来、大声地笑、笑起来"等)。留学生用简单形式"笑"和复杂形式的百分比差不多。值得注意的是,有 27% 的留学生没有提到信息点 13.1,这些人后来都提到了信息点 33.1。初中高三组留学生在这两个信息点上所使用的语言形式均无显著差异（P<0.05）。

信息点 29 和"把"字句有关：

表 7-6 中外学生在表达信息点 29(把书给管理员看)时所使用的语言形式

语言形式	中国学生	留学生
把……给	13(.93)	4(.07)
给 3 叫 3 对 3 让 3 跟……看书	0(.00)	29(.49)
给……书	0(.00)	11(.19)
0	1(.07)	15(.25)

表达这个信息点的形式从最好到最不好依次是：把书给管理员看→把书给 3 递给管理员→给 3 让 3 叫管理员看书→给管理员书。中国学生除一人没提到这个信息点外,所有提到的学生都用了"把"字句,其中大部分是以"把"字句为第一个动词性成分的连谓结构："把书给管理员看"。与此形成鲜明对比的是,留学生使用"把"字句的极少,只有 7%。初中高三组留学生在表达这个信息点所用的语言形式方面没有显著差异（P>0.05）。

最后,有一些信息点中外学生都是全部或几乎全部提及,比如信息点 8 和 14,但在所用的语言形式上,却有差别。先看信息点 8：

表 7-7 中外学生在表达信息点 8(笑话书)时所使用的语言形式

语言形式	中国学生	留学生
名词	13(.93)	44(.75)
定语	0(.00)	6(.10)
句子	0(.00)	7(.12)
0	1(.07)	2(.03)

名词形式指"书、(一本)笑话、笑话书、幽默书"等,定语形式指"德国的笑话书、哈哈笑的书、很奇怪的书、办公的书"等,句子形式指"书里有幽默或者笑话、这本书看起来很幽默"。名词形式是一种更经济的形式。中国学生在表达这个信息点时,用的都是名词形式。留学生主要用的也是名词形式,但也有一部分人(22%)用了定语或者句子的形式。

表7-8 中外学生在表达信息点14(管理员)时所使用的语言形式

中国学生		留学生	
语言形式	使用人数	语言形式	使用人数
(图书)管理员	7(.50)	负责人、人员、管理员、工作人员	5(.09)
(图书)管理员阿姨	4(.29)	图书馆员、图书馆人、图书馆长	10(.17)
外婆、阿姨、妈妈	3(.21)	工人、老师、服务员、职员	20(.34)
		师傅、阿姨、妈妈	3(.05)
		老女人、老人、老太太	21(.36)

表达该信息点的形式从最好到最不好依次是:管理员、工作人员→图书馆员、图书馆长→老师、服务员→女人、师傅。大部分中国学生用的都是"管理员"或"管理员阿姨",留学生使用这一最佳形式的只有9%。留学生用来指代"管理员"的词语中,有的是泛指形式,如"女人、老人、老太太、人"等;有的是称谓,如"师傅、阿姨、妈妈"等;有的是职业名称,如"工人、老师、服务员、职员"等;有的是定中结构,如"在图书馆工作的女人、图书馆的服务员"。

四 讨论

本文的研究目的是希望通过交际策略找到一种确定口语水平的简便方法。统计结果揭示了中外学生在信息点的数量以及所使用的语言形式两方面的差别。这些差别可以作为依据吗？回答是很难。

在这17个标准信息点上，初、中、高三组留学生的平均数量分别是10.55、10.9、12.47。他们的差别达到了显著水平，高级组的学生在绝对数量上也比初中组多（分别多1.92和1.57），但初中组之间的差别（0.35）却并不足以用来作为成绩判定的依据。换句话说，用信息点的数量，我们可以比较方便地将高级水平的学生区别开来，但却很难将中级学生和初级学生区别开。

前面的分析是在学生口语等级已知的情况下进行的。如果不考虑学生的等级，只从信息点的数量出发，能不能说，提到的信息点越多，口语水平就越高呢？我们计算了留学生信息点的数量与其口语总成绩的相关系数，结果是.4483。这说明，两者有一定的关系：提到的信息点越多，口语成绩就越高。信息点的数量能在一定程度上反映口语的水平。但是，要想通过信息点的数量判断口语成绩，.4483这个系数还太低。

那么语言形式能不能作为标准？也不行。在中外学生差别较大的几个信息点上，留学生内部的差别大都不显著，除了"走过来"（上文表7-3）。即使在这个信息点上，没有留学生使用最佳形式"走过来"，使用"过来、过去"的也只有14％。换句话说，采用语言形式作为标准，只能把14％的学生区别出来，对于剩下的人，语言形式标准就无能为力了。

语言形式不能作为标准，这也许和本文所涉及的语言形式有关。如果不计"笑话书、管理员"，本文一共讨论了5种语言形式：忍不住、走过来、也、哈哈大笑（起来）、把书递给管理员。这些形式可以分为三类。"也"表达的是一种篇章关系，

"孩子笑"出现在第一张图中,"管理员也笑"出现在第4张图中,两者的距离过远,影响了留学生对它们类同关系的认定与处理。"忍不住"和"哈哈大笑"代表的是另一类,可以视为固定结构,很多学生可能从来没有学过这两个结构,当然更谈不上正确使用。"走过来"和"把书递给管理员"是又一类,趋向补语和"把"字句是汉语语法中公认的难点,学生不会正确使用,似也在情理之中。

综上所述,无论是从信息点的数量,还是从表达这些信息点的语言形式,我们都没能找到一个简明的标准,可以用来作为判断口语水平的依据。从这个角度讲,本文的研究没能达到预期的目的。然而,本研究的一些发现却引起了我们的深思。下面以"把"字句为例进行一些讨论。

有证据显示,随着学生语言水平的提高,使用"把"字句的频率增高,错误率减低,书面语是这样[1],口语也是如此[2]。由于没有母语的材料可供对比,熊和靳的研究并不能回答这样的问题:高水平的学生,其"把"字句的使用究竟达到了什么程度?[3] 表7-6显示,在93%的中国学生运用"把"字句的地方,只有不到

---

[1] 熊文新:《留学生"把"字结构的表现分析》,《世界汉语教学》1996年第1期。

[2] 靳洪刚:《从汉语"把"字句看语言分类规律在第二语言习得过程中的作用》,《语言教学与研究》1993年第2期。

[3] 趋向补语也存在同样的情况。根据钱旭菁(1997),日本留学生在使用"走过来"这样的不带宾语的复合趋向补语时,选择问卷的正确率高达97%-100%,翻译问卷的正确率也很高,为90%,而在作文和信件中正确率只有73%。可见日本学生虽然掌握了"走过来"这样的语言形式,但在自由运用方面还有问题。跟熊文新、靳洪刚一样,钱旭菁的这一研究同样没能提供在特定语境中留学生使用某一语言形式的信息。

7％的留学生使用了"把"字句。换句话说,即使是高水平的学生,在应该使用"把"字句的语境中,也极少有人使用。这证实了研究者对"把"字句教学效果的估计:"能有意识运用'把'字句的学生寥寥无几,能准确自如运用的更如凤毛麟角"[①]。如果接受一般的看法,把中介语看成是一个不断向目的语靠拢的系统的话,可以认为,在"把"字句的使用上,留学生的表现距离目的语尚有遥远的路程,至少对本次调查的研究对象来说是如此。那么,应该怎么办呢?

传统的教学法都是从结构的角度处理"把"字句的,当然有诸多缺陷[②]。根据新的研究成果,研究者提出了不少建议,诸如重视"把"字句的语义内容和语用规律[③]、用功能法进行"把"字句教学[④]、将"把"字句分等级并将句法和语义、语用结合起来[⑤]、重视"把"字句的使用语境[⑥],等等。这些方法的核心是语境的设计。然而问题也正出在这个核心上。以研究者设计的两个语境为例:

(1) T:你上街买东西,小偷很多,怎样才能不丢钱?
　　　S1:把钱放在内衣口袋里。
　　　S2:把钱放在银行里,用信用卡买东西。[⑦]
(2) 教师:今天教室里怎么这么闷热!(看着门窗)原来门

---

　　①②⑦　张宁、刘明臣:《试论运用功能法教"把"字句》,《语言教学与研究》第1期,1994。
　　③　张旺熹:《"把字结构"的语义及其语用分析》,《语言教学与研究》1991年第3期。
　　⑤　吕文华:《对外汉语教学语法探索》,语文出版社,1994。
　　⑥　赵燕皎:《走出语篇教学的盲区》,《对外汉语教学探讨集》,北京大学出版社,1998。

窗都关着呢。(指 a 同学)你看该怎么办?

学生:把窗户打开透透气吧。①

应该说,这两个语境的设计是颇具匠心的。问题是,回答这两个问题的方法都有很多种,研究者给出的带"把"字句的回答并不是唯一的答案。例(1)中,S2 的前半句"把钱放在银行里"可以去掉不用;例(2)中,学生完全可以回答"我去开空调"。如果"把"字句只是众多可能答案中的一个,我们有什么理由要求学生一定要用"把"字句呢? 本研究在这方面的启示是,"把"字句在特定语境中的使用频率对于教学有极大的指导意义。如果学生能了解,在信息点 29 上,93%的中国人都用了"把"字句,他一定会心服口服地学习使用同样的句式。因此,我们的建议是,教材在为某语言点设计了语境之后,要进行调查,收集本族人的语言表现,统计该语言点的使用频率,据此对所设计的语境进行调整,并且将统计结果写进《教学手册》中。只有如此,我们才能知道,也才能让学生明白,在哪些语境中,必用该语言点;在哪些语境中,倾向于使用;在哪些语境中,可用可不用。这样做,工作量很大,但绝对是值得的。

对外汉语教学的目的是培养学生用汉语进行交际的能力,这一观点已为大家所接受。重视交际能力的培养,当然是正确的。但不能因此误认为只要达到了交际目的,教学就算成功了。黄会健②认为,只要注意到了某个信息点,"无论使用何种语言,他们总有办法找到表达命题的方法"。黄的这种看法当然和他

---

① 赵燕皎:《走出语篇教学的盲区》,《对外汉语教学探讨集》,北京大学出版社,1998。

② 黄会健:《利用看图口述评估交际行为》,《现代外语》1997 年第 2 期。

的研究对象语言水平都较高有关。事实上,语言程度低的受试者会更多地使用回避策略,这是一般的结论。但是在某些信息点上,学习者确实是总能找到自己的表达方法。如本研究中的信息点8(笑话书)和14(管理员)(参看上文表7-7和表7-8)。留学生在这两个信息点(特别是14)上的表现使我们有理由相信,即使"语言水平较高的学习者仍然需要扩大积极词汇量"[①],("积极词汇"指能主动运用的词汇)。词汇量是这样,句法结构同样如此。先看本研究中的几个例句:

(3) 这个孩子呢,就叫那个老师也看一看那本书啦。(高级)

(4) 小朋友,嗯,小朋友说,你看,这个,这本笑话书很有意思,你看吧。(高级)

(5) 小孩子说,这个笑话特别,特别有意思,你看看吧。(中级)

(6) 然后他给,嗯,小王给她那本书。(初级)

从交际的角度看,即使是初级学生也达到了"让管理员看书"的目的。但是,我们的教学绝不能在这里停止。这是一个必须使用"把"字句的语境,只有让学生在这里学会了使用"把"字句,我们教师才算完成任务。

五 结语

交际策略是交际能力的一个组成部分,而且能在一定程度上反映学习者的语言水平。就我们看到的,对外汉语教学界专

---

① 黄会健:《利用看图口述评估交际行为》,《现代外语》1997年第2期。

门研究交际策略的文章只有洪丽芬[1]和罗青松[2]。洪丽芬探讨了马来西亚汉语学生与教师的交际策略,基本上是一种分类研究,采用的是 Faech & Kasper 的框架。罗青松分析的是回避策略(即本文的"缩减策略"),但是她的回避策略范围比较广,有不少实际上应看做成就策略,比如"用书面表达方式代替直接的口头表达"。

其他一些文章都是在谈论交际能力时提到交际策略,如崔希亮[3]、陈贤纯(1995)[4]、王魁京(1995)[5]。不过这些研究者的交际策略与我们讨论的交际策略并不一样。徐子亮[6]调查了60名学习汉语的外国人,得到了最具普遍性的七条学习策略。其中之一是补偿策略,具体表现有:多用简单句,少用复杂句;多用单句,少用复句;多用常见词,少用复杂词。徐认为,补偿策略是一种消极措施。他的分类标准和本文不同,其"补偿策略"和本文的补偿策略也不同。

本文对比了中外学生在17个标准信息点上的表现,这当然不是研究交际策略的唯一角度,也未必是最好的角度。但是,从

---

[1] 洪丽芬:《马来西亚汉语学生与教师的交际策略探讨》,《第五届国际汉语教学讨论会论文选》,北京大学出版社,1997。

[2] 罗青松:《外国人学习汉语过程中的回避策略分析》,《第六届国际汉语教学讨论会论文》,德国汉诺威,1999。

[3] 崔希亮:《语言交际能力和话语的会话含义》,《语言教学与研究》1992年第2期。

[4] 陈贤纯:《语言是不是知识》,《第四届国际汉语教学讨论会论文选》,北京语言学院出版社,1995。

[5] 王魁京:《他们在社会言语交际中常碰到的几个问题》,《第四届国际汉语教学讨论会论文选》,北京语言学院出版社,1995。

[6] 徐子亮:《外国学生汉语学习策略的认知心理分析》,《世界汉语教学》1999年第4期。

上文的分析可以看出,这种研究还是很有意义的。它提示我们,要注意语言点在某一特定语境中的使用频率,并且根据使用频率调整教学目标。

第二节　对一次留学生话语能力测试的分析[①]

人们学习一门语言的目的就是为了运用它进行交际,交际能力是一项综合能力。语言能力不等于语言交际能力(Peter),语言能力指的是语言结构方面的能力,主要指对语言本身的认识能力;而语言交际能力指的是运用语言的能力,它包括语言能力、社会语言能力、应对能力、话语能力等。我们对外汉语教学的目的就在于培养学生运用汉语进行交际的能力。

语言交际行为包括口头交际与书面交际。人与人之间交际最重要、最直接的途径是通过口语表达。有人说口语为"话语",书面语应归为"篇章"。也有一部分语言学家,如伦敦派的知名学者哈利迪(M. A. K. Halliday)认为,"话语"一词是指书面或口头语言中构成一个整体的语言段落,由几个句子构成,但不同于彼此无关的句子集合。本文中提到的话语限于口头交际时由两个或几个句子构成,具有句法上的组织性和交际上的独立性的一些超句体即语段。我们所说的话语能力是指留学生运用汉语进行语段的表达的能力。话语能力是语言交际能力中非常

[①] 本节摘自毛悦:《对一次留学生话语能力测试的分析》,《世界汉语教学》1997 年第 3 期。

重要的组成部分。

一　分析的目的

有人认为基础阶段的教学重点应该是培养学生的语言能力，如对语音、词汇、句法的认识能力，教学生如何说正确的句子。到了中、高级阶段应注重提高学生的语言交际能力，重视成段表达能力的培养，了解有关的语义、语境、文化因素等。可是介于这两个阶段之间，也就是基础阶段后期，相当于语言学院速成学院 B 班的学生，在其学完 10 周以后，汉语的重要语法点已全部学完，掌握词汇量约 1200 个左右，但其水平仍未达到 C 班（即中级）水平。这个阶段我们的教学重点应是什么？在此阶段，学生口语表达上的障碍究竟在哪儿？他们已具备了何种程度的话语能力？

为了解决上述问题，我们对这一阶段的留学生进行了一次话语能力的测试，并对测试结果进行了分析。

我们试图从话语分析、错误分析及社会语言学等角度对所获语料进行分析，归纳出这个阶段留学生口语表达方面的主要困难，为今后教材的编写及教学安排提供一些参考。

二　分析的对象及方法

（一）我们对 1995—1996 学年度第一学期在北京语言学院汉语速成学院 B 班学习的 105 个学生，在其 10 周的学习结束后，对其进行口语能力的测试。并采取判断抽样的办法选出 12 个被试人，用录音机录下测试经过，转换成文字资料，再对其进行分析。

第二节 对一次留学生话语能力测试的分析 363

(二) 抽样依据及情况

表 7-9 被试基本情况

基本情况			学习汉语的经历	
性别	男	8	学习方式	在母语国家自学过	2
	女	4		在母语国家正规学习,老师是本国人	5
年龄	20—30 岁	7		在母语国家正规学习,老师是中国人	2
	30—40 岁	3		在语言学院上过 A 班	2
	40 岁以上	2		在中国自然习得	1
国籍	法国	1	以往学习时间	2 个月(10 学时/周)	2
	德国	1		2 个半月(20 学时/周)	2
	美国	1		4—6 个月(4 学时/周)	3
	瑞士	1		4 个月(20 学时/周)	2
	日本	1		6 个月(自学)	2
	越南	1		1 年(自然习得)	1
	韩国	5	此次经历	10 周(20 学时/周)	11
	南斯拉夫	1		2 周(20 学时/周)	1

从表 7-9 可以看出,抽样结果照顾到了不同性别,不同国籍,不同年龄以及采用不同学习方式学习过汉语的各类被试人。但其共同点是汉语的主要语法点均已学过,水平相当于基础阶段后期。

(三) 测试方式为两种:

A. 对话式:即在被试者与测试者间进行。

B. 独白式:由被试者自己讲述,测试者不插话。

话题为"谈谈你们国家的教育情况"。

(四) 测试采用"对话"和"独白"两种话语方式,我们主要是针对这两种形式之间的区别,有侧重地考察被试所具备的话语能力。对话主要考察被试在了解对话双方皆知的语境信息,知道双方是谁、身处何处等已知信息的情况下,提问、回答、怎么打断对方谈话,所谓 turn-taking(轮流)的能力。

而"独白"是一个人以排除被其他人打断的可能的形式来说话。它比"对话"有更多的语音、语法及词汇上的内在联系。语句中有相当多的一部分从语言学的角度来看是完整的。比起"对话"来,较少依赖于说话当时的和感性的环境特征,比"对话"有更加明显的连续性和自足性(Self-containedness)。说话人有预期感,知道什么已经讲过了,以后再应该讲什么,也知道已经讲过的内容跟当时正在讲的内容的联系。

通过"独白"的话语方式,我们主要想考察被试成段表达的能力,如所述语段是否具备中心,有无主题句,句与句间、段与段间如何关联,先后次序是否正确等。

三 有关"对话"能力的分析

(一)"对话"属于非正式的话语形式,是事先毫无准备的谈话,说出的话是自然的、脱口而出的。在对话过程中,被试应具备言语对策能力,即运用交际技巧的能力,也包括对话语的理解能力,如把握对方谈话要点,及时归纳、分析、准确猜测未说出来的内容的预测能力。

(二)此项测试对话双方谈话内容平均 173 字,平均时间为 1 分 25 秒,中心话题是围绕被试人的基本情况。

大部分被试人与测试人之间交谈顺畅,自然而然地遵循着会话的规则。如美国社会学家赛克斯(Sacks)提到的生成规则(即会话怎样开始)、轮换规则、打断规则、结束规则等等。如:

例 1

(1)

老师:你好! 请你先自我介绍一下儿。

被试人(韩):你好! 我叫×××,我是韩国人。

(2)

老师:你学习汉语学了多长时间了?

被试人(韩):我 1995 年 2 月开始(汉语学习的)学习汉语,但是在韩国学习以后,来中国。

(3)

老师:在韩国你是自己学习呢,还是……?

被试人(韩):(打断老师的话)不是,在一个学院学习。

(4)

老师:是中国老师还是韩国老师?

被试人(韩):韩国老师。

(5)

老师:后来你就来北京了?

被试人(韩):对!

(6)

老师:几月来的?

被试人(韩):9 月。

(7)

老师:在韩国学了几个月?

被试人(韩):6 个月。(预测可能有的问题,提起新话题。)但是有很多问题,老师发音不好。

(8)

老师：因为他是韩国人？

被试人（韩）：对！现在有中国老师，以前没有。所以……

上述对话为会话中的对答形式。会话结构为邻接应对（adjancency pair），它表现为一问一答的方式，由一前一后两个话轮组成，两个话轮前后相接，由老师与被试人分别说出，前一话轮为始发语，后一话轮为应答语，一定的始发语与一定的应答语配对。上述对答形式即可细分为8小组对答形式。

（三）具体情况分析

1. 前面的"对话式"会话100%以邻接应对形式出现，被试人大部分可以较准确流利地应对始发语。使每一话步都是对上一话步作出的反应。有少数被试人已具备预测下一话步的能力，能够理解到说话人的语境化暗示。如上述对话的第3组和第7组，被试人均预测到下一话步的话题，保证了会话的顺利进行。有相当一部分被试者可以在适当的时候打断对方谈话，进行插话，如例1的第三组，被试人在预测到测试人可能问的问题后打断对方讲话，回答问题。

一个值得重视的现象是"对话式"测试中会话形式均为对答式。12个被试人中没有一个人在话轮终结前邀请发话人接着说话。对被试人来说回答问题比较容易，而预测下一话步的内容，提起新的主题，使对话进行下去比较难。所以，被试人均选择逃避方式，机械应对发话方的问题。

另外，如何结束"对话式"会话对被试人来说是个难题。被试方只选择机械应对对方的问题，如果对方不停止发问，则会永久性回答。因而意识不到发话人会话策略中暗示的终止性因素。如果发话人不发出明确的终止性话语,有的会等待下一问题的提出,有的则以与问题不符的话轮引出新话题,使对话无法终止。如:

例 2

……

老师:你的老师是中国人还是韩国人?

被试人(韩):中国人。

老师:噢。(停止说话,暗示结束话题)

被试人(韩):来中国以后 2 个半月……(没领会老师意思,提出与上文不衔接的话题)

所以,对被试人来说,具备言语对策能力,及时把握对方谈话要点,根据问题内容归纳出对方要了解的主题,预测未说出来的内容,领会会话含义是比较困难的。

2. 在"对话式"测试中,12 位被试者所出的语法错误仅为 16 处,平均每人只有 1.3 个。

由于紧张等心理因素的影响,大部分被试者在交谈中出现失误,但大部分可自行纠正。如"半个……半年","开始汉语……开始学习汉语"……这说明在"对话"这种话语形式下,每个话轮较短,被试人有时间去考察自己说过的话,发现自己的失误,并予以纠正。

语音、词汇方面的错误不影响听话方对其会话含义的理解,只牵涉到表达的精确性与得体性。

而语法方面的错误如果依照科德(Corder, P.)的错误分析模式,分析学习者的中介语体系,抓住学习者从建立、检验、修改语言规则假设,直至最后形成语言系统的心理过程,可分为三类,即前系统错误、系统错误、系统形成后的错误。

　　导致错误的原因是学习策略。此阶段学生所犯错误大部分属于系统错误和系统形成后错误。被试人对于常用词汇的含义均已掌握,但在用法上问题较多。如将名词错用做动词,"他帮助我汉语发音"(越南被试者);不及物动词用做及物动词,如"完了 B 班"(南斯拉夫被试者),这类错误的出现是由于母语干扰,语间负向转移导致的;长句的语序上易发生混乱,如"我学习汉语去年从 9 月到 1 月今年在语言学院"。(韩国被试者);词语搭配问题,"汉语水平不太好"(韩被试者);句子基本结构问题,一个句子出现两个动词谓语,如"我要去到中国","我当是老师"等等,这是被试人在学习语言过程中,采用过度概括等学习策略而产生的错误。

　　3. 性别、国籍及学习经历对测试结果的影响

　　在测试中我们发现,女性被试者应答问题较快,句子较长,提起下一话轮的意识较强。因而所致话步较多,其中的羡余信息也较多,而男性被试人应答问题的句子较短,常限于就事论事,没有什么羡余信息。因而对话过程较短。可见性别对话与能力高低有一定影响。

　　从国别来看,欧美学生,如美、法、德、瑞等国学生思维风格较灵活,回答机敏,话轮较长。而韩、日、越等东方国家学生更注意对方说话的深层意思,回答较谨慎,错误较少。

　　学习时间较长,课余时间在中国工作的被试人,这种话语能力较强。表现为具有自信心;有时虽然有错,也继续表达。而学习时间短的被试人,自信心不足,正确的句子也常重复多遍,常使对话无法继续进行。

四 关于"独白"形式话语能力的分析

(一)"独白"形式的话语能力的测试,我们试图考察学生运用正式的话语形式的能力,看留学生成段表达的能力如何。

每一个语段都应有一个中心,说话人说话前应制定计划,他要考虑怎样一个人把话说完。从一个人的思想活动来说,可能是非线性的,许多思想纷至沓来,分不清先后。但说话本身,却是线性的,怎样理顺自己的思想,确定所讲内容、先后次序、各部分之间的关系、选择所述层面,都是一种能力的体现。此种方式的测试,我们试图分析被试人在上述方面的能力。我们的测试题目为"谈谈你们国家的教育情况",题目范围较广,被试人可以选择其中一个侧面加以陈述,也可以概述概况。

12个被试人中,一次性叙述最长的为849字,最短的为251字,大部分在480字左右。比起"对话"形式的测试,暴露的问题更多。

(二)存在的问题及分析

1."独白"内容的选择

4个被试人选择了与自己关系密切的大学教育状况作为陈述主题,因而所述语段焦点较集中、明确,内容较具体。而三分之二的被试人则以整个国家的全部教育状况为陈述对象,使话语较长,中心不明确,内容较多,但结构较松散。

2.语义联系上的问题

从语义联系上看,句与句之间,语段与语段之间应有紧密的逻辑关系,给合在一起共同表示一个更复杂的意思。这种语义上紧密的逻辑关系,使一个"语段"在意义上具有相对的独立性和完整性。

留学生这方面的话语能力有待提高,测试中常出现表达次序混乱、思维不清晰,句与句、段与段间逻辑关系不清晰的现象。如：

例 3

韩国被试人：①韩国的小学,孩子从 8 岁……中学……大学,②韩国学生很尊敬老师……③韩国学费很贵……④韩国大学生毕业以后找工作很难……⑤上小学以前,孩子们学习外语……

被试人在进行"独白"形式陈述时,应事先制定陈述计划,在陈述过程中,新的信息不断涌现,使事先制定的线型序列的陈述计划受到冲击,此时说话人应具备随时修正计划,协调好各部分之间逻辑关系的能力。

而这个阶段的被试人往往注意不到语义联系上的逻辑关系问题,只满足于"滔滔不绝"地说话,因而造成句与句、段与段间逻辑关系混乱。

还有一种现象,即我们平常所说的"跑题"。如：

例 4

美国被试人：美国大学奖学金问题→(引出)工商管理专业奖学金→"我"的专业为工商管理→"我"在这儿学汉语→"我"的学习计划→"我"毕业后找工作的打算→在中国工作不好找→"我"怎么找工作……

例 5

日本被试人：日本大学生进入大学后不努力学习→(引出)中国大学生很努力→以前在电视上看到一个中国学生讲演的感

受→"我"有一个中国朋友……

最后被试人均忘了开始时的话题,使语段无法终止。

有人认为在用母语表达时,"独白"就好像是受过教育的说话者的话语方式。他们有预期感(a sense of prospective),他们知道什么已经讲过了,以后再应该讲什么;他们也知道已经讲过的及将要讲的内容跟当时正在讲的内容的关系。而没有受过很好教育的说话人的自发性讲话一般以语言活动为开端,发展到说话人熟知的身边的轶事。而我们可以认为,后者等同于运用第二语言进行表达时,说话人话语能力不强的一种体现。说话人往往选择熟知的角度与身边的话题,回避抽象的主题,忽略陈述内容与主题间的语义联系,造成"离题万里"的情况。

3. 语段的组合方式上的问题

话语是指语义连贯的句列,话语分析最基本的问题是说明一个句子是如何合理地、有规律地接在另一个句子后面;一个语段如何合理地、有规律地接在另一个语段后面的。分析留学生的话语能力,很重要的一方面也就是看他们这方面的能力如何。

我们先来看语段的组合方式。吕叔湘先生曾经指出:句与句之间的联系有三种方式:(1)语法手段(2)其他手段(3)意合手段。(1)(2)合称为"语言的组合方式",(3)为"意合的组合方式",是指一群句子只依靠意义上的连贯组合在一起,没有任何形式标志。

语言的组合方式上的问题

语段可分为并列语段、连贯语段、递进语段、选择语段、因果语段、目的语段、条件语段、转折语段、让步语段等。不同类型的语段常用不同的关联词语来组合。而随意地错误使用关联词语是独白型话语方式的一个常见错误。

被试人使用频率最高的几个关联词语为"但是、所以、还有、因为……"。一美国被试人的表述中共出现13个"所以",10个"因为",7个"但是",6个"如果",其他还有"比如说、还有、然后……"等,几乎每句间都有关联词语。过多地使用关联词语是欧美被试者较多出现的问题。这与他们母语重视形式标志,少意合组合形式有关。另一方面,有些被试人在没有搞清上下句间关系的情况下,盲目使用其较熟悉的关联词语,如所以、但是、因为等,造成逻辑关系上的混乱。不同的关联词语表示不同的组合关系,即使是表示同一种关系的关联词语也有很多,话语能力强的人往往不在同一语段中多次重复使用同一个词语。但此阶段学生选择使用关联词语,判断上下句段间关系的能力有待提高。如:

例 6

高中的时候,我对语言感兴趣。①但是我爸爸不让我去语言系。②因为他说你先学习经济,然后很容易学习语言。③但是你先学习语言很不容易学习经济。④所以我去经济系。我觉得非常难。⑤所以我要休息。⑥所以我来这儿。(韩国被试)

此段共6句话,用了6个关联词语。其中2个"但是",3个"所以"。实际上此段中有很多可以意合的部分。如删去②、⑤,意思表达彻底而简洁。将③换为"如果",与后面构成假设关系,整段较为顺畅。

例 7

……还有现在日本的教育,有老人大学……还有如果高中的时候没有受到正常教育的人……还有,家里很穷的人……(日

本被试人)

被试人在话语能力不太强的情况下,常无余力选择得体的关联词语,而是随着思维的延伸,想到哪儿说到哪儿,再加上统一的连接词,使不恰当的关联词反复出现,成为口头习惯用语。

意合的组合方式上的问题

意合手段是汉语的特点。句与句、段与段之间无形式标志,似断若连,这对于留学生来说是一个大的难点。

第一个问题是上面已说明的出现不应出现的过多的形式标志。

另一个是由于我们的口语教材多为"对话体",学生平常所受的对话体训练较多,因而对"独白体"叙述方式不熟悉,常不知如何将话题陈述下去。常出现"自问自答"方式,即自己先提出问题,然后开始回答,回答完毕后,再提出问题,继续回答。如一法国被试人提出了5个"为什么",将几段话连起来。实际上完全可以采用汉语的意合手段,这几段话就连接得很好。

4. "独白"中的词汇、语法错误

由于"独白体"话语方式表达过程较长,学生注意力集中在如何构划全篇,完整表达自己的意思,因而出现的词汇、语法错误较多。

但是这些错误往往不影响听者对其整段话意思的理解。在其完成整段叙述后,测试人将错句提出,75%的被试人可以改正前面出现的错误。

五 结论

通过对留学生两种形式的话语能力的测试与分析,我们得出以下结论:(一)由于口语教材多为"对话体"形式,留学生对此话语形式较熟悉,回答问题能力较强,但提出问题,使谈话进入下一话步能力较弱。(二)"独白体"话语形式对于外国留学生来说是个难点。如何选择陈述主题,构划全篇,注意组合形式的能力有待提高。(三)语法错误虽出现较多,但不影响整体意思的表达。词语学习应进一步加强,学生在词语应用方面错误多,且常采用回避策略,只使用常用词。

六 建议

对于基础阶段后期的学生,在其基本语法学完以后,应将训练学生语段表达能力作为教学重点。其中重要的一方面是"类独白体"话语能力的训练。

可以构思一系列的训练框架,使学生按此框架在成段表达前理清所表达的大致意义的前后次序。引导学生用汉语的思维方式将所述内容纳入有限的、形式化的范围,使他们的表达更符合中国人的表达习惯。汉语思维方式的训练是话语能力训练最重要的一方面。

也可以给出语段内容,不出形式标志,让学生去有选择地添加关联词语,让他们体会句与句、段与段间的语义关系和应有的组合形式。

还可以给出带有形式标志的语段,让学生去选择什么地方可以去掉关联词语,让他们理解意合形式的组合方式如何应用。

语法与词汇教学不应忽视,重点在于训练学生在进行语段表达时正确运用学过的语法知识,最大限度地输出学过的生词。

教学中还应注意国别、性别对话语能力的影响。鼓励东方国家的学生及男性学生多进行成段表达。而对"表现欲"较强的学生则应引导他们去掉羡余信息,简要叙述。

总之,基础阶段留学生成段表达的话语能力有待提高,如何提高是个亟待解决的问题。

第三节 口语测试的组织与实施探索[①]

一 成绩测试

最近几年来,我们的口语教材主要是《初级汉语口语》(上、下)、《中级汉语口语》(上、下)、《高级汉语口语》(上、下)。同时使用同一本教材的班级(称为"平行班")一般是2—4个。我们的成绩测试就是以平行班为单位进行的,平行班一般使用同样的考卷。在成绩测试方面,我们注意了以下几点:

(一)明确测试目的,使用复习清单

关于成绩测试,一般认为"目的是检查学习者在某一教学阶段是否掌握了教学大纲和教材所规定的教学内容,在学习上取得了什么成果"。[②] 我们认为,除了检查学习效果以外,考试还有督促,甚至是帮助学生学习的作用。如果学生能通过考试,巩固了所学知识,并且有所提高,考试就算是成功了。从这一点来看,考前准备的范围越明确,考试所起的正面作用就越大。因

[①] 本节摘自刘颂浩:《口语测试的组织与实施探索》,《暨南大学华文学院学报》2001年第3期。

[②] 刘珣:《对外汉语教育学引论》,北京语言文化大学出版社,2000。

此,我们从2000年秋季开始,在考前一周向学生提供"复习清单"。清单内容与实际考试内容的比例大致掌握在4:1。以前,虽然老师们都提前给学生讲解题型,但仍有不少学生问"怎么复习"之类的问题。另外,对于初、中级的学生来说,要想从课文中分离出重要的语言点也比较困难。复习清单实际上起到了一种整理总结所学知识的作用,使复习的重点更加突出了。同时,由于清单内容大大多于考试内容,基本上覆盖了所学的知识,所以,即使学生完全依赖清单,也不至于遗漏重要内容。对于认真准备的学生来说,他的成绩可能会在某种程度上高于他真正的口语水平,但这个问题并不特别严重。首先,我们认为一周时间并不足以使学生的口语水平发生质的变化;其次,清单内容是考试内容的4倍,而且在准备考试时,还要同时学习新课;最后,考试成绩只占50%—60%,平时成绩(40%—50%)会对考生的总成绩起到一种制衡的作用。

(二)逐步规范化

我们的口语系列教材出版于1996年—1999年。根据使用情况,1997年制定了口语试题量化标准,规定了每种题型所占的比例。总的要求是,考试占总成绩的80%,平时成绩占20%。量化标准的制定,使口语成绩测试初步走上了规范化的道路。1999年以来,由于国家实施新的假日规定,实际上课的时间减少了。这样,原来的每学期4次月考就显得过于频繁;另外,由于学生的口语成绩几乎完全取决于考试,所以考试的题量也较大,导致人数稍多的班级考试时间过长,有的班长达4个小时(每个学生的考试时间在10—15分钟之间),疲劳效应增加,评分的可靠性难以保证。因此,从2000年秋季开始,口语考试改

第三节 口语测试的组织与实施探索

为每学期3次,同时将平时成绩的比重由20%增加到40%—50%。对考试题型也进行了一些调整,主要是减少了题量,去掉了考试目的不明确、区分性不大的"自由谈话"题型。另外,对考试过程进行录音,评分时老师除了参照考试时的记录外,还可以重听。规范化的另一方面是,在每学期开学之初,教研室就将每次月考的时间确定下来,由任课教师负责向学生宣布。

在复习清单的制定与使用上,教研室也根据反馈情况,制定了具体而明确的规定。比如,下面是对"完成对话"的具体要求:

> (清单上)完成对话部分提供Ａ句和要求使用的词语,清单内容与实际考试内容的比例是4∶1,考试时学生听教师说出Ａ句,然后用指定的词语完成对话,Ａ句不再印在考卷上。对于初级班,清单上给出关于某个语言点的几个待完成的对话,考试时老师随机从中挑选一个问学生,学生按照自己准备的答案回答。对于中高级班,清单上给出关于某个语言点的一两个待完成的对话,考试时老师不用清单上的Ａ句,而是事先准备好另一个句子。就是说,老师问的Ａ句是未知的。注意:老师在准备考试用的Ａ句时,不要用过难的词(因为不是考听力);要多准备几个Ａ句,以免学生互相打听。另外,有些语言点适合用在上句,不适合用在下句,因此,完成对话部分很难考这些语言点。这些语言点可以放在朗读或者成段表达中考。[1]

---

[1] 依据汉语中心口语教研室2000~2001学年会议《简报》之三,略有改动。

(三) 平行班教师互相协作

1997年以来,每个平行班均由一位经验丰富的老师负责,在协调各班进度、统一试题甚至统一备课方面发挥了较大的作用。新老师,包括实习研究生都从这种制度中受到教益。具体到口试方面,考前复习清单以及考卷的制定,都是由平行班老师统一协作完成的。另外,每次考试后都根据教师和学生提供的反馈意见,对试题进行修改。

(四) 探索口试题型,突出口语特点

在这方面,水平测试的研究成果对成绩测试起到了一定的参考作用。在1999年秋季的分班水平测试中,我们使用了"看图说话"这一题型,并从交际策略的角度对结果进行了一些分析。这一研究使我们对在成绩测试中使用看图说话的可行性有了一定的把握。2000年秋季的口语月考中,第一次采用了看图说话题型。从使用的结果来看,老师们普遍认为能反映学生的水平,也能看出学生之间的差距。与"自由谈话"相比,看图说话在内容上对学生进行了限制,这样就能明确地看出学生是否使用了回避策略;也使评分相对容易了一些。[1]

值得一提的是我们对成绩测试中使用笔试的争论与最终的解决办法。以前我们的题型中曾有"完成对话",试卷上给学生提供A句或B句。这种题型在使用过程中遇到了一些问题:有的学生在考前10分钟准备期间,在试卷上写好答案,考试时再

---

[1] 当然,看图说话也有局限,比如有老师提出,对于高级班的学生,流利地叙述出故事的内容并不难,能否要求学生再发挥一下,要求他们说出故事讲述的是什么道理?这样可以逼着他们使用高级一些的词汇和表达方法。但是,这种要求似乎不是一种语言能力的要求。另外,也并不是每次考试都用看图说话。

把答案读出来。① 有的老师认为,这种题型其实和笔试的"完成句子"没有差异,因此建议这一部分试题使用笔试,在口试之前考。这样既可以增加覆盖面(口试中的完成句子一般只有5—6个,笔试则可以增加到30个左右),又可以增加口试其他内容的考试时间。这种笔试对汉字不做要求,写拼音也可以,因此对笔头能力差的欧美学生不会不公平。口试中使用笔试的形式可以不可以?老师们有不同的看法。使用复习清单以后,这个问题得到了解决。考试时,学生听老师说A句,自己完成B句。由于取消了"看"的环节,"完成对话"的口语特点就突现了出来。换句话说,使用复习清单以后,"完成句子"完全建立在"听"和"说"的基础上,笔试也就不需要了。

二 分班测试

北京大学汉语中心的口语分班测试是从1997年开始的,主要是为了解决学生书面语和口语水平不一致的现象。从1997年开始,汉语中心一直实行口语、汉语(即精读)两条龙分班制。实践证明,两条龙制的效果是明显的。需要说明的是,口语分班测试成绩是分班的一个重要依据,但不是唯一的依据,其他需要考虑的因素有:以前使用的教材及所在班级、同一班级学生的国别等。

---

① 使用复习清单之前,每位考生在正式考试前,先进行10分钟左右的准备。由于考试和准备一般不在同一间教室,教师很难对学生的准备情况进行控制,除了这里提到的写出答案然后念以外,准备过程中还有其他一些因素(比如翻看教材或笔记等)对考试结果有影响。换句话说,有些学生可能因临时抱佛脚而取得好成绩。使用清单以后,取消了准备时间,减轻了教师的组织工作,对于考生也更公平。

关于北京大学口语分班测试的基本情况,刘德联等已经做了介绍①。刘文中提到的一些做法,比如选取有经验的口语教师做主考人、考前对主考人进行培训等,现在还在坚持。不过,我们的口语分班测试还处在探索时期,特别是在题型方面。最早的试题,是分级别的各种问题,测试时,学生问答主考人的提问。后来增加了朗读的题目,目的是为了限制那些口语能力虽好但认字能力差的人进入高班。因为实践证明,这些学生的"汉字问题"严重影响了他们在口语班的学习。1999年以来,题型和主考人的人数变化较大,如表7-10:

表7-10 1999年—2001年北京大学汉语中心口语分班测试主考人、题型变化表

时间	1999年3月	1999年9月	2000年2月	2000年9月、2001年2月和9月
主考人	3位	2位	2位	1位
所用题型	1. 自我介绍。 2. 句子或短文朗读。 3. 回答问题或就某一观点发表自己的看法。	1. 自我介绍。 2. 看图说话。 3. 话题。	1. 自我介绍。 2. 短文朗读。 3. 看图说话。 4. 话题。	1. 对话。 2. 句子朗读。

从表中可以看出,1999年以来,重要的变化有:(1)使用"对话"取代"自我介绍"、"看图说话"、"话题"等题型。在对话时,学生回答老师的提问,涵盖了后3种题型的大部分内容。对话的优点是使考试成为一个统一的整体,而不是互相没有关联的几个部分。这主要是吸收了美国外语教学学会OPI(口语能力测试,

---

① 刘德联、钱旭菁、陈莉、赵昀晖:《汉语口语分班测试的实践与探索》,《北大海外教育》2000年第3辑。

参看柯传仁、柳明①,)的一些做法,(2)对朗读的肯定。尽管口语水平测试的初衷是解决口语水平与读写水平不一致的问题,但由于目前的口语教学还不能脱离课本,所以学生的认读能力也是必须考虑的一个因素。口语教学不仅没有脱离课本,而且从某种意义上说,对课本的依赖程度并不低于读写课。朗读在口语考试中的作用是这一教学实际的必然结果(1999年9月的考试取消了"朗读",但效果不好)。从2000年秋季笔试和口试成绩的相关系数来看,朗读的加入,对书面语和口语两极分化现象起到了一定的中和作用:

表7-11　2000年9月北京大学汉语中心口语测试成绩和笔试成绩相关系数

	口试总成绩	对话	朗读
笔试总成绩	0.7459*	0.5941*	0.7392*

* $P < 0.001$

(3) 主考人逐步减至一人。这首先是因为老师们的经验日益丰富,另外在实践中也发现,不少组两个老师的评分几乎完全一致,这为减少主考人员提供了可能。减少主考人员,就可以增加考生的考试时间,这对提高成绩的可靠性有帮助。单一主考的主要问题是如何控制主观性,提高评分的可靠程度。我们对2000年实行单一主考的结果进行了重评,总的结果还可以,两个评分员差别在2分(总分20分)以内的达65%。这个结果也说明,老师们对新的形式还不太习惯;另外,在评分标准的设立上还有可以改进的地方。2001年春季和秋季同样采用了单一

---

① 柯传仁、柳明:《介绍一种中文口语能力考试——OPI》,《语言教学与研究》1993年第3期。

主考制,在考前培训上,根据重评的结果,对主考人提出了更具体的要求。比如,允许对考生语言水平进行一定程度的推测。

评分标准的确定与掌握是水平测试的核心,也是我们研究的重点。除此之外,还有几个问题比较难以处理:(1)时间与考生的分配。一般来讲,水平高的考生比水平低的考生需要的时间更长。但在组织考试时,必须给考生一个相对准确的时间,以便能准时前来考试。另外,还必须让考生觉得公平,避免出现"我没有考好是因为给我的时间比别人短"之类的抱怨。我们的做法是,在分组名单上,每个考生的时间都是一样的(每人都是6分钟),但每2—3个考生后面有5分钟左右的间隔。这样就给主考人提供了可能,以便根据考生情况对时间进行微调;同时也避免了排长队等待考试的现象。在考生的分组问题上,首先根据笔试成绩①将考生分成水平相等的若干组,每个组内各种层次的考生都有,然后对组内的考生进行随机编排。(2)问题难度的确定。采用对话作为测试题型以后,一般都在培训时给老师准备一些供参考的、分级别的问题。但确定级别(即难度)时依据的只是经验,因此考试时可能会出现一些意想不到的问题。比如有的学生听不懂中级问题(参看附录2中的例子),但却能回答高级问题。另外,非常简单的初级问题也可能引来长篇大论。难度的确定需要进行专门研究,这方面我们还没有很好的经验。(3)要求的明确与模糊。评分标准,问题的数量以及提问的顺序如果能非

---

① 北京大学汉语中心一般先考笔试,然后根据笔试学生名单和成绩进行口试分组。

常明确,当然便于操作,也有助于减少教师在给定成绩时的差异。但水平测试时间短,又要马上给出成绩,过于明确的标准反而会让老师顾此失彼。2001年9月的分班测试中,对问题的数量进行了限制,如对中级学生,要求问14—18个问题。但不少老师反映,考试时根本没有时间来计算问题的数量。

(4)(朗读部分)难点的集中与分散。先看表7-12:

表7-12 北京大学汉语中心2001年两次口语测试中朗读材料的比较

2001年2月	2001年9月
A. 早上六点多我就起来了。 B. 我觉得一边听磁带一边看书效果不好。(磁带:甲级;效果:乙级) C. 不少商家都想尽办法,在春节期间大搞促销活动。(尽:乙级;期间:乙级;促:丁级;销:乙级;促销:超纲)	A. 展览会昨天就已经结束了。(展览、已经、结束:甲级) B. 中国传统工艺美术品的确很吸引人。(传统、工艺、美术品、的确、吸引:乙级词) C. 他正在聚精会神地观察蝴蝶,对周围的一切毫不在意。(观察、毫不:乙级;聚精会神、蝴蝶:丙级;在意:丁级)

2月的朗读材料难点少而集中;9月则多而分散。总的来看,9月的难度更大。由于"朗读"和"对话"的得分都是10分,这样日韩学生可能因为认识汉字而在"朗读"部分得分过高。解决办法有两个:一是增加"对话"的分值,或减低"朗读"的分值。但老师们普遍觉得对话部分的分数体系(满分10,最低0分,1、2、3分为初级,4、5、6分为中级,7、8、9分为高级,最优秀者10分)操作比较简便,而减低"朗读"的分值则意味着总分的降低,从而导致同一分数或分数段学生人数的增加,给后续的分班工作带来不便。二是增加"朗读"部分的难度,从而间接地降低这一部分的比重。9月份朗读材料难度的增加,原因也在于此。但结果却

说明,这样做并没有达到预期的目的:难度的增加对欧美学生的影响更大。"朗读"和"对话"的关系怎么处理,"朗读"本身怎样才能取得最佳效果,都值得作进一步的研究。

三 相关研究

在对口试题型和测试方法进行改进的过程中,我们希望自己的认识建立在研究的基础上。用测试材料进行研究,再利用研究结果改进测试过程和方法,这是我们总的思路。比如1999年3月我们采用了"自我介绍"这一题型,时间为1分钟,目的是通过谈论考生熟悉的内容,缓解考生紧张情绪,同时给主考人提供一个观察考生水平的机会,并根据观察结果选择下一步使用的题目。考试结束后,出题人之一钱旭菁[①]从话题范围、语速、篇章结构等方面对这一部分试题的评分标准进行了研究,她的研究结果被运用到1999年9月的测试培训上。根据钱旭菁的研究,从话题范围和篇章结构的角度看,初、中、高3级学生有以下差别:

(1) 初级:姓名、国籍、年龄、家庭、专业(学习)、打算、旅行、爱好、工作、朋友、业余、生活。(以单句为主)

(2) 中级:解释姓名、学汉语的原因、介绍一个地方。(以段落为主)

(3) 高级:经历。(篇章)

从初级到中级再到高级,其话题是蕴含关系。也就是

[①] 钱旭菁:《口语测试"自我介绍"的评分标准》,北京大学对外汉语教学中心五四科学讨论会论文。

说,中级学生的话题范围涉及了初级的全部,另外还增加了"解释姓名、学汉语的原因"等,高级学生的话题则包括了初、中级的全部,另外增加了"经历"。钱旭菁还指出,重复是学习者经常使用的一个策略,是影响语速的一个重要因素,也可以作为衡量口语水平的参考。她发现,语速快但重复频率较高的学生,实际口语水平并不高。语速慢但重复频率较低的学生,口语水平可能较高,语速慢可能是个人的语言风格造成的。

又如,1999年9月我们采用了"看图说话"这一题型,刘颂浩、钱旭菁、汪燕从交际策略的角度对这一部分试题进行了研究[①],研究结果也被运用到2000年2月的测试培训上。第二语言习得中的交际策略指的是人们在用第二语言或外语进行交际时,在表达遇到困难的情况下所采取的一种弥补语言知识欠缺的手段。我们希望通过对交际策略的分析,找到一个既便于操作,又能对学生的程度做出足够区分的标准。文章以13名中国学生为参照,对59名留学生(初级、中级各20人,高级19人)在17个信息点上所使用的交际策略进行了调查。交际策略在文章中体现为两个指标:信息点的数量,表达特定信息点所用的语言形式。结果发现,留学生水平越高,提到的信息点越多,初、中、高3组的平均值分别为10.55、10.9、12.47(标准差分别为1.93、1.45、1.95),不同水平的留学生之间存在显著差异($P<0.05$)。但差别主要体现在高级组

[①] 刘颂浩、钱旭菁、汪燕:《交际策略与口语测试》,对以英语为母语者的汉语教学讨论会(牛津大学)论文,2000。

和初、中级组上。从研究的角度看,用信息点的数量,可以比较容易地将高级水平的学生区别出来,但却很难将中级学生和初级学生分开。另一方面,信息点的数量和考生口语总成绩的相关系数只有0.4483,这说明信息点的数量能在一定程度上反映口语的水平:提到的信息点越多,口语成绩就越高。但是,要想通过信息点的数量判断口语成绩,0.4483这个系数还太低。如果把口语测试的实际情况也考虑进来的话,用信息点的数量作标准也很困难。因为口语测试要求马上给出成绩,而且看图说话这一部分只有一两分钟的时间,这样主考人基本上不可能来精确地计算学生说出的信息点的数量。那么语言形式这个标准是否可行呢?答案似乎也是否定的。在中外学生差别较大的几个信息点上,留学生内部的差别大都不显著,除了"走过来"(图画中的语境是:图书管理员走过来对孩子说)。但即使在这个信息点上,没有留学生使用最佳形式"走过来",使用"过来、过去"的也只有14%。换句话说,采用语言形式作为标准,只能把14%的学生区别出来,对于剩下的人,语言形式标准就无能为力了。总的来说,无论是从信息点的数量,还是从表达这些信息点的语言形式,我们都没能找到一个简明的标准作为判断口语水平的依据。尽管如此,该研究的结果对口语测试还是非常有用的,表现在:(1)研究说明,用"提没提到图画中某个方面的内容,或者在描述某个语境时用没用某个特定的形式"来作标准是行不通的。换句话说,精确的标准很难找到。因此,口语测试时,似乎只能采用一些模糊的标准,比如"是否流利、准确程度如何"等。(2)研究过程中,通过对样本的分析讨论,使我们对不同程度学生的差别有了更明确的认识。这些认识在以后的口语测试培训中得到了应用。

上述研究只考虑了内容和语言形式(主要是句式),没有考虑词汇量。那么词汇量的多少能不能作为评分的依据呢?李海燕、赵昀晖对此进行了探讨①。根据她们的研究,20名留学生(初级、中级上、中级下、高级各5名)在看图说话时的词汇量分别是28.2、51、54.6、54.4(标准差分别为9.1、4.7、20.5、11),词汇量与口语总成绩的相关系数为0.69。这说明,判断口语水平时,依据词汇量似乎比依据内容更可靠。但李海燕等强调,"单纯的词汇量最多只能作为参考标准,更多的要看词汇的难度和表达内容的准确度以及与图画内容的相关程度"。难度指测试样本中甲、乙、丙、丁及超纲词的分布比例,甲级词的比例越高,口语水平就越低;丙丁级词的比例越高,口语水平就越高。准确度指的是语法、词汇的偏误情况。尽管李海燕等的样本偏小,但她们的结论还是很有价值的。

毋庸讳言,上面提到的都只是一些初步的研究结果,但它们对口语测试水平的提高仍起到了良好的作用。就现有的水平而言,至少可以得出以下认识:口语测试中只依靠单一的标准,不管是内容,还是句式,抑或是词汇量,是行不通的;综合和折衷势在必行,但如何综合,怎样折衷,则需要进一步的研究。我们希望,通过"测试—研究—再测试"的循环,能够使我们的口语测试水平不断提高。

---

① 李海燕、赵昀晖:《留学生看图说话中的词汇量调查》,中国对外汉语教学学会第七次学术讨论会论文,成都,2001.

第四节　口语分班测试题型研究[①]

一　研究的问题

考试的题型取决于考试的要求、目标及可行性等。首先我们要明确口语分班测试的性质和目的。口语分班测试必然要考察学生现有的口头表达能力,这是它与口语水平测试的相同之处。但是,对分班测试来说,更重要的是为测试后的课堂教学服务。因此,必须要考虑分班后的课堂教学能否顺利进行。目前的口语教学,还不能脱离课本(至少北京大学是如此),这就涉及课文认读的问题。即使某个学生的说话能力和班上其他同学一致,但如果汉字认读能力差距太大,也势必会影响到课堂教学效果。从这个角度讲,认读能力的重要性不容忽视。在相应的分班测试中,也需要兼顾认读能力。不过,认读能力属接受性技能,而说话能力属产出性技能,在口语测试中使用朗读,很可能对测试效度产生影响。我们在测试中使用朗读,也只是从教学实际情况出发作出的一种选择,并不意味着从理论上说应该或者一定要如此。另外,分班测试还要考虑学生在所分到的班级里是否能最好地发挥自己的潜能,取得最好的学习效果。潜力大的学生分在稍高于他现有水平的班级里会进步更快。因此,

---

① 本节摘自李海燕、蔡云凌、刘颂浩:《口语分班测试题型研究》,《世界汉语教学》2003 年第 4 期。

了解考生的能力倾向也是口语分班测试的目的之一。

根据近年来参加和组织口语分班考试的经验,目前的分班测试存在着以下两个问题。

首先是题型的确定。据我们所知,口语测试题型一般都比较简单,高等 HSK 的口语考试采用"朗读"和"回答问题"两种题型,美国外语教学学会的口语能力测试(OPI)的题型是对话。相比较而言,北京大学对外汉语教育学院口语分班测试中采用过的题型则比较丰富,包括:自我介绍、回答问题、看图说话、话题表达、朗读短文或句子、对话等。那么,对于考察口语水平这个根本目的来说,这些不同的题型是否同样有效呢?如果需要使用组合题型,又应当如何进行选择呢?虽然从 1999 年以来,我们在题型的组合方面进行了不少尝试①,但都只是凭感觉,并没有实证研究做基础。在对这个问题进行考察时,必须考虑分班测试的实际情况:规模较大,考生人数较多,考试时间有限(每个考生约 6 到 7 分钟)。理想的测试题型(或题型组合)应该能够在较短时间里,客观地反映出考生的实际口语水平,同时让考官比较轻松地对考生的口语水平作出准确评价。目前我们所使用的题型,还很难达到这一要求。

其次,对日韩和欧美学生是否要区别对待。众所周知,日韩学生的汉字认读能力较强,但口语表达能力和交际能力一般较差;而欧美学生则相反。前面提到,在口语分班测试中,需要兼顾认读能力。但是,如何在口语分班测试中更好地处理认读和

---

① 刘颂浩:《口语测试的组织与实施探索》,《华文教学与研究》2001 年第 3 期。

表达这两种能力,仍然是一个棘手的问题。解决办法之一是针对不同背景的学生,使用不同的测试题型。不过,这只是一种理论上的推测,是不是真有必要,值得探讨。

因此,我们希望通过这次口语测试题型研究,回答下面两个问题:(1)在口语分班测试中,什么样的题型或题型组合最有效?(2)对不同背景的学生,是否有必要采用不同的题型?

二 研究方法

(一)研究对象

参加这次调查的是北京大学对外汉语教育学院的39名留学生,时间是2001年11月底12月初。此时已经是下半学期,老师们对本班学生的口语水平已经有了清楚的了解,所以我们请老师们推荐班内中等水平的学生参加调查。39名学生中,初级(3—5班)16名,中级(11—14班)13名,高级(18—20班)10名,其中日韩学生21人,欧美学生18人。

(二)试卷构成

试卷共包括六种题型:自我介绍、对话、话题表达、看图说话、朗读和听读。其中前五种以前曾经采用过,听读为此次新增加的题型。每一题型的分值都是10分,全卷共60分。具体说明如下:

自我介绍。请考生简单介绍自己的情况,话题的范围不限。

考生与考官对话。这一部分借鉴了OPI的一些做法,如考官的问题根据考生的兴趣和经历而定,各个问题之间有一定的内在联系。同时,根据分班测试的要求和特点,在对话的内容和方法上做了相应的调整。

话题表达。我们列出了三个话题,考生可以任意选择一个。

看图说话。图画选自漫画集《父与子》,请考生先看一遍,看懂图画的意思后,再开始讲述故事。具有一般生活常识的人都能看懂所选图画内容,即使对内容有不同的理解也没关系,评分时主要关注的是语言表达情况,而不是对内容的理解。

朗读。共有三个句子,分别用简体字和繁体字写出。考生先看一遍后开始朗读。三个句子根据长度和词语等级按从易到难的顺序排列,分值依次是3分、3分、4分。

听读。这是我们新增加的测试题型,以前的口语测试没有用过。不过,很多老师在口语课的教学中都使用过这一方法[①]。具体做法是,老师以正常语速说一个句子,学生听后再重复一遍。它主要考察听力、复述能力以及强记能力,我们觉得似乎可以从另一个角度体现考生的口语能力。调查时共听读三个句子:我的朋友每天都去打球;今天天气比昨天冷多了;要是不快点走的话,就来不及了。三个句子的分值依次是3分、3分、4分。

(三)测试程序

调查采用一对一面试的形式并录音,每个考生大约需要15—20分钟,录音材料共约12小时。考官是本文的三位作者,学生成绩在现场给出。两个星期后,再由另一位考官根据录音进行重评。

自我介绍、话题表达、看图说话、朗读、听读部分的评分标准

---

① 李海燕:《谈初级汉语课文教学中的"听读"训练》,《北大海外教育》第二辑,北京大学出版社,1998。

见论文后的附录,对话部分参看刘颂浩的相关论述。[①]

三 结果

(一) 调查试卷的信度、效度分析

在对调查进行统计分析之前,有必要先考察一下本次调查所用试卷的信度和效度。口语测试属于主观性试题。"主观性试题一般比客观性试题有较高的效度。因为主观性试题易于根据考试需要直接命题"[②]。但是因为评分过程中主观因素较大,评分标准不易做到完全一致,所以它的最大问题是信度不高。因此我们先对本次调查所用试卷进行信度、效度分析。这部分的分析包括三个方面:评估员信度、试题信度和区分效度。

先看评估员信度。计算评估员之间的信度的方法是两位评估员给同一批样本打分,然后计算两个分数的相关系数。我们计算了调查中两位评估员所评分数的相关系数,结果见表7-13。对样本的总体评估的相关系数为0.8653,这个结果对分班测试来说,是可以接受的。各分测验中相关系数最高、一致性最好的是听读,其他五个项目的一致性由高到低依次是:对话、话题表达、朗读、看图说话、自我介绍。由于同一位评估员对评分标准的把握也可能有前后不一致的情况,所以我们也随机抽取了8个样本进行了重评(两次评分隔了两个星期,重评时评分员不大可能记得以前打的分数),然后计算两次评分的相关系数,结果见表7-13。测试总分以及听读、看图说话、朗读、自我介

---

① 刘颂浩:《对9名日本学生的误读分析》,《华语教学与研究》2001年第3期。

② 桂诗春:《标准化考试——理论、原则与方法》,广西高等教育出版社,1986。

绍的评估员内部信度比较高,这几部分两次评分的相关系数都达到 0.9 以上;但"自我介绍"的评分员间信度系数比较低,只有 0.55。

表 7-13　评估员间信度(N=39)和评估员内部信度(N=8)

	自我介绍	对话	话题表达	看图说话	朗读	听读	总分
两位评估员评分的相关系数	0.5478	0.8143	0.7628	0.6392	0.7431	0.9030	0.8653
一位评估员两次评分的相关系数	0.9129	0.8339	0.6708	0.9800	0.9197	0.9853	0.9789

再看试题的信度。一般用来计算信度系数的 KR-20 公式只适用于客观性试题,计算主观性试题的信度系数需要使用 Cronbach 提出的 α 系数,方法是用一份试题中各大题分数的方差之和与整份试卷分数的方差进行计算[①]。根据表 7-14 的数据,本次测试试题的 α 系数=0.9292,说明试题的信度很高,测试可靠。

表 7-14　39 名留学生的测试成绩

	自我介绍	对话	话题	看图	朗读	听读	总分
平均分	6.83	6.27	6.06	5.75	6.37	7.05	38.32
标准差	1.43	1.6	1.62	1.56	1.87	2	8.72
方　差	2.0449	2.56	2.6244	2.4336	3.4969	4	76.0384

最后是试题的区分效度。本次调查的测试对象分别来自口语初、中、高三个不同层次的班级,这些人的口语水平是不同的,如果他们在各题型上的成绩有显著差异,那么就可

[①] 桂诗春:《语言学方法论》,北京:外语教学与研究出版社,1997。

以说明考试具有区分效度。表7-15的结果证明了这一点。

方差分析表明,初级、中级、高级三组的总分和各个分测验的成绩均存在显著差异。这说明调查所用六种题型都能有效地区分不同能力的考生。相对来说,三组在听读测试上的差异没有其他几项显著。原因可能是这次听读所用材料相对容易,导致该题的难易度值偏高,为0.73。

表7-15 初、中、高三组学生成绩的对比

		自我介绍	对话	话题	看图	朗读	听读	总分
平均分 (标准差)	初级 16人	5.70 (1.26)	5 (1.26)	4.78 (1.25)	4.41 (1.12)	4.94 (1.44)	5.97 (1.9)	30.78 (6.49)
	中级 13人	7.17 (0.96)	6.42 (0.77)	6.27 (1.09)	6.13 (0.89)	6.69 (1.39)	7.15 (1.54)	39.85 (3.67)
	高级 10人	8.2 (0.54)	8.1 (0.88)	7.83 (0.69)	7.4 (0.83)	8.23 (1.09)	8.65 (1.67)	48.4 (3.94)
F值		19.909	28.079	24.953	30.207	19.042	7.41	37.7
概值 (自由度为2和36)		<0.001	<0.001	<0.001	<0.001	<0.001	<0.005	<0.001
难易度		0.70	0.65	0.63	0.60	0.66	0.73	0.66

综上所述,本次调查所用试卷的信度和效度基本上达到了设计要求,可以认为是一份能反映学生口语水平的试卷,考官给学生评定的成绩也是可靠的,可以据此对考题做进一步的分析。

(二) 题型结构分析

对题型结构进行分析的目的是回答本文的第一个研究问

第四节 口语分班测试题型研究

题:什么样的题型或题型组合最有效？本文采用相关系数作为指标来考察这个问题。表7-16给出了本次调查所用题型的相关矩阵。

从表7-16可以看出,六个分测试与总分的相关系数都比较高(在0.727和0.951之间),说明这六个分测验都从不同的角度代表了全卷要考察的口语能力。其中与总分相关系数在0.90以上的依次是:看图说话、对话和话题表达。各分测验之间的相关系数比较高的是对话和看图说话(0.907)、话题表达和看图说话(0.905)、对话和话题表达(0.886)。朗读、听读与其他各题型基本上呈中等相关。

表7-16 测试各部分之间及各部分与总分的相关矩阵

	自我介绍	对话	话题表达	看图说话	朗读	听读	总分
自我介绍	1	0.796	0.776	0.787	0.566	0.595	0.852
对话		1	0.886	0.907	0.618	0.716	0.938
话题表达			1	0.905	0.527	0.743	0.923
看图说话				1	0.595	0.792	0.951
朗读					1	0.441	0.727
听读						1	0.831
总分							1

一般来说各题型之间的相关系数越高,则考试的内容结构就越合理。但是相关过高,说明各项考察的不是相对独立的语言能力因素,各个部分对于整个考试的效度增益不大。中等相关的题型则既有一致性又有个性,是从不同角度对语言能力进

行考察。① 为了更好地观察这六种题型的关系,我们根据表7-16的结果用聚类谱系图将这六个测试项目进行了分类。聚类谱系图也叫树图(Dendrogram),是利用距离或者相关系数的大小进行聚类的一种图分析方法。用这种方法分析的结果,与用基于主成分分析的因子负荷法进行分类的结果相近②。六个分测验的聚类情况见图7-1:

```
         0.9      0.8      0.7      0.6      0.5      0.4
对话  ─┐
看图  ─┤
话题  ─┴──┐
自我介绍 ──┴──┐
听读  ────┬──┤
朗读  ────┴──┘
```

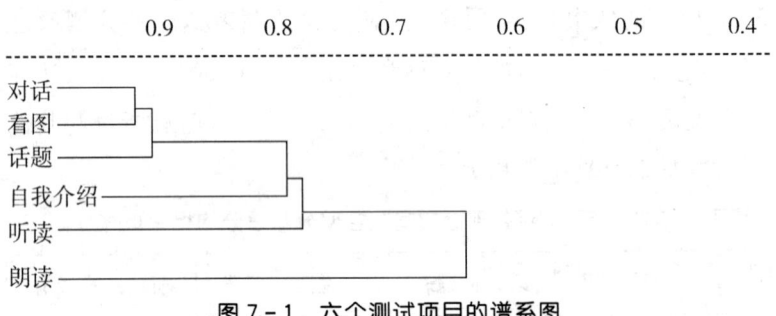

图7-1 六个测试项目的谱系图

当取相关系数 r = 0.8 为分界线时,六项分测验可分为三类:{对话、看图、话题},{自我介绍、听读},{朗读}。第一类中的三个项目考察的都是学生口头综合表达能力,可以命名为综合表达类。还可以进一步从中选取一个,来代表这一类题型的典型特征。方法是计算相关系数的平方的均值,然后进行比较。结果是:对话 = 0.8041;看图说话 = 0.8211;话题表达 = 0.8028。因此,可以选择看图说话作为这一类的代表。第二类中只有两项(自我介绍和听读),可以任选一个作为代表。第三类当中只有朗读,说明这是独立的一类。上面三类题型分别代表

---

① 刘镰力主编:《汉语水平测试研究》,北京语言文化大学出版社,1997。
② 李伟明:《多元描述统计方法》,上海:华东师范大学出版社,2001。

的是综合表达能力、听力及复述能力（第二类中的听读）、朗读能力。据此，如果想使用单一题型，看图说话就是最佳选择；如果想使用两种题型，则可以有：看图说话＋自我介绍，或者看图说话＋听读；如需进一步增加题型，就要把朗读包括进来。

根据以上的分析，调查中选取的六种题型对测验口语能力都是有效的，这六种题型又可以分为三类：{对话、看图说话、话题表达}，{自我介绍、听读}，{朗读}。至于是否要组合，怎么组合，则取决于考试需要。

（三）不同背景的学生在各题型测试中的表现

本文的第二个研究问题是，对不同背景的学生，是否有必要采用不同的题型？我们通过分析日韩和欧美两组学生在各个题型上的表现来回答这个问题。

参加口试的学生是经口语任课老师推荐的，他们在各自的班级里口语表达处于中等水平，所以每个级别的日韩学生和欧美学生的口语水平也基本一致。如果两组在某个分测试中成绩没有差别，那么可以认定这种题型可用；如果差异显著，就需要结合其他因素慎重考虑。在以前的口语分班测试中，有些老师觉得朗读部分对于欧美学生来说不公平，因为口头表达能力差的日韩学生可以在朗读部分得到比较高的分数，而口头表达能力比较强的欧美学生在朗读部分往往得不到分。那么实际情况如何呢？我们对日韩和欧美两组学生在六个分测验中的成绩进行了分析，结果见表7–17。

表 7-17　日韩和欧美学生总成绩及分测试成绩的对比

		平均值	标准差	人数	总体标准差	T值	单侧概值
自我介绍	日韩	6.45	1.33	21	1.38	−1.89	<0.05
	欧美	7.28	1.44	18			
对话	日韩	5.99	1.75	21	1.59	−1.196	>0.10
	欧美	6.60	1.39	18			
话题表达	日韩	5.75	1.78	21	1.60	−1.30	>0.10
	欧美	6.42	1.37	18			
看图说话	日韩	5.49	1.60	21	1.55	−1.145	>0.10
	欧美	6.06	1.50	18			
朗读	日韩	6.92	1.996	21	1.797	2.08	<0.025
	欧美	5.72	1.53	18			
听读	日韩	6.71	2.12	21	1.996	−1.139	>0.10
	欧美	7.44	1.84	18			
总分	日韩	37.35	9.64	21	8.77	−0.75	>0.10
	欧美	39.46	7.62	18			

表 7-17 显示，两组学生只在"自我介绍"和"朗读"这两部分中存在显著差异。欧美学生"自我介绍"的成绩比日韩学生好，原因大概与学生的性格有关。欧美学生比较外向，在自我介绍时愿意充分表现，因而得分较高。"朗读"部分日韩学生比欧美学生好，这和普通的经验是一致的。这个结果可以理解为，这两种题型凸现了两组学生口语水平的个别方面，在一定程度上夸大了他们整体水平的差异。

由于学生的汉字认读能力有一个逐渐发展的过程，因此我们也比较了口语水平对两组学生朗读的影响，结果如表 7-18：

表7-18 不同程度的日韩和欧美学生在朗读部分的对比

	初级		中级		高级	
	日韩	欧美	日韩	欧美	日韩	欧美
平均分	5	4.875	7.464	5.792	8.833	7.313
标准差	1.69	1.246	0.488	1.6	0.97	0.375
人数	8	8	7	6	6	4
总体标准差	1.485		1.137		0.801	
T值	0.5978		2.6432		2.9421	
自由度	14		11		8	
单侧概值	>0.10		<0.025		<0.01	

根据表7-18,在初级阶段日韩和欧美学生在朗读上没有明显差异,在中级、高级阶段两组学生的成绩分别在0.025和0.01的显著性水平上存在明显差异。由此可见,朗读部分两组学生的显著差异实际上只存在于中高级阶段。口语水平较低的学生,汉字的认读能力和口语整体能力基本一致;而中、高级阶段,汉字背景对学生的朗读成绩产生了影响,日韩学生比欧美学生具有优势。另一种可能是,欧美学生在中级阶段以后忽视了汉字学习,从而使认读能力滞后于口语整体能力。

根据上面的分析,可以得出结论:不同的题型确实对不同背景的学生有影响,自我介绍和朗读的影响最大。因此,如果考试目的是测量考生的整体口语水平,就不宜采用自我介绍和朗读这两种题型。

四 研究结果的应用

本次调查结果说明,试卷中所用的六种题型可以分为{对话、看图说话、话题表达},{自我介绍、听读},{朗读}三类;自我介绍和朗读会人为地拉大不同背景学生口语整体水平的差异。但是实际的口语分班测试,还不能完全依照这个结果。根据以上结论和实际需要,我们在 2002 年 3 月的入学口语分班测试中,设计了一套新的试卷。试卷共四个部分:自我介绍＋简单问答(5分);看图说话(10分);朗读(10分);听读(7分)。全卷满分32分,测试时间约 6—7 分钟。具体讨论如下:

（一）在调查中,"自我介绍"的评估员间信度较低,并且对不同背景的学生有不同的影响,所以口试试卷中可以不采用这一题型。但是在设计新的口试试卷时仍然保留这个项目并加上简单问答,目的是通过这个形式进行热身,缓解考生的紧张情绪,帮助考生更好地完成后面的测试,也使考官对考生的口语水平有一个初步的印象。为了尽量减少自我介绍这个题型对不同背景学生的影响,我们降低了它的分值。

（二）参加分班考试的学生,从零起点到高等水平都有,差距很大,要通过 6—7 分钟的口试把这些学生的口语能力区分开来,试题的难度是否适中很重要。试题太难就区分不出水平较低的学生,过于容易则区分不出高水平的学生。我们在口语综合表达类的三个题型中选择了"看图说话"作为新试卷的第二个部分。这一题型给每个学生提供了一个展示口语水平的框架,避免了话题表达和对话中由于学生的阅读能力、听力能力差而造成的对口头表达的不利影响,同时也减轻了考官的负担。在本次调查中,看图说话与总分的相关也是最高的。

（三）虽然在实验中得出了朗读对不同背景的学生有不同影响的结论,但学生的朗读能力对能否完成读课文等课堂教学活动至关重要。因此在新的试卷中仍然保留了朗读这一部分,但是对具体方法进行了调整。

以前朗读部分要读三个难度不同的句子,句子中包括不同难度等级的词语;评分标准也是综合性的,要考察的内容包括语音、语调、流利度、认字能力等。但实际测试中,这几个部分互相影响,如果学生有不认识的字,在朗读时就必然影响到语音、语调和流利度。因此,我们对朗读这一部分的内容、形式和评分细则进行了调整。调整后的朗读部分把测量学生语音、语调、流利度的目的和考察认字能力的目的分离开来。学生先读一小段短文,短文中全部是甲级词,保证大部分学生都能认读,评分时只考察语音、语调和流利度;然后再读几个难度等级不同的词语,目的是考察学生的认字能力,评分时也十分简便,操作性较强,更接近客观性试题。两部分的分值各5分。经过这样的调整,测试目的和评分标准更明确了,同时,这种调整减少了汉字能力对其他能力的影响,对于欧美学生来说也更公平一些。

(四)入学分班口试的目的是为口语课堂教学服务,因此应该尽可能地把具有同等学习能力的人分在一个班。前面谈到,口语分班测试的目的之一是了解考生是否具备在某个班级中学习的能力倾向。因此,分班测试在衡量学生现有口语水平的同时,最好也能关注潜在的学习能力。现代语言学能测试一般包括语音编码解码能力、语法敏感性、语言学习的归纳能力、语言的强记能力等[①]。本次调查中采用的"听读"项目,能够考察学生的语音解码能力和强记能力,带有一定的学能测试的性质。本节第三部分的调查结果说明,"听读"在信度等各项指标上的

[①] 桂诗春:《标准化考试——理论、原则与方法》,广西高等教育出版社,1986。

表现都很突出,是一种大有可为的口试题型。因此,我们在新的口语试卷中加进了"听读"一项。

从实际操作来看,老师们对新的试卷反馈较好,认为操作简便,评分标准比较容易把握。从实际分班效果来看,也比较令人满意。

五 讨论:对朗读的反思

尽管"朗读"这一题型会对日韩和欧美学生产生不同的影响,但我们在分班测试中仍然采用了它,没有针对两类学生采用不同的题型。这主要是因为课堂教学的需要。北京大学对外汉语教育学院的口语课是混合编班,不同文化背景的学生在同一个班里学习,使用同样的教材。这就要求同一个班的学生有基本一致的朗读水平,否则就不能保证课堂教学的顺利进行。

本次调查发现,初级阶段日韩学生和欧美学生在朗读部分的成绩基本没有差别,中级、高级阶段的差异比较显著。为什么会出现这种现象,这种现象是否具有普遍性,需要进行专门研究。目前我们只能进行一些推测性的解释。我们的看法是,上述结果从某种程度上反映了学生对汉字认读的态度和教学当中的一些问题。在初级阶段,学生对基本汉字比较重视,并且有汉字课的专门学习,因此两类学生的认读差异不大。到了中高级阶段,教学中逐渐放松了对学生认读能力的要求,学生对汉字的需求也不如初级阶段那么迫切,日韩学生由于基础好,学起来容易,因而进步较快;而欧美学生则不愿意像基础阶段那样花大力气去学习汉字,进步也因此慢了下来。这一看法能否成立,还需要进行验证。

对上述有关朗读的调查结果的思考使我们认识到,在中、高级阶段,口语教学也仍然需要重视朗读训练。初、中级阶段的口头交际还局限在日常生活的范围,由于汉语的文白差异,不认识汉字似乎并不影响口头表达。但是到了高级阶段,口语能力就不能只限于日常生活范围。口头表达的词汇是否丰富、语法格式是否复杂多样、能不能在一些正式场合发表讲话等,是衡量口语水平的重要指标。这样,高水平口语表达中的词汇就会更多地向书面语靠近,两者的重合部分就会比较多。学生汉字的认读能力差,将直接影响到对这部分词汇的掌握和使用,不利于学生在更高层次上提高口语水平。

虽然对朗读能力究竟代表什么,还没有一致的意见[1](刘颂浩,1999),但朗读能力能在一定程度上体现口语表达的综合水平,这也是毋庸置疑的。Urquhart & Weir 认为,语言是一个抽象的系统,书面语言和口头语言是语言的两种平行的实现形式。[2] 在对外汉语教学领域,虽然不断有人反对"语文一体"的教学模式,强调要严格区分口语和书面语[3],但"语文一体"的教学模式却仍然广为流行,原因就在于现代汉语口语和书面语之间很难截然分开。陈建民指出[4],口语和书面语共同的句式占百分之八十五左右。我们赞成对外汉语教学中要区分口语和书

---

[1] 刘颂浩:《对9名日本学生的误读分析》,《语言教学与研究》1999年第2期。

[2] Urquhart, A. H. & Weir, C. J. 1998, *Reading in a second language: process, product, and practice*. London: Longman.

[3] 吕必松:《汉语教学路子研究刍议》,《暨南大学华文学院学报》2003年第1期。

[4] 陈建民:《汉语口语》,北京出版社,1984。

面语,但同时也想指出,书面语的学习(主要是通过阅读,包括朗读来进行的)能够促进口语的发展,过分强调两者的区别不利于对外汉语教学的发展。

六 结论

本次调查对口试题型进行了专门的研究。依据调查结果,我们设计了新的口试试卷。通过调查和新一轮的实践,我们有以下几点认识。(1)口语分班测试的性质与高等 HSK 口试、OPI 测试等其他口语水平测试不同,它应该包括一定的学能测试因素;(2)题型组合可以根据需要采取多种形式。"自我介绍及简单问答+看图说话+朗读+听读"这样的题型结构对我们的分班口试来说是合理有效的。如果学生是单一背景的,当然可以灵活处理。比如,如果考生都是欧美学生或都是日韩学生,教学上也不需要,就可以不考朗读。本次调查中对题型类别的归纳,为合理安排题型提供了研究支持。(3)朗读似乎很难作为口试的主要题型,但在口语教学中,即使到了中高级阶段,也仍然需要重视朗读训练。

在研究中我们也发现一些问题有待解决。比如,新的试卷中,朗读分成了两个部分,各有侧重。那么,对采用综合评分标准的看图说话,是否也要做同样的处理?因为学生的个体差异比较大,有的人较流利,有的人词汇语法好,另一些人则篇章意识强。高等 HSK 由于有充裕的评分时间,所以可以采用综合式与分解式相结合的办法[1]。但分班测试显然没有这样的便

---

[1] 刘镰力主编:《汉语水平测试研究》,北京语言文化大学出版社,1997。

利。这个问题还有待于进一步研究。

第五节 论对外汉语口语测试中的提问技巧[①]

口语测试是语言测试中的一个重要组成部分,是用来测定受试者运用语言进行口头交际的能力的。根据口语测试的方式,口语测试可以分为三种类型:间接式,半直接式和直接式。所谓间接式是指通过笔试的方式来测量受试者的口语水平。半直接式是受试者面对录音机,按照录音提问来回答问题,录音后,主试者根据录在磁带上的回答内容对受试者的口语水平进行评判;直接式就是在测试中主试者面对受试者,通过让受试者开口说话来对其口语能力进行测定。实践证明:笔试不能反映口头的表达能力,间接式效度最低;半直接式由于无法考查到口头交际能力中受试者的交互能力,所以,考试信度和效度都受到影响;直接式测试过程中,主试者与受试者面试交谈,给了受试者展示其口头交际能力的机会,是反映受试者口语能力的最有效的方法。由于直接式口语测试是一种主观性测试,在测试中,主试者与受试者将进行面对面的交谈,因此,主试者在测试中的表现将直接影响受试者在测试中的表现,从而影响受试者的测试成绩。为了让受试者在测试中能够正常发挥自己的水平,主试者在测试中必须注意一定的技巧,尤其是对受试者进行提问

[①] 本节摘自邓秀均、丁安琪:《论对外汉语口语测试中的提问技巧》,《云南师范大学学报》(对外汉语教学与研究版)2003年第2期。

的技巧,这样,才能保证口语测试的信度与效度。

直接式口语测试的全过程一般可以分为三个阶段:开场热身阶段;摸底探顶阶段;结束阶段。每个阶段都有其心理学与语言学上的充分根据和各自不同的测试目的与考查重点。本文试图通过对一些汉语口语测试录音的分析,针对直接式口语测试的不同阶段提出一些在测试中主试者所需要注意的问题与提问技巧。本文的全部语料来源为韩国三星集团人力开发院1997年—2001年汉语SST(Samsung Speaking Test)考试录音,约200小时。

一 开场热身——创造自然、轻松的测试气氛

开场热身阶段是测试的开始阶段。由于测试刚刚开始,所以,受试者往往情绪紧张,产生一定的焦虑感。这种测试的焦虑感是"构成测试误差的主要来源"[1],"对口头的表达影响最大,具体表现为焦虑感越强,口语成绩越差;焦虑感越弱,口语成绩越好"[2]。因此,尽可能地创造自然、轻松的测试气氛,消除受试者的紧张情绪成为这一阶段的主要目的。

为了消除受试者的紧张情绪,主试者需要选择一些简单的日常生活话题作为测试的开始,比如说,请受试者先自我介绍一下。这种自我介绍对于受试者来说,简单、真实、自然,可以使他们较快地建立起自信,减轻或者忘掉考试的焦虑和心理压力,较快地进入考试状态。同时,主试者也可以通过这样的提问得到

---

[1] 曾用强:《测试项目的相对难度假设》,《现代外语》2001年第4期。
[2] 钱旭菁:《外国留学生学习汉语时的焦虑》,《中国对外汉语教学学会第六次学术讨论会文集》华语教学出版社,1999。

一些必要的信息,如:受试者的姓名、国籍、年龄、单位或学校以及准考证号码等,并能够对受试者的口语能力有个初步的了解和掌握。

但是,并不是所有的简单话题都可以用来作为开始一场测试的话题。我们在选择话题时,必须注意交际的真实性。主试者与受试者之间必须存在一定的信息差(information gap),才能让受试者感觉到自己实实在在地完成了一项交际任务,才能激发受试者的交际欲望。如果主试者不考虑这些,违背交际测试的真实性与功能性原则,即使所问问题非常简单,恐怕也起不到使受试者情绪放松的作用。如:

片段一:

主1: 你晚上几点睡觉?

受1: ……(沉默)。

主2: 你昨天晚上几点睡觉?(语速放慢)

受2: 嗯,嗯,昨天晚上……12点睡觉。

主3: 平时,你也是12点睡觉吗?

受3: 嗯……(较长时间的沉默)

主4: 一般的时候,以前晚上几点睡觉?(语速很慢,几乎一字一顿)

受4: ……(沉默)

主5: 以前,以前(加重语气),晚上几点睡觉?

受5: 以前,晚上,嗯,前天晚上12点睡觉。

这段对话用时55秒。在近一分钟的时间里,其实,只重复了两个问题,"你昨天晚上几点睡觉?""你平时几点睡觉?"这两个问题不能说不简单。但是,我们试想一下,在日常交际中,在没有上下文语境的情况下,谁用"你晚上几点睡觉"来开始一场对话呢?显然,这样的问题过于突兀,所以,受试者在刚听到这个问题时保持沉默。在主试者重复了自己的问题以后,他仍然感到迟疑,回答得吞吞吐吐。

　　上面的片段虽然显得不真实,但毕竟在主试者与受试者之间还存在着一些信息差,有些明知故问的问题连交际中所必需的信息差也没有。如:今天几号?现在几点?今天星期几?等。问这种毫无交际意义的问题无异于在暗示受试者:"注意,你现在正在参加考试。"面对这样的问题,受试者恐怕不会找到轻松自如的感觉。

　　也有一些主试者在面对非常紧张、手足无措的受试者时,常告诫其"别紧张""别担心"。但是,这种善意的告诫往往是好心变坏事。在笔者所听到的录音材料中,有一位主试者连续三遍告诉受试者"别紧张",受试者也连续三遍回答"不紧张"。但是,从录音中我们明显地感觉到他的回答其实是一次比一次紧张。像这样善意的、反复的劝告无异于一种心理的暗示,受试者虽然嘴里说着"不紧张""不担心",可心里的压力和焦虑感会越来越强,致使头脑一片空白,听不懂也说不出来,从而影响其正常水平的发挥。

二　摸底探顶——循序渐进地深入

　　摸底探顶的目的在于找到受试者最真实的、最能够正常发挥的汉语口语水平底线及其口语能力的最高点,也就是受试者口语水平的极限。要想找到受试者的水平底线与最高点,就必须对其进行深度与广度相结合,多方位、多角度的考查。如:词汇量的大小、语法掌握的程度、遣词造句的能力、口语表达的流利程度、话题表达范围的宽窄等等。

由开场热身阶段到摸底探顶阶段,主试者的提问应该有一个由浅入深、循序渐进的过渡。这样,我们才能对受试者的口语能力究竟能维持在什么水平上有所了解。同时,由于问题是由易到难,我们对其口语能力的极限也较容易把握。下面的一段提问就比较成功:

片段二:

主1: 这次学完汉语以后,你有什么打算?

受1: 我要去中国工作。

主2: 你以前去过中国吗?

受2: 以前,1995年以后我去过中国出差十多次。

主3: 你常常和中国人打交道吗?

受3: 有的时候,我……我打交道中国人,有的时候就我去公司。

主4: 那你觉得中国人和韩国人在哪些方面不一样?

受4: 我觉得韩国人跟中国人大部分一样。特别观念或者风俗。可是生活方式不一样。在韩国,如果我的生活,比如说我的生活,指我在公司工作,我的爱人在家做家里的工作,可是在中国大部分男人和女人在公司工作。我觉得现在中国的经济情况不太好,所以我觉得中国低、低消费的国家,所以他们的热情赚钱。

主5: 刚才你说中国人和韩国人在观念上很多地方是一样的,你能不能举个例子说明一下儿中国人和韩国人在哪些方面是一样的?

……

在这段对话中我们可以看到主1、主2问题简单、自然,受试者的回答也自然、流畅。可见,受试者的口语表达能力就要超出这样的问题范围。因此,主3开始加大词汇难度,出现了"打交道"这样的词语。显然,受试者是理解"打交道"的含义的,所以他顺利地进行了回答,虽然受3语法上存在一定的问题,但交际正常进行了下去。从主3到主5,主试者用来提问的句子一个比一个长,把同一个话题层层展开,变换着不同的角度,对受试者的概括说明能力、具体描述能力以及对不同事物、不同观点进行比较的能力进行了多方位的考查。

在上面的一段对话中,我们也可以看到主试者的提问是经过精心组织的。因此,显得逻辑严密,环环相扣。主2是由受1"要去中国工作"引出的,主3则是对受2"去过中国出差十多次"的推理。主4与主5是以受3为基础,进行的深一层的提问。有些提问看起来好像也是多方位、多角度的,但问题与问题之间却缺乏一定的逻辑联系,显得非常的无序。这种没有条理的蜻蜓点水式的提问,不可能对同一个话题进行深入的考查,当然也就很难对受试者真实的、最能正常发挥的口语水平底线以及口语能力最高点做出准确的判断,自然也就无法保证口语测试的信度与效度了。如下面的一段提问:

片段三:

主1: 请你先介绍一下儿自己。
主2: 你来"三星"以前在国外工作吗?
主3: 你住在美国的那个地方天气怎么样?
主4: 你和家人一起去美国吗?

主5： 你的爱人英语很好吗？
主6： 你回来后韩国变化大吗？
主7： 你觉得学习汉语难,还是学习英语难？
主8： 你在美国周末常常做什么？

三 结束——让受试者不留遗憾

当受试者在回答问题时,用词错误和语法错误明显增多,语流开始发生梗阻、中断,无法找到恰当的词语来表达自己的思想时,我们可以确认受试者已经达到了自己口语能力的最高点。这时,我们的口语测试也应该进入新的阶段——结束阶段了。

结束阶段的目的就在于让受试者在达到自己的口语能力的最高点以后,能够恢复应有的信心,感到自己在测试中已经发挥了正常水平并且达到了能力极限而无所遗憾。所以,主试者在确认自己已经找到了受试者的口语能力最高点之后,应该逐渐降低问题难度,让受试者重新回到他能够持续达到的水平线上,在不知不觉中结束测试。这一阶段最忌讳在受试者表达不流畅时结束测试,这样会给受试者造成很大的心理压力。如：
片段四：
……
主1： 你觉得宗教对你的生活有多大的影响？
受1： 我觉得有很大的影响。
主2： 哪些影响？
受2： 嗯,嗯,我信神,嗯,我上大学的时候,嗯,19,1976年我去农村,农村,嗯,因为,嗯,因为社会贡献活动。那时,那时候我没有信仰。那时有一个,有一个特别的事,嗯,8月,8月15日的时候,我打算做运动会,可是当天到早上,早上下大雪,我愿意不下大雪。嗯,嗯,可是我没有祈祷,没祈祷,当天,嗯,一些,一些学生,对我说,我,我昨天晚上祈祷,可是,嗯,为什么现在下大雪。那时,我,我觉得,嗯,我很愿意,很愿意不下大雪,我祈祷。一个,一个小时以后,不,不下雨。嗯,嗯,那个事以后,我想去教会。

……

我们可以发现受试者此时的表达已经开始出现不连贯现象,重复开始明显增加,同时出现了很多语法与用词的错误,我们可以断定他已经达到了自己口语水平的最高点。假如此时我们突然结束测试,"谢谢你的合作,我们的考试到此结束。"我们可以想象受试者在走出考场以后一定会为自己刚才的表现懊恼不已。但是,如果我们慢慢找一些稍简单的问题,让受试者从高度的紧张中恢复过来,那结果肯定会大不相同。让我们来看一下原主试者是如何成功地结束此次测试的:

片段五:

……

主1: 哈哈,很有意思。好,你刚才告诉我,你家里只有一个孩子,嗯,你的孩子跟你的关系比较亲密还是和你爱人的关系比较亲密?

受1: 嗯,跟爱人比较亲密。嗯,因为我的孩子每天,嗯,8点上学,我也8点上班,所以,嗯,下班,下班以后,我没有时间见面,嗯,我跟我的孩子,没有时间见面。所以,嗯,常常每个星期六,或者星期天,我常常谈话,我跟孩子。

主2: 好,安先生,你常常要去中国出差,现在请你给旅行社打个电话,预订一张飞机票,还有在饭店里预订一个房间。

受2: 好。喂,汉城旅行社吗?我是"三星"电子,电子公司的安奎锡。嗯,我要预订,嗯,预订下个星期三,嗯,去烟台的亚细亚那,亚细亚那航班,嗯,12点半的一般舱,可以吗?

主3: 好,可以。还有一个,中国饭店的房间。

受3: 喂,是威海,威海饭店吗?嗯,我是"三星"电子公司的安奎锡,嗯,我要预订,嗯,从下个星期三到下个星期日,嗯,一间双人房间,可以吗?

主4: 好,可以。嗯,不错。今天我们就谈到这儿,谢谢安先生。

主试者确认已找到该受试者的口语能力最高点后,在主1中,以一句"哈哈,很有意思"来结束上面的话题,给受试者一个轻松的反馈,并给予了受试者一种自然、善意的鼓励。接着将问题难度降低。通过受1的回答和过渡,主2、3将问题引入了测试中"角色表演"一项,受2、3表明,受试者可以较顺利地完成此项交际任务,此时主4一句"嗯,不错"给予了受试者一种肯定和称赞,受试者带着这种交际成功的成就感离开考场,这会为他在实际交际中增添一份信心。

四 直接式口语测试的基本操作原则

我们在上文按口语测试的不同阶段分别论述了主试者应该注意的问题及提问的技巧,其实,这些提问技巧都有一个共同的目的,就是从受试者那里尽快获得足够的可评估性语料,以确定受试者真实的口语水平。因此,即使在不同的阶段,我们也有一些共同的基本操作原则需要遵守。董明(1997)把这些操作原则概括为几个"应该"和几个"不应该"。

几个"应该"是：

1. 主试者应该用正常的语速说话，不能太快也不能太慢；

2. 主试者应该不断为受试者提供说话的机会，不要只根据受试者的一两次回答就草率断定其水平；

3. 主试者应该耐心倾听受试者的讲话，在任何情况下都不要流露出着急和烦躁的情绪；

4. 主试者应该对受试者的话语内容表示极有兴趣，鼓励其讲话。

几个"不应该"是：

1. 不应该纠正受试者说话过程中的错误；

2. 不应该对受试者进行任何帮助或提示，不要教他说话；

3. 不应该以语言教师的身份主持考试，而要以主试者的身份主持考试；

4. 除非特别必要，不应该轻易打断受试者的讲话；

5. 不应该将某一受试者与其他受试者进行比较。

除此之外，在不同的阶段，我们还有一些需要共同注意的问题，如：提问时尽量避免使用简单的是非问句或选择问句，而应多使用一些可以引发受试者一系列谈话的特殊问句。像我们前文中所提到的片段三，8个问句中就有4个是可以用"是"或者"不是"来回答的是非问句，另外还有一个简单的选择问句，这显然是一种不成功的提问。

五 结语

虽然，美国早在20世纪50年代初期就开始了对直接式口语测试的研究,并于80年代运用于口语能力的测试,制订了《汉语能力标准》(Chinese Proficiency Guidelines),但是,时至今日,我们国内仍然没有一项权威的直接式汉语口语测试方法与标准,对于这方面的研究则少之又少,这都有待于我们作进一步的研究。

随着中国加入WTO,越来越多的外国人开始学习汉语,越来越多的跨国公司开始把职员的汉语水平,尤其是汉语口语水平作为派驻中国的一项重要考核内容。汉语口语能力测试越来越显示出其重要性。在这样的情况下,我们将自己在直接式口语测试中摸索出来的一些提问技巧介绍给大家,只当作引玉之砖,希望有借鉴的作用。

由于语法的正确与否不在本文讨论之列,故本文所用录音文本只是真实地记录了受试者的回答,并未对其语法错误等进行纠正。

第六节 三类口语考试题型的评分研究[①]

一 引言

(一) 选题及研究价值

在第二语言口语考试中,研究者们最关心的就是评分问题。

---

① 本节摘自王佶旻:《三类口语考试题型的评分研究》,孙德金主编《语言测试专业硕士论文精选》,北京语言大学出版社,2005。

现行的口语考试大多采取评分员等级评分的办法,这种评分办法主观性较强,难以保证评分信度,同时也难以对考生之间的水平差别做比较精确的区分。对于同一个言语样本(speech sample),不同评分员之间,同一评分员在不同时间所作出的评判有显著的差异①。因而,如何最大限度地排除评分的主观性,提高评分的客观化成为摆在我们面前的难题。

虽然许多学者和研究机构对此问题进行过研究,但这些研究多数是针对评价口语水平的不同等级量表展开的,因此并没有摆脱主观评分的局限,而且大多集中于英语作为第二语言的领域,对汉语作为第二语言口语考试评分问题的研究还不太深入。为此,我们有必要对汉语作为第二语言口语考试的评分问题进行探讨,以期找到客观化的评分方法,提高口语考试评分的科学性。

(二) 解题

1. 三类题型的选择

根据研究的需要和测验实施的方便,我们选择了三种题型,分别是:A.问答(question and answer)、B.重复句子(sentence repetition)和C.口头报告(oral report),以下分别简称为A题型、B题型和C题型。

我们设计的A题型是一种快速问答,考生听到问题后必须在5—10秒内回答。这种题型具有较好的表面效度(face validity),操作时指导语简洁,考生易于理解,而且可以独立评分。

---

① Lumley, T. & McNamara, T. F. 1995, "Rater characteristics and rater bias: implications for training" *Language Testing*. 12 54—71.

B题型由互相独立的40个句子组成,每句字数为5—14字。从心理语言学的观点看,重复句子是一种"组块"(Chunk)①过程。语言水平高的人能用短时记忆储存和重组所听到的信息②,因此这一题型是很值得心理语言学界和心理测量学界研究的。

C题型是在非面试环境下诱导考生说出较长的一段话,这种题型具有较高的表面效度,能考查考生的综合表达能力。TSE、HSK(高等)口试和我国英语专业四级口语考试等都包含有这种题型。需要说明的是,本研究设计的口头报告是根据指定的话题说话。

2. 对客观化评分的理解

Bachman(1990)从评分的角度区分了客观考试和主观考试,认为客观考试是指考生反应的正确性完全由既定标准决定而不需要其他判断③;主观考试是指评分员必须对考生反应的正确性作出判断,而这种判断是基于评分员对评分标准的主观解释上的。由此我们可以发现,客观考试和主观考试的区别主要在于对评分标准的解释上,前者的解释是唯一确定的,后者的解释则随评分员理解的不同而有所不同。因而,要保证评分的客观性就必须最大限度地保证对评分标准解释的确定性,减少评分员主观判断的成分。本文所指的客观化就是评分标准的客

---

① 组块是指把小单位联合成较大单位的信息加工。

② Clark, J. L. D. & Swinton, S. S. 1979, "An exploration of speaking proficiency measures in the TOEFL Context", *TOEFL Research Report NO.4*, Princeton, New Jersey: Educational Testing Service.

③ Bachman, L. F. 1990, *Fundamental Considerations in Language Testing*, Oxford University Press.

观化,即提高对评分标准解释的确定性。

（三）研究目的

本文希望通过对三类汉语作为第二语言口语考试题型的评分研究来探讨口语考试评分的客观化问题。我们欲探讨的问题有：

(1) 0/1 制的客观化评分：即在口语考试中是否可以采用 0/1 制评分，0/1 制评分的口语考试信度、效度如何？

(2) 非 0/1 制的客观化评分：即在不适用 0/1 制评分的情况下如何找到客观化的评分标准，采用客观化标准评分的口语考试信度、效度如何？

(3) 评分方法和题型的结合问题：讨论在本节涉及的评分方法中哪一种最适合 A 题型，哪一种最适合 B 题型，哪一种最适合 C 题型？

二 客观化评分方法的探索

制定一种有效的评分方法需要解决两方面的问题：第一是定义，即决定什么意味着懂得了一门语言；第二是方法，即寻找正确的测量过程。Bachman & Palmer 更加具体地指出了建立一种评分方法的三步曲：(1)对所要测量的结构（construct）进行理论定义；(2)对结构进行操作性定义；(3)建立对被试的回答进行量化的方法。下面我们将依据这三个步骤来探讨口语考试的客观化评分方法[①]。

[①] Bachman, L. F. & Palmer, A. S. 1996, *language Testing in Practice*, Oxford University Press.

（一）口语水平的理论定义

J.D. Brown 在模式（Mode）和渠道（Channel）两个层面上区分了口语、听力、阅读和写作四种语言技能[①]。Brown 认为模式有两种，一种是接受性的（Receptive），另一种是产出性的（Productive）；渠道也有两种，一种是书面的（Written），另一种是口语的（Oral）。四种语言技能在模式和渠道上的表现是不同的，可以用图表直观地表示如下：

		渠 道	
		书面	口语
模式	接受性	阅读	听力
	产生性	写作	口语

图 7-2 四种语言技能的表现模式和渠道

从图表中我们可以看到，口语渠道和书面语渠道都有接受性和产出性两种模式。正是通过这两种模式的相互作用，一定渠道的交际任务才得以完成。因此从口语渠道来讲，它是听和说相互作用的结果，说话人依靠听的能力来接受信息，依靠说的能力来产出信息。

口语考试关心的是对口语水平的测量，因此我们必须明确界定口语语言水平（Oral Language Proficiency）。对语言水平（Language Proficiency）大致有两种理解，其一是把它等同于语

[①] Brown, J.D. 1996, *Testing in Language Programs*, Prentice Hall Regents.

言能力(Language Competence),指内化了的语言知识[1];其二是把它看作学习者使用第二语言的能力[2],我们在这里把语言水平定义在第二种理解的基础上,即学习者使用第二语言的能力。

根据对口语交际渠道和语言水平的理解,我们把第二语言口语水平定义为学习者在听说模式的口语渠道中使用第二语言口语的能力。

(二) 口语水平的操作性定义

在口语考试中,对口语水平的操作性定义集中表现在不同的水平等级量表上。这些量表分为两种类型,反映了对口语水平的两种不同的操作性定义。第一种为总体水平等级量表(Holistic Proficiency Rating Scale),它把口语水平操作性地定义为学习者的总体口语表现,如 FSI 总体水平等级量表、ILR 量表和 ACTFL 量表。第二种为分项水平等级量表(Analytic Proficiency Rating Scale),它把口语水平操作性的定义为学习者在几个方面的口语表现,如 FSI 分项水平等级量表、TSE 在 1995 年以前使用的分项水平等级量表等。

从总体口语表现来推断其口语水平还是从口语表现的几个方面来推断其口语水平这是两种操作性定义的主要分歧。我们

---

[1] Ellis, R. 1985, *Understanding Second Language Acquisition*, Oxford University Press.

[2] Oller, J. W. 1979, *Language Tests at School*, Longman. Bachman, L. F. 1990, *Fundamental Considerations in Language Testing*, Oxford University Press. Ellis, R. 1994, *The Study of Second Language Acquisition*, Oxford University Press.

认为,在评价口语水平时可以将其分为几个方面来考虑。这是因为从口语习得的过程来看,发音是最基本的,语法的准确性(Accuracy)和可理解性(Comprehensibility)要在一定的发音基础上才能实现,而流利性则要在前两者的基础上才能达到。这说明发音,语法和流利性这几方面的发展是不平衡的,因此在评价时应该区别对待。从评价口语水平的角度来看,人们在评价口语水平时总是带有偏向性的,从几个方面来评价可以在一定程度上防止偏向性的产生,同时还可以清楚地把握考生在这几个方面的不同表现。

从哪几方面来评价口语水平,这又是一个有争议的问题。FSI 从语法(Grammar)、语音(Pronunciation)、流利性(Fluency)、词汇(Vocabulary)和理解力(comprehension)五个部分来评价口语水平,TSE 则从语法、语音、流利程度和可理解性(comprehensibility)四个部分来衡量。Boldt & Oltman 在研究 TSE 的效度时发现发音、语法和流利性这三项能够较好地支持对语言水平结构的预先假设[①]。其他实证性研究也发现,在衡量口语水平时至少有三个维度(Dimension)应该被分别报道,即发音、准确性(Accuracy)和流利性。据此,本研究把口语水平操作性地定义为学习者在发音、语法和流利性三方面的口语表现。

(三) 非 0/1 制的客观化评分

根据上面的操作性定义我们将从发音、语法和流利性三方

---

① Boldt, R. F. & Oltman, P. 1993,"Multimethod construct validation of the Test of Spoken English", *TOEFL Research Report NO. 46*, Princeton, New Jersey: *Educational Testing Service*.

面来探讨评价口语水平的客观化标准,我们暂且把这样的方法叫做分项客观化评分。

1. 发音分项的客观化评分

发音正确是指考生的发音是否能被母语者所辨认。由于汉语的声母、韵母和声调都有区别意义的作用,因此我们认为"可辨认性"包括发音在音段特征(声母、韵母)和超音段特征(声调)三部分上清晰可辨。在此基础上我们用正确的发音字数占总的发音字数之比来作为评价发音的指标。

2. 语法分项的客观化评分

衡量语法的标准

在衡量第二语言学习者口语表达的语法水平时,常常会遇到这样的情况,一名学习者说出一句很短很简单的句子但是没有任何语法错误,另一名说出一句很长很复杂的句子但是其中有一些小错误,我们很难断定究竟是哪一位的语法水平高,因为这里涉及到衡量语法水平的两个不同要素:准确性(Accuracy)和复杂性(Complexity)。语法的准确性涉及语法错误的多少,语法的复杂性涉及句法的复杂程度,二者都是研究者们关心的问题。Cookes,Foster & Skehan 和 Wigglesworth 都主张从准确性和复杂性两个方面来衡量口语语法水平。本研究也将从这两方面来探讨语法的评分标准[1]。

---

[1] Crookes, G. 1989,"Planning and interlanguage variation", *Studies in Second Language Acquisition*, 11 367—383. Foster, P.& Skehan, P. 1996, "The influence of planning on performance in task-based learning", *Studies in Second Language Acquisition*, 18 299—324. Wigglesworth 1997, "An investigation of planning time and proficiency on oral test discourse", *Language Testing*, 14 85—106.

语法正确的含义

我们认为评判汉语口语表达的语法正确性可以从以下几个方面考虑:(1)意义是可理解的,(2)语序正确,(3)在虚词的使用上无错误。

T-Unit 和语法复杂性（Grammar Complexity）

T-Unit(Minimal Terminable Unit)是 Hunt 于 1965 年首先提出来的,它是用来测量句子复杂程度的最小单位,包括主句和与其相关的分句,每一个 T-Unit 都是以大写字母开头并以句号结尾的①。在第二语言习得领域,T-Unit 及其变体被广泛地用做衡量口语及书面语复杂程度的指标。如果 T-Unit 的长度较长而语法错误较少,那么语法水平就较高,这在英、法、德、西班牙和阿拉伯语中都得到了证实。

语法的操作性定义

口语表达中的语法指语法的准确性和复杂性,它是二者的统一体。本研究用无错误的 T-Unit 的平均长度来量化这两项指标,根据 T-Unit 的定义,我们把一个句子当作一个 T-Unit,它的长度以所含的字数来计算(不包括重复、自我纠正和插话)。

3. 流利性分项的客观化评分

评价流利性是口语考试评分中的一个难点。要对流利性进行客观化的评判,就要对其进行操作性定义,并在此基础上进行定量分析。Lennon 和 Towell, Hawkins & Bazergui 都做过这方面的研究②。

---

① Platt, R. & Platt 1992, *Dictionary of Language Teaching and Applied Linguistics*, Longman.

② Lennon, P. 1990, "Investigating fluency in EFL: a quantitative approach", *Language Learning*, 40 387—417.

Lennon 列出测量流利性需要考虑的 12 项指标,分别记为 F1、F2……F12。研究方法是让 4 名英语作为第二语言的学习者在英国学习 6 个月。此前对他们的口语流利性进行前测,6 个月后再进行测验。测验的评分采取两种形式,用 12 项指标进行客观评分,同时让资深的评分员进行主观评分。主观评分的结果证明经过 6 个月的学习,4 名被试的口语流利性有显著提高。相应的,在 12 项指标中,有 3 项指标显著地改变了,这三项指标是:

F2:一分钟内除去自我纠正(self-correct)、重复(repeat)、插话后所说的字数提高了。

F5:填补性停顿(filled pause)[①]和 T-Unit 之比下降了。

F10:带有停顿的 T-Unit(percent of T-Units followed by pause)占所有 T-Unit 的比例下降了。

Lennon 的实验启示我们:随着第二语言学习者口语流利性的提高,单位时间内除去自我纠正、重复和插话后所说的字数增加了而停顿的次数减少了。这说明这两项指标和流利性密切相关。

Towell, Hawkins & Bazergui 的研究表明,随着口语流利性的提高,平均语流长度(MLR, Mean Length of Runs,指所有每两次达到或超过 0.28 秒停顿[②]之间的语流的平均长度)提

---

① 填补性停顿是指没有语词但常常带有三个有意识的停顿标记"er""en""mm"。

② 停顿时间长短的切分是很重要的,如果标准制定得太严就会混淆正常的句法、语义或语气停顿,制定得太宽又会忽略许多应该重视的停顿现象。最早 Goldman-Eisler 以 0.25 秒为界,以后 Grosjean & Deschamps、Towell 1987、Raupach 都沿用 0.25 秒作为标准。Griffiths 以 0.1~0.3 秒为界来衡量犹豫性非填补式停顿(hesitation unfilled pause), Riggenbach 则区分了三个层次的停顿:微小停顿以 0.2 秒为界,犹豫以 0.3~0.4 秒为界,非填补性停顿以 0.5~3 秒为界。Towell et. al 在研究中以 0.28 秒为界。

高了。MLU是以言语样本的音节总数与所有停顿次数之比来表示的,所以这一指标实质上反映的是一定时间内所说的字数的增加和停顿次数的减少。

综合以上两个实验,我们发现:单位时间内表达的有效字数和停顿的次数是口语流利性的两个标志。在单位时间内,考生表达的有效字数多而停顿次数少则流利性高。我们把单位时间内表达的有效字数称做净语速,代表单位时间内除去自我纠正、重复和插话以外所说的字数。对于停顿时间,参照前人的研究和考虑实验条件我们选择1秒钟为界。我们把第二语言口语流利性操作性地定义为学习者连贯表达的有效字数,表示为净语速和单位时间内停顿次数之比。

(四) 0/1 制的客观化评分

由于0/1制评分只适合以成功完成测验任务的数目来计算的题型,因此在本研究中只适合A题型和B题型,而不适合C题型。

1. 对A题型的0/1制评分

快速问答是用一定数量的题目测量考生在很短的时间(5—10秒)里对问题作出迅速反应的能力,因此考生产出的言语样本容量是很小的。针对这样的小容量样本,我们拟用回答是否符合题意且能够被母语者所理解(comprehensibility)、所接受(acceptability)来评判。是得1分,否得0分。

2. 对B题型的0/1制评分

B题型是迅速重复所听到的句子。对此类题型的评分我们沿用Henning的0/1制评分方法,即全部答对得1分,否则得0

分①。

三 实验:方法、过程及结果

(一) 测试

1. 被试

本次测试的被试来自北京语言文化大学汉语速成学院速成系,共39人,全部参加了HSK(初中等)考试,其中37人获证,获证率约95%。因此我们可以把本研究被试的汉语水平定义在大致相当于HSK(初中等)的水平上。被试具体情况如下:

表7-19 被试总体情况

总人数	男	女	平均年龄	获HSK中等证书	获HSK初等证书	未获证
39	12	27	26.34	19	18	2

表7-20 被试母语及分班情况

	日	韩	泰	印尼	菲律宾	英	法	德	意	总计
4班	4	0	0	4	0	0	1	0	1	10
5班	6	1	0	0	0	1	0	1	0	9
6班	2	1	0	1	1	0	0	0	0	5
7班	3	0	2	1	0	0	0	0	0	6
8班	5	3	0	0	1	0	0	0	0	9
共计	20	5	2	6	2	1	1	1	1	39

2. 评分及分数转换

使用分项客观化评分对A、B、C三类题型进行评分,对A、B两题型进行0/1评分,对C题型进行总体等级评分。由于在

---

① Henning, G. 1983, "Oral proficiency testing: comparative validities of interview, imitation, and completion methods", *Language Learning*, 33 315—333.

分项客观化评分中,发音、语法和流利性的记分方法是不同的,因此所得分数具有不同的平均分、标准差和分布形态,无法直接进行加减、平均和比较。这时只有将原始数据转换为非线形 T 分数方可进行运算和比较。

（二）信度检验

对于 A、B 两题型,我们计算其内部一致性信度（α 系数）。对于 C 题型,计算其评分者间信度。其中,连续记分用皮尔逊积差相关来估算,等级评分用斯皮尔曼等级相关来估算。

1. 0/1 评分的信度

A 题型：α＝0.810　　B 题型：α＝0.890

2. 分项客观化评分的信度

表 7-21　分项客观化评分的信度

	发音	语法	流利性	总分
A 题型（α）	.842	.896	.901	.911
B 题型（α）	.865	.899	.914	.937
C 题型（R_{tt}）	.826	.890	.957	.896

注：表中 R_{tt} 为皮尔逊积差相关

3. C 题型总体等级评分的信度

C 题型总体等级评分的评分者间信度用斯皮尔曼等级相关来估算（共有 2 名评分员）,结果为 R_{tt}＝0.687

4. 小结

通过对各项信度数据的分析,我们可以得出以下结论：

（1）0/1 评分的口语考试题型具有较高的内部一致性信度,A、B 两题型在此评分方法下 α 系数均超过 0.8。

（2）采用分项客观化评分方法的口语考试具有较高的评分

信度。A、B 两题型的内部一致性信度系数 α 均超过 0.9,C 题型评分者间信度亦达到 0.896。

(3)对于 A、B 两题型,分项客观化评分的信度高于 0/1 评分。

(4)对于 C 题型,分项客观化评分的评分者间信度高于总体等级评分。

(5)无论是哪种题型,在分项客观化评分的发音、语法和流利性三项中,总是发音的评分信度最低,语法次之,流利性的评分信度最高。

(6)无论采用 0/1 评分还是分项客观化评分,B 题型的内部一致性信度总是高于 A 题型。

(三)效标关联效度的检验

1. 效标

(1)教师总体印象分,总体印象分反映了教师对学生口语水平的总体把握,是教师对学生的口语表现进行一个学期的观察后得出的结论。我们认为它能较好地反映学生的真实口语水平,是较为理想的效标;(2)教师分项等级评分;(3)学生自我分项等级评分;(4)HSK(初中等)成绩。

2. 结果

表 7-22　A 题型和效标的相关

	0/1 评分	客观化总分	发音	语法	流利性
教师总体评价	.446**	.592**	.589**	.544**	.531**
教师分项评价	.368*	.502**	.528*	.311*	.382**
自我评价	.420**	.541**	.508**	.569**	.603**
HSK 总分	.395**	.639**	.569**	.667**	.608**

表7-23 B题型和效标的相关

	0/1评分	客观化总分	发音	语法	流利性
教师总体评价	.560**	.615**	.631**	.592**	.605**
教师分项评价	.638**	.602**	.555**	.694**	.619**
自我评价	.391**	.484**	.428**	.418**	.464**
HSK总分	.368*	.431**	.464**	.307*	.386**

表7-24 C题型和效标的相关

	客观化总分	发音	语法	流利性	总体等级评分
教师总体评价	.570**	.350*	.621**	.384**	.581**
教师分项评价	.320*	.085	.228*	.368*	.347*
自我评价	.511**	.233	.453**	.511**	.415**
HSK总分	.647**	.409**	.701**	.253	.387**

注：(1)以上数据除分项客观化评分的总分外，均使用原始分。
(2)以上显著性检验均为单尾检验，**表示相关在.01水平上显著，*表示在.05水平上显著。
(3)以上统计样本容量均为39人。
(4)计算相关时，涉及总体等级评分，教师、学生分项等级评分的用等级相关，其他用积差相关。

3. 小结

以上我们通过四种效标调查了采用不同评分方法的A、B、C三类口语考试题型的共时效度。在调查的过程中我们发现，对于前三种效标，A、B两题型无论采用0/1评分还是分项客观化评分和效标都有显著相关。在第四种效标的调查中，情况有所不同。T检验的结果表明，A题型分项客观化评分和HSK总分的相关显著地高于0/1评分和HSK总分的相关；C题型分项客观化评分和HSK总分的相关也显著地高于总体等级评分和HSK总分的相关；B题型分项客观化评分和HSK总分的相关也高于0/1评分和HSK总分的相关，但是没能达到显著性。因此可以说，采用分项客观化评分和HSK总分的相关高于采用其他评分方法。但不能就此认为分项客观化评分的效度优于其他评分方法，因为HSK测量的毕竟不是考生的口语水平。

(四) 结构效度的检验和比较

1. 方法

结构效度(Construct Validity)是效度的核心问题,它要考察的是一个考试的结果在多大程度上和我们根据某一理论作出的预测相一致,要验证的是我们所做的假设是否有效[①]。

考察结构效度的方法有很多,Campbell,D. T. 和 Fiske, D. W. 二人于1959年提出的"多元特质多重方法矩阵"(Multi-trait-Multimethod Matrix,简称 MTMM)是其中较为有效的一种。MTMM 关心两个方面的问题,一是使用不同方法测量同一成分,另一是使用同一方法或不同方法测量不同的成分。用不同方法对同一成分进行测量,所得结果具有高相关则称测验具有聚敛效度(Convergent Validity);而用同一方法或不同方法对不同成分进行测量,所得的相关比前者低则称测验具有判别效度(Discriminant Validity)。如果一个测验既具有聚敛效度又具有判别效度则称测验具有较高的结构效度。

Henning 在研究语言测验的结构效度时应用并拓展了 MTMM,将之命名为多种成分多重方法(Multicomponent-Multimethod,简称 MCMM)研究,它从结构效度的角度来检验和比较各种成分和方法的效度问题。Henning (1983)曾经用此法对模仿句子(Imitation)、完成句子(Completion) 和面试(Interview)三类口语考试题型的结构效度进行过研究[②]。

---

① 桂诗春、宁春岩:《语言学方法论》,外语教研出版社,1997。
② Henning, G. 1983,"Oral proficiency testing: comparative validities of interview, imitation, and completion methods", *Language Learning*, 33 315—333. Henning, G. 1987, *A Guide to Language Testing: Development, Evaluation, Research*, Newbury House Publishers, Cambridge.

第六节 三类口语考试题型的评分研究

我们认为,运用MCMM方法能够全方位地考察和比较各种评分方法的结构效度,同时能够探讨评分方法和题型的结合问题,比较适合本研究的结构效度分析。参照Henning的方法,本研究的MCMM中,成分是指我们所定义的五种评分方法的评分结果,即总体评分(包括A、B两题型的0/1评分和C题型的总体等级评分)、发音分项、语法分项、流利性分项和分项客观化评分总分。方法即A、B、C三类题型。

2. 检验

运用 MCMM 方法分析结构效度首先要得到一个说明成分之间、方法之间以及成分和方法之间相关程度的 MCMM 矩阵。

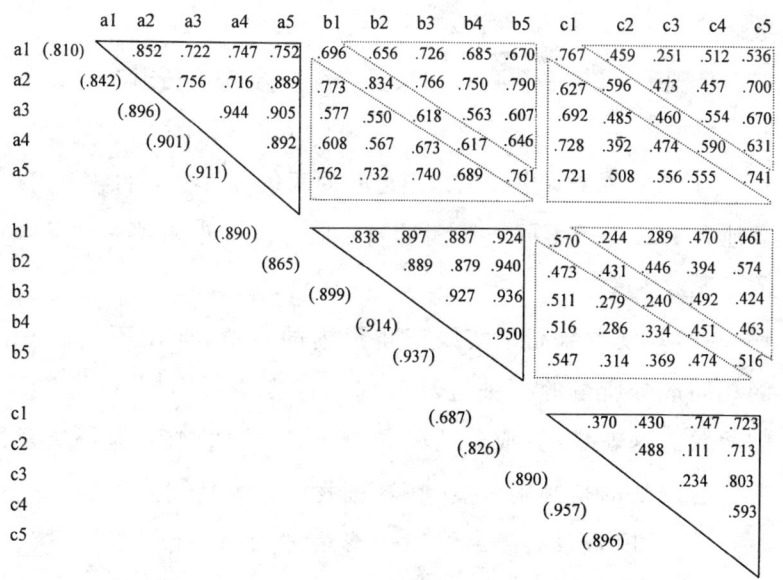

	a1	a2	a3	a4	a5	b1	b2	b3	b4	b5	c1	c2	c3	c4	c5
a1	(.810)	.852	.722	.747	.752	.696	.656	.726	.685	.670	.767	.459	.251	.512	.536
a2		(.842)	.756	.716	.889	.773	.834	.766	.750	.790	.627	.596	.473	.457	.700
a3			(.896)	.944	.905	.577	.550	.618	.563	.607	.692	.485	.460	.554	.670
a4				(.901)	.892	.608	.567	.673	.617	.646	.728	.392	.474	.590	.631
a5					(.911)	.762	.732	.740	.689	.761	.721	.508	.556	.555	.741
b1						(.890)	.838	.897	.887	.924	.570	.244	.289	.470	.461
b2							(.865)	.889	.879	.940	.473	.431	.446	.394	.574
b3								(.899)	.927	.936	.511	.279	.240	.492	.424
b4									(.914)	.950	.516	.286	.334	.451	.463
b5										(.937)	.547	.314	.369	.474	.516
c1											(.687)	.370	.430	.747	.723
c2												(.826)	.488	.111	.713
c3													(.890)	.234	.803
c4														(.957)	.593
c5															(.896)

图 7-3 说明成分方法之间相关程度的 MCMM 矩阵

注:a、b、c 分别代表三类题型,1、2、3、4、5 分别代表五种成分。

在此矩阵中包含了四类相关:

(1) 位于主对角线上的数值,这是用同样方法测相同成分所得的相关,实际上就是信度系数。

(2) 实线三角形内的数值,这是用同样方法测不同成分所得的相关,此相关高,说明被试的行为主要由方法决定而与成分关系不大。

(3) 虚线三角形内的数值,这是用不同方法测不同成分所得的相关,这实际上反映了成分和方法的交互作用对测验分数的影响。

(4) 虚线三角形之间的两条对角线上的数值,这是用不同方法测相同成分所得的相关,此相关高,说明被试的行为主要是由成分决定的而与方法关系不大,这被视为测验的效度系数。

从理论上讲,一个测验如果要有结构效度就必须满足以下几个要求:

(1) 效度系数(虚线三角形之间的两条对角线上的数值)显著地大于 0,即用不同方法测量同一成分应有正相关。这反映的是聚敛效度。

(2) 效度系数高于实线三角形内的数值,即用不同方法测相同成分所得的相关应高于用同样方法测不同成分所得的相关。这就是说,成分的差异必须比方法的差异显得更重要。这反映的是判别效度,在这里我们称为判别效度(1)。

(3) 效度系数高于虚线三角形内的数值,即用不同方法测相同成分所得的相关应高于用不同方法测不同成分所得的相关。这就是说,成分之间的相关不应该来自与方法交互作用的假效果。这反映的也是判别效度,称为判别效度

(2)。

在上面的 MCMM 矩阵中,效度系数除了 B 题型语法分项和 C 题型语法分项相关(0.240)未达到显著性外,其他相关均在 0.01 水平上显著,因此基本满足了要求(1),说明测验具有较好的聚敛效度。

对于要求(2),必须满足效度系数大于相应实线三角形内的任一数值。比如,上面 MCMM 矩阵中,第一行第六列的效度系数 R_{16}(0.696)必须大于第一行和第六行实线三角形内的任一数值(0.852,0.722,0.747,0.752,0.838,0.897,0.887,0.924)。这样的要求对于各成分都得不到满足,因此判别效度(1)不理想。

对于要求(3),必须满足效度系数大于相应虚线三角形内的任一数值。如此,R_{16}(0.696)必须大于第一行、第六行以及第六列虚线三角形内的任一数值(0.656,0.726,0.685,0.670,0.459,0.251,0.512,0.536,0.773,0.577,0.608,0.762,0.244,0.289,0.470,0.461)。这一要求也得不到充分满足,说明判别效度(2)也不是很理想。

3. 结构效度的比较

虽然各成分的判别效度都不太理想,但是运用 Henning 介绍的方法,我们能比较各成分及方法的聚敛效度和判别效度,从而得到一个相对的结构效度指标。由于有五种成分和三种方法,我们将得到 15 个项目,即 A 题型的 0/1 制评分结果、发音分项评分结果、语法分项评分结果、流利性分项评分结果、分项客观化评分总结果,B 题型的 0/1 制评分结果、发音分项评分结果、语法分项评分结果、流利性分项评分结果、分项客观化评分总结果，C题型的总体等级评分结果、发音分项评分结果、语法分项评分结果、流利性分项评分结果、分项客观化评分总结果，分别对应MCMM矩阵中的a1~a5、b1~b5和c1~c5。

由于每个项目都有两个聚敛效度系数（比如，a1有0.696和0.767），我们把这两个相关系数进行平均，得到一个平均聚敛效度作为该项目的聚敛效度指标（见表7-25第1列）。又由于每一个聚敛效度系数都对应于8个实线三角形内的数值和16个虚线三角形内的数值，因此每一个平均聚敛效度系数就对应了16个实线三角形内的数值和32个虚线三角形内的数值。

为了比较各成分的判别效度(1)，我们把16个实线三角形内的数值进行平均得到一个平均值（见表7-25第3列），然后把这个平均值当作分母，把上面得到的平均聚敛效度系数当做分子，这样就能得到一个比值（见表7-25第4列）。我们把这个比值叫做平均判别比率(1)，并把它作为衡量判别效度(1)的指标。依照同样的方法，能够得到判别效度(2)的指标（见表7-25第6、7列）。这样我们就得到了每一个项目的平均聚敛效度系数、平均判别比率(1)和平均判别比率(2)。最后，依照这三个指标对15个项目进行排名并由此得出最终的累积名次，代表其相对的结构效度。

需要说明的是，由于相关系数的非等矩性，以上运算均要先进行Fisher-Z转换。

表7-25为具体的分析结果：

表 7-25 各成分及题型的结构效度比较

题型及成分	多法单质 平均聚敛	排名	单法多质 平均分母(1)	平均比率(1)	排名	多法多质 平均分母(2)	平均比率(2)	排名	累积名次
A 题型	.685	1	.817	.623	1	.577	.855	1	1
1 0/1 评分 a	.734	3	.778	.716	1	.580	.889	1	2
2 发音 a	.737	2	.782	.716	1	.588	.885	2	1
3 语法 a	.561	10	.828	.491	12	.531	.791	10	11
4 流利性 a	.604	9	.817	.543	9	.562	.800	9	9
5 总分 a	.751	1	.867	.629	4	.621	.873	3	3
B 题型	.599	2	.843	.509	3	.558	.799	2	2
6 0/1 评分 a	.638	8	.814	.579	6	.573	.820	6	6
7 发音 b	.681	4	.809	.629	4	.553	.870	4	4
8 语法 b	.449	14	.847	.370	15	.512	.694	14	14
9 流利性 b	.539	11	.840	.457	13	.551	.750	13	13
10 总分 b	.656	6	.889	.503	11	.596	.815	7	8
C 题型	.557	3	.763	.556	2	.544	.774	3	3
11 总体等级	.681	4	.742	.702	3	.588	.843	5	5
12 发音 c	.518	13	.709	.571	7	.511	.769	11	10
13 语法 c	.376	15	.763	.374	14	.484	.634	15	15
14 流利性 c	.524	12	.743	.543	9	.535	.751	12	12
15 总分 c	.642	7	.838	.557	8	.594	.805	8	7

注:Campbell 和 Fiske(1959)在论及 MTMM 矩阵的各项数据时曾明确指出,效度从典型意义上讲是聚敛的概念。因此,在计算中若所得的累积名次相同,我们视其平均聚敛效度的大小来决定最终的累积名次。

4. 小结

通过结构效度的分析我们可以得出以下几个初步的结论:

(1)A、B、C 三题型中,A 题型的总体结构效度最好,B 题型次之,C 题型最差。

这与 Henning 的研究有相似之处，Henning 发现面试的结构效度不理想，而在我们的研究中，C 题型的结构效度是最不理想的。这一结果与人们的一贯想法有所不同。在三类题型中，C 题型是应用最广的。它之所以被广泛采用是因为有良好的表面效度并且被认为能够有效地考查被试的口语水平。反之，诸如 B 题型这样的题型则被认为缺乏表面效度，难以反映被试的口语水平。而本研究的结果显示：被认为缺乏表面效度的 B 题型其结构效度要优于表面效度良好的 C 题型。

（2）对于 A、B 两题型，0/1 评分的效度优于分项客观化评分。

这一结果是我们所期盼的，因为同属于客观化评分方法，0/1 评分在评分程序上简便易行，实用性更强。

（3）对于 C 题型，总体等级评分的效度优于分项客观化评分。

这一结果再一次验证了总体等级评分的有效性。目前，几乎所有著名的口语考试（如 FSI、ACTFL、ILR 等）都采用这种评分方法，TSE 在 1995 年改版时也从过去的几种不同评分方法改为全部采用总体等级评分。这说明总体等级评分的效度是比较理想的，它所面临的挑战主要来自评分信度。

分项客观化评分的效度不及总体等级评分，但二者的排名相差并不悬殊，在表 7-25 的累积名次中，前者排名第七，后者排名第五。事实上，总体等级评分和分项客观化评分之间有很高的相关（$R=0.723$，$P<0.01$）。

（4）我们所操作性定义的发音、语法和流利性三项中，发音的效度最好，流利性次之，语法最差。我们可以把表 7-25 累积名次中的有关数据整理如下：

表 7-26 发音、语法、流利性的累积名次比较

	发音分项	语法分项	流利性分项
A 题型	1	11	9
B 题型	4	14	13
C 题型	10	15	12

从表 7-26 可以看出，结论(4)对于 A、B、C 三类题型都成立。也就是说，在我们所操作性定义的发音、语法和流利性三个分项中，发音分项最能有效地反映被试的发音水平。从另一个角度说，也就是我们所操作性定义的发音成分最稳定，它不受方法因素的影响也不受方法和成分交互作用的干扰。而语法成分的稳定性最差，容易受方法因素的影响。

在我们的研究中，方法指的是三类题型，其中 A、B 两题型属于语句(Utterance)层面而 C 题型属于话语(Discourse)层面。发音分项最稳定，说明我们所操作性定义的发音成分在两个层面上都适用。事实上，关于发音的各种因素(包括元音、辅音、连读、弱化、同化、重音、语调等)大多是在语句层面的，因此被试在语句层面上的发音表现就已经可以反映其基本的发音水平了，到了话语层面，发音表现也不会有太大的变化。

我们可以再看一下发音的排名，属于语句层面的 A、B 两题型的发音分项在 15 个项目中的排名十分靠前(分别为第一和第四)，这说明在语句层面上测量发音具有良好的效度。C 题型发音分项的排名虽然相对落后(为第十)，但排名在它之前的多是总体评分，在各分项评分中 C 题型发音分项的排名依旧是较好的。

我们所操作性定义的语法成分受方法（题型）因素的影响相对较大。让我们看一下用各种题型测量语法成分的相关：

表7-27 各题型语法成分的相关

A题型和B题型	A题型和C题型	B题型和C题型
.618**	.497**	.240

从表7-27可以看出，同属于语句层面的A、B两题型的语法分项相关最高，A题型和C题型的相关次之，而B题型和C题型的相关很低。这说明语句层面上的语法和话语层面上的语法是不同的。若干句子组成一个段落，句子和句子之间不仅有意义上的联系，也常常有形式上的联系，许多语法现象只有在话语里才看得清楚，语法受话语的影响[1]。Rob Batstone 深入分析了语法和话语的关系，认为二者是既独立又相关的[2]。语法本身是意义构成的形式，在传达意义上具有独立性，但在话语中常常出现一些含糊的或是笼统的概念，必须依靠话语语境才能传达和被理解。

因此，被试在语句层面和话语层面上的语法表现是不同的：两个层面上可能出现的语法错误类型和数量不同，T-Unit的长度也不同，这提醒我们，用一个单一的指标（无错误的 T-Unit 的平均长度）来衡量不同题型的语法表现似乎不太妥当。

流利性分项也存在同样的情况，在三类题型的流利性项目中，A和B的相关(.617)最高，A和C(.590)次之，B和C的相关(.451)最低。Butler-Wall 就认为语句层面的流利性不同于

---

[1] 盛炎：《语言教学原理》，重庆出版社，1990。

[2] 参见 Cook，G. & Seidlhofer，B. 1995，*Principle & Practice in Applied Linguistics*，Oxford University Press.

话语层面的流利性[1]。Riggenbach 用 19 种不同的指标从语句层面和话语层面研究了流利性,结果表明:流利性好的被试停顿次数少且语速快[2],这和我们的理论假设是一致的;但是她又进一步提醒说,停顿的位置,停顿聚合(Cluster of dysfluencies)的程度,停顿的类型和可能的功用与停顿的次数同样重要,这更集中地表现在话语层面上。在语句层面上,停顿的位置大多在句中,而句中停顿一般是由于语言知识方面的障碍造成的,比如搜索词汇,思考合适的语法结构等,我们在这里称之为语言性停顿。在话语层面,停顿的位置可能在句中也可能在句间。句间停顿的情况比较复杂,可能因为语言知识方面的障碍,也可能是因为思考欲表达的内容或是缺乏相应的背景知识,也就是非语言性停顿。由此我们分析,流利性分项的效度问题可能是由于停顿的位置和类型的不同造成的。

(五) 回归分析

1. 方法

正如前面所提到过的,在我们搜集到的资料中,教师总体评价和 HSK 听力部分是最能代表被试口语水平的。为了进一步比较在 MCMM 方法中所定义的各成分的效度,我们分别将教师总体评价和 HSK 听力部分当作因变量(分别记作因变量 1 和 2),把各成分当作自变量进行逐步回归分析。

逐步回归是按各个自变量对因变量作用的大小,从大至小

---

[1] 参见 Freed, B.F. 1995, *Second Language Acquisition in a Study Abroad Context*, John Benjamins Publishing Company.

[2] 参见 Freed, B.F. 1995, *Second Language Acquisition in a Study Abroad Context*, John Benjamins Publishing Company.

逐个地引入回归方程。每引入一个自变量都要对回归方程中每一个自变量(包括刚引入的那个)的作用进行显著性检验,若发现作用不显著的自变量就将其剔除,这样逐个地引进或剔除,直至没有自变量可引入,也没有自变量应从方程中剔除时为止。这时的回归方程一般来说是最优的①。

2. 结果

在进行逐步回归分析时,我们没有把各题型的分项客观化总分和 C 题型总体等级评分当做自变量,因为分项客观化总分是发音、语法和流利性三项分数进行转换后的累加,不适合与三个分项同时引入回归方程,而总体等级评分为顺序变量,不适合回归分析。因而此时我们要讨论的成分为 A 题型 0/1 评分、B 题型 0/1 评分以及 A、B、C 三类题型的发音、语法、流利性分项客观化评分,共 11 项。

逐步回归的结果显示,对于因变量 1,各成分中只有 B 题型发音分项和 C 题型语法分项进入了回归方程。对于因变量 2,只有 A 题型发音分项和 C 题型语法分项进入了最后的回归方程。具体的分析结果见表 7-28(因变量 1)和表 7-29(因变量 2)。

表 7-28 以教师总体评价为因变量的回归结果

步骤	成分	累积相关系数	回归系数	标准误	校正回归系数	T 值
1	B 题型发音分项	.631	1.004	.286	.442	3.506**
2	C 题型语法分项	.736	.274	.081	.423	3.359**

复相关系数 R = .736,复相关系数平方 R^2 = .542,调整相关系数 Ra^2 = .516,F 值 = 21.266(P<.000)回归方程:JSPJ = 33.81 + 1.004 * BP + 0.274 * CG

---

① 张厚粲:《心理与教育统计学》,北京师范大学出版社,1986。

表 7-29 以 HSK 听力部分为因变量的回归结果

步骤	成分	累积相关系数	回归系数	标准误	校正回归系数	T 值
1	A 题型发音分项	.754	.976	.182	.595	5.357**
2	C 题型语法分项	.810	.191	.063	.335	3.018**

复相关系数 R=.810,复相关系数平方 R^2=.655,调整相关系数 Ra^2=.636,F 值=34.226(P<.000)回归方程：HSKL=0.976*AP+0.191*CG-0.194

注：1.以上数据均为原始分
   2.** 代表 T 值在.01 水平上显著
   3.以上样本容量均为 39 人
   4.回归方程中,JSPJ 代表教师总体评价,AP 代表 A 题型发音分项,BP 代表 B 题型发音分项,CG 代表 C 题型语法分项,HSKL 代表 HSK 听力部分。

3. 小结

在对教师总体评价和对 HSK 听力部分的逐步回归中,首先进入回归方程的分别是 B 题型的发音分项(R=.631)和 A 题型的发音分项(R=.754),这和 MCMM 的分析结果基本一致,在各成分中效度相对较好的依然是 A、B 两题型的发音分项。这一结果再一次验证了我们所操作性定义的发音成分在语句层面的有效性。

C 题型语法分项进入了回归方程有点出乎我们的意料,在前面的 MCMM 分析中,语法分项的结构效度是最差的,我们分析其中的原因可能是无错误的 T-Unit 的平均长度在语句层面和话语层面上有不同的表现,但是由于发音分项在各个题型上的累积排名都很靠后,我们无法断定无错误的 T-Unit 的平均长度适合评价哪一个层面的语法表现。回归分析的结果似乎显示,我们所操作性定义的语法比较适合话语层面。

四 讨论

(一) 客观化评分能在很大程度上保证测验的评分信度

信度是效度的前提，一个考试如果没有信度就谈不上有效度。对于不同的语言测验，有不同的信度要求。Lado 认为，好的词汇、语法和阅读测验的信度系数应在.90 以上，听力测验应在.80 以上，口语测验应在.70 以上[①]。另外，信度系数在较大程度上受考生异质程度的影响，考生的异质程度越高越容易得到较高的信度指标。Lado 等人认为，一个大的信度系数常常可以通过对足够大的异质被试群体施行测验而获得。就单一测验而言，得到.96 还是.50 的信度系数主要依赖于被试群体。

我们借用 HSK 成绩来调查一下本研究被试的异质程度。本研究被试的 HSK 总分分布情况如下：

表 7 - 30 被试 HSK 成绩的描述性统计

样本容量	平均分	标准差	全矩	偏态值	峰态值
39	124.15	22.50	88	-.243	-.469

从表 7 - 30 可以看到，被试 HSK 成绩的标准差为 22.50，全矩为 88，比 HSK 标准样组的标准差（37.01）和全矩（141）要小得多。再者，从前面的被试基本情况表中可以获知，89.74% 的被试者为日韩及东南亚国家的考生，95% 的考生获得了 HSK（初中等）证书，且获中等和初等的人数基本一样。

以上调查的结果表明本研究被试的异质性程度不大，可以

---

① Lado，R. 1961，*Language Testing*：*The Construction and Use of Foreign Language Tests*，McGraw-Hill Book Company.

排除由于异质程度过高而高估了信度系数。如此,我们可以比较有把握地说,客观化评分方法,包括 0/1 评分和分项客观化评分的评分信度是比较高的(在三类题型中都高于.80),在很大程度上保证了测验的信度。同时也证实了我们对提高口语考试信度的基本想法,即提高评分标准解释的确定性,减少评分员主观判断的成分。

(二) 题型会在一定程度上影响评分信度

在前面的信度研究中,我们发现,无论采用何种评分办法,B 题型的评分信度总是优于 A 题型,这说明题型也会在一定程度上影响评分信度。Arthur Hughes 在讨论提高信度的方法时就曾经谈到:(1)不要让被试太自由,尽量使题目的内容固定,减少被试选择和发挥的机会。比如,在作文考试中,如果让被试在几个题目中选择一个会降低考试的信度。(2)把被试的行为作直接的比较,这与第一点有相似之处。如果被试的行为一致性强,就比较容易作直接的比较[①]。

同理,在本研究中,回答 B 题型时被试发挥的余地很小,行为表现的一致性强,比之有较大发挥余地的 A 题型信度就相对高一些。因此,从提高信度的角度考虑,在设计试题时,应该尽量限制被试的行为表现以期获得较为一致的行为样本。

(三) A 题型和 B 题型更适用 0/1 评分

从获取更好的效度的角度看,对于 A、B 两题型采用 0/1 评

---

① Hughes, A. 1989, *Testing for Language Teachers*, Cambridge University Press.

分更好一些。另外，从实际操作的角度看，和 0/1 评分比较起来，分项客观化评分程序比较繁琐，若实行大规模评分比较费时费力，而采用 0/1 评分在操作时就相对简便得多。出于上述考虑，我们认为 A 题型和 B 题型更适用 0/1 评分。

（四）C 题型和分项客观化评分有较好的信度和共时效度，但结构效度不甚理想

比起 A、B 两题型，分项客观化评分对 C 题型有更大的实用价值，因此我们非常关心其信、效度如何。实证性研究表明，分项客观化评分有较好的评分信度（$R_{tt} = .896$），比总体等级评分（$R_{tt} = .687$）高得多。同时，分项客观化评分和几项主要的效标之间的相关都达到了显著性水平，体现了较好的共时效度。

但是我们也不得不承认，对于 C 题型那样的题型，总体等级评分具有在结构效度方面的优势。MCMM 的分析表明，总体等级评分的结构效度优于分项客观化评分。这告诫我们，分项客观化评分的操作性定义还存在结构效度方面的威胁，需要在理论上做进一步的探索。

（五）在对发音、语法和流利性进行评价时，应区分语句和话语两个不同的层面

在本研究中，A 题型和 B 题型考查的是语句层面的口语水平而 C 题型考查的是话语层面的口语水平。MCMM 分析提示我们，本文所操作性定义的发音、语法和流利性在这两个层面上的表现是不同的。发音成分受不同层面的影响不是很大，但在语句层面上具有更好的效度，因而更适合考查语句层面的能力。语法成分在两个层面上的表现极为不同，应该用不同的标准来衡量。流利性的缺乏在两个层面上的产生原因是不同的，语句层面的犹豫和停顿多是语言性的而话语层面的停顿则可能是非语言性的。

（六）对于初中等水平的考生，用 A 题型和 B 题型比用 C 题型更为有效

MCMM 的分析结果显示，对于本研究的被试，A 题型和 B 题型的总体结构效度要好于 C 题型。也就是说，对于汉语水平相当于 HSK（初中等）的被试，用 A 题型和 B 题型比用 C 题型更为有效。我们认为，这是因为初中等水平的考生已经具备了语句层面的表达能力，但是话语层面的表达能力还比较有限。因此，在我们的研究中，用考查语句层面口语水平的 A 题型和 B 题型比用考查话语层面口语水平的 C 题型显得更为有效。

五 结语

口语考试评分的客观化问题是语言测试界非常关心的一个问题，本文借助三类考试题型探讨了两种客观化评分方法，即 0/1 评分和分项客观化评分。实证性研究的结果表明，A、B 两题型的 0/1 评分信效度都比较理想，加之这种评分方法操作上十分简便，对评分员的要求也不太高，因此对于此类题型，采用 0/1 评分是具有可行性的。

分项客观化评分在评分信度上的优势是明显的，它在三类题型中都获取了较高的信度系数，尤其是在 C 题型中，同样使用没有经过严格训练的评分员，分项客观化评分的评分信度要比总体等级评分高得多。同时我们也获得了比较理想的共时效度，但是我们没有把握认为采用该评分方法是十分可行的。这是出于对此类评分方法结构效度的担忧，MCMM 的分析结果表明，0/1 评分和总体等级评分的结构效度都要优于分项客观化评分。

　　据此,我们想到了两方面的问题。第一是关于口语水平的操作性定义的,我们把口语水平定义在发音、语法和流利性三个维度上是否有所欠缺,是否还有其他因素未加考虑。或者,口语水平本身就是一个整体,不能进行条块分割。这似乎又引发了长期困扰语言测试界的一个问题,即语言能力究竟是单维的还是多维的。第二是关于评分标准的,我们制定的评分标准是否能有效地反映发音、语法和流利性的本质。这两方面的问题都值得我们在今后的研究中继续探讨。

　　本研究是对第二语言口语考试的客观化评分所做的一次理论探讨和实验尝试,涉及的考试题型和实验规模都比较小,因而只能当做在该领域的一次试航。

第八章
完形填空和词汇测试研究

第一节 汉语等距离完形填空测试报告[①]

完形填空(cloze test),也有人译为定位填充、综合填充、克漏字等,是将一段文章的某些词删去,要求被测试者填出这些词的一种方法。完形填空是一种综合性测试法,一般认为能有效地测量被试的理解能力和应用能力。设计方法有两种:等距离删词法(又称固定比率法或随机删词法)和非等距离删词法(又称变量比率法或意向删词法)。前者删词要求有规律,如一旦规定每隔8个词删一个,就要把这标准坚持到底,不管碰上什么词(人名、地名、日期、时间等例外);后者则根据出题者的意向来决定删什么词,如可以将短文中的介词都删掉,考查被试对介词的掌握情况。非等距离删词法又有两种,一种在空格后面配置了多项选择答案,HSK综合填空第一部分采用了这种形式;一种并不做这样的配置,HSK综合填空第二部分采用了这种形式。HSK的采用,推动了非等距离删词法的研究。

而等距离删词法的完形填空却并没有相应地引起对外汉语教学界的重视,只是在新加坡等地,学者们研究得较多,比如吴英

---

① 本节摘自刘颂浩:《汉语等距离完形填空测试报告》,《世界汉语教学》1995年第2期。

成曾用等距离完形填空(吴文称为"克漏字")来探讨新加坡的华语教学问题[1];苏启祯认为,从客观研究的结果和实用情况考虑,用完形填空来测定华文阅读难度,要比专家评断、阅读公式、理解测试等三种方法更可取[2];谢世涯、苏启祯用等距离完形填空来探求新加坡高中学生的阅读能力。[3] 他们研究的是新加坡的华语教学,测试对象也是新加坡的学生,而且大都是中学生。除此以外,在汉语教学中应用等距离完形填空的并不多。那么,是不是说这种方法不适用于汉语教学呢？如果适用,它和其他测试法,比如 HSK 有什么相关,能帮助我们发现什么问题,怎样加强对这种方法的研究与应用等,都是需要回答的问题。为此,我们利用给北京大学留学生辅导 HSK 的机会,举行了一次等距离完形填空测试(共有 40 人参加,其中 36 人参加了两个星期后的 HSK 考试),试通过对这次测试的分析来探讨上面提到的这些问题。

测试所用的文章有两段,一段是我们根据狐假虎威的故事改写的,一段选自北京语言学院《初级汉语课本——听力练习》(3),内容是有关跑步的,略有改动。以字为单位进行删除,两个

---

[1] 吴英成:《以克漏字来探讨新加坡的华语教学》,《第二届国际汉语教学讨论会论文选》,北京语言学院出版社,1988。

[2] 苏启祯:《华文阅读难度的测定》,《世界华文教学研讨会论文集》,新加坡华语教学研究会编,1990。

[3] 谢世涯、苏启祯:《认字辨词与阅读理解能力》,《语言教学与研究》1992 年第 4 期。

谢世涯、苏启祯:《构词能力与偏误分析》,《语言文字应用》1993 年第 2 期。

谢泽文:《阅读难度的测量》,《新加坡华文教学论文集》,北京语言学院出版社,1994。

谢泽文:《填字测验在语文教学上的功用》,《新加坡华文教学论文集》,北京语言学院出版社,1994。

Oller, John W. jr., 1979, *Language tests at school*. London: Longman Group Ltd.

空格之间的距离为 6 个字,共得 64 个空格(其中,第五十四个有误,所以有效空格 63 个)。

为行文方便,下面一律用"完形填空"来代替"等距离完形空",特别指明的除外。

一 测试结果及其与 HSK 的相关性

完形填空测试有两种评分方法,一是唯一选择法(only word method,也称原词评分法),只有填出原文中所用的字才算正确;二是可接受选择法(acceptable word method,也称同义词评分法),填的字只要语法、语义上讲得通,就算正确。前一种方法不免有些武断,但标准明确,容易掌握;后一种方法比较合理,但较麻烦,有时候很难断定哪些是可接受的,哪些是不可接受的,评分者如果不是本族人,问题就更加突出。我们分别用两种评分法,结果如下(统计使用的是 SPSS/PC$^+$ V3.0 统计软件包):

Number of Valid Observations (Listwise) = 40.00

表 8-1 完形填空两种测试评分法表

Variable	Mean	Std Dev	Minimum	Maximum	KR_{20}	N Label
SCORE1	42.05	8.33	23	56	.862	40
SCORE2	37.75	7.39	19	52	.068	40

表中的 SCORE1 指用可接受选择法得到的分数,SCORE2 指用唯一选择法得到的分数(下同),Mean 指平均数,Std Dev 指标准差。可以看出,可接受选择法的平均得分要比唯一选择法高 4 分多。从 KR_{20} 信度指数来看,两种评分法都达到了.86 以上,这显示出完形填空具有较高的可靠性。

同时,我们计算了两种评分法之间、两种评分法和 HSK 各

项分数之间的相关系数,得到如下的相关矩阵表(只包括参加 HSK 考试的 36 个人):

表 8-2

Correlations:	SCORE1	SCORE2	听力	语法	阅读	填空	总分
SCORE1	—	.9842**	.7040**	.6377**	.7107**	.6512**	.7707**
SCORE2		—	.6574**	.6228**	.7156**	.6687**	.7614**
N of cases:	36	1—tailed	Signif:	*—.01	**—.001		

数字后的 ** 表示 .001 水平显著。

从表中可以看出,两种评分法之间的相关系数为 .98,极为密切。也正是在这个意义上,我们可以说,两种评分法都同样可靠。不过,我们还是认为,在对外汉语教学中,采用可接受评分法比较合适。原因是:(1)一次完形填空练习或测试中,麻烦的答案往往不会很多,甚至没有;(2)让学生了解某一位置上有几个可以选择的答案,这本身应该说就是对外汉语教师的责任;(3)应用完形填空主要是训练学生利用上下文之间的关联来理解整个文章,如果学生填出了合乎上下文要求的词,而我们却以不是原词为由判定是错误的,那无疑会影响学生的积极性;(4)课堂练习或考试时,一般情况下,人数不会太多,用可接受评分法是可行的。

表中还显示出,完形填空得分和 HSK 总分及各项分技能得分也有较密切的相关性,这说明,完形填空能相当准确地反映出被试的水平,换句话说,完形填空是一种可靠的检查被试水平的方法。

二 测试所反映出来的问题

本次测试答对率在 50%(依可接受评分法)以下的共有 19 项,其中,有 6 项删除掉的字(简称"删除字")属于一个双音节词

的一部分("感到"出现了两次),它们是:

①它低头想了一下,想出了一个好(4)____意。(填"主")

②老虎一想,平时这些动物并不害怕狐狸,(30)____在它们一看见狐狸就赶紧逃跑,看起来,狐狸的话是正(33)____的。(分别填"现"、"确")

③当(49)____到呼吸困难的时候就停下来,不要再跑了。(填"感",另一处需填"感"的,是空格(58))

④(61)____有从最小的运动量开始,坚持每天锻炼,才对健康有帮助。(填"只")

填上正确答案以后,得到的五个词是"主意、现在、正确、感到、只有",其中,除了"只有"是乙级词外,其他都是甲级词。分析这五个词的错误答案,有这样三种情况:

(1)学生填出的不能组成词,比如(括号中是学生填的字):"好(见、建)意""是正(真、实)的"。这反映出学生对词的掌握不牢固,只记住了"建议、证实"的语音形式,"正真"则是"真正"的颠倒。

(2)学生填出的能组成词,但搭配错了。比如"当(然、时)到呼吸困难的时候",本来应该填"感",和后面的"到"组成"感到"一词;学生填的"然、时"只能和前面的"当"搭配,组成"当然、当时"。判断删除字是和前面一字组成双音节词还是和后面一字组成双音节词,是学生做完形填空的难点之一。由于HSK所删除的也多是双音节词的前字或后字,因此,这个难点可能会影响学生的成绩。

(3)学生填出的能组成词,搭配也对,但仍然是不正确的答案。这有两种表现,一是没能正确辨别词之间的区别,比如有人填"好(注)意",混淆了"主意"和"注意";一是没能很好地联系上下文,比如②④,②中"现在"是和前面的"平时"对照着说的,要想填对这个空格就必须和"平时"联系起来,有的学生填"(正、实)在"跟前文联系不上,因此是错误的。④是一对关联词语"只有……才",有的人填"(还、所)有",跟后文的"才"联系不上。必须联系上下文,是完形填空的重要特征之一。从以上分析可以看出,即使删除字是双音节词的一部分,也仍然需要前后文的联系。这体现了完形填空综合性测试的特点。

19个难度较高的项目中,应该填动词的,除"感(到)"外,尚有7项,它们是:

①我是天上的皇帝(6)____来的。(填"派")

②从今天起,所有的动物都要听我的话,照我说的去(11)____。(填"做")

③看(18)____那些动物是不是一看见我就逃跑。(填"看")

④于是,它就把狐狸(34)____走了。(填"放")

⑤我有一个朋友(35)____大夫。(填"是")

⑥刚开始跑步的人应该根据自己的身体情况,(43)____个计划。(填"定")

⑦坚持每天锻炼,才对健康(64)____帮助。(填"有")

可以分成两种情况:一是填写时,只要考虑删除字所在的句子就可以了。比如②③⑤⑥⑦,其中有些是固定搭配,像⑥中的"定计划"、⑦中的"对……有帮助",学生的错误答案显示出他们对这些固定搭配的掌握能力仍有待提高。比如⑥,有7人填"(一)个计划",3人填"(每)个计划",特别要指出的是,没有一人填出来原文用的"定";又如⑦,有4人填"才能对健康(的)帮助",3人填"才能对健康(能)帮助"。另外,②中的"听我的话,照我说的去做"则可以说是更大范围内的固定搭配。这提醒我们在今后的教学中要更加注意对固定格式的教学。③的错误答案中,最多的是"见、到、着",说明这些学生不知道什么时候该用动词重叠。

另一种情况是在填写时,还要考虑删除字所在句子以外的因素,比如①,单就这个句子而言,可以填"派",也可以填"请、找"等,但后两者要求说话时在"天上",而根据前后文,可以推断狐狸和老虎不是在"天上"说这些话的。有时,甚至要考虑整段文章,比如④,注意到这是一个"把"字句,可以判定不能用"逃",因为"逃"是一个不含处置义的动词,不能用于"把"字句(有17人填了"逃",可能是受了短文中出现的"逃跑、逃走"等词的影响),但这并不能得出应该填什么;只有考虑到短文一开始的"老虎抓到了一只狐狸",才能判断出这个空格是和"抓"对照着说的,即要填"放"。

19个较难的项目中,还有两个虽然要填的不是动词,但与动词有密切的关系,它们是:

①你是不能吃掉我的,不然,天帝就(13)____重重地惩罚你。(填"会")

②老虎(28)____想,平时这些动物并不害怕狐狸,现在……(填"一")

①需要填助动词"会"或"要",能正确填出的只有15人;②要填数词"一","一"放在动词前,表示先做某个动作,后边接这个动作产生的结果,能填出"一"的只有12人,另有5人填出了可接受答案"就",还有1人填出了"心"这个原来我们没有想到的答案。从这个结果来看,大部分学生对助动词"会、要"和数词"一"

的用法掌握得不好。据我们平时的观察,很少有学生在用到假设句时能正确地使用"会、要",也确实有不少学生从来没有使用过"一+动词"这种结构。这两个空格的错误应该说反映了学生存在的问题。

19个较难的项目中,涉及实词的还有下面一例:

森林里的动物看见它们,一个一个都(27)____远地逃走了。(填"远")

这是形容词重叠做状语,只有15人填对了。前面曾提到动词重叠也是较难的项目,而在63个测试项目中,只有这两个涉及重叠。我们认为,这绝不是一种偶然的巧合。它说明,动词和形容词的重叠是学生的难点,至少在我们测试到的句式中:形容词重叠做状语,动词重叠后接正反相叠的形式。

另外,这19个项目中,还有3个项目测试的是结构助词"的、地":

①老虎有点害怕,不过,它并不相信狐狸说(23)____。(填"的")

②他说跑步是一项很好的锻炼身体的运动,但要科学(40)____锻炼。(填"地")

③一般用每小时八—九公里(46)____速度慢慢地跑。(填"的")

①中应填"的","说的"指"说的话",由于省略了中心语"话",造成了这个项目难度的增加,这从有19个人填了"话"这一点可以看出来。②中的"科学"既是名词,又是形容词,形容词"科学"学生不熟悉,因此这个空格只有8人填了"地",而填"的"的有18人。③之所以难,可能是因为"用……的速度(方法、态度等)+

动词"这种结构学生接触较少。从上面所说可以看出,"的"虽然是学生非常熟悉的一个词,但与特定的、不太熟悉的词或结构联系起来时,也会成为难点。

总起来看,这次测试反映出学生在掌握复合词、固定结构、重叠式、助词等方面存在着不足。从另一个角度观察,可以看出,动词的问题最多(共有10项,包括助动词)。看起来,以动词为中心组织教学,是有一定的道理的。

那么,这些问题有没有普遍性呢?换句话说,随着汉语水平的提高,学生在上述19个问题上犯错误的可能性会不会有明显的降低呢?我们以本次 HSK 成绩为标准,把学生分为中级(包括 HSK 的 6、7、8 三级)和初级(包括 HSK 的 3、4、5 三级)两类,其中中级14人,初级18人。下面是19个项目上中级和初级学生出现错误次数的统计表,3级以下学生的情况也附带列上:

表8-3 错误次数统计表

	4主派	6派	11做	13会	18看	23的	27远	28一	30现	33确	34放	35是	40地	43定	46的	49感	58感	61只	64有
8级(2人)	1	1	1	1	1	1	1	1	2	2	1	2	2		1				
7级(5人)	1		4	3	1	3	1	5	1	3	2	4	4	2	2	4	5	2	3
6级(7人)	3	4	2	4	3	3	3	5	3	5	5	3	5	5	3	6	5	6	2
错误总计	5	5	7	8	5	7	5	11	6	12	10	8	11	7	5	11	10	8	5
中级出错率	.36	.36	.50	.57	.36	.50	.36	.79	.43	.86	.71	.57	.79	.50	.36	.79	.71	.57	.36
5级(10人)	6	5	5	5	5	7	6	4	10	4	7	4	8	7	7	8	9	9	6
4级(2人)	1	2	1	2	1	2	2	1	2	2	2	2	2	2	2	2	2	2	2
3级(6人)	4	5	6	4	5	4	5	4	3	5	5	4	6	5	5	6	6	5	4
错误总计	11	12	12	11	11	13	13	9	15	11	14	10	16	14	12	16	17	16	12
初级出错率	.61	.67	.67	.61	.61	.72	.72	.50	.83	.61	.78	.56	.89	.78	.67	.89	.94	.89	.67
3级以下(4人)	4	3	4	3	4	3	3	2	4	3	4	3	4	3	3	4	4	3	3

经计算,中级程度的学生和初级程度的学生在出现错误的次数上有显著的差别(P<0.001),这说明,中级程度学生犯错误的可能性比初级程度学生有明显的下降。但不容乐观的是,中级程度学生在 19 个项目上的平均出错率(.55,初级学生为.71)仍然较高。这提醒我们,加强对中级程度学生在这些问题(以及相应问题)上的教学,依然十分必要。

上述 19 个项目有一个共同的特点,它们都需要学生通过自己的判断推理来完成。相反,如果所测试的项目曾在短文其他地方出现过,学生就有可能利用这方面的信息,从而使该项目变易。很多本来有相当难度的空格都是因此才变易的。比如:

只有从最小的运(62)____量开始……(填"动")
孤立地看,这个空格有相当难度。但是"运动量"这个词在此句前出现了两次,在此句后又出现了一次,这使得该空的答对率比较高(78%)。最能说明这一点的是(17)和(25)两个空格,(17)要填的是"森林"的"森",(25)要填的是"森林"的"林",由于短文中还出现了一次完整的"森林",所以这两个空格的答对率都很高,分别是 85%和 95%。同时,我们也注意到,学生对这些信息的利用受到距离的影响。(25)比(17)的答对率提高了 10%,显然是受距离的影响:(25)和完整的"森林"之间是紧挨着的,而(17)和完整的"森林"之间则隔了 7 个空格。

在等距离的完形填空中,人们很容易发现,有的空格太简单,而有的可能又太难,结果必然是,想测的没测到,不想测的又偏偏测着了[①]。在汉语中,形成这种现象的部分原因就是空

[①] 刘润清:《语言测试和它的方法》,外语教学与研究出版社,1991。

格所在的复合词在短文其他地方出现过(如果以字为删除单位的话)。这使得有些空格价值不大,比如上面提到的空格(25)。因此,如果我们练习的目的只是想了解学生某一方面的能力,比如对所学课文的掌握情况,就应编制非等距离的完形填空,以增强针对性,提高练习效率。但是,话又得说回来,等距离完形填空中,"不想测的"不一定是真的不想,而往往是没有想到。我们每次运用等距离完形填空,结果总有一些出乎我们预料:原以为不会有问题的项目,却回答得不好;原以为很难的,偏偏没什么人出错。我们认为,这正是等距离完形填空的魅力所在:它给每一个语言单位都提供了相同的机遇,而测试者如果仅凭自己的意向,是不可能做到这一点的。

三 加强对完形填空的研究与应用

从上面的分析可以看出,完形填空不仅能比较准确地测量出学生的水平,而且通过对学生答案的分析,可以发现学习的难点,从而发现教学中存在的问题。事实上,完形填空的作用还不止这些。就我们注意到的,除用于测试以外,完形填空至少可以在下面四个方面发挥作用。(1)测定文章难度。循序渐进是语言教学中的一个重要原则,要遵循这个原则,就要求对选文的难度进行测定。以前在这方面比较随意。比如,在中高级对外汉语教学阶段用文学作品进行教学时就出现了这样的问题:"同一篇作品有时放在某一年级的某一册中使用,有时又放在另一年级的另一册中使用,同一组课文在不同的版本中先后排列的次序也有所不同"①。这主要是因为对文学作品的难度没有一个客观的估计。针对这种现象,提出的解决办法是对词汇进行定量分析,比如生词量占总词次的百分比是多少,低频词或超纲词占的百分比是多少,以此作为判断难度的依据。这种方法有一定的道理。但是首先,生词或超纲词并不是词汇方面的唯一难点,常用词也不那么容易,我们这次测试就可以说明这一点;其次,教材是给学生用的,他们对教材难度的反应理应作为判断的一个重要依据。从学生那儿获取难度指标的方法主要有两种,一是多选式的阅读理解,一是完形测试。因此,当我们遇到选文的难度不易确定时,不妨用阅读理解或完形填空来测试一下,用学生的平均成绩作为一个依据(当然不是唯一的依据)。文学作品的难度当然也可以用这种方法来测定。Wilson Taylor 开始使用完形填空时,就是用来测定文章的可读性(readability)即难度的。前面提到,苏启祯的研究结果也说明用完形填空来测定汉语文章的难度是可行的。(2)帮助我们发现问题。从前面的分析中可以看到,完形填空中出现的问题是多方面的,其中有些用其他方法很难发现。这是因为,等距离的完形填空避免了很多主观的因素。发现的问题有两方面的含义,一是从宏观上看学生普遍存在的问题,这将有助于教学计划的制定或调整;一是从微观上看某个学生学习中存在的问题,这将有利于教师对学生进行有针对性的指导。(3)为编写多选项试题提供材料。随着 HSK 影响的扩大,HSK 主要采用的客观性试题在对外汉

---

① 施光亨、李明:《文学作品与中高级汉语教材》,《第二届国际汉语教学讨论会论文集》,北京语言学院出版社,1988。

语测试中所占的地位会越来越重要。而在客观性试题中,选择项,特别是干扰项的编制直接影响着试题的质量。学生的错误答案无疑是最好的干扰项,而完形填空正可以成批地提供这方面的材料。(4)作为课堂练习形式。完形填空的优点之一就是编制容易,如果不要求全面测试学生的水平,选文也可以或短或长,这使得教师准备起来很是方便;非等距离完形填空又可以根据教师的意向删词,针对性强。用完形填空做练习,还有另一种含义:弥补多项选择题运用过多造成的不良影响。许多学者的研究都证明"多项选择题只能测试学生的语言接受能力,如读和听,而不能测试学生的语言运用能力,如说和写"。同时,"多项选择题所衡量的甚至只是考生的推理能力或猜测能力"[1]。俞爱菊指出,由于多选题存在着"提示得分",所以测出的分数也就不能代表学生的真实水平。[2] 对学生来说,大量运用多选题无疑是鼓励凭猜测凭提示得分,并因此而产生许多不利影响。针对这种情况提出的解决办法中,很重要的一条就是增加运用型题目,如完形填空等的比重。虽然在对外汉语教学中,对多项选择题的大量运用也只是刚刚开始,它的副作用还没那么明显。但是,教师平时多运用一些完形填空,也许能起到一些防患于未

---

[1] 张颖:《多项选择题的理论依据和实际效果》,《外语教学与研究》1988年第2期。

桂诗春:《中国学生英语阅读能力诸因素分析——一份实验报告》,《应用语言学与中国英语教学》,山东教育出版社,1988。

李光荣:《完形程序的由来及其在教学中的发展》,《外语教学与研究》1990年第4期。

[2] 俞爱菊:《多项选择答案对 Cloze Test 的影响》,《外语教学与研究》1990年第1期。

然的作用。我们在中级汉语读写课以及阅读课上使用了这种方法,效果确实不错。

汉语完形填空需要解决的问题还有很多,这至少包括以下6个方面:(1)删字还是删词?专家们认为,这是汉语完形程序测试面临的特殊问题。吴英成认为以字为删除单位是一种"既便捷又可信的做法"①,原因是,A.删除单位以何者为准,只要设计者在设计时贯彻始终,前后一致,也就无关宏旨了;B.可以省去因词划分标准不一所引起的种种困惑;C.可以审查受试者对复合词或固定词组等是否已经全盘认识;D.以字为删除单位与选择式理解测验的相关系数比以词为删除单位高。HSK 采用的也是删字。谢世涯、苏启祯采用删词的方法,但承认"难度较高"。② 根据我们应用完形填空的经验,如果测试的重点是评估学生的水平或者考察学生对复合词的掌握程度,删字较为合适;如果要考察学生对固定搭配(如"好像……似的")的掌握程度,删词更能达到目的,特别是在课堂练习中。但这只是一种经验,到底哪种方法更好,还有待进一步的研究。(2)如果是删字,那么,删除一个双音节词的前字或后字对学生的成绩有没有影响?表现在哪些方面?由于 HSK 综合填空第二部分删除的也大多

---

① 吴英成,《以克漏字来探讨新加坡的华语教学》,《第二届国际汉语教学讨论会论文选》,北京语言学院出版社,1988。

② 谢世涯、苏启祯,《认字辨词与阅读理解能力》,《语言教学与研究》1992 年第 4 期。

谢世涯、苏启祯,《构词能力与偏误分析》,《语言文字应用》1993 年第 2 期。

谢泽文,《阅读难度的测量》,《新加坡华文教学论文集》,北京语言学院出版社,1994。

谢泽文,《填字测验在语文教学上的功用》,《新加坡华文教学论文集》,北京语言学院出版社,1994。

Oller, John, W. jr., 1979, *Language tests at school*. London:Longman Group Ltd.

是双音节词的前字或后字,这一问题就显得更有实用价值。(3)隔多少空格删一个单位?刘润清指出:"汉语的完形测试应该每隔多少字去掉一个最为科学,我们还没有研究出来。"①这种状况目前也并没有根本的改观。(4)能不能用完形填空来测定学习成果?换句话说,如果用一篇学过的课文做完形测试,其得分和同样一篇课文但事先没有学习过的得分相比,能有多大的提高?(5)用完形填空来测定阅读能力的标准是什么?即怎样解释不同的得分所代表的阅读能力?英语一般划分为三个等级,如 Anderson (1971):完形填空得分在.53 以上者为独立阅读水平(independent level);在.44 与.53 之间者为辅导阅读水平(instructional level);在.44 以下的为低下阅读水平(frustrational level)(转引自 Oller,353 页;译名来自前引谢世涯、苏启祯的文章)。这个标准对学汉语的留学生是否适用?(6)不同国家的留学生在完形填空得分上有无区别?区别有多大?这些问题,值得我们作进一步的探索。

第二节 四种完形填空测试方法的信、效度检验[②]

一 问题的提出

从 1953 年 Taylor 首次提出完形测试至今,已有 50 多年,

---

① 刘润清:《语言测试和它的方法》,外语教学与研究出版社,1991。
② 本节摘自周华:《四种完形填空测试方法的信、效度检验》,载孙德金主编《语言测试专业硕士论文精选》,北京语言大学出版社,2005。

现在，完形测试已成为语言测试，特别是第二语言测试领域中的一种非常流行的测试方法。完形测试出现后，不断有学者从理论和方法等各方面对它进行研究，并提出了多种不同的完形测试方法。但不同的完形测试方法哪一种更有效，究竟测的是否是同种语言能力，以及使用不同的完形测试方法是否会影响被试的测验表现等问题，至今仍不甚明了。本文假定被试在不同的完形测试中会有不同的表现，并拟针对以上问题，对按固定比率删词的完形测试（Fixed-ratio）、意向删词法完形测试（Rational cloze）、多项选择完形测试（Multiple choice cloze）和C-test 这四种完形填空方法的信、效度进行检验。

二 文献综述

（一）完形测试的理论依据

完形测试的理论依据主要有两个，其一是"格式塔"心理学关于场的原理。其二是信息理论中的冗余原则。

（二）完形测试的形成与发展

完形测试最初用于测试智商。随着心理学和语言学研究的发展，完形测试被引入语言测试领域。先是用来测量文章的可读性，随后用来测量母语者的阅读水平，后来又将它用来评估外语学习者和第二语言学习者的语言知识水平。

（三）影响完形测试的各种因素

随着对完形测试研究的不断深入，Carroll 等发现，完形测试的结果常出现不一致。探究出现这种不一致的原因，主要有三点：第一，删词率的变化可能会导致各测试结果间出现显著差异。第二，完形测试的评分标准也可能是导致各完形测试的结果不一致的又一重要因素。第三,完形测试选用的语言材料,如阅读文章的难易度也会影响到完形测试的结果。当然,对文章内容的认可程度、学生的背景知识等因素也可能会导致完形测试的结果不一致[①]。

(四) 完形测试的效度

对"完形测试究竟测的是何种语言能力"这个问题,各家学者众说纷纭。但总的来说,对完形测试所测能力的看法有三种:

(1)完形测试与分立式测试没有统计上的区别。

(2)完形测试测的是较低水平的语言能力[②]。

(3)完形测试测的是较高的技能和综合语言能力[③]。

(五) 四种完形方法

随着完形测试在语言测验,特别是在第二语言测验中的使用率越来越高,作用越来越重要,完形测试的方法也越来越多,但总的来说可分为四类:按固定比率删词法(Fixed-ratio)、意向删词法(Rational)、多项选择法(MC-cloze)和C-test,也有人把按固定比率删词法和意向删词法合称为填空式(Fill-in)完形测试。

[①] Carroll, J. B., Carton, A. S. & Wilds, C. 1959, *An investigation of "cloze" items in the measurement of achievement in foreign languages*, College Entrance Examination Board Research and Development Reports. Laboratory for Research in Instruction, Graduate School of Education, Harvard University. (ERIC)Ed. 021—513.

[②] Burton, N. G. & J. C. R. Licklider. 1955, Long-range constraints in the statistical structure of printed English, *American Journal of Psychology*, 68, 650—653.

[③] Coleman, E. B. & Miller, G. R. 1967, The measurement of information gained during prose learning, *Reading Research Quarterly*, 3, 369—386.

（六）对这四种完形测试方法的讨论

评价一个测试的好坏，我们一般从难易度、区分度、信度和效度四方面进行讨论，对这四种完形测试方法的比较，我们也将从这四方面入手。

难易度

难易度，指测验中所有题目的平均难易度，即全体被试在所有题目上的通过率的平均数。在一个理想的测验中，每个项目的难易度应分布在.30—.70这个范围内，平均难易度应在.50上下。

Bachman和李光荣认为，使用意向删词法编制的完形测试明显地比使用按固定比率删词法编制的完形测试简单[1]。

Greene（1965）在对母语被试的测验结果进行分析时发现，使用这两种方法得到的测验的总的难易度是一样的。

Shohamy认为，对被试来说，构想一个答案比选择一个答案难得多[2]。

Hughes认为，C-test比其他完形测试难，并且通常从即时语境中就能得出正确答案[3]。

Chapelle & Abraham的研究表明，按固定比率删词的完形测试最难，其次是意向删词完形测试，再次是C-test，最容易的

---

[1] 李光荣：《完形程序的由来及其在教学中的发展》，《外语教学与研究》1990年第4期。

[2] Shohamy, E. 1984, Does the testing method make a difference? The case of reading comprehension, *Language Testing*, 1, 147—170.

[3] Hughes, A. 1989, *Testing for language teachers*, Cambridge University Press.

是多项选择完形测试[①]。

Klein-Braley 的研究发现,按固定频率(7th)删词的完形测试最难,其次是C-test,最容易的是多项选择完形测试[②]。

信度

信度,也叫可靠性,指测验分数的稳定性和一致性程度(张凯,2002)。

Greene 认为,使用意向删词法编制的完形测试比使用按固定比率删词法编制的完形测试信度高[③]。

Bachman 认为,对所有被试来说,按固定比率删词和意向删词的完形测试的分半信度系数差异不显著。

Cranney 认为,多项选择和"主观"填空式这两种形式的完形测试的信度差不多[④]。

Jafarpur 对 20 个 C-test 的研究表明,对母语非英语者来说,测验的信度系数的平均值为.89[⑤]。

Klein-Braley 指出,C-test 的信度系数最高(Alpha = .85),多项选择完形测试的信度系数为.51[⑥]。

[①] Chapelle, C. A. & Abraham, R. G. 1990, Cloze method: what difference does it make? *Language Testing*, 7, 121—146.

[②] Klein-Braley, C. & Raatz, E. 1984, A survey of research on the C-test, *Language Testing*, 1, 134—146.

[③] Greene, F. P. 1965, Modifications of the cloze procedure and changes in reading test performances, *Journal of Educational Measurement*, 2, 213—217. b.

[④] Cranney, A. G. 1972, The construction of two types of cloze reading tests for college students, *Journal of Reading Behavior*, 5, 60—64.

[⑤] Jafarpur, A. 1995, Is C-testing superior to cloze? *Language Testing* 12, 194—216.

[⑥] Klein-Braley, C. 1997, C-tests in the context of reduced redundancy testing: an appraisal, *Language Testing*, 14, 47—84.

Chapelle & Abraham 的研究表明,四种完形测试的信度相差不大[1]。

区分度

区分度是题目最重要的一个性质,一个题目好不好,主要看的就是区分度。所谓区分度,就是题目对被试的区分能力。Bachman 的研究表明,按固定比率删词与意向删词完形测试的区分度差不多[2]。

效度

效度指测试在何种程度上测出了它宣称要测的东西。一个测试的效度,通常通过内容效度、构想效度和效标关联效度来体现。

Bachman 的研究表明,按固定比率删词的完形测试和意向删词的完形测试与其他六个语言测验的相关是可比的,$r_F = .62 - .82$,$r_R = .68 - .81$。

Bensoussan & Ramraz 报告,在他们的多项选择完形测试和"主观"填空式完形测试间存在比预期低的相关($r = .43$),但因为缺少对那个样本的信度估计,所以很难解释这种相关的强弱[3]。

Jonz 计算多项选择完形测试和其他形式的语言测试之间的相关时发现,多项选择完形测试与作文测试的相关最强,其次

---

[1] Chapelle, C. A. & Abraham, R. G. 1990, Cloze method: what difference does it make? *Language Testing*, 7, 121—146.

[2] Bachman, L. F. 1985, Performance on cloze tests with fixed-ratio and rational deletions, *TESOL Quarterly*, 19, 535—555.

[3] Bensoussan, M. & Ramraz, R. 1984, Testing EFL reading comprehension using a multiple-choice rational cloze, *The Modern Language Journal*, 68, 230—239.

是与语法结构的相关①。

Hale 等发现,TOEFL 考试中多项选择完形测试和书面部分的相关高,与听力理解部分的相关低②。

Cohen,Segal & Weiss 发现,C-test 支持微观的处理,但他们找不到宏观处理的清晰的模式③。

Negishi 报告,C-test 和 ELBA 阅读分测验的相关系数为.80,与整个 ELBA 测试的相关系数为.76④。

Chapelle 通过分析完形测试与 Iowa State University Placement Test 和写作测验的相关关系的结果,认为,按固定比率删词的完形测试与书面表达部分的相关最高;意向删词及多项选择完形测试与阅读理解的相关最高;C-test 与词汇部分相关最高⑤。

Klein-Braley 指出,在他研究的几种方法中,与 DELTA (Disburg English Language Test for Advanced Students)相关最高的是 C-test 和完形测试⑥。

---

① Jonz, J. 1976, Improving on the basic egg: the M-C cloze, *Language Learning*, 26, 255—256.
② Hale, G. A., Stansfield, C. W., Rock, D. A., Hicks, M. M., Butler, F. A. & Oller, J. W., J. r. 1988, *Multiple-choice items and the TOEFL*, TOEFL Research Report No. 26, Princeton, New Jersey, Educational Testing Service.
③ Cohen, A. D., Segal, M. & Weiss, R. 1984, The C-test in Hebrew, *Language Testing*, 1,221—225.
④ Negishi, M. 1987, The C-test: an integrative measure? *The IRLT Bulletin*, 1,3—26.
⑤ Chapelle, C. A. & Abraham, R. G. 1990, Cloze method: what difference does it make? *Language Testing*, 7, 121—146.
⑥ Klein-Braley, C. & Raatz, E. 1984, A survey of research on the C-test, *Language Testing*, 1, 134—146.

(七) 研究问题

从以上对前人研究结果的回顾中我们可以看出，尽管对影响完形测试的各种因素以及完形测试的构想效度等问题已经做了大量的研究，但是各家学者并没能达成共识，特别是在完形测试的效度这个重大问题上还是存在着很大的分歧，对各种测试方法测的究竟是何种语言能力还有很大的争议。更重要的是，前人的研究主要都是针对英语作为第二语言的完形测试，在汉语作为第二语言的完形测试中情形会是怎样，本文将提供一些实证的数据。因此，本文将首先在对四种完形测试的内部一致性信度进行比较的基础上，进一步探讨效度问题，然后从聚敛效度、判别效度入手，探讨完形测试究竟测的是什么，对这四种完形测试方法的效标关联效度进行检验。

三 研究方法和研究过程

(一) 研究设计

1. 被试

本次研究的被试全部来自青岛大学国际学院的本科班，样本总数144人，其中有93人参加了2003年12月21日举行的HSK（初、中等）考试，其中80人获证，获证率约86.02%。因此，我们可以把本研究被试的汉语水平定义在大致相当于HSK（初、中等）的水平上。

2. 实验材料

主要实验材料

实验的主要材料是一个类似于HSK考试的语言水平测验，包括听力理解、完形测试、阅读理解和语法结构四部分试题。

第二节 四种完形填空测试方法的信、效度检验

　　语言水平测验共四部分,150题,130分钟。第一部分,听力理解,40题,25分钟;第二部分,完形测试,40题,45分钟;第三部分,阅读理解,40题,45分钟;第四部分,语法填空,30题,20分钟。第一、三、四部分类似于HSK(初、中等)考试中的听力、阅读和语法部分,都是多项选择题,是我们的第一个效标,第二部分是完形测试,是我们的重点研究对象。本研究使用的测试题全部为自编题目。

　　听力理解既考查了语法能力又考查了篇章能力。语法结构主要测的是语法能力。阅读理解主要测试被试的语法能力和篇章能力。

　　在完形测试这一部分里,我们共选取了四段文字,每段文字的长度都在270字到360字之间。选文的难度适合被试的语言水平。在文章中,我们用横线代替每一个被删掉的字词,从而形成各个完形项目。每段文字都分别使用了四种测试方法,在这四种方法下设计出四种形式的完形文章,共16段文字,每段文字中包含10个完形测试题。这些文字不来自任何现有课本中的课文,而是取自报章杂志原文。我们推测被试在学习过程中没有遇到过这些文章。我们希望,被试在接受测试时不是依靠经验而是根据他们现有的实际汉语水平对题目作出反映。

　　按固定比率删词的完形测试严格按照每隔16个字把第17个字删掉的比例删字。若第17个字是人名、地名、日期、数字等,则删掉第16个字;若第16个字也是这些词,则删掉第18个字。每段语料出题的起始点都是那段语料的第66个字。

　　意向删词完形测试中对项目的选择是明确根据文章的线索进行的。

多项选择完形测试中去掉的词语和意向删词完形测试中的完全一样。但是多项选择完形测试中去掉的是整词；而意向删词完形测试中去掉的一定是一个字。对每个空儿，都给出了四个备选答案，在多数情况下，三个干扰项和正确选项的词性是一致的。

C-test 完形测试是从第二段的第 38 个字开始删字，后面的题目是每隔 4 个字就删掉一个字，在空白处给出所删字的一个部件，是形声字的给出声旁，不是形声字的按照《汉字信息字典》的划分，给出一级部件若是独体字，则不在计数范围内。

辅助实验材料

本研究的辅助实验材料为教师评分调查问卷和 HSK（初、中等）正式考试成绩。

教师评分调查问卷包括听力、语法、阅读、综合四部分，要求教师根据每个被试的语言水平用 5 级评分法，给他们打分。最高分为 5 分，最低分为 1 分。

参加我们测试的部分被试也参加了 2003 年 12 月 21 号的 HSK 考试，所以我们有 93 人的 HSK 考试成绩作为第二个辅助工具。

3. 数据收集过程

测试实施过程

我们于 12 月 17 日上午 10∶00—12∶10 在青岛大学同时对 144 名考生进行了本次语言水平测试，四部分测试同时进行。测试时，被试每人得到一份学生卷，被试直接在考卷上选择或填写答案。教师评分表由各班任课老师完成。

为了避免顺序因素的影响、练习效应和教师对评分标准的

第二节 四种完形填空测试方法的信、效度检验

把握不同,我们对完形测试部分采用了区组随机的实验设计。一个自然班为一个区组,在实验试卷的左上角只标明试卷号,在非实验试卷的左上角除了标明试卷号以外再画一个小圆圈,以保证回答每个题型的被试人数相同。每个人只做包含四段不同文字的四种完形填空。下表是每份试卷中对应的完形填空。

表 8-4 四种完形题目在各试卷中的分布情况

试卷号	第一部分	第二部分	第三部分	第四部分
1	A_R	B_M	C_C	D_F
2	A_F	B_R	C_M	D_C
3	A_C	B_F	C_R	D_M
4	A_M	B_C	C_F	D_R
5	B_R	C_M	D_C	A_F
6	B_M	C_C	D_F	A_R
7	B_C	C_F	D_R	A_M
8	B_F	C_R	D_M	A_C
9	C_M	D_C	A_F	B_R
10	C_C	D_F	A_R	B_M
11	C_F	D_R	A_M	B_C
12	C_R	D_M	A_C	B_F
13	D_C	A_F	B_R	C_M
14	D_F	A_R	B_M	C_C
15	D_R	A_M	B_C	C_F
16	D_M	A_C	B_F	C_R

注:A、B、C、D 表示四篇文章

下标的 F、R、M、C 表示四种题型,其中 F 代表按固定比率删词,R 代表意向删词,M 代表多项选择,C 代表 C-test

从上表中我们可以看出虽然有十六种试卷,但实际上只有四套考题。

评分

使用 0/1 制的评分方法进行评分,听力、阅读、语法、多项选择完形测试和 C-test 使用精确答案评分法;按固定比率删词和

意向删词的完形测试使用可接受答案(包括可接受的字或词)评分方法。我们这里所说的可接受答案评分方法是指语义和语法同时正确的答案。这项评分由笔者完成,评分时间为2003年12月27—31日。

说明:0/1评分用MCAT进行题目分析。

(二) 数据结果及分析

分别计算四种完形测试的难易度、区分度、信度和效度。难易度用答对率表示;信度,计算Alpha系数,具体指各分测验的Alpha系数;区分度采用点双列相关系数;效度主要指效标关联效度,其中,完形测试总分及用四种方法设计的完形测验与语言测验和HSK(初、中等)正式成绩的相关用"皮尔逊积差"相关系数表示,完形测试总分及用四种方法设计的完形测验与教师评分的相关用"斯皮尔曼等级"相关系数表示。

1. 难易度检验

难易度计算的方法

由于听力、完形、阅读、语法这四类题型都使用的0/1评分,所以我们这里的难易度指的就是答对率,全卷的难易度就是所有题目的平均答对率。

结果

在我们的实验中,分别计算每套试卷四部分题目的难易度系数和四种方法完形题目的难易度系数,各部分题目都使用原始分。

通过研究我们可以看出:

(1)听力、语法、阅读在四套试卷中的难易度基本上是一致的。

(2)所有题目的难易度是适合被试的能力水平的。

(3) 在四套试卷中,阅读题目都是最简单的。

(4) 除试卷 161014 以外,多项选择完形测试都比意向删词完形测试简单。

(5) 除试卷 161014 以外,多项选择完形测试总是最容易。

(6) 在不同试卷中,各种完形题目的平均难易度各不相同。

讨论

在四套试卷中听力、语法、阅读三部分题目的难易度基本上是一致的,是因为通过我们的实验设计,答每套试卷的被试的能力应该是差不多的,而他们考的又是同一套试卷,所以试卷的难易对他们来说也应该是差不多的。

各套试卷中四部分题目的难易度是适合被试的能力水平的。我们知道,最适合被试能力水平的题目的难易度应该在 0.5 左右。我们的题目难易度都在 0.477 到 0.630 之间,所以说是适合我们的目标群体的。

在我们的语言水平测验中,阅读题目最简单可能是因为,参加我们这次实验的日韩被试共占被试总人数的 98.62%,而韩国和日本都是汉字文化圈的国家,所以阅读汉语文章对他们来说可能比较简单。

在四套试卷中,按固定比率删词的完形测验的难易度有着比较大的变化,难易度在 .422 到 .614 之间,这也从一个侧面支持了 Alderson "完形测验的结果不一致可能不是由删词率决定的,而是由所删掉的那些特定的词不同造成的"的发现[1]。因为

---

[1] Alderson, J.C. 1980, Native and nonnative speaker performance on cloze tests, *Language Learning*, 30, 59—76.

在按固定删词的完形测试中,我们无法事先决定所删掉的词的难易度,所以我们就无法控制这部分题目的难易度。

除试卷 161014 以外,在另外三份试卷中,多项选择完形测试都比意向删词完形测试简单,并且多项选择完形测试总是最容易。这与 Chapelle 等人得到的结果是一致的[1]。我认为这可能是因为这两部分题目的测试点是一样的,但多项选择完形测试有备选答案,所以,被试只需要使用再认性技能就可以了;而在意向删词完形测试中,被试需要使用回忆性技能,而再认性技能比回忆性技能要简单得多。

对不同试卷中各种完形题目的平均难易度各不相同,我们认为可以做以下解释:不同完形题目的难易度是由文章的难易度决定的。这一结果印证了 Klein-Braley 和 Zarabi "文章的难易度会影响到测试的结果"的结论[2]。这也可能说明了完形测验并不是平行测验,它是会受到文章难易度等因素影响的。

2. 区分度检验

区分度计算的方法

由于听力、完形、阅读、语法四类题型同时涉及 0/1 评分,并且分数的分布都是连续的正态分布,计算区分度时我们选用点双列相关系数。点双列相关系数适用于 0/1 评分,而且既精确可靠,又不容易受极端值的影响。

---

[1] Chapelle, C. A. & Abraham, R. G. 1990, Cloze method: what difference does it make? *Language Testing*, 7, 121—146.

[2] Klein-Braley, C. 1981, *Empirical investigations of cloze tests*, Unpublished PhD, University of Duisburg. Zarrabi, A. 1988, *Deletion rate and test difficulty in cloze*, Unpublished MA, Alameh Tabatabaie Univesity, Tehran.

结果

在我们的实验中，分别计算每套试卷四部分题目的区分度和四种方法完形题目的区分度，各部分题目都使用原始分。通过研究我们可以看出：

(1) 在四套试卷中，四部分题目的区分度都比较高。

(2) 在四套试卷中，完形填空的区分度总是最高。

(3) 四种方法完形题目的区分度都相当高，都达到了 0.4 以上。

(4) 除试卷 471115 以外，C-test 的区分度总是最高。

(5) 在四套试卷中，多项选择完形测试的区分度总是最低。

讨论

四种完形填空方法的区分度都比较高，主要是因为按固定比率删词的完形填空、意向删词完形填空和 C-test 都属于半客观题目，被试在做这些题目时，没有猜测因素，真分数所占比重较大。多项选择完形填空的区分度也较高是因为，对同一篇文章来说，多项选择完形填空和意向删词完形填空的测试点相同，而我们在正式施测之前，曾把意向删词完形填空的题目给一部分学生做过，我们在设计多项选择完形填空的干扰项时，有一部分是根据留学生在做意向删词完形填空时出现的错误答案确定的，有一部分是根据我们平时与学生的接触中发现的他们经常犯的错误确定的。

多项选择完形测试的区分度低于其他方法完形测试的区分度，一方面可能因为这部分题目有备选答案，有一定的猜测因素，另一方面可能因为部分题目的干扰项模糊性太强，以至于把一部分本来水平比较高的被试也迷惑住了。

3. 信度检验

信度计算的方法

听力、完形、阅读、语法四类题型,我们计算其内部一致性信度。由于这四类题型同时涉及 0/1 评分,计算内部一致性信度时我们选用 α 系数。α 系数适用于估计连续记分和一切非 0/1 记分测验的信度,而且是内部一致性信度检验中最严格的指标。

结果

在我们的实验中,分别计算每套试卷四部分题目的 α 系数和四种方法完形题目的 α 系数,各部分题目都使用原始分。通过研究我们可以看出:

(1)本研究中试卷的内部一致性信度较高。

(2)在四套试卷中完形填空部分的信度总是最高。

(3)在四套试卷中,语法部分的信度均低于完形填空和阅读部分。

(4)四部分试题在四套试卷中求得的信度系数都不一样。

(5)在四套试卷中,按固定比率删词的完形测试、意向删词完形测试和 C-test 的信度都较高。

(6)在四套试卷中 C-test 的信度都是最高的。

(7)在四套试卷中,多项选择完形测试的信度都是最低的。

讨论

在四套试卷中完形填空的信度都特别高,甚至在试卷 471115 中达到了 .949 的信度系数,我们认为这是由以下原因造成的:(1)考生之间的分数差距比较大,考生的异质程度高。(2)这部分题目的区分度最高,这部分题目本身的质量最好。(3)这部分题目中有 3/4 是要求被试写汉字的,这部分题目不具任何猜测因素,分数误差非常小,能够充分体现出学生的真实水平。

在四套试卷中语法部分的信度都低于完形填空和阅读部分,可能因为这一部分的题目数量较其他部分为少(语法 30 题,完形填空和阅读各 40 题),也可能是因为语法部分的题目质量不太高或者是考生在这一部分的同质性高。

在四套试卷中完形填空部分的信度不同可能是由四套试卷中的完形题目不同造成的。四套试卷中听力、阅读和语法部分的题目信度不同,我们认为是由于考生的能力存在差异,因为在四套试卷中这三部分的题目是完全一样的。

C-test 的信度在四套试卷中总是最高,一是由于被试在这部分题目上的能力相差比较大;二是由于这种题型本身比较稳定,因为我们在每个空中都给了应填汉字的一部分,所以被试在回答题目时有了一定的限制,更加减少了题目的猜测因素。

多项选择完形测试的信度在四套试卷中总是最低的,由于:一、被试在这部分题目上的能力差异不太大;二、这部分题目的区分度最低;三、多项选择题已经给出了四个备选答案,被试即使不知道哪个是正确答案,随便选一个,也有 25% 的机率答对题目。这样在报告分数中真分数占的比例就相应地减少,而误差分数占的比例就相应地增多。由于多项选择这种题型本身的原因给测验加入了更多的不稳定因素,所以它的信度当然就会低于其他题型的信度。

4. 效标关联效度的检验

所谓效标效度,就是考察测验分数与效标的关系,看测验对我们感兴趣的行为预测得如何[①]。根据搜集效标的时间，可以将效标效度分为共时效度（Concurrent Validity）和预测效度（Predictive Validity）。共时效度的效标资料是与测验分数同时搜集的，预测效度的效标资料则需要过一段时间才可搜集到。由于条件限制，本研究只调查共时效度。

效标的选取

所谓效标指的是衡量测验有效性的外在标准，通常是指我们所要预测的行为。郑日昌等（1998）认为一个好的效标必须符合以下几个条件：

（1）效标测量必须真实地反映观念效标的重要侧面；

（2）效标测量必须稳定可靠；

（3）效标测量必须客观，避免偏见；

（4）在保证有效性的前提下，效标测量必须尽可能简单、省时、花费少。也就是说，在选择效标时，我们必须注意效标的真实性、可靠性、客观性、有效性和经济性。

参照这几条标准，我们选用了以下两组效标：

（1）教师的评分：教师评分反映了教师对学生听力、语法、阅读、综合各方面水平的总体把握，是教师对学生的语言水平进行一个学期的观察后得出的结论。我们认为它能较好地反映学生的真实语言水平，是较为理想的效标。

（2）HSK（初、中等）考试成绩：在前面四项选取效标的条件中，可靠性是非常重要的一项，如果效标测量随时间或情况而变化，就不能与测验分数有恒定的关系。而 HSK 是目前国内最

[①] 郑日昌、蔡永红、周益群：《心理测量学》，人民教育出版社，1998。

具权威性的测量母语非汉语者的汉语水平的考试,是非常可靠的效标。从卷面构成的角度看,HSK(初、中等)由四大部分组成:听力理解、语法结构、阅读理解和综合填空,可以描述为对听的能力、语法能力、阅读能力和综合运用语言能力的测量。因此我们可以暂且把 HSK 总分看作考生总体语言水平的反映,同时把各部分分数分别看作听力、语法、阅读和综合运用能力的反映。

实验结果

针对我们的语言水平测验

由于完形填空总分和语言能力测验其他部分的分数都是等距量表,所以在计算完形填空总分与听力、阅读、语法以及总分(不包括完形填空总分)的相关时,我们采用了皮尔逊积差相关,结果如下:

(1)除了在试卷 161014 中,完形填空总分与听力部分的相关较低外,在四套试卷中与四部分题目的相关都在.4 以上,且在.05 水平上显著。

(2)在试卷 161014 中,完形填空总分与阅读理解部分的相关最高;在试卷 25913、381216 和 471115 中,完形填空总分都与我们语言能力测验总分的相关最高。

由于用四种方法设计的完形测验和语言能力测验的各部分分数都是等距量表,所以我们在计算按固定比率删词完形填空、意向删词完形填空、多项选择完形填空及 C-test 与听力、语法、阅读、完形填空以及总分(我们所指的完形填空和总分是除掉所研究部分后得到的分数,例如,在研究按固定比率删词的完形测验时,完形填空分数是扣除按固定比率删词的完形测验分数后的分数,或者说是意向删词完形填空、多项选择完形填空和C-test 三部分分数之和,总分也是扣除该部分后的分数)的相关时,使用皮尔逊积差相关,结果如下:

(1)在试卷 161014 中,按固定比率删词的完形填空与总分相关最高;在另外三套试卷中与完形填空总分相关最高,与语言水平测验总分的相关为第二高相关。

(2)在四套试卷中,意向删词完形填空总是与完形填空总分的相关最高。

(3)在四套试卷中,意向删词完形填空与语言水平测验总分的相关为第二高相关。

(4)除试卷 381216,意向删词完形填空与听力部分的相关都是最低的。

(5)在试卷 25913 中,多项选择完形填空与总分的相关最高;在另外三套试卷中,多项选择完形填空总是与完形填空总分的相关最高。

(6)在四套试卷中,C-test 与完形填空总分的相关总是最高的。

(7)除试卷 381216,C-test 与听力部分的相关都相当低。

针对教师评分

由于教师评分为顺序量表,所以我们在计算完形填空总分、按固定比率删词的完形测验、意向删词完形测验、多项选择完形测验及 C-test 与教师评分的相关时采用斯皮尔曼等级相关,结果如下(以下分析样本数量均为 36 人):

(1)总的来看,在四套试卷中,完形填空总分与教师对被试综合填空能力评分的相关都比较高。

(2) 在试卷 161014 和 381216 中，按固定比率删词的完形填空与教师对被试阅读能力评分的相关最高；在试卷 25913 中，按固定比率删词的完形填空与教师对被试听力能力评分的相关最高；在试卷 471115 中，按固定比率删词的完形填空与教师对被试语法能力评分的相关最高。

(3) 在试卷 25913 中，按固定比率删词的完形填空与教师对被试各项能力评分的相关都很低；在另外三套试卷中，按固定比率删词的完形填空与教师对被试阅读理解能力评分的相关都比较高。

(4) 在试卷 161014 中，意向删词完形填空与教师对被试综合填空能力评分的相关最高；在试卷 25913 和 471115 中，意向删词完形填空与教师对被试听力能力评分的相关最高；在试卷 381216 中，意向删词完形填空与教师对被试阅读能力评分的相关最高。

(5) 在试卷 161014 中，多项选择完形填空与教师对被试各项能力评分的相关都相当低；在试卷 25913 中，多项选择完形填空与教师对被试听力能力评分的相关最高；在试卷 381216 和 471115 中，多项选择完形填空与教师对被试阅读能力评分的相关最高。

(6) 在四套试卷中多项选择完形填空均与教师对被试语法能力评分的相关最低。

(7) 在四套试卷中，C-test 与教师对被试各项能力评分的相关都比较低，只有在试卷 471115 中，C-test 与教师对被试语法能力评分的相关达到了 .4 以上。

针对HSK(初、中等)正式成绩

由于完形填空总分和用四种方法设计的完形填空的分数及HSK(初、中等)正式成绩都是等距量表,所以我们在计算相关时采用皮尔逊积差相关。在我们的语言测验中使用试卷161014、25913、381216、471115并参加了2003年12月21日的HSK考试的被试人数分别为24、24、25、20。完形填空总分、按固定比率删词的完形测验、意向删词完形测验、多项选择完形测验及C-test与HSK(初、中等)考试听力理解、语法结构、阅读理解、综合填空以及总分的皮尔逊积差相关结果如下:

(1)除试卷471115外,完形填空总分与HSK各部分之间的相关都比较高。

(2)总的来看,完形填空总分与HSK总分的相关都达到了一定的水平。

(3)总的来看,按固定比率删词的完形填空与HSK总分之间的相关是比较高的。

(4)总的来看,意向删词完形填空与HSK总分之间的相关都较高,在各套试卷中都位于第二高相关的位置。

在试卷161014中,多项选择完形填空与HSK各部分的相关都不太高,只有与语法部分的相关达到了.447,且在.05水平上显著;在试卷25913中,多项选择完形填空与HSK综合填空部分的相关最高;在试卷381216中,多项选择完形填空与HSK听力部分的相关最高;在试卷471115中,多项选择完形填空与HSK阅读部分的相关最高。但在试卷25913、381216和471115中,多项选择完形填空与HSK总分的相关都是第二高相关的。

在试卷25913和471115中,C-test与HSK各部分之间的相关都非常低;在试卷161014中,C-test与HSK总分的相关最高;在试卷381216中,C-test与HSK阅读部分的相关最高。
讨论

(1)我们发现,完形填空作为一种测量汉语作为第二语言的能力的方法,其结果的变化是比较大的,但它与各项效标都具有实质性关系,所以我们认为完形填空既考察了被试低水平的语言能力又考察了被试高水平的语言能力。尽管在不同试卷中完形填空与三组效标各部分存在着不同程度的相关,但是完形填空与语法的相关并不高于与其他部分的相关,并且总的来看,完形填空与总分和综合填空能力的相关比较高。这一研究结果表明,单纯地将完形填空看作是一种综合性测验或一种分立式测验都是比较片面的,如果一定要做这种划分,我们认为完形填空更倾向于测量被试的综合能力,这支持了Darnell,Oller,Stubbs & Tucker的观点[①]。我们认为之所以会出现这一结果,是因为:首先,被试要想正确回答完形题目,就先要读懂完形文章,然后根据上下文语境,综合他的语法等能力,来推测他所要在空白处填写的那个特定的汉字,在这个过程中,被试需要调动从认读词汇、建立概念,到判断、推理的所有层次的语言行为,所以完形填空考察的应该是被试的综合语言能力;其次,一篇文章

---

① Darnell, D. K. 1970, Clozentropy: a procedure for testing English language proficiency of foreign students, *Speech Monographs* 37,36—46. Oller, J. W. Jr. 1972, Scoring methods and difficulty levels for cloze tests of proficiency in English as a second language, *Modern Language Journal* 56, 151—158. 1979. Oller, J. W. Jr. 1979, *Language Tests at School*. NY, Longman. Stubbs, J. B., Tucker, G. R. 1974, The cloze test as a measure of English proficiency, *Modern Language Journal*, 58, 239—242.

可以出比较多的完形填空题目,如果这些完形填空题目是该篇文章的一个有代表性的抽样的话,那么这些题目中应该涵盖了语义、语法、语用等各方面的题目,而这些题目考察的是被试不同方面的语言能力,所以将这些题目综合在一篇完形文章中,这篇文章考察的就应该是被试的综合语言能力。

(2)我们发现,按固定比率删词的完形填空作为一种完形测试方法,其结果是非常不稳定的,在和语言水平测验的相关中,与完形填空总分和语言测验总分的相关最高,在与教师评分的相关中,在不同试卷中分别与听力、阅读、语法的相关最高,在与HSK的相关中,分别与听力和阅读的相关最高。我们认为结果的不一致可能与随机删词的原则有关,这再次印证了 Alderson "完形测验的结果不一致可能不是由删词率决定的,而是由所删掉的那些特定的词不同造成的"的发现①。因为随机删词忽略了文章句法和语义上的关系,因此可能就会出现不同完形测试文章结果的不一致。完形测试的结果究竟会怎样,就要看需要被试填的词的句法功能和语义功能了。如果在一篇文章中,我们按照按固定比率删词的原则删掉的词,主要是和语法有关的,那么我们的完形测验考察的有可能就是被试的语法能力,所以看起来似乎就只考察了被试低水平的语言能力;如果在一篇文章中,我们按照按固定比率删词的原则删掉的词,主要是和语义、语用有关的,那么我们的完形测验考察的有可能就是被试的阅读能力,所以看起来似乎就只考察了被试高水平的语言能力;

---

① Alderson, J. C. 1980, Native and non-native speaker performance on cloze tests, *Language Learning*, 30, 59—76.

第二节 四种完形填空测试方法的信、效度检验

如果在一篇文章中我们按照按固定比率删词的原则删掉的恰好既有与语法有关的,又有与语义、语用有关的,那么我们的完形填空考察的有可能就是被试的综合语言能力,所以看起来似乎就既考察了被试高水平的语言能力,又考察了被试低水平的语言能力。但是有一点我们不得不承认,就是我们按照按固定比率删词的原则删掉的词究竟是什么样的,我们究竟会得到什么样的结果,这是事先不可预知的。所以笔者同意 Hanania & Shikhani 的观点[1],认为按固定比率删词的完形测验和其他测验方法一样,只是我们用来开发、制造测验的一种方法,"它本身并不能自动生成效度很高的测验"。

(3)我们发现,不同试卷中意向删词完形测验与语言水平测验中完形填空总分的相关总是最高,分别与教师评价中综合填空、听力和阅读能力的相关最高,分别与 HSK 的听力、语法、综合部分的相关最高。我们在文献回顾部分已经说过,听力测验考察的是被试的综合能力,根据我们的讨论 2,我们可以知道完形测试也是一种综合性测试,所以,综合我们的实验结果,我们有理由认为意向删词完形测试是一种综合性测试。这与 Yamashita "意向删词完形测试是测量阅读理解能力的方法"的结论有所不同[2]。我们认为,意向删词完形填空不仅测量了被试的阅读能力,而且测量了阅读能力以外的其他能力。这是因为:

---

[1] Hanania, E. & Shikhani, M. 1986, Interrelationships among three tests of language proficiency: Standardized ESL, cloze, and writing, *TESOL Quarterly*, 20, 97—109.

[2] Yamashita, J. 2003, Processes of taking a gap-filling test: comparison of skilled and less skilled EFL readers, *Language Testing*, 20, 267—293.

第一,被试在做意向删词的完形题目时,首先要读懂文章,这似乎考察了被试的阅读能力,但是完形填空和我们普通的阅读毕竟不一样,在我们普通阅读中我们获得的完整的文章在完形测试中是没有的;在普通阅读中我们的主要任务是把握文章大意,而在完形测试中我们除了要把握文章大意外,还需要综合包括语法知识在内的多种信息资源,来推测需填汉字。第二,我们在设计意向删词完形填空时,测验开发者有着很大的主动性,他可以根据文章的特点来设计题目,所以他既可以设计与语法有关的题目,又可以设计与语义有关的题目,还可以设计与语用有关的题目,即使在测验生成之后也可以根据预测的结果增加或删减一些题目,所以被试在做题时,就既需要即时语境又需要长语境,这些都为有效地考察被试的综合语言能力提供了保障。

(4)我们发现,在不同试卷中,多项选择完形测验分别与语言水平测验中完形填空总分和总分的相关最高,与教师评价中听力和阅读的相关最高,分别与 HSK 听力、语法、阅读、综合填空的相关最高。但总的来看,虽然多项选择完形填空和分立式测验的相关也不低,但还是和完形填空总分、听力和阅读部分的相关更高,也就是说,多项选择完形测验主要考察了被试的综合语言能力和高水平的语言技能,这一结果和 Brown 的研究结果是一致的[①]。我们认为多项选择完形测试和阅读能力相关较高是因为,被试在做多项选择完形题目和阅读题目时,都需要将注意力集中于文章的某个或某些特定部分,然后回答问题,

---

① Brown, J. D. 1988a, What makes a cloze item difficult? *University of Hawai'i Working Papers in ESL*, 7(2), 17—39. Brown, J.D. 1993, What are the characteristics of natural cloze tests? *Language Testing*, 10, 93—116.

当然这些特定部分既可以是一个词,也可以是整篇文章。我们认为多项选择完形填空考察的主要是综合语言能力,可能是因为多项选择完形填空和意向删词完形填空的测试点是一样的,而我们的测试点中有一部分是考察被试的语法能力的,有一部分是考察被试对较长篇章的理解能力的,所以被试在做完形题目时,既需要使用分句层次的信息,又需要使用篇章层次的信息。

(5)我们发现,C-test 和语言水平测验中完形填空总分的相关最高,和教师评分及 HSK 各部分的相关都不太高,所以我们很难说这部分题目测的是何种能力。出现这种结果可能是因为被试以前从没接触过这种题型,而我们在题目说明时只作了一般性说明,并没有特别举例,所以一些接受新事物较快的被试可能明白了我们的题目要求,另外一些学生可能不知道我们这部分题目究竟要怎么做。本人在评分时发现,这部分题目空着没做的考生中既有在其他题目中得分很高的,也有在其他题目中得分很低的,所以我们有理由相信至少有一部分考生不是真的不会我们要考察的内容,而是不明白我们的测试方法。当然,出现这一结果也有可能说明 C-test 不适合在汉语能力考试中应用。

(6)我们发现,完形填空总分和用四种方法设计的完形题目与各组效标中语法部分的相关变化较大,有时相关较高,有时相关较低,我们认为这有可能是因为语句层面上的语法和篇章层面上的语法是不完全相同的,是既相互独立又相互影响的。因为若干句子组成一个段落,句子和句子之间不仅有意义上的联系,也常常有形式上的联系,许多语法现象只有在话语里才看得清楚,语法受话语的影响①。Rob Batstone 深入分析了语法和话语的关系,认为二者是既独立又相关的②。语法本身是意义构成的形式,在传达意义上具有独立性,但在话语中常常出现一些含糊的或是笼统的概念,必须依靠话语语境才能传达和被理解。所以,我们认为这造成了完形填空总分和用四种方法设计的完形题目与语法部分的相关忽高忽低。

(7)在我们的研究结果中,我们发现了一个有意思的现象,就是完形填空作为一种书面测试形式,在各套试卷中与三组效标中听力部分的相关都比较高,我们认为这有可能在向我们暗示,当我们考察的确实是被试的真实语言能力,或者说是被试内化了的能力的时候,测验形式对测验结果的影响就会是十分微弱的,甚至是可以忽略的。完形填空和听力的相关之所以会比较高,是因为它们之间存在着某种共同的东西,我们认为那就是它们要求被试完成的任务的综合性本质。

四 结论

通过我们的研究,我们发现在我们的四套试卷中,用四种方法设计的完形题目的难易度都是适合我们被试的水平的,但多项选择完形测试最容易;四份试卷中用四种方法设计的完形题目的区分度都是相当高的,点双列相关系数都达到了.4以上;四份试卷中用四种方法设计的完形题目的信度都非常高,但多项选择完形填空的信度要比其他三种方法设计的完形填空的信

---

① 盛炎:《语言教学原理》,重庆出版社,1990。
② 参见王佶旻:《三类口语考试题型的评分研究》。

度低;我们的完形测验的确是一种测量综合语言能力的方法,不同文章中按固定比率删词的完形测验测的可能是不同的语言能力,意向删词完形测验和多项选择完形测验考察的是被试的综合语言能力。

当然,本研究只是完形测试方法在汉语作为第二语言测试领域中所做的一次理论探讨和实验尝试,涉及的考试题型和实验规模都比较小,因而只能当作在该领域的一次试航。

第三节　词汇量测试研究初探[①]

一　引言

词汇学习是语言学习的重要组成部分。学习者获得词汇知识的过程、策略和方法都是词汇习得研究者的兴趣所在。不同的学者对什么是词汇知识有不同的看法。不过对以下两个范畴,学者们的意见则比较一致:(1)词汇广度知识—词汇深度知识。广度知识是指学习者词汇量的大小[②]。深度知识(depth of

---

① 本节摘自钱旭菁:《词汇量测试研究初探》,《世界汉语教学》2002年第4期。

② Hazenberg, S. & Hulstijn, J. 1996, Defining a minimal receptive second language vocabulary for non-native university students: An empirical investigation. *Applied Linguistics* 17, 145—163.

Wesche, M. & Paribakht, T. S. 1996, Assessing second language vocabulary knowledge: Depth versus breadth. *The Canadian Modern Language Review* 53, 13—40.

knowledge)包括词的语音形式、文字形式、概念义、联想义、语法特点、搭配、语用等。[1] (2)词语接收—生成性知识(receptive-productive Knowledge)。[2] 一般第二语言学习者都有这样的体会:自己能理解的词远比会用的词多。能理解的词构成接收性词汇;能理解并能自由运用的词则是生成性词汇,这二者都是学习者头脑中内在的知识。要研究学习者是如何学习这些词语知识的,首先面临的问题就是怎样才能了解这些深藏在学习者头脑中的词语知识,为此我们需要依赖于测量词语知识的手段,例如要研究学习者学习词汇广度知识的情况,就需要有相应的词汇量测试作为研究的工具。

二 词汇量测试的设计

词汇量测试的目的是要考察学习者掌握了多少目的语的词语。设计词汇量测试时首先应该考虑以下几个问题:(1)什么是词?(2)怎么选词?(3)用什么测试形式?

(一) 确定词的范围与选词

设计词汇量测试首先要确定词的范围,哪些是词?哪些不是词?《现代汉语词典》、《汉语水平词汇与汉字等级大纲》(以下简称《等级大纲》)可以作为确定词的参考标准。确定了词的范围以后,并不意味着所有的词都适用于词汇量测试。还要考虑

---

[1] Henricksen, B. 1999, Three dimensions of vocabulary development. *Studies in Second Language Acquisition*, 21, 303—317.

[2] Melka, F. 1997, Receptive vs. productive aspects of vocabulary. In Schmitt, N. & McCarthy, M. (eds.), *Vocabulary: Description, acquisition and Pedagogy*. Cambridge University Press.

实词和虚词的问题。汉语虚词是表达语法关系的重要手段,很多虚词都没有实在的词汇意义,因此汉语学习者对虚词的掌握情况更多地反映了他们的语法知识,而不是词语知识。基于这一点,词汇量测试的内容应该主要选择实词。另外怎样处理固定词组、成语、熟语、专名、方言词、兼类词也是需要考虑的问题。

选词的方法有两种。第一种是词典法:选一部词典,如《现代汉语词典》,根据所需词语的数量,从词典中随机选词,比如选取每10页的第一个词语。学习者词汇量测试的正确率乘以该词典的总词数就是他的词汇量。第二种是频率表法:根据某一词频表,从不同的频率等级中选取相同数量的词语组成测试内容。频率表法有一个假定的前提:无论第一语言(以下记作 L_1)还是第二语言(以下记作 L_2),人们一般总是先掌握高频词,后掌握低频词。研究发现词语的频率对非母语者的词语知识有显著性影响($P<0.001$),非母语者不同频率等级上的词语知识存在显著性差异($P<0.05$)。[1] 因此学习者对各个词频等级上词语的掌握情况可以反映出他对整个目的语词汇的掌握情况。[2]

如果词汇量测试针对的是 L_2 学习者,那么测试内容应该从学习者可能掌握的词中选取[3]。1996年版的《现代汉语词典》

---

[1] Hazenberg, S. & Hulstijn, J. 1996, Defining a minimal receptive second language vocabulary for non-native university students: An empirical investigation. *Applied Linguistics*, 17, 145—163.

[2] Wesche, M. & Paribakht, T. S. 1996, Assessing second language vocabulary knowledge: Depth versus breadth. *The Canadian Modern Language Review*, 53, 13—40.

[3] Schmitt, N. 2000, *Vocabulary in language teaching*, Cambridge University Press.

收字、词 6 万余条,对学习汉语的留学生来说,根本不可能掌握这么多词语。我们在设计词汇量测试时,可以采用以词频统计为主要依据的《等级大纲》。

(二) 测试形式

常见的词汇测试形式有词表法、多项选择、翻译法和释义法等。

词表法(Checklist tests)。将选出的目标词列成词表后,让学习者判断是否知道这些词。如果知道某个词就在该词后打"√"。早在 1890 年人们就已开始使用这种形式测量母语者的词汇量。这种形式最大的优点是可以测试大量词语;但它的问题是学习者很可能高估自己的水平。为了弥补这一缺陷,测试的设计者要在词表中加进一些符合目的语构词法的假词。如果学习者选择了这些假词,那么就说明他对自己的水平估计过高。① 影响较大的 Eurocentres Vocabulary Size Test 采用的就是这一形式,不过,该形式的效度一开始就受到怀疑。Sims 的研究发现用该方法测试儿童词语知识的结果和其他一些词语测试的结果不相关,他认为这种方法测试的是儿童对目标词的熟悉程度,而不是他们对这些词理解的程度。② 词表法在效度上存在的问题主要是没有办法证实学习者的回答是否可靠。另外,学习者心目中"知道"的概念可能和研究者并不相同,这样测试的结果和研究者预期的结果可能会有出入。

---

①② Read, J. 2000, *Assessing vocabulary*. Cambridge: Cambridge University Press.

多项选择。从若干选项中选出和目标词意思相同或相近的选项。选项可以是目标词的同义词或近义词,如例(1);也可以是对目标词的解释,如例(2)。

(1)中国人怎么<u>称</u>不认识的人?

A.看 B.想 C.叫

(2)商店里东西的<u>位置</u>变了。

A.多少钱 B.怎么放 C.在哪儿

这种方法评分和分析比较容易,但编写选项比较费时,而且需要多次预测和调整。此外,这种测试形式测的可能只是学习者对干扰项的知识,而不是目标词的意思。

翻译法。让学习者写出目标词的母语对应词。Nation认为"让学习者给出母语的对应词是辨认测试的最好形式。这一形式容易设计,而且任务也和学习者平时阅读或听的过程相似。其缺点是评分比较复杂,且评分者需要熟悉学习者的母语"。[1]

释义法。这是 Nation(1990)设计的 Vocabulary Levels Test 所采用的形式。它从不同频率等级中选出若干名词、动词和形容词,然后要求学习者选出目标词正确的意思。如下例(横线上的数字是要求学生填写的答案):

1)表情 2)公式 3)饭馆 4)穷人 5)秘书 6)座儿

<u>5</u>)在办公室帮助别人工作的人 <u>1</u>)脸上的样子 <u>2</u>)S = πR^2

---

[1] Nation, I. S. P. 1990, *Teaching and learning vocabulary*. New York: Newbury House Publishers.

该测试对阅读的要求最低,做起来也比较快,因此能测试较多的词语。虽然每组只有3个词需要找出相应的意思,但实际上测试的是6个词。对被试在测试过程中的行为观察表明:学习者在较难的项目上会逐一比较6个词和3个定义[1]。Read还考察了这一测试是否具有等级性,即学习者掌握的高频词是否比低频词多。考察结果显示这一测试的等级系数是0.90,而等级系数在0.60以上就可以认为它具有等级层次,由此可见,该测试的等级性很高。

以下我们介绍的两个汉语词汇量测试采用的分别是翻译法和释义法。两种测试中的词语都是在没有语境的情况下单独展示。一般认为,词汇项目最好在句子或更大的语境中出现,因为实际交际时,人们是在有语境的情况下而不是孤立地理解单个的词语。然而在词汇测试中,如果词汇项目在语境中出现的话,势必会增加阅读的要求。这样,一方面词汇能力的测试会受到阅读理解能力的干扰,测试的效度就会受到影响;另一方面由于增加了阅读任务,能测试的词语数量也会相应地减少。因此词汇测试必须在语境和测试数量这二者之间作出选择,很多词汇测试专家都选择了后者[2]。因此我们设计的词汇量测试都没有给出语境。[3]

---

[1] Read, J. 2000, *Assessing vocabulary*. Cambridge: Cambridge University Press.

[2] Read, J. 1993, The development of a new measure of L_2 vocabulary knowledge. *Language Testing*, 10, 355—371.

[3] Schimitt, N. & Meara, P. 1997, Research vocabulary through a word knowledge framework. *Studies in Second Language Acquisition*, 19, 17—36.

三 3000常用词等级上的两个词汇量测试实例

(一) 确定词的范围和选词

汉语常用词大致为3000左右,《等级大纲》的甲乙两级词(3051个)基本上就是常用词的范围。因此我们的词汇量测试以《等级大纲》中的甲乙级词为范围,选取了其中的名词、动词和形容词。动宾和动补等结构、成语、习用语等未标注词性的未选。兼类词语按照标注的第一个词性归类,比如甲级词中的"演出"标注的是"(动、名)",就把它归入动词。甲乙级词中名词、动词和形容词的数量如下(见表8-5):

表8-5 甲乙两级词中名词、动词、形容词的数量

	名词	动词	形容词	合计
甲级	372	250	116	738
乙级	800	621	277	1698
合计	1172	871	393	2436

确定选词范围以后需要决定的是选多少词。测试词语的多少对测试结果的影响很大。

表8-6 在90%水平上不同词语数量的测试所对应的置信区间

词语数量	100	150	200	300	400	600	1200
最大置信区间	±8%	±7%	±6%	±5%	±4%	±3%	±2%

如果某一测试的总词数是100,某个学生的成绩是80,那么可以有90%的把握说,这个学生的成绩是在72—88(即置信区间是±8%)之间。词语数量越多,测试成绩越准确。但由于受到考试时间的制约,测试词语的数量不可能太多。因此我们的词汇量测试选择了300个词语,测试结果的置信区间是±5%。

这样既能保证较高的准确度,又能使测试在相对短的时间内完成。

要从上述2436个词中选取300个,我们先给名词、动词、形容词分别编号,然后每7个抽取1个。名词、动词、形容词在300个词中所占比例和它们在3000词中的比例大致相同。甲乙级词在300词的比例也与它们在3000词中的比例一致。各类词的分布见表8-7:

表8-7　300词的词汇量测试中甲乙级词与名词、动词、形容词的数量

	名词	动词	形容词	合计
甲级	46	31	14	91
乙级	98	77	34	209
合计	144	108	48	300

(二) 测试形式

我们采用的测试形式分别是释义法和翻译法。释义法要求学习者找出目标词的正确意思;翻译法则要求给出目标词的母语对应词。我们设计的翻译法测试和释义法测试,二者所测词语相同。

释义法词汇量测试首先需要编写目标词的意思。大部分目标词是多义词,我们在设计测试时,给出的解释针对的都是目标词最常用的义项。由于《等级大纲》未分义项,哪个义项最常用只能根据笔者自己的经验。有的词义项较多,很难判断哪个义项最常用,这样的词只好放弃。如"点"的动词义项有11个,我们很难判断其中哪个义项更常用。释义所用的词语,其频率应该比目标词高。我们基本上都使用了甲级词。另外在释义中还应注意避免出现目标词,或目标词的成分。否则,学习者即使不

知道目标词的意思,也可根据释义中的线索猜中目标词。比如目标词是"技术员",而释义是"有技术的人",被试就容易根据释义中的"技术"猜到目标词"技术员"。这类释义在设计测试时显然是应该避免的。

编写完释义后,我们为不同的词编组。6个词语1组,其中3个有释义,3个没有。编组时,每组目标词的词性相同,这样做是为了避免被试通过词性等语法线索而不是词义来找出答案。同一组内的词语意义也不应太接近,因为我们测试的是学习者的一般性词语知识,而不需要学习者辨别相关词语语义上的差别。①

(三)学习汉语的日本学习者参加两个词汇量测试的结果

我们对学习汉语的日本学习者进行了上述两个词汇量的测试。参加测试的是日本某大学法律系二年级和三年级的学生。二年级的学生学习汉语的时间为20个月;三年级的学生学习汉语的时间为32个月。学习课时第一年为每周3学时,第一年以后,有的学生每周3学时,有的学生每周6学时。大部分学生都曾到中国短期留学1个月。2000年12月我们进行了释义法词汇量测试,2周后进行了翻译法词汇量测试。由于这两周学校放假,学生基本上没有接触汉语的机会,因此可以认为学生在参加这两个测试时的汉语水平基本没有差异。22个学生参加了释义法的测试,18个学生参加了翻译法的测试。为了便于比较,我们选取了两次测试都参加了的18人作为样本,对该样本

---

① Nation, I. S. P. 1990, *Teaching and learning vocabulary*. New York: Newbury House Publishers.

的数据用统计软件 SPSS 8.0 进行了统计分析。

表 8-8 日本学生两个词汇量测试中的正确率

	人数	最小值	最大值	平均值	标准差
释义法	18	.747	.987	.90294	.05801
翻译法	18	.513	.920	.71072	.11208

表 8-9 日本学生 3000 常用词等级上的词汇量

	人数	最小值	最大值	平均值	标准差
释义法	18	2279	3004	2749.83	175.66
翻译法	18	1566	2808	2169.17	341.97

表 8-8 反映的是日本学生两次测试的正确率。正确率乘以甲乙级词的总数 3052 就是这些学生掌握的常用词词汇量。从表 8-8、表 8-9 可以看出释义法词汇量测试中,日本学生的平均正确率达 91%,平均常用词词汇量为 2750;翻译法测试的正确率为 71%,平均常用词词汇量为 2169。需要注意的是,这里所说的是日本学生在 3000 常用词等级上的词汇量,因为我们选词的范围就是 3000 常用词。因此不能说学习了一年半到两年半汉语的日本学生,他们的汉语词汇量就是 2750 或 2169。

以上两个测试结果表明,学习了 20 个月和 32 个月汉语的日本学习者掌握了 70%—90% 的常用词。统计结果表明释义法和翻译法两种词汇量测试的结果存在显著差异($p = 0.000$)。在解释该比例时,还需要注意两点:

首先,掌握某个词语不是"会"与"不会"绝对地两分。词语的知识有不同的层次,正如江新(1998)所指出的:可以将"认识一个词"看成是一个连续体,在连续体的一端是"不认识",词的意义在语义记忆中没有建立起来;另一端是"认识",对词的知识已经牢固掌握。释义法测试的是最浅层次的词汇知识,学习者只需要辨认和目标词意义相同的词语或句子[①]。翻译法测试的也是学习者对词语的接受性知识。上述两个词汇量测试只能说明 70%—90%的常用词日本学习者在看到时能辨认出来。至于这些词语掌握的质量如何,是否能主动生成,并不是词汇量测试需要解决的问题,它要靠专门的词汇深度测试。

其次,由于汉语和日语都使用汉字,两种语言存在相当数量的形式相同、意义相同的同形词。在我们测试的 150 个要找出正确意思或翻译的词语中,有 73 个是形式、意义相同的日汉同形词,13 个是形式部分相同、意义完全相同的部分同形词。同形词对日本学习者接受性词语知识的学习有一定的帮助,相应地词汇量测试的正确率也就较高。

那么这两种不同方法的测试结果是否相关呢?我们用 Pearson 相关比较了这两个测试正确率的相关关系,结果显示,这两种测试相关系数为 0.877,相关程度比较高,但还不是两个完全一致的测试(如果二者完全一致,那么相关系数应该为 1)。这两种测试考察的都是学习者有关词语意义方面的知识,这是为什么两个测试的相关程度比较高的原因。但是,在完成这两个测试时学习者执行的是不同的心理加工过程。释义法要求学习者找出目标词的正确意思,词语的意思已经提供给学习者,学习者只需要辨认(再认)。翻译法只给出了目标词,没有提供意

---

① Read, J. 2000, *Assessing vocabulary*. Cambridge: Cambridge University Press.

思,需要学习者从记忆中提取语义(即回忆)。Anderson 等认为再认相当于决策过程,而回忆包括搜寻过程和决策过程,能回忆的一般都能再认;而能再认的不一定能回忆。[①] 这可以解释为什么翻译法测试的正确率比释义法低 20%。如果说词语知识的学习是一个连续体,那么释义法和翻译法所反映的词语能力处在这个连续体的不同位置:

```
└──────────┴──────────┴──────────┘
不认识    能辨认词语知识   能回忆词语知识    ……    认识
```

释义法和翻译法这两种测试不完全一致,如果教师会学习者的母语,翻译法当然是最好的选择。因为翻译法出题比较容易,直接给出目标词即可。更重要的是,学习者在完成翻译法测试时的认知过程和真实阅读时的认知过程基本相同——都是在看到目标词后从记忆中提取词义。在真实的阅读过程中,词语的意思不可能像释义法测试那样提供给学习者,让他们挑选。然而,学习汉语的学习者母语背景很复杂,教师不可能都掌握。在这种情况下,释义法作为一种测试手段,还是能发挥很大作用的。

四 词汇量测试的应用

词汇学习是语言学习的一个重要组成部分。作为考察词汇知识的一个重要方面——广度知识——的词汇量测试有着广泛的应用领域。

(一) 考察本族人的母语词汇量

词汇量测试最初就是针对母语者的。早在 20 世纪初期,就

[①] 叶奕乾、祝蓓里编:《心理学》,华东师范大学出版社,1988。

有了针对以英语为母语者的词汇量测试。母语者词汇量的多少反映了他们的智力水平、受教育程度和阅读能力（Nation & Waring, 1997）；而对 L_2 教学来说,最重要的是母语者的词汇量为 L_2 学习者提供了一个词汇学习的目标。例如以英语为母语的大学生,其词汇量是 17000—20000,平均每年增加 1000 到 2000[1],而学习英语的外国学生的词汇量在 5000 以下[2]。以荷兰语为母语的大学生的词汇量是 18800,学习荷兰语的外国研究生和普通学生的词汇量分别为 15800 和 11200[3]。L_2 学习的终极目标是要达到本族人的水平,如何缩小 L_2 学习者词汇量和本族人之间的差别是 L_2 教学的重要任务。学习汉语的留学生词汇量需要达到多少,应该以中国人的词汇量为标准。从我们所接触到的文献来看,这方面的研究还很少。陈贤纯对中国人汉语词汇量有这样的论述：

北京航空航天大学"现代汉语词频统计"课题组作过研究,汉语的词汇量是 4 万……这仅仅是通用词汇,专业词汇的数量也很大。根据农科院有关人士说,农业科学方面的专业词汇多达 3 万—4 万。所以,一个专业人士的听读词汇量估计是 5 万—6 万。[4]

---

[1] Coulden, R., Nation, P. & Read, J. 1990, How large can a receptive vocabulary be? *Applied Linguistics*, 11, 341—363.

[2] Schmitt, N. McCarthy, M. (eds.) 1997, *Vocabulary: Description, acquisition and Pedgogy*. Cambridge University Press.

[3] Hazenberg, S. & Hulstijn, J. 1996, Defining a minimal receptive second language vocabulary for non-native university students: An empirical investigation. *Applied Linguistics*, 17, 145—163.

[4] 陈贤纯：《对外汉语中级阶段教学改革构想——词语的集中强化教学》,《世界汉语教学》1999 年第 4 期。

5万—6万这个词汇量是汉语词汇量加上专业词汇量估算出来的。应该指出的是,汉语的词汇量并不等于以汉语为母语者所掌握的词汇量,因为即使是说母语者也不可能掌握该语言的所有词语。英语的词汇量是54000,而以英语为母语的大学生的词汇量只有17000[①]。中国人的汉语词汇量有多少也必须通过词汇量测试才能得知。

(二)确定教学目标和教学重点,指导 L_2 教学活动

《汉语水平等级标准》确定了各级水平对应的词汇量(一级需掌握1033个甲级词;二级3051个;三级5253个)。汉语教学要达到相应的目标,首先需要在教学前通过词汇量测试了解学生已有的词汇量,然后才能确定在规定的教学时间内要教多少词语。在课程结束后也要通过词汇量测试考察学生是否达到了预定的词汇量教学目标。另外,通过词汇量测试也可以了解学生对不同频率等级上的词汇的掌握情况,采取相应的教学策略。如果词汇量测试表明学习者还没有掌握甲乙级常用词,那么词汇教学的重点应该放在常用词上,暂时忽略非常用词。如果学习者常用词已经掌握,那么就应该把教学重点转向非常用词。常用词的数量有限,而且词语的覆盖率高,因此教学应该涉及词语知识的各个方面;非常用词虽然覆盖率低,但总数非常多,也不能忽视,但教学中应注重理解的策略教学。

除了词汇教学本身,词汇量测试还可以在听、说、读、写等技能教学中发挥作用。不同技能所需的词汇量并不一样。对英语

[①] Coulden, R., Nation, P. & Read, J. 1990, How large can a receptive vocabulary be? *Applied Linguistics*, 11, 341—363.

L₂ 学习者来说,听、读理解词汇量是 3000—5000,而说和写表达词汇量是 2000—3000①。同是理解方面的技能,听懂英语所需的词汇量是看懂的一半②。对学习汉语 L₂ 的学生来说,词汇是听、说、读、写四项技能的第一困难③。用词汇量测试可以诊断学习者各技能词汇量方面存在的问题,据此采取相应的教学措施。

(三) 词汇习得研究的测量工具

词汇习得研究涉及的内容很多,包括词汇知识在质和量两方面的增长、学习者获得词语知识的过程、不同的词汇学习方法、学习策略等。首先,学习者从初级水平到高级水平词汇广度知识的发展变化就需要通过词汇量测试来测定。Schmitt & Meara 用释义法词汇量测试考察了学习者词汇量的变化情况。④ 结果显示,经过一学期的学习,在非目的语环境下,英语学习者的词汇平均增加 330 个。此外,词汇量测试还可以用于研究不同的词汇学习方法、学习策略的效果。

词汇量测试虽然针对的是学习者在词语量方面的情况,但

---

① Nation, P. & Waring, R. 1997, Vocabulary size, text coverage and word lists. In Schmitt, N. & McCarthy, M. (eds.)(1997) *Vocabulary: Description, acquisition and Pedgogy*.

② Nation, I. S. P. 1990, *Teaching and learning vocabulary*. New York: Newbury House Publishers.

③ 高彦德、李国强、郭旭:《外国人学习与使用汉语情况调查研究报告》,北京语言学院出版社,1993。

国家对外汉语教学领导小组办公室(1992)《汉语水平词汇与汉字等级大纲》,北京:北京语言学院出版社。

江新:《词汇习得研究及其在教学上的意义》,《语言教学与研究》1998 年第 3 期。

王若江:《由法国"字本位"汉语教材引发的思考》,《世界汉语教学》2000 年第 3 期。

④ Schmitt, N. & Meara, P. 1997, Research vocabulary through a word knowledge framework. *Studies in Second Language Acquisition*, 19, 17—36.

学习者对测试的回答在一定程度上也能反映他们在词语质的方面的知识,特别是使用翻译法进行测试时。我们用翻译法测试日本学习者的词汇量时,根据他们翻译的日语对应词,可以看出他们对汉语词语知识从完全没有到部分掌握再到完全掌握这一连续的过程。翻译错误的词语是学习者没有掌握的;翻译正确的是已经掌握的;部分掌握的情况可以见于下面各例(冒号前为目标词,冒号后为学生翻译的日语对应词。为了便于理解,我们在此把这些日语对应词都译成了汉语):

裙子:裤子、衬衫、领子、袖、帽子　　苹果:甜瓜、西瓜

裤子:裙子、衬衫、手套　　老百姓:农民

猴子:狗、野猪　　杯子:筷子

鹅:鸡、鸭、乌鸦　　发烧:咳

以上这些词语的翻译虽然都不正确,但并不意味着学生对它们的意思全然不知。这些翻译和目标词都有着意义上的联系,"裤子、衬衫、领子、袖、帽子"和目标词"裙子"都属衣物;"狗、野猪"和目标词"猴子"都是动物;"甜瓜、西瓜"和"苹果"都是水果;"咳"和"发烧"一样,都是生病的表现。可见学生对这些词语的意义有一定的了解,只不过他们了解的是这些词语的部分知识,而不是完全的知识。根据儿童习得 L_1 情况的研究,儿童习得意义有两个阶段:第一阶段是把遇到的生词根据意义归入某一类,这一过程进行得很快;第二阶段是区分同一类中不同的词,这一过程需要的时间相对较长[①]。我们认为留学生在学习汉语

---

① Schmitt, N. 2000, *Vocabulary in language teaching*, Cambridge University Press.

词语的意思时也会经历同样的阶段。学生在遇到"裙子"这一词语时,首先就把它归入衣物类,然后是区分"裙子"和"裤子"、"衬衫",完成对"裙子"这个词语意义的习得。上述翻译有误的日本学生对"裙子、裤子……帽子"等词语的了解就还处于意义习得的第一阶段。

五　结语

词汇量是 L_2 学习者语言水平、词汇水平的一个重要标志。不同水平、不同国家学习者汉语词汇量有多大尚待进一步研究。另外,不同技能所需的词汇量也不相同。本文介绍的只是阅读词汇量测试,其他技能的词汇量测试形式还需要研究。对日本学习者来说,阅读能力比听说能力要强得多,其中一个很重要的原因就是他们的阅读词汇量和听力词汇量有差距。那么这个差距到底是多大,怎样缩小这一差距,都是值得我们今后研究的问题。

后 记

　　本书所选的文章都是近 10 年来发表的新的成果,选入本书时,文章的内容没有做大的修改。

　　本书所选文章涉及语言测验的大部分理论问题和技术问题,基本上能够反映我国在语言测验领域目前所能达到的水平。

　　在选编过程中,北京语言大学语言学与应用语言学专业语言测试方向的硕士研究生崔维真、刘婧、李传益、尹萌萌、张军为本书做了大量资料工作,编者在此向他们表示感谢。

　　本书编选不当之处,敬请读者批评指正。

编者
2006 年 7 月